Lexikon der Politik

Band 5
Die Europäische Union

Dieter Nohlen

Lexikon der Politik

Band 1

Politische Theorien

Herausgeber: Dieter Nohlen/
Rainer-Olaf Schultze

Band 2

Politikwissenschaftliche Methoden

Herausgeber: Jürgen Kriz/Dieter Nohlen/
Rainer-Olaf Schultze

Band 3

Die westlichen Länder

Herausgeber: Manfred G. Schmidt

Band 4

Die östlichen und südlichen Länder

Herausgeber: Dieter Nohlen/Peter Waldmann/
Klaus Ziemer

Band 5

Die Europäische Union

Herausgeber: Beate Kohler-Koch/
Wichard Woyke

Band 6

Internationale Beziehungen

Herausgeber: Andreas Boeckh

Band 7

Politische Begriffe

Herausgeber: Dieter Nohlen/Rainer-Olaf Schultze/
Suzanne S. Schüttemeyer

Lexikon der Politik

Herausgegeben von Dieter Nohlen

Band 5
Die Europäische Union

Herausgegeben von Beate Kohler-Koch
und Wichard Woyke

Verlag C. H. Beck München

Mit 9 Tabellen

Die Deutsche Bibliothek – CIP-Einheitsaufnahme

Lexikon der Politik / hrsg. von Dieter Nohlen. – München : Beck
ISBN 3-406-36904-9
NE: Nohlen, Dieter [Hrsg.]

Bd. 5. Die Europäische Union / hrsg. von Beate Kohler-Koch und Wichard Woyke – 1996
ISBN 3-406-36909-X

ISBN 3 406 36909 X für diese Ausgabe
ISBN 3 406 36904 9 für die Gesamtausgabe

Satz: Fotosatz Otto Gutfreund GmbH, Darmstadt
Druck- und Bindearbeiten: Kösel, Kempten
Gedruckt auf säurefreiem, alterungsbeständigem Papier
(hergestellt aus chlorfrei gebleichtem Zellstoff)
Printed in Germany

Inhalt

Verzeichnis der Tabellen

Verzeichnis häufig verwendeter Abkürzungen

Abb.	Abbildung
Abl EG	Amtsblätter der Europäischen Gemeinschaften
Abs.	Absatz
AER	American Economic Review
AJPS	American Journal of Political Science
AKP	Afrikanische, Karibische, Pazifische Staaten
AöR	Archiv des öffentlichen Rechts
APSR	American Political Science Review
APuZ	Aus Politik und Zeitgeschichte. Beilage zur Wochenzeitung Das Parlament
Art.	Artikel
AstV	Ausschuß der ständigen Vertreter
Bd./Bde.	Band/Bände
BDI	Bundesverband der Deutschen Industrie
BIP	Bruttoinlandsprodukt
BSP	Bruttosozialprodukt
Bul EG	Bulletin der Europäischen Gemeinschaften
CERN	Conseil européen pour la Recherche Nucléaire
CMLR	Common Market Law Review
COPA	Comité des Organisations Professionnelles Agricoles
ders./dies.	derselbe/dieselbe
DGB	Deutscher Gewerkschaftsbund
EA	Europa-Archiv
EAG-V	Vertrag über die Europäische Atomgemeinschaft
EAGFL	Europäischer Ausgleichs- und Garantiefonds für die Landwirtschaft
ebd.	ebenda
ECOFIN-Rat	Rat der Wirtschafts- und Finanzminister
ECOSOC	Economic and Social Council of the United Nations
ECU	European Currency Unit
EEA	Einheitliche Europäische Akte
EEB	European Environmental Bureau
EEF	European Economic Fund
EFRE	Europäischer Fonds für regionale Entwicklung
EFTA	European Free Trade Association
EG	Europäische Gemeinschaft(en)
EG-V	Vertrag über die Europäische Gemeinschaft
EGKS	Europäische Gemeinschaft für Kohle und Stahl
EGKS-V	Vertrag über die Europäische Gemeinschaft für Kohle und Stahl

EJPR	European Journal of Political Research
EP	Europäisches Parlament
EPZ	Europäische Politische Zusammenarbeit
ESA	European Space Agency
ESF	Europäischer Sozialfonds
ESPRIT	European Strategic Programme for Research in Information Technologies
ETSI	European Telecommunications Standardization Institute
EU	Europäische Union
EU-V	Vertrag über die Europäische Union
EuGH	Europäischer Gerichtshof
Euratom	Europäische Atomgemeinschaft
EUREKA	European Research Coordination Agency
EVG	Europäische Verteidigungsgemeinschaft
EVG-V	Vertrag über die Europäische Verteidigungsgemeinschaft
EWG	Europäische Wirtschaftsgemeinschaft
EWG-V	Vertrag über die Europäische Wirtschaftsgemeinschaft
EWR	Europäischer Wirtschaftsraum
EWS	Europäisches Währungssystem
EZB	Europäische Zentralbank
EZU	Europäische Zahlungsunion
FAO	Food and Agricultural Organization of the United Nations
FuE	Forschung und Entwicklung
FuT	Forschung und Technologie
GAP	Gemeinsame Agrarpolitik
GASP	Gemeinsame Agrarpolitik
GATT	General Agreement on Tariffs and Trade
GD	Generaldirektion
ggf.	gegebenenfalls
GO	Geschäftsordnung
Großbritannien/GB	Vereinigtes Königreich von Großbritannien und Nordirland
Hrsg./hrsg. von	Herausgeber/herausgegeben von
i. d. R.	in der Regel
i. S.	im Sinne
IAEO	Internationale Atomenergiebehörde
IJ	Innen- und Justizpolitik
ILO	International Labor Organization
IMF	International Monetary Fund
IO	International Organization
IP	Internationale Politik
IWF	Internationaler Währungsfonds

JCMS	Journal of Common Market Studies
JESSI	Joint European Submicron Silicon Initiative
Jh.	Jahrhundert
KSZE	Konferenz für Sicherheit und Zusammenarbeit in Europa
Lit.	Literatur
Mio.	Million/en
Mrd.	Milliarde/n
Ms.	Manuskript
NATO	North Atlantic Treaty Organization
NJW	Neue Juristische Wochenschrift
OECD	Organization for Economic Cooperation and Development
OEEC	Organization for European Economic Cooperation
ÖJP	Österreichisches Jahrbuch für Politik
OPEC	Organization of Oil Exporting Countries
OSZE	Organisation für Sicherheit und Zusammenarbeit in Europa
PVS	Politische Vierteljahresschrift
Rat	Ministerrat der EG / EU
RE	Rechnungseinheit
RGW	Rat für gegenseitige Wirtschaftshilfe
s.	siehe
SELA	Sistema Económico Latinoamericano
sog.	sogenannte/r/s
SPE	Sozialdemokratische Partei Europas
Tsd.	Tausend
u. U.	unter Umständen
UNESCO	United Nations Educational, Scientific and Cultural Organization
UNICE	Union des Industries de la Communauté Européenne
UNO	United Nations Organization
v. a.	vor allem
vgl.	vergleiche
VO	Verordnung
WEU	Westeuropäische Union
Wiss./wiss.	Wissenschaft/wissenschaftlich
WP	World Politics
WSA	Wirtschafts- und Sozialausschuß
WVO	Warschauer Vertragsorganisation
WWU	Wirtschafts- und Währungsunion
z. T.	zum Teil
zit.	zitiert
ZParl	Zeitschrift für Parlamentsfragen

Vorwort

In den achtziger Jahren erschien mit *Pipers Wörterbuch zur Politik* das erste mehrbändige Lexikon der Politik in deutscher Sprache. Es wurde als Gemeinschaftsleistung der Politikwissenschaft, Aushängeschild für die gesamte Disziplin, unumgängliches Standardwerk gerühmt (Neue Politische Literatur), und das hat zur Fortführung des inzwischen vergriffenen Werkes ermutigt. Der Herausgeber und der C. H. Beck Verlag sind übereingekommen, es in neuer Gestaltung, grundlegend überarbeitet, aktualisiert und erweitert, unter neuem Titel als *Lexikon der Politik* fortzusetzen.

Das siebenbändige *Lexikon der Politik* wertet die mit dem Wörterbuch gemachten Erfahrungen aus und berücksichtigt sowohl den seitherigen außen- und innenpolitischen Wandel als auch fachwissenschaftliche Entwicklungen. Hinsichtlich der Konzeption der einzelnen Bände ließ sich ein eigenständiger Band ‹Sozialistische Systeme› nicht mehr rechtfertigen. Es empfahl sich des weiteren, die Gegenstände des ersten zweiteiligen Bandes zur Politikwissenschaft zu unterteilen: Begriffe, Methoden und Theorien bilden nun eigenständige Bände. Daran schließen sich zwei Bände zur Politik in den westlichen Ländern sowie in den östlichen und südlichen Ländern an. Abgerundet wird das Werk durch je einen Band zur Europäischen Union und zu den Internationalen Beziehungen.

Band 1 behandelt die Grundbegriffe des Politischen, Ideologien, Teiltheorien und Theorien der Politik. Der Zugriff ist systematisch: Die für die Politik im ausgehenden 20. Jahrhundert wichtigen politischen Ideen und Theorien stehen im Zentrum der Beiträge.

Band 2 stellt Ansätze, Verfahrensweisen, Forschungs- und Arbeitstechniken der Politikwissenschaft dar, versteht sich als Einführung in die gesamte Breite des Methodenspektrums der Disziplin.

Band 3 ist der Politik in den westlichen Ländern gewidmet. In ihm werden Institutionen, Prozesse und Inhalte der Politik vergleichend und unter systematischer Berücksichtigung der Interdependenzen untersucht und somit die traditionelle Politikwissenschaft um die Analyse der Staatstätigkeit und deren Auswirkungen ergänzt.

Band 4 nimmt dieselbe Thematik für die Gruppe der südlichen (Dritte-Welt-)Länder und einige der östlichen (ehemals sozialistischen) Länder auf. Die Anlage des dritten und vierten Bandes erlaubt auch den Vergleich zwischen den (in der Terminologie der am Ende des 20. Jahrhunderts verbliebenen weltpolitischen Konfliktformationen) nördlichen und südlichen Ländern in dem Maße, wie der Forschungsstand dies zuläßt.

Band 5 dokumentiert Struktur und Entwicklung der Europäischen Union. Untersucht werden die europäischen Institutionen, der Integrationsprozeß, die EU als politischer Akteur, Leistungen und Probleme europäischer Politik auf der Basis einer Bestandsaufnahme der neunziger Jahre.

Band 6 informiert über Organisationen, Strukturen und Wandel der Internationalen Politik, einschließlich der grundlegenden Veränderungen in der Weltpolitik nach dem Zusammenbruch des sozialistischen Lagers. Dieser dramatische Wandel hat auch in der fachwissenschaftlichen Behandlung der internationalen Beziehungen zu Veränderungen geführt, die ebenfalls dokumentiert werden.

Band 7 ist ein Begriffslexikon, in dem in mehr als tausend Beiträgen die fachwissenschaftlichen Termini erklärt werden. Das Begriffslexikon erschließt durch ausgiebige Verweise auf Stichwörter der vorausgegangenen Bände, welche die Anwendung der Begriffe aufzeigen, einen speziellen Zugang zum Gesamtwerk. Der Schlußband des Lexikons enthält darüber hinaus ein Gesamtregister.

Das *Lexikon der Politik* führt einen erheblichen Teil der Vertreter der Politikwissenschaft vorwiegend an deutschsprachigen Hochschulen und Kollegen aus Nachbardisziplinen zu einer großen wissenschaftlichen Anstrengung zusammen. Die Fachgelehrten bürgen für die wissenschaftliche Qualität der Beiträge, die große Zahl der Mitwirkenden für die angemessene Berücksichtigung der Vielfalt der Betrachtungsweisen in der Wissenschaft. Auf diese Weise erfüllt das Lexikon eine wichtige Funktion nach innen, im wissenschaftlichen Diskurs in der Politikwissenschaft. Vorrang gebührt jedoch der nach außen gerichteten Funktion: Im vorliegenden Lexikon vermittelt die Politikwissenschaft die Vorgehensweisen und Ergebnisse ihrer Forschung einer interessierten Öffentlichkeit in Politik, Verwaltung, Lehre und Ausbildung, Beratung und Publizistik.

Für die Gestaltung des Bandes *Die Europäische Union* möchte ich Beate Kohler-Koch und Wichard Woyke herzlich danken, insbesondere für die verständnisvolle Berücksichtigung gesamtherausgeberischer und verlegerischer Gesichtspunkte. Hervorheben möchte ich auch die ausgezeichnete Kooperation zwischen Mannheim, Münster und Heidelberg bei der koordinationsintensiven Herstellung des Werks, um die sich auch das Lektorat des Verlags C. H. Beck sehr verdient gemacht hat; vornehmlich ist hier Dr. Detlef Felken zu danken. Schließlich sei erneut die zupackende Hilfe meiner Heidelberger Mitarbeiter dankbar erwähnt, vor allem von Nataša Cirkovic im Sekretariat und von Bernhard Thibaut bei Redaktion und Drucklegung.

Heidelberg, im März 1996 *Dieter Nohlen*

Einleitung

Die Politik der EU bewegt sich in einem magischen Viereck neuer Art: Es geht darum, gleichzeitig die globale Wettbewerbsfähigkeit, die wirtschaftliche und politische Stabilisierung Osteuropas, die Demokratisierung der Willens- und Entscheidungsbildung der EU und die institutionelle Absicherung von Handlungsfähigkeit nach innen und außen zu gewährleisten. Auf der 1996 begonnenen Regierungskonferenz soll die mit dem Vertrag von Maastricht in die Wege geleitete institutionelle Reform der Europäischen Union (EU) sowie die Verstärkung der Gemeinsamen Außen- und Sicherheitspolitik und die Zusammenarbeit in den Bereichen Justiz und Inneres weitergeführt werden. Andere Fragen von politisch gleicher Dringlichkeit, nämlich die Entscheidungen um die anstehenden Erweiterungen der Union sowie der Eintritt in die letzte Stufe der Wirtschafts- und Währungsunion wurden aus dem Mandat der Regierungskonferenz ganz bewußt ausgeklammert, um die Verhandlungen nicht zu überfrachten und Zeit für eine Bearbeitung der damit verbundenen Zielkonflikte zu gewinnen. So wird allgemein anerkannt, daß selbst eine gelungene Regierungskonferenz nur ein Zwischenschritt in einem umfassenderen Reformprozeß sein wird.

Zusätzlich herrscht beträchtliche Unsicherheit über die künftige Entwicklung der EU. Zum einen zeichnet sich ab, daß sich eine Gemeinschaft der unterschiedlichen Geschwindigkeiten herausbilden wird. Nur einige der gegenwärtig 15 Mitgliedstaaten sind in der Lage, die für den Eintritt in die Währungsunion geforderten Stabilitätskriterien zu erfüllen. Sollten die Antragsteller aus dem Mittelmeerraum und aus Mittel- und Osteuropa in die Gemeinschaft aufgenommen werden, so ist zu erwarten, daß es in noch weiteren Politikbereichen zu einer abgestuften Mitgliedschaft kommen wird. Zum anderen ist es offen, zu welchem Typ von politischer Ordnung sich die EU entwickeln wird. Es besteht soweit Konsens, daß die Alternativen der Entwicklung nicht lediglich auf dem Kontinuum zwischen «Staatswerdung» und «Renationalisierung» zu verordnen sind. Die Frage, welche ordnungspolitische Gestalt die EU als System «sui generis» annehmen wird und wie in ihm effektive und demokratisch verantwortliche Politik abgesichert werden kann, bedarf hingegen weiterer wissenschaftlicher Analysen.

Seit dem Erscheinen der ersten Auflage des Bandes «Europäische Gemeinschaft» hat sich das internationale Umfeld der Gemeinschaft, vor allem durch das Ende des Ost-West-Konflikts, grundlegend verändert. Parallel hierzu hat sich die Gemeinschaft um weitere fünf Mitgliedstaaten vergrößert, ihre Handlungskompetenz ausgeweitet und ihre Entscheidungsverfahren revidiert. Durch die Einheitliche Europäische Akte (1986) und den Vertrag von Maastricht (1992) wurden die Gründungsverträge der ehemaligen Gemeinschaft für Kohle und Stahl (EGKS, 1951), der Europäischen

Atomgemeinschaft (EURATOM/EAG, 1957) und der Europäischen Wirtschaftsgemeinschaft (EWG, 1957) erstmals einer Revision unterzogen, mit der eine weitere Vertiefung der Integration vertraglich abgesichert wurde. Das vorliegende Lexikon versucht, nicht nur diesen realhistorischen Veränderungen Rechnung zu tragen, sondern auch der Entwicklung der wissenschaftlichen Befassung mit der europäischen Integration. In diesem Lexikon geht es nicht vornehmlich um die Beschreibung von Institutionen, Verfahren und Inhalten einzelner Politiken. Vielmehr soll jeweils der Beitrag der Politikwissenschaft zur Erfassung, Erklärung und Problematisierung der europäischen Politik und des europäischen Ordnungssystems deutlich gemacht werden. Über die EU hinaus wurden auch allgemeine, ganz Europa betreffende Institutionen und Problemfelder behandelt.

Das Lexikon ist in mehrere Themenbereiche gegliedert. Unter *Kooperation und Integration* werden Integrationstheorien, internationale Regime, internationale Organisationen, politikwissenschaftliche Europaforschung sowie einzelne, nicht der EU zuzurechnende europäische Organisationen abgehandelt. Ein zweiter Komplex befaßt sich mit den *Vorläuferorganisationen bzw. Initiativen*, nämlich EGKS, EPG, EVG, EURATOM sowie mit dem Europäischen Währungssystem (EWS) und der Zentralen Innen- und Justizpolitik (ZIJ). Dritter Bereich ist das *politische System der EU*, in dem die Organe und Institutionen behandelt werden. Unter dem Themenbereich *Intermediäre Organisationen* wurden europäische Parteienzusammenschlüsse und die Interessenvertretungen von Arbeitgebern, der Wirtschaft, Gewerkschaften und Verbraucher aufgenommen. Einen weiteren umfangreichen Komplex bilden die verschiedenen *Poliktikfelder*, die sich von der Agrar- und Fischereipolitik über Forschung und Wissenschaft bis hin zur Wirtschafts- und Währungspolitik erstrecken. Schließlich wird im Komplex *Problembereiche der europäischen Integration* auf zentrale Debatten und Optionen der europäischen Integrationspolitik eingegangen. Ein im Anhang aufgeführtes *Glossar*, eine Chronik der Integration und das Stichwortverzeichnis runden den Band ab.

Zum Schluß bleibt die Verpflichtung und die angenehme Aufgabe, allen Beteiligten zu danken, ohne deren Mitwirkung die Herausgabe dieses Lexikons nicht möglich gewesen wäre. Unser besonderer Dank gilt den Autoren für ihre äußerst kooperative Mitwirkung und ihre Bereitschaft, mit sorgfältig ausgearbeiteten bzw. überarbeiteten Beiträgen ein qualitativ anspruchsvolles Lexikon entstehen zu lassen. Sehr herzlich danken möchten wir auch Frau Brigitta Kroes, den Herren Gregor Halff und Johannes Varwig (Münster) sowie Frau Barbara Finke, Frau Birgit Hellmann und Herrn Martin Schmidberger (Mannheim) für ihre redaktionelle und organisatorische Unterstützung. Ohne ihren unermüdlichen Einsatz wäre die Arbeit nicht fristgerecht zu beenden gewesen.

Mannheim/Münster, im Mai 1996 Beate Kohler-Koch/Wichard Woyke

Agrar- und Fischereipolitik

Mit dem Übergang von einer Agrar- zu einer Industriegesellschaft wandelt sich auch die Landwirtschafts- und Agrarpolitik. Solange sich Gesellschaften auf einem niedrigen Entwicklungsstand befinden, sind die Landwirtschaft und ihre Produkte die wichtigste Quelle der Besteuerung und der Hauptträger des Exports. Je stärker sich Gesellschaften industrialisieren und je mehr ihre Landwirtschaft an internationaler Wettbewerbsfähigkeit verliert, desto höher steigt im allgemeinen der Zollschutz und desto bedeutender wird die materielle Stützung der Lebenslage der landwirtschaftlichen Erwerbsbevölkerung durch die Agrarpolitik. Der Primat einer offenen Außenwirtschaft wird durch den Primat einer Innenpolitik abgelöst, welche wesentlich durch wohlfahrtsstaatliche Legitimitäts- und Rationalitätskriterien bestimmt ist. Diese Entwicklung wurde in den westeuropäischen und nordamerikanischen Gesellschaften in den 30er und 40er Jahren des 20. Jh.s abgeschlossen. Sie wiederholte sich in ost- und südostasiatischen Ländern seit den 50er Jahren (*Andersen/Hayami* 1986).

Das herausragende Merkmal der Agrarpolitik fortgeschrittener Industriegesellschaften, der Vorrang einer wesentlich sozialpolitisch motivierten Binnenorientierung gegenüber der Anerkennung und politischen Steuerung weltwirtschaftlicher Interdependenz, kennzeichnet auch die Gemeinsame Agrarpolitik (GAP) der EU. Die EU hat zentrale Funktionen der nationalen Agrarpolitik übernommen. Ihr institutioneller Schwerpunkt sind Marktordnungen für die hauptsächlichen Agrarprodukte der Gemeinschaft. Ihre wichtigste Funktion ist die Hebung der landwirtschaftlichen Einkommen und die Verhinderung übermäßiger Preisschwankungen. Zu diesem Zweck wurde ein gemeinsamer Zollschutz organisiert, der sowohl agrarische Primärerzeugnisse wie auch Verarbeitungsprodukte erfaßt, um das einheimische Preisniveau zu garantieren. Das anfänglich hohe Preisniveau der europäischen Marktordnungen zielte auf einen hohen Selbstversorgungsgrad und eine Finanzierung der Landwirtschaft über die Produktion, wodurch sich öffentliche Einkommensbeihilfen erübrigen sollten.

I. Mit der Steigerung der Produktivität der westeuropäischen Landwirtschaft nahm die Bedeutung der Abgrenzung des innergemeinschaftlichen Marktes gegenüber dem Weltmarkt zu. Die je nach Marktlage variablen Abschöpfungen – Abgaben, die die Differenz zwischen dem niedrigeren Weltmarktpreis und dem inländischen Preis (Schwellenpreis) ausgleichen – sorgen dafür, daß importierte Agrarerzeugnisse nicht unter den von der Gemeinschaft festgesetzten (Richt- und Orientierungs-) Preisen angeboten werden können. Beim gemeinschaftlichen Agrarexport, der sich infolge der

Überproduktion bei allen wichtigen Erzeugnissen angesichts des niedrigen Niveaus der Weltmarktpreise zu einem erstrangigen Problem der Gemeinschaft entwickelte, werden Erstattungen gewährt, die analog zu den Abschöpfungen berechnet werden. Die Überproduktion, die alle Agrarerzeugnisse der Gemeinschaft umfaßt und nur durch eine Subventionierung auf den Weltagrarmärkten abgesetzt werden kann, ist eine logische Folge der über den Preis gesteuerten Politik der Einkommenssicherung. Sie führt überdies zu einer Destabilisierung der Weltagrarmärkte. Insbesondere die USA haben deshalb in mehreren Anläufen versucht, die Agrarmärkte in das GATT einzubinden und den Aufstieg der EU zu einem Agrarexporteur zu bremsen.

Marktordnungen sind komplexe Systeme planwirtschaftlicher Preisregulierung. Für den Großteil der Agrarerzeugnisse der Union – ca. 70 % – organisieren Marktordnungen Preis- und Absatzgarantien (Weizen und andere Getreidearten, Fleisch, verschiedene Obst- und Gemüsearten). Daneben gibt es Marktordnungen, die allein einen Außenschutz organisieren (Eier, Geflügel, Fischereierzeugnisse, Obst- und Gemüsearten ohne Preis- und Absatzgarantie). In diesem Bereich spielen jene gemeinschaftlichen Festlegungen von Qualitäts-, Größen- und Gewichtsklassen eine wichtige, auf Markttransparenz ausgerichtete Rolle, die allerdings aufgrund ihres ausgeprägt bürokratischen Charakters oft heftige Kritik an der GAP auslösen. Schließlich gibt es noch Marktordnungen, die direkte Beihilfen an Erzeuger leisten (Ölsaaten und Hülsenfrüchte, bei Oliven, Tabak und Hartweizen zusätzlich zum Außenschutz und zur Marktstützung). Für die Umsetzung der Marktordnungen unterhalten die Mitgliedstaaten in eigener Regie ein Netz staatlicher Aufkauf- und Einlagerungsstellen.

II. Die zentrale Stellung europäischer Marktordnungen im agrarpolitischen System der EG/EU hat zu besonders intensiven Formen der vertikalen Integration politischer Ebenen geführt. Von besonderer Bedeutung ist dabei das Verwaltungsausschußverfahren, durch das der Ministerrat die Tätigkeit der Kommission in jenen Bereichen unter Kontrolle hält, in denen er Rechtssetzungsbefugnisse delegiert hat. Von den jährlich ca. 3000 Verordnungen des Ministerrats im Bereich der GAP ist der allergrößte Teil diesem Verfahren unterworfen. Dabei geht es im wesentlichen um Routineentscheidungen im Rahmen der Marktordnungspolitik, also die Festlegung der verschiedenen administrativen Preise, der Exportsubventionen und der Höhe der Abschöpfungen. Der Agrarministerrat selbst beschäftigt sich mit relativ wenigen, dafür um so konfliktträchtigeren Angelegenheiten, hauptsächlich mit der Festlegung von Eckwerten in der Preispolitik und der Umsetzung von Reformversuchen.

Eine zweite wichtige Konsequenz der Vergemeinschaftung zentraler agrarpolitischer Funktionen ist die institutionalisierte Einbindung der Agrarverbände in die Arbeit der Kommission. Die Bedeutung des europäischen Dachverbands, des *Comité des Organisations Professionelles Agricoles* (COPA) ist bereits an seiner Größe und dem Grad seiner inneren Differenzierung abzulesen. Da die GAP für die Lebenslage der landwirtschaftlichen Erwerbsbevölkerung unmittelbar existenzbestimmend ist, erfüllt die COPA zusammen mit den nationalen Verbänden wichtige Informationsaufgaben und bekommt im Gegenzug einen quasi-öffentlichen Status zugesprochen. Dieses Moment einer ‹privaten Interessenregierung› wird noch durch das Bedürfnis der Kommission nach einer stärkeren Eigenständigkeit gegenüber den Verwaltungen der Mitgliedstaaten und durch die besonderen Legitimationserfordernisse dieses Politikbereichs verstärkt. Nachdem aber seit Anfang der 80er Jahre die Kommission aktiv die Reform der GAP betrieb, rückte die nationale Ebene der Interessenpolitik wieder in den Vordergrund. Auch die Reduzierung der Bedeutung der Preispolitik zugunsten der national orientierten Struktur- und landwirtschaftlichen Sozialpolitik trug dazu bei, die Interessenpolitik mitgliedstaatlich zu mediatisieren.

III. Seit Mitte der 80er Jahre wurde verstärkt versucht, die GAP grundsätzlich zu reformieren, um die Ausgaben in diesem Politikbereich unter Kontrolle zu bringen. Während in den 80er Jahren hauptsächlich versucht wurde, der Überproduktion und ihrer Folgekosten durch Quotenregelungen und Mengenbeschränkungen bei der Aufkaufverpflichtung der Gemeinschaft Herr zu werden, konzentriert sich die Agrarreform zu Beginn der 90er Jahre auf den Versuch einer funktionalen Differenzierung der Preispolitik in eine Markt- und eine Einkommenspolitik. Die institutionellen Preise der Marktordnungsprodukte werden stufenweise gekürzt, um sie stärker an das Niveau der Weltmärkte heranzuführen. Gleichzeitig werden die Preiskürzungen durch direkte Einkommensbeihilfen, gekoppelt mit der Verpflichtung zur Stillegung von Anbauflächen bzw. zur betrieblichen Produktionsbeschränkung, kompensiert. Die Kompensation orientiert sich an der betrieblichen Produktion in einem bestimmten Referenzzeitraum, entschädigt also alle Betriebe gleichermaßen und ist insofern nicht produktionsneutral. Kleinbetriebe sind allerdings von der Verpflichtung zur Zwangsbrache freigestellt. Die Agrarreform vom Sommer 1992 wurde Teil der agrarpolitischen Vereinbarungen zwischen den USA und der EG, ergänzt um Zusagen für eine (bescheidene) Marktöffnung der Gemeinschaft. Außerdem wurde das System variabler Abschöpfungen durch die Einführung fester Zollsätze abgelöst. Durch diese in schwierigen Verhandlungen erreichten Vereinbarungen wurde schließlich ein erfolgreicher Abschluß der Uruguay-Runde des GATT ermöglicht.

Indem die Preissenkungen durch undifferenzierte Kompensation ausgeglichen werden, wird am Primat einer europäischen Preispolitik festgehalten. Der Grund hierfür ist – abgesehen von den naheliegenden Verbandsinteressen –, daß dadurch Verteilungskonflikte und beträchtliche administrative

Schwierigkeiten vermieden werden können, die mit der Einführung sozialpolitischer Kriterien für eine sonst notwendige Bedürftigkeitsfeststellung bei den Betrieben zwangsläufig verbunden wären. Globalunterstützungen wie die Preispolitik ermöglichen jenes typische ‹sowohl-als-auch› und jene Kompromisse, die für die GAP von grundlegender Bedeutung sind. Mit der Umsetzung der Agrarreform nimmt die verwaltungsförmige Durchdringung und die politische Abhängigkeit der Landwirtschaft allerdings noch weiter zu. Des weiteren hat die Konzentration auf die Preispolitik, deren Kosten die Ausgaben für die gemeinschaftliche Strukturpolitik weit übersteigen, zu einer stärkeren Differenzierung der landwirtschaftlichen Einkommensverteilung und zu einer Vergrößerung regionaler Ungleichheiten geführt. Das hängt im wesentlichen damit zusammen, daß Globalmaßnahmen wie die Preispolitik v. a. die größeren, leistungsfähigeren und i. d. R. hochgradig spezialisierten Betriebe überproportional privilegieren. Gleichzeitig tragen aber die nach wie vor dominierenden Familienbetriebe aufgrund der ihnen eigenen Flexibilität – die Haushalte vereinigen Produktions- und Konsumptionsaufgaben, und es können verschiedene Einkommensquellen kombiniert werden – dazu bei, die Abwanderung aus der Landwirtschaft zu begrenzen und eine heterogene Agrarstruktur zu erhalten (*Rieger* 1995). Enger werdende gemeinschaftspolitische Verteilungsspielräume, der erneute Anstieg der Heterogenität der Landwirtschaft der Gemeinschaft infolge der jüngsten Erweiterungen und die Versuche einer weitergehenden Liberalisierung der Agrarmärkte werden dazu beitragen, daß die GAP mit einiger Wahrscheinlichkeit ein äußerst konfliktträchtiger Politikbereich bleiben wird.

↗Binnenmarkt; Entwicklungspolitik; Europäische Interessenorganisation der Landwirtschaft; Interessenvertretung.

Literatur: *Anania, G./Carter, C. A./McCalla, A.F.* (Hrsg.) 1994: Agricultural Trade Conflicts and GATT, Boulder. *Anderson, K./Hayami, Y.* 1986: The Political Economy of Agricultural Protection. East Asia in International Perspective, Sydney. *Gottsmann, O.*: Der Gemeinsame Agrarmarkt. Texte mit Kommentar (Loseblattsammlung, erscheint laufend), Baden-Baden. *Moyer, H. W./Josling, T.E.* 1990: Agricultural Policy Reform. Politics and Process in the EC and USA, Ames. *Rieger, E.* 1995: Der Wandel der Landwirtschaft in der Europäischen Union, in: Kölner Zeitschrift für Soziologie und Sozialpsychologie 47, 65–94.

Elmar Rieger

Ausschuß der Regionen

Auf der Grundlage des Maastrichter Vertrags von 1992 wurde 1994 der Ausschuß der Regionen (AdR) eingerichtet (Art. 198 des geänderten EG-V) und damit zum erstenmal den regionalen und lokalen Gebietskörperschaften in der *Europäischen Gemeinschaft* die Möglichkeit gegeben, ihre Interessen eigenständig und unmittelbar, d. h. nicht durch die Regierungen der Mitgliedstaaten, gegenüber Rat und Kommission zu artikulieren und in den politischen Prozeß einzubringen. Im AdR diskutieren 222 Repräsentanten von Regionen und Gemeinden Fragestellungen mit regionaler Dimension. Sie werden auf Vorschlag der jeweiligen Mitgliedstaaten vom Rat durch einstimmigen Beschluß auf vier Jahre ernannt. Die zahlenmäßige Aufteilung nach Ländern entspricht derjenigen im Wirtschafts- und Sozialausschuß. Die Berufung hoher politischer Repräsentanten in den Ausschuß unterstreicht die ihm von den Regionen beigemessene Bedeutung. Der Ausschuß wird von Rat und Kommission in den im EG-V vorgesehenen Fällen gehört (Art. 198 c EG-V), u. a. in den Bereichen Bildung, Arbeit, Gesundheit, Kultur, Transeuropäische Netzwerke, wirtschaftliche und soziale Kohäsion. Wenn er der Auffassung ist, daß spezifische regionale Interessen berührt werden, kann der Ausschuß aus eigener Initiative eine Stellungnahme abgeben. Somit verkörpert der AdR die in der Gemeinschaft inzwischen verankerten Prinzipien der Subsidiarität und Partnerschaft.

1. Der AdR erfüllt eine reine Beratungsfunktion, seine Befugnisse sind auf ein Anhörungsrecht und das Recht zur Abgabe von Stellungnahmen beschränkt. Mit seiner Einrichtung wurde dem Drängen mehrerer Mitgliedstaaten entsprochen, regionale und lokale Gebietskörperschaften unmittelbar in die Arbeit der Gemeinschaft einzubeziehen, um ein Mehr an Bürgernähe, Wirksamkeit von und Unterstützung für europäische Politik zu erreichen (*Knaap* 1994). Vielfach wurde seine Einrichtung als Versuch der Kommission interpretiert, ‹neue Partner› gegenüber dem übermächtigen Rat zu finden und an den Nationalstaaten vorbei direkt mit subnationalen Einheiten zu interagieren. Aus dieser Sicht wird der AdR als historischer Schritt hin zu einem ‹Europa der Regionen› gewertet. Solch weitreichende Vorstellungen, nach denen die Nationalstaaten deutlich geschwächt oder gar aufgelöst würden, werden vom AdR nicht propagiert. Die Forderungen seiner Mitglieder zielen vielmehr mehrheitlich darauf ab, den AdR und damit die Stellung und Funktion der Regionen bzw. Kommunen auszubauen. Eine rechtliche Aufwertung des AdR soll durch die Gewährung eines eigenständigen Klagerechtes vor dem Europäischen Gerichtshof (EuGH) und die Ausweitung seiner Kompetenzen, u. a. durch die Erweiterung der beratenden Befugnisse über ausgewählte Einzelfälle hinaus, erreicht werden.

2. Effektivität und Erfolgschancen des AdR wurden von Anfang an kritisch bewertet. Kritisiert werden v. a. seine begrenzten Kompetenzen und Ressourcen sowie die Rivalität zwischen regionalen und lokalen Körperschaften. Letztere ist Ausdruck der vielfältigen Verfaßtheit subnationaler Einheiten in der Europäischen Union und den damit verbundenen Vertretungsansprüchen. Strittig war bereits bei der Besetzung des AdR, ob alle Staaten auch Repräsentanten der kommunalen Ebene entsenden sollten, oder nur diejenigen, die nicht über eine klar identifizierbare und auch rechtlich verankerte ‹regionale Ebene› verfügen (*Hrbek* 1995).

Der ursprünglichen Kritik des laut EG-V gemeinsamen ‹organisatorischen Unterbaus› mit dem Wirtschafts- und Sozialausschuß wurde insofern Rechnung getragen, als die im Mai 1994 verabschiedete Geschäftsordnung dem AdR eine eigene organisatorische Infrastruktur mit eigenem Generalsekretär und eine eigene Haushaltsplanung zugestand, den ‹gemeinsamen Unterbau› somit auf technische Dienste beschränkte.

3. Der Erfolg des AdR in der Ausgestaltung und Festigung seiner Rolle wird nicht zuletzt davon abhängen, inwieweit es den regionalen und lokalen Repräsentanten gelingt, trotz der Uneinheitlichkeit der ihn konstituierenden Einheiten, sich auf wenige ausgewählte Themen zu konzentrieren, feste Kooperationsbeziehungen mit anderen Organen der Union aufzubauen, substantielle Beiträge zur Anwendung und Einhaltung des Subsidiaritätsprinzips zu liefern und durch eine aktive Ausgestaltung seiner Vermittlerrolle zwischen den Bürgern und EU ein Mehr an Legitimität für die Gemeinschaft zu schaffen. Stellungnahmen seit seiner ersten Sitzung im März 1994 vor allem im Bereich Kohäsionsfonds, die erfolgreich Niederschlag in Entscheidungen des Rates gefunden haben, scheinen diesen Weg zu bestätigen.

↗ Europa der Regionen; Interessenvertretung; Politisches System der Europäischen Gemeinschaft; Regionalpolitik.

Literatur: *Clement, W.* 1993: Der Regionalausschuß – Mehr als ein Alibi, in: Staatswissenschaft und Staatspraxis, 159–174. *Hesse, J.J.* 1995/96 (Hrsg.): Regionen in Europa. Regions in Europe. Regions en Europe. *Hrbek, R./Weyand, S.* 1995: Betrifft: Das Europa der Regionen. München. *Hierl, H.* (Hrsg.) 1995: Europa der Regionen. Entstehung, Aufgaben, Perspektiven des Ausschusses der Regionen, Bonn. *Kalbfleisch-Kottsieper, U.* 1994: Der Ausschuß der Regionen – ein neuer Akteur auf der Europäischen Bühne, in: *Bullmann, U.* (Hrsg.): Die Politik der dritten Ebene. Regionen im Europa der Union, Baden-Baden. *Klatt, H.* (Hrsg.) 1995: Das Europa der Regionen nach Maastricht: Analysen und Perspektiven, München. *Knaap, P. Van der* 1994: The Committee of the Regions: The Outset of a ‹Europe of the Regions›?, in: Regional Politics & Policy 4, 86–100. *Kuemeyer, F.-L.* 1994: Europa der Regionen – Europa der Kommunen, Baden-Baden. Tomuschat, C. (Hrsg.) 1995: Mitsprache der dritten Ebene in der Europäischen Integration, Bonn.

Michèle Knodt

Außenbeziehungen der Europäischen Union

Die EU als die bedeutsamste europäische internationale Organisation ist in ihrer inzwischen mehr als 45jährigen Geschichte zu einem weltpolitischen Akteur gereift, der grenzüberschreitende internationale wie auch zwischenstaatliche Politik betreibt. Im internationalen System ist die EU in vielfältiger Weise vertreten. Ihre Außenbeziehungen behandeln das Verhältnis der Union sowohl zu Nichtmitgliedstaaten als auch zu internationalen Organisationen. Ein zunehmend wichtiger werdender Teil der Außenbeziehungen ist die Gemeinsame Außen- und Sicherheitspolitik (GASP). Die Außenbeziehungen basieren auf einem Regelsystem unterschiedlicher Vertragsbestimmungen. Mitte der 90er Jahre unterhalten fast 160 Staaten diplomatische Vertretungen bei der *Europäischen Union*. Umgekehrt ist die EU in 107 Drittstaaten mit einer ‹Delegation der Europäischen Kommission› vertreten. Mit mehr als 120 Staaten hat die EU ein breitgefächertes Netz von Vertragsbeziehungen geknüpft, so daß sie inzwischen an mehr als 1200 bi- und multilateralen Abkommen beteiligt ist. Die Palette reicht von sektoralen Abkommen über Handels- und Wirtschaftskooperations- bis zu Assoziierungsabkommen. Die bedeutsamsten der bisher ca. 60 multilateralen Abkommen sind die KSZE-Schlußakte von Helsinki (1975) und die Klimakonvention von Rio de Janeiro (1992). Darüber hinaus vertritt die EU im Rahmen ihrer Zuständigkeiten die Mitgliedstaaten in internationalen Organisationen wie dem GATT (seit 1995 WTO) und der OECD. Durch ihre wirtschaftlichen Erfolge und das daraus resultierende ökonomische und zunehmend auch politische Gewicht sowie den Status des größten Welthandelspartners hat sich die EU neben den USA und Japan zu einem der wichtigsten Akteure im internationalen System entwickelt. Symbolisch wird diese Rolle durch die Teilnahme des EU-Kommissionspräsidenten als 8. Teilnehmer am Weltwirtschaftsgipfel deutlich.

I. *Rechtliche und organisatorische Regelungen*: Wichtige Grundlagen für das Tätigwerden der EU in der Außenpolitik sind der Art. 3 EG-V, der eine gemeinsame Handelspolitik, eine gemeinsame Politik auf dem Gebiet der Entwicklungszusammenarbeit sowie die Assoziierung der überseeischen Länder und Hoheitsgebiete vorsieht, um den Handelsverkehr zu steigern und die wirtschaftliche und soziale Entwicklung durch gemeinsame Bemühungen zu fördern. Art. 110 EG-V postuliert die Wahrung gemeinsamer außenwirtschaftlicher Interessen; Art. 113 EG-V sieht eine gemeinsame Handelspolitik vor; Art. 130 u bis 130 y EG-V regeln die Entwicklungszusammenarbeit, Art. 228–231 EG-V die Abkommen mit Drittstaaten und internationalen Organisationen; Art. 238 EG-V eröffnet schließlich die Assoziierung mit Drittstaaten und internationalen Organisationen; Art. 101 EAG-V ermöglicht der EU ebenfalls, im Rahmen ihrer Zuständigkeit internationale Verträge und Abkommen zu schließen. Obwohl eine Formenvielfalt in den EU-Außenbeziehungen besteht, verbleibt allerdings die klassische Außenpolitik bei den Mitgliedstaaten, wenngleich auch hier der Schritt zu mehr Gemeinsamkeit von der Einrichtung der Europäischen Politischen Zusammenarbeit (EPZ) im Jahr 1970 zur GASP 1992 erfolgt ist. Dagegen hat die EU für die Gemeinsame Handelspolitik die ausschließliche Zuständigkeit, das heißt sie liegt in der alleinigen Verantwortung der EU-Organe. Somit wird auch in Zukunft die Formenvielfalt in den Außenbeziehungen fortbestehen, die sich v. a. im Dualismus GASP auf der einen Seite und Außenwirtschaftsbeziehungen auf der anderen Seite niederschlägt.

II. *Verfahren*: Art. 228 EG-V überträgt der Kommission, ermächtigt durch den Rat, die Aufgabe, internationale Verträge auszuhandeln. In der Handelspolitik führt die Kommission entsprechend Art. 113 EG-V «diese Verhandlungen im Benehmen mit einem zu ihrer Unterstützung vom Rat bestellten besonderen Ausschuß nach Maßgabe der Richtlinien, die der Rat erteilen kann». Über den ausgehandelten Vertrag beschließt der Rat auf Vorschlag der Kommission mit qualifizierter Mehrheit oder einstimmig, je nach Vertragsvorbehalt. Entscheidungen gemäß Art. 238 EG-V bedürfen einer Einstimmigkeit im Rat, z. B. AKP-Abkommen und EFTA-Abkommen. Klassische Instrumente der Handelspolitik wie die Festsetzung eines Gemeinsamen Zolltarifs, Anti-Subventionsmaßnahmen, von Einfuhr- und Ausfuhrregelungen werden mit qualifizierter Mehrheit im Rat beschlossen. Das Europäische Parlament besitzt hinsichtlich der Assoziierungsabkommen, bei Neuaufnahmen und bei Kooperationsabkommen, die einen besonderen institutionellen Rahmen tragen oder finanzielle Auswirkungen auf die EU haben, eine förmliche Zustimmungspflicht. Dagegen ist bei reinen Handelsabkommen gemäß Art. 113 EG-V keine Mitwirkung vorgesehen. Seit 1983 findet jedoch vor dem Abschluß wichtiger Verträge eine Anhörung des Europäischen Parlaments statt.

III. *Multilaterale Beziehungen*: 1. Da in der OECD lediglich Staaten Mitglied sind, verfügt die EU in ihr über einen Sonderstatus. Die EU-Kommission, die die Union nach außen vertritt, gibt hier regelmäßig für die Union Stellungnahmen ab, die in den Kompetenzbereich der Union fallen oder auf die sich die Mitgliedstaaten vorher in einem Gemeinsamen Standpunkt festgelegt haben. Auch im GATT hat die EU-Kommission eine Anzahl von internationalen Abkommen unterzeichnet, die unter der Schirmherrschaft der Welthandelsorganisation ausgehandelt wurden. So wurde die Kommission in der Uruguay-Runde des GATT zur ausschließlichen Verhandlungsführerin, die auch das Zollsenkungsabkommen für die Union 1993 unterzeichnete. Faktisch avancierte damit die Union zur einzigen Vertragspartei, die verbindlich für ihre Mitgliedstaaten im GATT und ab 1995 in der Nachfolgeorganisation WTO spricht.

2. In den *Vereinten Nationen* verfügt die EU seit 1974 über einen Beobachterstatus und nimmt an der Vollversammlung beratend teil. Innerhalb der UNCTAD, der Welthandelskonferenz der Vereinten Nationen, wurde die EU auch als Akteur tätig, indem sie Zollpräferenzen für den Import gewerblicher Waren vereinbarte. Da es sich hierbei um einen Fall handelte, in dem die Gemeinschaft eine mit den Mitgliedstaaten geteilte Kompetenz besitzt, vertrat die Kommission zusammen mit dem Land, das die Präsidentschaft im Ministerrat ausübt, die Union. Institutionalisierte Beziehungen mit Beobachterstatus bestehen auch zu den meisten Sonderorganisationen der UN wie z. B. ILO, FAO, IMF, ECOSOC sowie zur ECE und anderen regionalen Wirtschaftskommissionen der *Vereinten Nationen*.

In der UNESCO existieren sogar gemischte Arbeitsgruppen. Durch die zweiseitige Vertretung, nämlich EU und Mitgliedstaaten, kann eine bessere Abstimmung in Fragen erfolgen, die sowohl internationale Wirtschaftspolitik als auch klassische Außenpolitik betreffen. In mehr als der Hälfte der Fälle erreichen es die Mitgliedstaaten, gleiche Positionen zu beziehen. Dennoch führt der Beobachterstatus zu Problemen, da die EU weder Vorschläge unterbreiten oder ändern noch abstimmen kann.

3. Bedeutsam ist auch die Rolle der EG/EU in der KSZE/OSZE. So signierten 1990 sowohl der Präsident der EU-Kommission, *J. Delors*, als auch der damals amtierende italienische Ratspräsident, *G. Andreotti* (dieser zweimal, nämlich für sein Land und die EG), die ‹Charta von Paris für ein neues Europa›, wodurch die EG/EU zu einem gleichwertigen Teilnehmer an der KSZE avancierte. Bei der Unterzeichnung der Schlußakte von Helsinki war die EG bereits durch die Unterschrift ihres Ratspräsidenten in Erscheinung getreten.

4. In der Vergangenheit gab es zwischen der *Westeuropäischen Union* (WEU) und der EG keine institutionalisierten Beziehungen. Durch den Maastrichter Vertrag wird die WEU als «integraler Bestandteil der Entwicklung der Europäischen Union» bezeichnet. In diesem Vertrag wird die WEU beauftragt, «die Entscheidungen und Aktionen der Union, die verteidigungspolitische Bezüge haben, auszuarbeiten und durchzuführen». Daraus folgt, daß der Ministerrat im Einvernehmen mit den WEU-Organen für eine Umsetzung sorgen soll, so daß sich eine institutionalisierte Zusammenarbeit von EU und WEU immer stärker entwickeln wird.

5. Ebenfalls Mitglied ist die Europäische Kommission im 1992 geschaffenen *Ostseerat*, der eine erneuerte und erweiterte Zusammenarbeit der Ostseeanrainerstaaten vorsieht.

6. Eine wesentliche Säule der Außenbeziehungen bildete das Verhältnis zu den EFTA-Staaten, das 1994 im *Europäischen Wirtschaftsraum* (EWR) mündete. Nach dem Beitritt zum 1. 1. 1995 von Österreich, Schweden und Finnland hat der EWR an Bedeutung verloren, da nun nur noch Norwegen und Island und mit besonderem Status Liechtenstein neben den EU-Staaten die zweite, ungleichgewichtige Säule des EWR bilden.

7. Die EU ist der drittgrößte Handelspartner der ASEAN. Stand in den 70er Jahren die Unterstützung bei der ländlichen Entwicklung einiger ASEAN-Länder im Vordergrund, so wird heute eine gezielte Wirtschaftskooperation mit den ASEAN-Staaten praktiziert. Mit ASEAN besteht seit 1980 ein regionales Abkommen, das den Rahmen für die Zusammenarbeit in Handel, Wirtschaft und Entwicklung bildet. Die geschlossenen Kooperationsabkommen decken darüber hinaus Bereiche wie industrielle Kooperation und Ausbildung, Zusammenarbeit in Wissenschaft und Technologie, Energie und ländliche Entwicklung, Flüchtlingshilfe und Drogenbekämpfung sowie Behandlung von Drogensüchtigen ab. Da ASEAN sich bis spätestens 2008 zu einer Freihandelszone entwickeln will, entsteht in Süd-

ostasien ein interessanter Markt, mit dem die EU bereits kooperativ verbunden ist.

8. Mit dem *Andenpakt* sowie dem *Mittelamerikanischen Gemeinsamen Markt* hat die EG/EU Kooperationsabkommen geschlossen. Die seit 1987 bestehenden Abkommen sehen drei Bereiche der Zusammenarbeit vor: Handel (Ausweitung und Diversifizierung des Handels, Verbesserung des Zugangs zum Allgemeinen Präferenzsystem, Entwicklung); Wirtschaft (insbesondere Bergbau und Energiesektor) und Entwicklung (regionale Vorhaben).

9. Mit der SELA, dem Lateinamerikanischen Wirtschaftssystem, wurde inzwischen ein Dialog begonnen, der regelmäßige Treffen zwischen dem AstV und der Gruppe der bei der EU akkreditierten lateinamerikanischen Botschafter beinhaltet. Auch ist die EU inzwischen offizieller Beobachter bei den Beratungen der SELA.

10. Mit den Mercosur-Mitgliedstaaten Argentinien, Brasilien, Paraguay und Uruguay wurde Ende 1995 ein Rahmenabkommen zur politischen, wirtschaftlichen und kulturellen Zusammenarbeit eröffnet. Nach dem Jahr 2000 soll zwischen der EU und dem Mercosur eine Freihandelszone eingerichtet werden.

IV. *Bilaterale Beziehungen*: 1. Die Beziehungen zu den USA: Nachdem die USA den westeuropäischen Staaten durch ihre Unterstützung zum schnelleren ökonomischen Aufstieg verholfen hatten, entwickelte sich seither eine über vier Jahrzehnte dauernde enge Partnerschaft. Darüber hinaus sind die meisten westeuropäischen Staaten durch die gemeinsame Mitgliedschaft in der NATO verbunden. Doch waren nach dem Ende des Ost-West-Konflikts und der Implosion der Sowjetunion die transatlantischen Beziehungen dem bis dahin größten Umbruch ausgesetzt. Die sowjetische Bedrohung hatte Europa und die USA über Jahrzehnte verbunden. Die Partnerschaft zwischen der EU und den USA beruht nicht nur auf gemeinsamen strategischen Interessen, sondern auch auf grundlegenden Wertübereinstimmungen und geteilten weltpolitischen Zielvorstellungen. So kamen beide Akteure 1990 in der transatlantischen Erklärung überein, auch in Zukunft eng miteinander zu kooperieren. Sie vereinbarten eine stärkere Institutionalisierung ihrer Beziehungen, die in halbjährigen Konsultationen zwischen dem Präsidenten des Europäischen Rats, dem Präsidenten der Kommission und dem US-Präsidenten, zwischen den jeweiligen Außenministern sowie zwischen der Kommission und der amerikanischen Regierung mündete. Darüber hinaus sind *ad hoc*–Konsultationen sowie eine Unterrichtung der US-Vertreter durch den Ratsvorsitz über dessen Tagungen im Rahmen der EPZ/GASP vorgesehen. In der im Dezember 1995 unterzeichneten ‹Neuen Transatlantischen Agenda› streben die USA und die EU eine Vertiefung der Wirtschaftsbeziehungen sowie die Sicherung des Friedens in Mittel- und Osteuropa an.

Bis Ende der 80er Jahre war das Verhältnis zwischen den USA und der EG v. a. durch die Wirtschaft dominiert. Die EU und die USA sind die beiden größten Handelsmächte der Welt. So ist es ein wichtiges Ziel der EU, in den beiderseitigen Handelsbeziehungen v. a. den freien Warenaustausch aufrechtzuerhalten. Gerade vor dem Hintergrund protektionistischer Bestrebungen im amerikanischen Kongreß, die 1988 zum *Trade Act* führten, sucht die EU in den bilateralen Verhandlungen immer wieder, zum Freihandel zurückzukehren. Besonders die im *Trade Act* enthaltene Verpflichtung, daß gegen die nach US-Auffassung unfairen Handel betreibenden Länder innerhalb genau festgelegter zeitlicher Fristen einseitige Maßnahmen durchgeführt werden könnten, widerspricht nach EU-Auffassung den GATT-Vorschriften.

Viele der unterschwelligen Handelskonflikte zwischen den USA und der EU konnten durch den erfolgreichen Abschluß der Uruguay-Runde im Rahmen des GATT-Abkommens entweder durch Kompromisse gelöst werden oder wurden aus dem Vertrag ausgeklammert. So besteht in den Bereichen Stahl, audiovisueller Film sowie öffentliche Beschaffung in der Telekommunikation noch Konfliktpotential zwischen den beiden Akteuren.

Nach anfänglichen Irritationen über den Binnenmarkt, der in den USA zunächst als ‹*Fortress Europe*› verstanden wurde, unternahmen die USA Ende der 80er Jahre eine Kehrtwendung und unterstützen seitdem neben der ökonomischen auch die politische Integration mit zielgerichteten und handlungsfähigen Institutionen. Die *Clinton*–Regierung begreift die EU als Schlüsselpartner bei den drängenden Weltproblemen. Seit dem Ende des Ost-West-Konflikts ist auch eine wachsende außenpolitische Zusammenarbeit zwischen der EU und den USA zu beobachten, die zwar nicht ohne Widersprüche verläuft, die aber zu einer Reihe gemeinsamer oder komplementärer Positionen bei einer steigenden Zahl internationaler Probleme geführt hat. Die erfolgreiche Fortentwicklung der GASP wird es der EU ermöglichen, den bereits von US-Präsident *J. F. Kennedy* in den 60er Jahren angestrebten zweiten Pfeiler innerhalb der atlantischen Partnerschaft zu bilden.

2. Die Beziehungen zu Mittel- und Osteuropa (MOE): 1988 unterzeichneten die EG und der inzwischen aufgelöste *Rat für Gegenseitige Wirtschaftshilfe* (RGW) eine gemeinsame Erklärung über die Aufnahme offizieller Beziehungen zwischen beiden Akteuren und leiteten damit eine neue Epoche in den Beziehungen zu MOE ein. Durch den Zusammenbruch des sozialistischen Systems entstand für die EG ein enormer Handlungsbedarf, den Transitionsprozeß in den MOE-Staaten unter Kontrolle zu halten. Da eine automatische Mitgliedschaft wie bei der DDR durch den Beitritt zur Bundesrepublik ausgeschlossen war, schloß die EG ein Netzwerk unterschiedlicher Verträge mit den MOE-Staaten. Die Verträge dienen als Mittel, die Partnerschaft zu diesen Staaten umfassend zu gestalten,

dort Stabilität und Wirtschaftswachstum zu fördern und den Aufbau pluralistischer Demokratien und marktwirtschaftlicher Volkswirtschaften in Gang zu setzen. Weitere Ziele sind die stufenweise Einführung des Freihandels, die industrielle, technische und wissenschaftliche Zusammenarbeit, die finanzielle Hilfe und Kreditgewährung sowie die Institutionalisierung des politischen Dialogs. Die weitestgehenden Abkommen bilden die ‹Europa-Abkommen› (Assoziierungsabkommen) mit Ungarn, Polen und der ehemaligen Tschechoslowakei (1991), von der Slowakei und Tschechien 1993 neu geschlossen, mit Bulgarien und Rumänien (1993). Die Europa-Abkommen sollen die schrittweise Öffnung des EU-Marktes durch die Einräumung der Meistbegünstigungsklausel ermöglichen. Der mehrstufige Abbau von mengenmäßigen Beschränkungen (mit Ausnahme von EGKS-Waren und Textilien) in einer zehnjährigen Übergangszeit soll eine Intensivierung der Handelsbeziehungen ermöglichen sowie die MOE-Staaten auf einen EU-Beitritt vorbereiten. Die Probleme dieser Abkommen zeigen sich bei den arbeits-, energie- und umweltintensiven Gütern, bei denen die MOE-Staaten komparative Vorteile besitzen. Für die EU-Staaten entsteht hier ein massives Anpassungsproblem, denn in den Regionen, die aufgrund des zunehmenden Exports dieser Staaten in die EU-Staaten von Betriebsschließungen und Arbeitslosigkeit betroffen sein werden, müßten neue Industrie- und Dienstleistungsunternehmen angesiedelt werden, um ein längerfristiges Ansteigen der Arbeitslosigkeit zu verhindern. Die Aussicht auf zunächst spürbare Nachteile könnte die Bereitschaft bei den davon betroffenen Gruppen in den EU-Staaten senken, die MOE-Staaten stärker an die EU anzubinden, einschließlich der vollen Integration. Polen und Ungarn haben inzwischen den Beitritt beantragt. Mit den drei baltischen Staaten wurden Kooperationsabkommen unterzeichnet, die als Freihandelsabkommen am 1.1. 1995 in Kraft traten. Mit der Ukraine und Rußland wurde 1994 ein Partnerschaftsabkommen geschlossen, das sehr ehrgeizige Ziele verfolgt. Die Regelung des Warenhandels, der finanziellen und technischen Hilfe, die Schaffung der Grundlage für den politischen Dialog sowie der Zeitplan für die Einführung des freien Warenverkehrs sind in diesem Abkommen vorgesehen. Mit anderen GUS-Staaten werden solche Abkommen angestrebt. Eine spätere Mitgliedschaft dieser beiden Staaten ist aber nicht vorgesehen. Ein Kooperationsabkommen besteht auch mit Slowenien.

Neben der vertraglichen Zusammenarbeit sind die Beziehungen der EU zu den MOE-Staaten durch finanzielle und technische Hilfe im Rahmen des Programms PHARE (*Polish Hungarian Assistance for Recovery Economies*) gekennzeichnet. So hat die EU die Koordinierungsfunktion der Hilfsprogramme der OECD-Länder, darunter PHARE, für die MOE-Staaten übertragen bekommen. Die EU und die Mitgliedstaaten leisten fast zwei Drittel aller Hilfsmaßnahmen für die MOE-Staaten. Die EU betreibt gegenüber den MOE-Staaten eine länderspezifische und gradualistische

Strategie, die mit Hilfe von Handels- und Kooperationsabkommen sowie Assoziierungsabkommen den Umbau zur Marktwirtschaft und liberalpluralistischen Demokratie ermöglichen und einige Länder auf einen späteren Beitritt vorbereiten soll.

3. EU und Mittelmeerländer: Mit den Mittelmeerländern wurden aufgrund der geographischen Nähe, der kulturellen und historischen Bindungen und der wirtschafts- und handelspolitischen Verflechtung besondere Beziehungen angestrebt. Mit Ausnahme Libyens bestehen mit allen Mittelmeerländern Kooperations- oder Assoziierungsabkommen (Malta, Türkei, Zypern) und mit Israel ein Freihandelsabkommen. 1987 stellte die Türkei einen förmlichen Beitrittsantrag, der jedoch von der Kommission negativ beschieden wurde, da die Türkei die Bedingungen für einen Beitritt noch nicht erfüllt. Ende 1995 beschloß die EU, zum 1. 1. 1996 mit der Türkei eine Zollunion zu bilden. Zypern und Malta beantragten 1990 die EG-Mitgliedschaft. 1993 erklärte die Kommission die beiden Staaten als potentielle Kandidaten für eine Vollmitgliedschaft; allerdings muß dabei zunächst das Zypernproblem gelöst sein und Malta wirksame Maßnahmen zur Modernisierung seiner Finanz- und Wirtschaftsstrukturen ergriffen haben. Mit dem Beitritt Griechenlands (1981) und Spaniens (1986) gewann die Gemeinschaft als wirtschaftlicher Akteur im Mittelmeer zusätzliches Gewicht.

Die Kooperationsabkommen beruhen auf einem gleichen Schema, das aus drei Teilen besteht: Handelspräferenzen, die den Gemeinschaftsmarkt ohne Einschränkung für gewerbliche Erzeugnisse öffnen (Ausnahme empfindliche Erzeugnisse wie z. B. Textilien); eine finanzielle und technische Zusammenarbeit sowie gemeinsame Organe, die aus einem einmal jährlich tagenden Ministerrat und einem Ausschuß (meistens Botschafter) bestehen. 1989 wurde eine neue Mittelmeerpolitik beschlossen, die u. a. eine Unterstützung des wirtschaftlichen Anpassungsprozesses, die Förderung privater Investitionen sowie ein Finanzpaket von 4,4 Mrd. ECU, davon 1,3 Mrd. an nicht rückzahlbaren Zuschüssen, vorsieht. Um den Friedensprozeß im Nahen Osten zu stützen, hat die EU ein Direkthilfeprogramm für die durch das Friedensabkommen Israels mit der PLO betroffene palästinensische Bevölkerung aufgelegt. Vor dem Hintergrund, daß in den Mittelmeerländern, besonders den Maghreb-Ländern Algerien, Tunesien, Marokko, Stabilitätsprobleme und damit Migrationen nach EU-Europa zunehmen dürften, liegt eine ökonomische Unterstützung dieser Staaten auch im europäischen Interesse.

4. EU und Japan: Da Japan erst in den 70er Jahren zu einem bedeutenden Akteur aufstieg, gibt es erst seit dieser Zeit nennenswerte Beziehungen. Seit 1974 befindet sich in Tokio eine Delegation der EG. Von ursprünglich reinen Handelsbeziehungen haben sich die Beziehungen inzwischen auch zu politischen entwickelt. In einer 1991 verabschiedeten Erklärung einigten sich beide Seiten auf eine konkrete Zusammenarbeit

sowohl im politischen als auch im wirtschaftlichen Bereich. Es wurde ein institutioneller Rahmen für Konsultationen geschaffen. Dennoch werden die Beziehungen zwischen beiden Seiten durch die asymmetrischen Wirtschaftsbeziehungen zwischen beiden Partnern belastet. Nach Auffassung der Europäer sind die Japaner unvollständig in das multilaterale Welthandelssystem integriert, was zu einer Bevorzugung der Japaner bei der Nutzung der Weltmärkte geführt hat. So zielt die EU mit ihrer Politik auf eine stärkere Öffnung der japanischen Märkte.

5. EU und Dritte Welt: Eine Sonderstellung in der Dritten Welt nehmen die 69 AKP-Staaten ein, mit denen die EU im Rahmen der vier Lomé-Abkommen Sonderkonditionen vereinbart hat (s. dazu den Beitrag ‹Entwicklungspolitik› in diesem Bd.).

V. Die EU ist zwar nach wie vor ein durch die wirtschaftlichen Faktoren dominierter Staatenverbund, doch erfordern internationale Herausforderungen eine immer stärkere politische Rolle der Union. Mit der Einrichtung der GASP hat die EU einen wichtigen, wenn auch nicht ausreichenden Schritt getan, um zunehmend stärker als einheitlicher Akteur in der internationalen Politik zu handeln. Die EU wird in Zukunft auf vier unterschiedlichen Handlungsebenen wirken müssen, wenn sie den Herausforderungen des internationalen Systems erfolgreich begegnen will. Sie muß (1) eine Politik der Nachbarschaft betreiben, das verlangt insbesondere Anstrengungen, die neuen politischen Systeme in Ost- und Mitteleuropa ökonomisch und politisch zu stabilisieren. Allerdings werden auch die südlichen Nachbarländer sowohl im westlichen als auch im östlichen Mittelmeer für die Aufrechterhaltung der eigenen Stabilität immer bedeutsamer und verlangen ihren Tribut. Die EU wird (2) die Partnerschaft mit den USA weiter intensivieren und noch stärker institutionalisieren müssen. Sie wird (3) als weltgrößter Handelsakteur die globalweltwirtschaftliche Integration mit einem offenen Welthandelssystem weiter intensivieren müssen. Schließlich wird sie (4) ihre entwicklungspolitische Strategie weiter verfeinern müssen, um die Reibungsverluste von nationaler und gemeinschaftlicher Entwicklungspolitik möglichst gering zu halten. Die EU ist nicht länger nur ein wirtschaftlicher, sondern zunehmend ein politischer Akteur, auf den von anderen Akteuren immer größere Hoffnungen gesetzt werden.

↗ Entwicklungspolitik; Gemeinsame Außen- und Sicherheitspolitik.

Literatur: *Carlsnaes, W./Smith, S.* (Hrsg.) 1994: European Foreign Policy. The EC and Changing Foreign Policy Perspectives in Europe, London. *Jopp, M.* 1995: Die Reform der Gemeinsamen Außen- und Sicherheitspolitik – institutionelle Vorschläge und ihre Realisierungschancen, in: Integration 3, 133–143. *Kommission der EG* (Hrsg.) 1993: Die EG als Welthandelsmacht (Außenhandelsbericht), Frankfurt a. M. *Weidenfeld, W.* 1995: Europa – Weltmacht im Werden, in: IP 5, 17–22. *Weidenfeld, W./Wessels, W.* (Hrsg.) 1981 ff.: Jahrbuch der Europäischen Integration, Bonn.

Wichard Woyke

Baltischer Rat

Am 12. 5. 1990 wurde der *Baltische Rat* (*Baltic Council*) durch die um die Sicherung ihrer jüngst verkündeten Unabhängigkeit besorgten baltischen Staaten Estland, Lettland und Litauen gegründet und mit ihm die baltische *Entente* von 1934 wiederbelebt. Die ursprünglichen Ziele standen ganz im Zusammenhang der Wiedergewinnung der nationalen Unabhängigkeit, ihrer internen Absicherung und internationalen Anerkennung. Darin eingeschlossen war die Abstimmung der Politik gegenüber der Sowjetunion, insbesondere in der Frage des Abzugs der sowjetischen Truppen aus den baltischen Ländern. Des weiteren strebten die Vertragsstaaten gemeinsam die Mitgliedschaft in den *Vereinten Nationen* und der KSZE an. Neben der politischen Zusammenarbeit, die so viel Interessenübereinstimmung offenbarte, wurde auch eine wirtschaftliche Zusammenarbeit vereinbart.

Der Rat der baltischen Staaten besteht aus den Außenministern der drei Länder; er tagt periodisch oder auf Antrag eines Signatarstaates. Eine ständige Arbeitsgruppe dient zum Informationsaustausch sowie zur Koordinierung außenpolitischer Zielsetzungen.

Wesentliche politische Ziele der baltischen Länder konnten erreicht werden: Aufnahme in die *Vereinten Nationen* und die KSZE/OSZE, Abzug der sowjetischen bzw. russischen Truppen aus Estland und Lettland zum 31. 8. 1994. Auf der ersten Ratssitzung am 5. 10. 1992 wurde für die Errichtung eines allgemeinen Sicherheitssystems der baltischen Staaten plädiert. Im September 1994 vereinbarten die drei Staaten mit Großbritannien und den skandinavischen Ländern die Gründung eines Balten-Bataillons. Ab 1996 sollen 1000 Soldaten als friedenserhaltende Einheit im Baltikum bereitstehen. Der Beteiligung an internationalen Aufgaben im Rahmen von UN oder OSZE wollen sich die baltischen Staaten nicht verschließen.

Es bleibt abzuwarten, welche Rolle der Baltische Rat im europäischen Regionalsystem wird spielen können. Die drei Länder müssen schon angesichts ihrer geringen Einwohnerzahl (Estland: 1,5 Mio. E.; Lettland: 2,7 Mio. E.; Litauen: 3,7 Mio. E.) eine stärkere wirtschaftliche und politische Kooperation suchen, um sich Gehör zu verschaffen. Politisch und ökonomisch dürften der Ostseerat und die EU für die drei baltischen Länder immer bedeutsamer werden. Der *Baltische Rat* könnte dazu dienen, analog zur Rolle der Benelux-Union die Position der drei Länder im größeren regionalen Verbund aufzuwerten.

Wichard Woyke

Benelux-Wirtschaftsunion

Benelux ist das älteste erfolgreiche Integrationsprojekt in Europa; es hat für die europäische Integration häufig Experiment und Inspiration sein können. Dennoch blieb sein Integrationsniveau stets hinter der Supranationalität, wie sie teilweise in der EU erreicht ist, zurück. In der Benelux, der viertstärksten Wirtschaftsmacht der Welt, koordinieren Belgien, die Niederlande und Luxemburg vielmehr ihre nationalstaatliche Politik, um durch gemeinsames Auftreten ihre Position im internationalen System zu stärken und die Entwicklung ihrer Volkswirtschaften zu fördern.

1. Die Organisationsstruktur von Benelux ist intergouvernemental geprägt: Bindende Beschlüsse können nur einstimmig vom Ministerkomitee gefaßt werden, in dem die Außen-, Premier- oder Fachminister jährlich mehrmals versammelt sind. Benelux-Beschlüsse verpflichten nur die nationalen Exekutiven, ein Gesetzgebungsverfahren einzuleiten, d.h. ihre Umsetzung in nationales Recht muß von den drei nationalen Parlamenten unterstützt und aus den Staatshaushalten finanziert werden. (Der Benelux-Haushalt umfaßt dagegen nur Gebäude- und Personalkosten, die zu je 48,5 % von Belgien und den Niederlanden sowie zu 3 % von Luxemburg getragen werden.)

Vorbereitet werden diese Beschlüsse vom bis zu 20 Spitzenbeamten umfassenden Rat der Wirtschaftsunion, dem dazu 24 themenspezifische (Sonder-)Ausschüsse und ministerielle Arbeitsgruppen zuarbeiten. Ihre Verwaltung obliegt dem 80köpfigen Generalsekretariat in Brüssel, an dessen Spitze stets ein Niederländer stehen muß.

Konsultative Organe sind außerdem: der Beratende Interparlamentarische Benelux-Rat, bestehend aus je 21 belgischen und niederländischen sowie 7 luxemburgischen Parlamentsabgeordneten; und der Wirtschafts- und Sozialrat, in den jedes Mitgliedsland höchstens neun Arbeitgeber- und Arbeitnehmervertreter entsenden darf. Daneben berät der Benelux-Gerichtshof darüber, wie die Benelux-Beschlüsse einheitlich im nationalen Recht ausgelegt werden können.

2. Die Entwicklung der Benelux-Wirtschaftsunion verlief nicht linear und widerlegt damit die sog. ‹Integrationshierarchie› (Freihandelszone – Zollunion – Binnenmarkt – Wirtschaftsunion). Während der deutschen Besatzung schlossen die drei Exilregierungen am 5.9. 1944 direkt einen Vertrag über eine Zollunion, der am 1.1. 1948 in Kraft trat. Seitdem verzichteten die Länder darauf, den Handel untereinander mit Zöllen zu belegen, und ersetzten diese durch einen gemeinsamen Außenzoll. In dieser Zollunion griff man zugleich auf einen Binnenmarkt vor: 1953 wurde eine gemeinsame Außenhandelspolitik, 1954 der freie Kapitalverkehr, 1956 der freie Verkehr von Arbeitskräften vereinbart. Am 3.2. 1958 schlossen die Länder den Vertrag über die Benelux-Wirtschaftsunion, der am 1.11. 1960 in Kraft trat. Um eine Wirtschaftsunion zu errichten, mußte jedoch erst die

Vervollständigung des Binnenmarkts nachgeholt werden: mit der Abschaffung der Personenkontrollen an den gemeinsamen Grenzen 1960 (35 Jahre bevor das Schengen-Abkommen umgesetzt wurde) sowie aller Warenkontrollen 1969 und 1971. Faktisch errichtete Benelux einen Binnenmarkt '72, der dann in den europäischen Binnenmarkt '92 aufging. Die vertraglich definierte Wirtschaftsunion blieb dagegen eine Zielvorgabe und wurde vom Vertrag von Maastricht überflügelt.

Da die Benelux außer in der Handelspolitik der europäischen Integration nicht mehr vorauseilt, stellt sich inzwischen die Frage nach ihrer Existenzberechtigung. Vordergründig beantwortet die Benelux sie, indem sie außerhalb des Vertrags von 1958 (1) immer neue Politikfelder entdeckt, in denen sie zwar nichts beschließen, aber durch Empfehlungen und Übereinkünfte viel bewegen kann: Städtebau, Umweltschutz, Energie, Haushaltsdisziplin, Häfen, Arbeitsmarkt, Tourismus, Transport, Verwaltung des Schengen-Prozesses seit 1989, Anbindung des Baltikums an die EU usw.; (2) neue (lokale und regionale) Politikebenen erschließt, was spätestens seit der Föderalisierung Belgiens ohnehin not tut.

Tatsächlich ist die Benelux aber nie schlichtweg komplementär zur EG/EU gewesen, vielmehr zeichnet sie ein ambivalentes Verhältnis zur europäischen Integration aus. Denn obwohl als Makler des supranationalen Europas und Freihandels gerühmt, behält sie auch heute noch ein nationalegoistisches Unterpfand, nämlich: Belgien, die Niederlande und Luxemburg im Integrationsprozeß und speziell im Ministerrat zu stärken.

↗ Geschichte der europäischen Integration seit 1945.

Literatur: *Generalsekretariat der Benelux-Wirtschaftsunion* (Hrsg.): Benelux-Newsletter, Luxemburg (erscheint monatlich). *Bloemen, E.* 1992 (Hrsg.): Het Benelux-effect, Amsterdam. *de Bruijn, T.* 1994: Alleen de taalgrens vervaagt niet. Vijftig jaar Benelux in: Economisch Magazine 1, 1–5. *Conseil Interparlamentaire Consultatif de Benelux* 1990: Le Benelux dans les anées '90, Brüssel. *Woyke, W.* 1985: Erfolg durch Integration. Die Europapolitik der Benelux-Staaten von 1947 bis 1969, Bochum.

Gregor Halff

Bildungs- und Kulturpolitik

Bildungspolitik umfaßt die politischen und verbandlichen Aktivitäten in den Bereichen (1) allgemeine Bildung, d. h. der Vermittlung und Kontrolle grundlegender Kenntnisse der nationalen Kultur in Verbindung mit der Sozialisation junger Menschen und (2) der Berufsausbildung, d. h. der Vermittlung von Fähigkeiten und Kenntnissen für spezielle berufliche und gesellschaftliche Positionen. Kulturpolitik kann je nach zugrundegelegtem Kulturbegriff entweder umfassend definiert und auf jegliche Form gesellschaftlicher Beziehungen bezogen werden oder aber, auf die traditionellen

Künste (Bildende und Darstellende Kunst, Musik, Literatur) bezogen, eine spezielle Bedeutung erhalten.

Die europäische Integration war für diese von nationalen und regionalen Traditionen geprägten Bereiche lange von relativ geringer Bedeutung. Weder in den Gründungsverträgen noch durch die Einheitliche Europäische Akte wurden der europäischen Ebene allgemeine und umfassende Kompetenzen übertragen. Das liegt nicht zuletzt daran, daß in den Mitgliedstaaten die bildungs- und kulturpolitischen Kompetenzen z. T. in regionale bzw. subnationale Zuständigkeit fallen, deren Träger Widerstand gegen mögliche Einschränkungen leisten (*Merten* 1990, *Hochbaum* 1992). So weist z. B. das deutsche Grundgesetz die Gesetzgebungskompetenz für die allgemeine Bildung und Kultur weitgehend den Bundesländern zu (Art. 30, 70 GG).

Nach Maßgabe der durch den Vertrag von Maastricht erfolgten Änderungen des EG-Vertrages soll die EU «einen Beitrag zu einer qualitativ hochstehenden allgemeinen und beruflichen Bildung sowie zur Entfaltung des Kulturlebens in den Mitgliedstaaten» leisten (Art. 3, Satz p EG-V). Die hier begründeten Kompetenzen werden allerdings durch das vorgelagerte Subsidiaritätsprinzip eingeschränkt. Die EU darf danach in den Bereichen Bildung und Kultur nur tätig werden, «sofern und soweit die Ziele der in Betracht gezogenen Maßnahmen auf Ebene der Mitgliedstaaten nicht ausreichend erreicht werden können und daher wegen ihres Umfangs oder ihrer Wirkung besser auf Gemeinschaftsebene erreicht werden können» (Art. 3 b, Ziff. 2 EG-V).

I. *Bildung*: Vor den Maastrichter Verträgen gab es zwar keine unmittelbare Rechtsgrundlage für eine allgemeine europäische Bildungspolitik. Kommission, Rat und Europäischer Gerichtshof legten aber die Kompetenz für die Berufsausbildung insofern weit aus, als auch der Bereich der Hochschulpolitik zur Berufsausbildung gezählt wurde. Daraus konnte die rechtliche Grundlage für die seit den 80er Jahren bestehenden EG/EU-Aktionsprogramme im Bereich der Hochschulen (z. B. ERASMUS, COMETT) abgeleitet werden. Mit dem EU-V wurden die bereits bestehenden Förderprogramme auch vertraglich legitimiert (Art. 126 EG-V). Allerdings bleibt die Verantwortung der einzelnen Mitgliedstaaten für die Lehrinhalte und die Gestaltung des Bildungssystems ausdrücklich unberührt.

Im Gegensatz zu allgemeinen bildungspolitischen Aufgaben wurden der Gemeinschaft bereits im Rahmen des EWG-Vertrages (EWG-V) von Rom (1957) grundlegende Kompetenzen in der Berufsausbildung zuerkannt (Art. 128 EWG-V). Auch nach Maastricht verfügt die EU über umfassende Zuständigkeiten in der beruflichen Bildung, die sich sowohl auf die europäische Zusammenarbeit und den Austausch als auch auf die Verbesserung des beruflichen Bildungsniveaus beziehen (Art. 127 EG-V). Sie bilden die Rechtsgrundlage für die verschiedenen berufsbildenden Förderprogramme der EG/EU (z. B. LINGUA, PETRA, FORCE, EUROTECNET, IRIS). Obwohl es seit den 70er Jahren Richtlinien zur Vergleichbarkeit von Diplomen und Zeugnissen verschiedener Mitgliedstaaten gibt, um die Aufnahme einer Berufstätigkeit auf der Grundlage der Dienstleistungs- und Niederlassungsfreiheit (Art. 54, 56, 57, 66 EG-V) zu ermöglichen, ist eine Harmonisierung der Berufsbildungssysteme nicht vorgesehen (*Berggreen* 1992).

II. *Kultur*: Die EU verfügt im kulturpolitischen Bereich über abgeleitete, aber insofern beachtliche Kompetenzen, als Kultur dem Gemeinschaftsrecht als Wirtschaftsgut zugeordnet wird. Die für Künstler wichtigste Zuständigkeit der EU liegt im Bereich der Urheberrechte. Diese sind Mitte 1993 auf der Grundlage des bestehenden deutschen Rechts harmonisiert worden; weitere Maßnahmen im Bereich verwandter Rechte stehen noch aus. Ein zweiter für Kulturschaffende zentraler Aspekt betrifft die Steuern auf kulturelle Erzeugnisse. Abweichend vom vereinbarten Normalsatz für Umsatzsteuern (15 %), soll für die meisten kulturellen Leistungen ein ermäßigter Satz von 5 % gelten. Regelungen aus anderen Bereichen europäischer Politik, die für den Kulturbereich bedeutsam sind, betreffen u. a. den Transport von nationalen Kulturgütern und Maßnahmen zum Wettbewerbsschutz (*Schubert/Bandelow* 1994).

Neben diesen abgeleiteten Kompetenzen wird der EU mit der Vollendung des Binnenmarktes auch ein unmittelbarer Beitrag zur «Entfaltung der Kulturen der Mitgliedstaaten unter Wahrung ihrer nationalen und regionalen Vielfalt sowie gleichzeitiger Hervorhebung des gemeinsamen kulturellen Erbes» (Art. 128 EG-V) zuerkannt. Die Möglichkeiten der Union zur Wahrnehmung dieser Aufgabe sind allerdings gering. Der kulturpolitische Haushalt der EU beträgt z. Z. knapp 20 Mio. DM, d. h. weniger als 0,0002 % des Gesamtetats. Aufgrund geringer Ressourcenausstattung ist die Kommission als Ansprechpartner für die unterschiedlich strukturierten, heterogenen und finanzschwachen Verbände der Kulturschaffenden wenig attraktiv. Kompensatorisch und um die eigene Bedeutung als kulturpolitischer Akteur aufzuwerten, ist die europäische Kulturpolitik von Bemühungen der Kommission geprägt, europäische Netzwerke von Kulturschaffenden und deren Verbänden zu etablieren (*Schubert/Bandelow* 1994).

Für die europäische Kulturpolitik ist neben der Union auch der *Europarat* bedeutsam. Als Zusammenschluß von 26 Staaten mit Verbindungen zu fast allen europäischen Ländern dient dieser v. a. als Forum für kulturelle Kontakte über die Grenzen der EU hinaus. Die im Vergleich zur EU lockeren Strukturen gestatten zudem eine in diesem Politikfeld oft förderliche, unverbindlichere Zusammenarbeit ohne unmittelbare Notwendigkeit zur Einigung auf rechtliche Rahmenbedingungen (*Weber* 1992).

III. *Perspektiven und Probleme*: Mit dem gemeinsamen Binnenmarkt soll die Solidarität zwischen den europäischen Völkern «unter Achtung ihrer Geschichte, ihrer Kultur und ihrer Tradition» gestärkt werden (EU-V: Präambel). Die Europäische Bildungs- und Kulturpolitik zielt dabei auf soviel Gemeinsamkeit wie möglich unter Beachtung von soviel nationaler Eigenheit wie nötig. Durch das Subsidiaritätsprinzip wird dieses grundsätzliche Ziel auch rechtlich umgesetzt. Die kulturelle Integration gestaltet sich gleichwohl dadurch besonders problematisch, daß die nationalen und regionalen Traditionen jeweils im Vordergrund stehen und die z. T. regionalisierten Zuständigkeiten berücksichtigt werden müssen.

Aufgrund der wirtschaftlichen und industriellen Notwendigkeit des Austausches von Wissen und *Know-how* lassen sich diese Widerstände im Bereich der Bildung zunehmend überwinden. Die technologischen Entwicklungen und die voranschreitende Europäisierung vieler Unternehmen erzeugen einen zunehmenden Bedarf an Arbeitnehmern, deren Bildung über die nationalen Traditionen und Sprachen hinausgeht. Die solchermaßen bereits eingetretene Europäisierung der Bildungspolitik ist in Deutschland mit einem Kompetenzverlust der Bundesländer verbunden (*Schröder* 1990).

Die Entwicklung einer europäischen Kultur kann nur dann ohne Verzicht auf Vielfalt gestärkt werden, wenn zusätzliche Ressourcen hierfür zur Verfügung gestellt werden. Die bisher zur Verfügung stehenden Mittel der EU lassen hier wenig Spielraum. Darüber hinaus sind die Interessenvertreter von Kunst und Kultur, die auf nationaler Ebene Kürzungen nicht verhindern können, aufgrund ihrer Heterogenität und unzureichenden materiellen Ausstattung nicht in der Lage, auf europäischer Ebene wirkungsvollen Lobbyismus zu betreiben.

↗ Medienpolitik.

Literatur: *Berggreen, I.* 1992: Das Bildungswesen in Europa nach Maastricht, in: Recht der Jugend und des Bildungswesens 40 (4), 436–450. *Europäisches Parlament, Generaldirektion Wissenschaft* (Hrsg.) 1992: Änderungen aufgrund des Vertrages über die Europäische Union in den Bereichen allgemeine und berufliche Bildung und Kultur (Arbeitsdokument DE-4–1992), Luxemburg. *Hochbaum, I.* 1992: Nationales und gemeinschaftliches Interesse. Die europäische Bildungspolitik von Rom bis Maastricht, in: Recht der Jugend und des Bildungswesens 40 (4), 505–520. *Merten, D.* (Hrsg.) 1990: Föderalismus und Europäische Gemeinschaften. Berlin. *Schröder, M.* 1990: Europäische Bildungspolitik und bundesstaatliche Ordnung. Baden-Baden. *Schubert, K./Bandelow, N.* 1994: Neue Netze für alte Gewässer. ‹Networking› für eine europäische Kulturpolitik, in: *Eichener, V./Voelzkow, H.* (Hrsg.): Europäische Integration und verbandliche Interessenvermittlung. Marburg, 597–615. *Weber, R.* 1992: Die kulturelle und kulturpolitische Dimension im gesamteuropäischen Einigungsprozeß, in: Kulturpolitische Mitteilungen 56, 16–19.

Nils Bandelow / Klaus Schubert

Binnenmarkt

Durch die Schaffung des Europäischen Binnenmarktes entstand innerhalb der *Europäischen Gemeinschaft* ein gemeinsamer Wirtschaftsraum ohne Binnengrenzen, in dem der freie Verkehr von Waren, Personen, Dienstleistungen und Kapital gewährleistet ist (Art. 7 a EG-V). Mit der Verabschiedung des Binnenmarkt-Programms verpflichteten sich die Mitgliedstaaten, bestehende zwischenstaatliche Handelsschranken innerhalb der *Europäischen Gemeinschaft* abzubauen und eine völlige Marktöffnung anzustreben. Der Binnenmarkt, dessen Verwirklichung bis zum 31. 12. 1992 im Rahmen der Einheitlichen Europäischen Akte von 1987 vertraglich verankert wurde, konnte – begünstigt von neuen Verfahren der Umsetzung und getragen von einer Wiederbelebung der Integrationsdynamik – bislang ungelöst gebliebene Probleme der Marktöffnung überwinden und weitgehend termingerecht verwirklicht werden.

I. *Vom ‹Gemeinsamen Markt› zum Binnenmarkt*: Das im Binnenmarktprojekt angestrebte Vorhaben, zwischenstaatliche Handelsschranken abzubauen, ist keineswegs ein neues integrationspolitisches Ziel der Gemeinschaft, sondern steht unter der Bezeichnung des ‹Gemeinsamen Marktes› bereits seit der Gründung der EWG auf der Agenda. Vom Zusammenschluß der nationalen Volkswirtschaften zu einem gemeinsamen Markt ohne nationale Handelshemmnisse wurde gemäß wirtschaftswissenschaftlicher Lehre eine allseitige Wohlstandsmehrung erwartet. Darüber hinaus aber sollte durch die Marktöffnung vor allem ein solider wirtschaftlicher Unterbau für die politische Einheit Europas entstehen.

Der ‹Gemeinsame Markt› sollte über die Errichtung einer Zollunion (Abschaffung der Zölle und mengenmäßigen Handelsbeschränkungen im Innern, gemeinsame Zoll- und Handelspolitik gegenüber Drittländern) hinaus auch den Abbau von nicht-tarifären Handelshemmnissen und von Hindernissen für den freien Personen-, Dienstleistungs- und Kapitalverkehr zwischen den Mitgliedstaaten beinhalten und in drei Stufen innerhalb von zwölf Jahren verwirklicht werden. Tatsächlich wurde die Zollunion bereits zwei Jahre früher realisiert. Zahlreiche nicht-tarifäre Handelshemmnisse aber konnten nicht fristgerecht beseitigt werden, sei es wegen protektionistischer Interessen, sei es wegen der enormen administrativen Widerstände gegen eine gemeinschaftsweite Rechtsangleichung. Diese Probleme in der Umsetzung des Gemeinsamen Marktes trugen entscheidend zu jener Lähmung der Gemeinschaft («Eurosklerose») bei, die bis in die 80er Jahre andauerte.

Die fortbestehende Zersplitterung des europäischen Marktes galt als einer der Gründe für die wirtschaftliche Stagnation Westeuropas und seine schwindende Wettbewerbsfähigkeit gegenüber den Hauptkonkurrenten USA und Japan, die zu Beginn der 80er Jahre konstatiert wurden.

Ausgehend von der Initiative großer europäischer Unternehmen (*European Round Table of Industrialists*) setzte sich in den europäischen politischen Eliten die Auffassung durch, daß nationale wirtschafts- und industriepolitische Strategien kein taugliches Mittel waren, um verlorene Wettbewerbsfähigkeit zurückzugewinnen. Die Revitalisierung des Gemeinsamen Marktes durch das Projekt des einheitlichen Binnenmarktes entsprang somit der wachsenden Einsicht in die hohen Kosten der europäischen Marktfragmentierung. Die erfolgreiche Umsetzung dieses Projektes wurde darüber hinaus begünstigt durch die zunehmende Konvergenz der herrschenden wirtschaftspolitischen Konzepte in den Mitgliedstaaten, die sich seit Beginn der 80er Jahre abzeichnete (*Tsoukalis* 1992).

Im Juni 1985 legte die EG-Kommission ihr ‹Weißbuch zur Vollendung des Binnenmarktes› vor, in dem ein detailliertes Arbeitsprogramm zur Schaffung eines europäischen Marktes ohne Binnengrenzen und der hierzu nötigen Rechtsakte präsentiert wurde (*Kommission der Europäischen Gemeinschaften* 1985). Es enthält rund 300 Rechtsakte, deren Umsetzung zur völligen Beseitigung der bestehenden steuerlichen, materiellen und technischen Schranken innerhalb der Gemeinschaft führen sollte. Zur Mobilisierung einer breiten öffentlichen Unterstützung und der Aufmerksamkeit weiter Bevölkerungskreise trug ganz wesentlich der von der Kommission in Auftrag gegebene ‹*Cecchini*–Bericht› (*Cecchini* 1988) bei, in dem die ökonomischen Vorteile des Binnenmarktes herausgearbeitet und dabei erhebliche Wachstumspotentiale in Aussicht gestellt wurden. Wenn auch in diesem Bericht die makroökonomischen Wirkungen des Binnenmarktes offenkundig überschätzt wurden – es wurde z. B. von einer Beschäftigungszunahme von knapp 2 Mio. Personen ausgegangen –, so trug er dennoch wesentlich dazu bei, das Binnenmarktprogramm zu popularisieren und ‹Europa 1992› zu einem geradezu magischen Datum in der Entwicklung der *Europäischen Gemeinschaft* werden zu lassen. Die Aussicht auf Verwirklichung des Binnenmarktes führte in der zweiten Hälfte der 80er Jahre zweifellos zu einer erheblichen Dynamisierung des europäischen Integrationsprozesses, die noch wenige Jahre zuvor kaum jemand für möglich gehalten hätte.

II. *Die Umsetzung des Binnenmarktes – ‹neuer Ansatz› und Mehrheitsentscheidungen:* Die erfolgreiche Umsetzung des Binnenmarktprojektes basierte auf zwei wesentlichen Innovationen der Gemeinschaftspolitik: dem ‹neuen Ansatz› der EG-Kommission bezüglich der gegenseitigen Anerkennung nationaler Regelsysteme sowie dem Abrücken vom Einstimmigkeitsprinzip im Ministerrat bei Rechtsakten, die die Verwirklichung des Binnenmarktes betreffen.

Bis Mitte der 80er Jahre wurde das Ziel der Beseitigung technischer Handelshemmnisse innerhalb der Gemeinschaft durch gegenseitige Rechtsangleichung angestrebt. Die Angleichung von zunächst sechs, schließlich sogar zwölf unterschiedlichen nationalen Rechts- und Verwaltungstraditionen erwies sich als höchst komplexe und langwierige Aufgabe. Der ‹neue Ansatz› der Kommission im Rahmen des Binnenmarktprogramms wich daher vom Grundsatz der Rechtsangleichung ab und führte das vom EuGH entwickelte Prinzip der gegenseitigen Anerkennung ein. Dieses Prinzip, das erstmals im ‹*Cassis-de-Dijon*›-Urteil von 1979 Anwendung fand, besagt, daß Güter, die in einem Mitgliedstaat zum Handel freigegeben wurden, grundsätzlich auch in allen anderen Mitgliedstaaten zuzulassen sind. Die Mitgliedstaaten erkennen somit gegenseitig ihre nationalen Vorschriften an; der langwierige Prozeß der Harmonisierung entfällt weitgehend. Eine Harmonisierung von Rechtsvorschriften soll auf EG-Ebene nur noch dann erfolgen, wenn Mindeststandards zur Vermeidung von Wettbewerbsverzerrungen und zum Schutz der Verbraucher nötig erscheinen (vgl. *van Scherpenberg* 1992).

Um die zügige Umsetzung des Binnenmarktprogramms zu gewährleisten, wurde die bisher bestehende Erfordernis der Einstimmigkeit im Ministerrat bei der Harmonisierung von Rechtsvorschriften (Art. 100 EWG-V) fallengelassen. Gemäß dem im Rahmen der EEA eingeführten Art. 100 a EWG-V kann bei binnenmarktrelevanten Rechtsakten mit qualifizierter Mehrheit entschieden werden. Gleichzeitig wurde durch die Einführung des «Verfahrens der Zusammenarbeit» die Bedeutung des Europäischen Parlamentes erheblich gestärkt. Von der Einführung der qualifizierten Mehrheit im Ministerrat ausgenommen blieben allerdings die Bereiche Verkehr, Steuern, Freizügigkeit und Rechte der Arbeitnehmer.

III. *‹Unvollendeter Binnenmarkt›? Fortbestehende Probleme in der Umsetzung:* Obwohl der Stichtag der Einführung des Binnenmarktes mit dem 1. 1. 1993 verstrichen ist, muß teilweise noch heute von einem ‹unvollendeten Binnenmarkt› gesprochen werden. Zum einen ist hierbei die noch immer unvollständige Umsetzung der binnenmarktrelevanten Maßnahmen in den Mitgliedstaaten zu nennen. Die Umsetzung der Binnenmarkt-Richtlinien verläuft in den Mitgliedstaaten unterschiedlich schnell, was zu temporären Wettbewerbsverzerrungen und Handelsbeeinträchtigungen führen kann. Die Kommission überprüft regelmäßig den Stand der Umsetzung und legt hierzu halbjährliche Berichte vor. Ende 1994 waren im Durchschnitt aller Mitgliedstaaten knapp 90% der binnenmarktrelevanten Rechtsakte in nationales Recht umgesetzt worden, so daß insgesamt davon auszugehen ist, daß die Implementierung des Binnenmarktes ein Übergangsproblem darstellt.

Noch nicht vollständig erreicht wurde die notwendige Harmonisierung der indirekten Steuern. Das gilt vor allem für die Umsatzsteuer als die aufkommensstärkste der indirekten Steuern (für die spezifischen Verbrauchsteuern – Mineralöl-, Tabak-, Alkoholsteuern – konnte eine Mindestharmonisierung vereinbart werden). Binnenmarktkonform wäre der

Verzicht auf die Umsatzsteuerbefreiung der Exporte bzw. auf die Umsatzsteuerbelastung der Importe im innergemeinschaftlichen Handel. Da dies nur bei identischen Steuersätzen und genau ausgeglichenen bilateralen Handelsbilanzen zwischen allen Mitgliedstaaten aufkommensneutral wäre, hat die Kommission ein gemeinschaftsweites *Clearing*-Verfahren zur nachträglichen Verteilung des Umsatzsteueraufkommens entsprechend den nationalen Steuertarifen und Umsätzen vorgeschlagen. Dieser Vorschlag erhielt allerdings aufgrund der damit verbundenen Aushöhlung der nationalen Steuerhoheit der Mitgliedstaaten nicht die nötige einstimmige Billigung des Ministerrates. Vereinbart wurde bislang lediglich ein kompliziertes Übergangsregime, das die Erfassung der Ex- und Importe und einen innergemeinschaftlichen Datenabgleich der nationalen Finanzverwaltungen ersetzt.

Die Herstellung des einheitlichen Marktes beschränkt sich nicht allein auf die Instrumentarien ‹negativer Integration›, d. h. auf den Abbau von Handelshemmnissen und Diskriminierungen. Der Binnenmarkt wurde frühzeitig von Maßnahmen ‹positiver Integration›, also der Vergemeinschaftung von Politikfeldern oder -instrumenten begleitet, die die unerwünschten sozialen, ökonomischen und ökologischen Effekte des Binnenmarktes abfedern sollen. Solche ‹flankierenden Politiken› sind insbesondere die europäische Umwelt- und Gesundheitspolitik, die Industrie- und Technologiepolitik sowie die europäische Sozialpolitik.

Die Einführung bzw. die Intensivierung von Gemeinschaftsaktivitäten in diesen Politikfeldern verdeutlicht zwar einerseits, welchen Schub die europäische Integration durch den Binnenmarkt auch auf dem Gebiet der ‹positiven Integration› erhalten hat. Andererseits haben aber gerade die ‹flankierenden Politiken› die gravierenden Differenzen in den ordnungspolitischen Präferenzen der Mitgliedstaaten und in der Frage, wie weit die gemeinschaftliche Wirtschaftspolitik reichen soll, offengelegt. Der allgemeine Konsens über den Bedarf und die Notwendigkeit einer gemeinsamen wirtschaftlichen Ordnungspolitik geht somit keineswegs mit dem Konsens über grundlegende Orientierungen in diesem Politikbereich einher. Die Nichtteilnahme Großbritanniens an der europäischen Sozialpolitik, die gemeinsame Aktivitäten zum Schutz der Gesundheit und der sozialen Sicherheit der Arbeitnehmer vorsieht, läßt die bestehenden tiefgreifenden Differenzen besonders deutlich zutage treten. Die Chancen weiterer positiver Integrationsschritte zur Sicherstellung der sozialen und ökologischen Verträglichkeit der Marktöffnung werden als überaus gering eingeschätzt (*Scharpf* 1996).

IV. *Politikwissenschaftliche Analysen zum Binnenmarkt – Bilanz und Perspektiven*: Die Politikwissenschaft hat sich sehr intensiv mit den Ursachen und Folgen des vom Binnenmarkt ausgelösten integrationspolitischen Schubs befaßt. Während zu Beginn der Umsetzung vor allem die Analyse des Zustandekommens des Binnenmarktes, d. h. der ausschlaggebenden Faktoren für die neue Dynamik der EG-Integration im Vordergrund stand, werden in jüngster Zeit vermehrt Fragen nach den Folgen des Binnenmarktes, insbesondere den legitimatorischen Problemen der Marktöffnung gestellt.

Die Diskussion um das Zustandekommen des Binnenmarktes führte zu einer Neuauflage der Kontroverse zwischen neofunktionalistischen und neorealistischen Erklärungsansätzen der europäischen Integration. Vertreter des Neofunktionalismus (*Sandholtz/Zysman* 1989) betonen die innere Dynamik des EG-Systems und interpretieren das Zustandekommen des Binnenmarktes als ein von supranationalen und transnationalen Akteuren initiiertes Projekt. Nach dieser Sichtweise wird der EG-Kommission die Bedeutung eines ‹politischen Unternehmers› beigemessen; die Kommission – in Zusammenarbeit mit bedeutenden Wirtschaftsvertretern – habe insofern maßgeblichen Anteil am Zustandekommen des Binnenmarktes, als es ihr gelungen sei, die Zustimmung in den Mitgliedstaaten zu diesem Projekt zu mobilisieren. Demgegenüber sehen Vertreter eines neorealistischen oder ‹intergouvernementalistischen› Ansatzes (*Moravcsik* 1991) die wesentlichen Triebkräfte des Binnenmarktprojektes in nationalen Interessen. Das Zustandekommen des Binnenmarktes ist demnach Ergebnis der von Regierungen geführten zwischenstaatlichen Verhandlungen, bei denen unterschiedliche Interessen der ‹großen› Mitgliedstaaten auf kleinstem gemeinsamem Nenner gebündelt wurden, während die Unterstützung der übrigen Mitgliedstaaten durch *side-payments*, so etwa durch Aufstockung der Gelder der Regionalfonds, sichergestellt wurde.

Die bloße Gegenüberstellung beider Ansätze verdeckt allerdings die Gemeinsamkeiten beider Theorierichtungen, die aufgrund der unterschiedlichen Wahl der dominierenden Analyseebenen leicht übersehen werden. Die Kontroverse zwischen Neofunktionalisten und Neorealisten spiegelt letztlich die dem Binnenmarkt zugrundeliegende Parallelität von supranationaler Integrationsdynamik einerseits und verbleibenden nationalstaatlichen Interessenkonflikten andererseits wider (*Keohane/Hoffmann* 1991).

Während das Zustandekommen und die treibenden Kräfte des Binnenmarktprojektes in der Forschung von Beginn an breite Beachtung fanden, wurde die Frage nach der demokratischen Legitimität der Marktöffnung zunächst nur wenig problematisiert. Die durch den Binnenmarkt vorangetriebene Vertiefung der europäischen Integration stößt insbesondere in den Feldern der ‹positiven Integration› aufgrund der geringen Legitimitätsressourcen der Gemeinschaft verstärkt auf Akzeptanzprobleme und Kritik (*Scharpf* 1996). Die vollzogene Integration der nationalen Volkswirtschaften ohne flankierende Politiken, wie etwa die Einführung einer sozialen Komponente im Binnenmarkt, hat zu einer stückweisen Herausdrängung staatlicher Regulierung zugunsten der Selbstüberlassung der Marktkräfte geführt. Damit wurde ein Trend der Aufgabenverlagerung vom Staat auf den Markt eingeleitet, dessen Folgen für sozial verantwortliches und demokratisch legitimiertes Regieren in weiteren Forschungen sehr aufmerksam analysiert werden müssen.

Ein weiteres mit dem Binnenmarkt einhergehendes offenes Problem betrifft das Verhältnis zwischen Vertiefung und Erweiterung der Gemeinschaft. Der erreichte Grad an Vertiefung der Marktintegration wird künftige Erweiterungsrunden der Gemeinschaft erheblich erschweren, da einerseits der Bestand des Binnenmarktes auch in einer erweiterten Gemeinschaft gewährleistet werden muß, andererseits die ökonomische Heterogenität der Gemeinschaft bei einer Erweiterung durch Staaten aus Mittel- und Osteuropa erheblich zunehmen würde. Schon heute zählen die ungleiche Verteilung der Wachstumsgewinne im Binnenmarkt und die sich damit verschärfenden regionalen Disparitäten zu den zentralen Problemen des Binnenmarktes, die auch durch das immer weiter wachsende Finanzvolumen der EG-Regionalpolitik nicht befriedigend gelöst werden können.

Obwohl der wohlfahrtssteigernde Effekt des Binnenmarktes innerhalb der Grenzen der Gemeinschaft unbestritten ist, konnten Massenarbeitslosigkeit und wirtschaftliche Rezession in den Mitgliedstaaten zu Beginn der 90er Jahre nicht verhindert werden. Die Kommission hat sich daher für eine weitere Intensivierung europäischer Zusammenarbeit und die «Nutzung aller Möglichkeiten des Binnenmarktes» ausgesprochen, um den globalen Herausforderungen des 21. Jahrhunderts gerecht zu werden (*Kommission der Europäischen Gemeinschaften* 1993). Zur Stützung des Binnenmarktes seien neue gemeinschaftliche Anstrengungen, insbesondere in den Bereichen transeuropäischer Verkehrsnetze, Telekommunikation und neuer Technologien erforderlich. Die Suche nach Konzepten für wirtschaftliches Wachstum und die Sicherung von Wohlfahrt ist somit auch nach der Vollendung des Projektes ‹Europa 1992› keineswegs an ihrem Ende angelangt.

↗ Europäische Freihandelsassoziation – EFTA / Europäischer Wirtschaftsraum – EWR; Europäische Wirtschaftsgemeinschaft; Geschichte der europäischen Integration seit 1945; Integrationstheorien; Mitteleuropäisches Freihandelsabkommen – CEFTA; Sozialpolitik; Umweltpolitik; Wirtschaft und Währung.

Literatur: *Cecchini, P.* 1988: Europa '92. Der Vorteil des Binnenmarktes, Baden-Baden. *Keohane, R. O./Hoffmann, S.* 1991: Institutional Change in Europe in the 1980s, in: dies. (Hrsg.), The New European Community. Decision-Making and Institutional Change, Boulder/San Francisco/Oxford, 276–300. *Kommission der Europäischen Gemeinschaften* 1985: Vollendung des Binnenmarktes. Weißbuch der Europäischen Kommission an den Europäischen Rat, KOM (85) 310, 14. 6. 1985. *Kommission der Europäischen Gemeinschaften* 1993: Wachstum, Wettbewerbsfähigkeit, Beschäftigung. Herausforderungen der Gegenwart und Wege ins 21. Jahrhundert. Weißbuch, Luxemburg. *Moravcsik, A.* 1991: Negotiating the Single European Act: national interests and conventional statecraft in the European Community, in: IO 45, 19–56. *Sandholtz, W./Zysman, J.* 1989: Recasting the European Bargain, in: WP 42, 95–128. *Tsoukalis, L.* 1992: The New European Community. The Politics and Economics of Integration, Oxford.

Scharpf, F. W. 1996: Politische Optionen im vollendeten Binnenmarkt, in: *Jachtenfuchs, M./Kohler-Koch, B.* (Hrsg.), Europäische Integration, Opladen, 109–140. *Scherpenberg, J. van* 1992: Ordnungspolitik im EG-Binnenmarkt. Auftrag für die Politische Union, Baden-Baden.

Jens van Scherpenberg/Martin Schmidberger

Energiepolitik

Energiepolitik umfaßt alle politischen Maßnahmen und Pläne zur Steuerung der Energieproduktion, der Energieversorgung und des Energieverbrauchs. Auf dem Einsatz großer Energiemengen bei der Erzeugung von Gütern und Dienstleistungen beruht die Produktivität jeder Industriegesellschaft. Energiepolitik ist deshalb eine unentbehrliche Funktionsbedingung aller modernen politischen Systeme.

Akteure der Energiepolitik sind vornehmlich die energiewirtschaftlichen Interessenten, also die Energieproduzenten, Energiehandels- und -versorgungsunternehmen und die Großverbraucher (Eisen- und Stahlindustrie, metallurgische und chemische Industrie, Verkehrsunternehmen). Eine zunehmend wichtige Rolle spielen außerdem die Umweltschutzverbände. Viele dieser Akteure sind transnational organisiert. Das energiepolitische Entscheidungsfeld reicht von der lokalen bis zur weltpolitischen Ebene. Europäische Energiepolitik umfaßt nur einen Teil dieses Entscheidungsfeldes, und die EG / EU ist in ihm nur ein Akteur neben anderen.

I. *Ursprünge und Grundlagen*: Historisch gesehen steht das Ringen um eine energiepolitische Ordnung Europas noch vor den Anfängen des europäischen Einigungsprozesses. Nach den militärischen Auseinandersetzungen der beiden Weltkriege galten die politischen Bestrebungen der Nachkriegszeit v. a. der Kontrolle über die Räume Lothringen, Saar- und Ruhrgebiet und Oberschlesien, in denen die Steinkohle – damals die einzige bedeutende Energiequelle Europas – in reichen Vorkommen zur Verfügung stand. Die Kohle, die nach den Zerstörungen des II. Weltkrieges als Treibsatz für den Wiederaufbau der europäischen Industriegesellschaften lebensnotwendiger erschien als je zuvor, sollte künftig nicht mehr ein Konfliktgrund zwischen den Nationen sein, sondern ein gemeinsam verwaltetes Erbe (Schuman-Plan von 1950). Die Energiepolitik rückte damit – zeitweilig – in den Mittelpunkt der europäischen Einigungsbestrebungen.

Den europäischen Staaten war zunächst daran gelegen, die ungleich verteilten Ressourcen, v. a. die Ruhrkohle, gemeinschaftlich zugänglich zu machen, sodann neue einheimische Energiequellen zu erschließen und schließlich auch die Energiezufuhr von außerhalb der Region zu erleichtern. Das konnte wegen der faktisch bereits weit fortgeschrittenen transnationalen Strukturen der Energiewirtschaft nicht mehr in nationaler

Isolation geschehen, sondern nur in internationaler Abstimmung und gemeinsamer Interessenwahrnehmung.

Institutionell gesehen war die EG im Anfang und Ansatz v. a. eine Energiegemeinschaft. In ihrem schrittweisen Aufbau spiegelt sich bereits der Wandel der energiewirtschaftlichen Prioritäten. Der Vertrag von 1951 über die Gründung der *Europäischen Gemeinschaft für Kohle und Stahl* (EGKS, Montanunion) schuf ein supranationales Regelwerk für den damals wichtigsten Energieträger der sechs kontinentaleuropäischen Länder, die Steinkohle, zusammen mit dem wichtigsten industriellen Energieverbrauchssektor, der Eisen- und Stahlindustrie. Der Vertrag von 1957 über die Gründung der *Europäischen Atomgemeinschaft* (EAG, Euratom) zielte auf die Entwicklung der nach damaliger Auffassung wichtigsten Energiequelle der Zukunft, der Kernenergie. Der Vertrag von 1957 über die Gründung der *Europäischen Wirtschaftsgemeinschaft* (EWG) hatte zunächst keinen unmittelbaren energiepolitischen Bezug, doch gewann er entscheidende Bedeutung durch die Öffnung der europäischen Energiewirtschaft zum Weltmarkt. Der Maastricht-Vertrag (EU-V) von 1992 schließlich hat Bedeutung für den Energiesektor hauptsächlich durch seine Bestimmungen über die Vollendung des Binnenmarktes und zur Verbraucher- und Umweltschutzpolitik.

II. *Ziele und Instrumente*: Die Energiepolitik der EG hatte ursprünglich ein doppeltes Ziel: ein integrationspolitisches und ein energiewirtschaftliches. Der Gedanke, daß die supranationale Integration zentraler volkswirtschaftlicher Entscheidungsbereiche allmählich eine umfassende Verschmelzung der Interessen aller beteiligten Länder, letztendlich also die politische Union Westeuropas nach sich ziehen werde, stand im Mittelpunkt des *Schuman*–Plans. Die Verträge von 1951 und 1957 wurden als schrittweise Verwirklichung dieses Gedankens verstanden. Die integrationspolitische Zielsetzung hatte zunächst oberste Priorität, die Energiepolitik hingegen eine zwar gewichtige, aber eindeutig nachgeordnete Funktion.

1. Dem institutionellen Integrationsansatz folgend, fußte die energiepolitische Aktivität der EG nicht auf einer energiepolitischen Gesamtkonzeption, sondern auf dem sektoralen Mandat der drei Gründungsverträge. Der EGKS-Vertrag hatte den Zweck, die in den frühen 50er Jahren sich abzeichnende Kohleknappheit zu lindern. Die Tätigkeit der Montanunion richtete sich deshalb v. a. auf den Abbau von Wettbewerbsbeschränkungen und Handelshemmnissen, um allen Verbrauchern in der Gemeinschaft eine von diskriminierenden Beschränkungen freie Kohleversorgung zu garantieren. Für den Fall einer verschärften Mangellage waren eine zentrale administrative Lenkung, Preiskontrolle, Kontingentierung und Zuteilung der gesamten Kohleproduktion vorgesehen.

Der EAG-Vertrag bezweckte die Entwicklung und Erschließung der Kernkraft als alternative Energiequelle für die Gemeinschaft. Euratom widmete sich deshalb v. a. der Aufstellung und Durchführung gemeinsamer Forschungs- und Entwicklungsprogramme für die Kerntechnik. In Anbetracht der besonderen Natur seines Gegenstandes wies der EAG-Vertrag der Gemeinschaft ein alleiniges Eigentumsrecht an nuklearen Spaltmaterialien und ein Versorgungsmonopol für alle Kernbrennstoffe zu. Euratom hatte außerdem die ordnungsgemäße Verwendung dieser Materialien zu überwachen und zu gewährleisten.

Im EWG-Vertrag schließlich wurde der Energiebereich nicht gesondert behandelt, sondern dem allgemeinen Ziel des freien Warenverkehrs untergeordnet. Mit der Schaffung einer europäischen Zollunion wurde namentlich der Handel mit Erdöl und Erdgas liberalisiert. Der Kohlehandel mit Drittländern blieb gemäß EGKS-Vertrag in der Zuständigkeit der einzelnen Mitgliedstaaten.

Montanunion, Euratom und EWG zielten gemeinsam auf die Errichtung eines einheitlichen europäischen Marktes – freilich nicht für die Energiewirtschaft als Ganzes, sondern nur für einzelne Energieträger. Eine einheitliche energiepolitische Linie der drei Gemeinschaften entwickelte sich nicht. Das Instrumentarium der Gründungsverträge erwies sich als inkohärent, widersprüchlich und teilweise überhaupt untauglich zur Erreichung der gesetzten Ziele. Dahinter standen divergierende ordnungspolitische Prämissen. Während die EWG im wesentlichen einer liberalen, marktwirtschaftlichen Konzeption verpflichtet war, spielten in der Montanunion und in der Atomgemeinschaft die dirigistischen und protektionistischen Elemente eine herausragende Rolle. In dem Maße aber, wie sich die EWG bewährte und erfolgreich durchsetzte, wurde die Konzeption der beiden anderen Gemeinschaften desavouiert und zurückgedrängt.

2. Das Instrumentarium europäischer Energiepolitik ist so vielgestaltig wie die vertragsrechtlichen Grundlagen. Es reicht von direkten administrativen Eingriffen über den Erlaß von Verordnungen, Richtlinien und Empfehlungen bis zu technischen Normen, Auflagen und Genehmigungen, von der Bewilligung von Subventionen und Fördermaßnahmen bis zu Gebühren, Zöllen und Kontingenten, von eigenen Forschungsaktivitäten und Entwicklungsprojekten bis zur Erarbeitung von Bedarfsplänen und Rahmenprogrammen. Adressaten sind die nationalen Behörden und die privaten Unternehmen und Verbraucher.

Während das Instrumentarium europäischer Energiepolitik im Rahmen der drei Gründungsverträge im wesentlichen unverändert blieb, hat sich ihre Zielsetzung mehrfach verändert. War das Hauptziel in den 50er Jahren noch die Verteilung knapper und die Erschließung neuer Energieressourcen, so rückte in den 60er Jahren die Versorgung mit möglichst billiger und vielseitig verwendbarer Energie in den Vordergrund. Aus der Sorge vor wachsender Abhängigkeit von Mineralöleinfuhren erwuchs in den 70er Jahren die Forderung nach Diversifizierung der Energiequellen (‹Weg vom Öl!›) und effizienterem Energieeinsatz. In den 80er Jahren führte das neue Umweltbewußtsein zu einem vermehrten Streben nach Ressourcenschonung und erneuerbaren Energiequellen. In den 90er Jahren schließlich bestimmen die globalen Herausforderungen (internationale Wettbewerbsfähigkeit Europas; Gefährdung des Erdklimas durch fossile Brennstoffe) den energiepolitischen Zielhorizont.

Symptomatisch für die widerstreitenden Prioritäten und Interessen der Energiepolitik ist die seit den 80er Jahren andauernde Auseinandersetzung um die Einführung einer europäischen Energiesteuer. Die Kommission wollte mit diesem Projekt mehrere Ziele gleichzeitig erreichen (Erhöhung der Energieeffizienz, Senkung des CO_2-Ausstoßes, Förderung einer kräftig sprudelnden Einnahmequelle), scheiterte aber im Dezember 1994 schließlich am Einspruch des Europäischen Rates. Das scheinbar einfache Lenkungsinstrument der Energiesteuer hätte wahrscheinlich sehr vielfältige und weitreichende Auswirkungen, die in ihrer Komplexität kaum vorhersehbar sind. Auf europäischer Ebene ist dafür bis auf weiteres kein Konsens herzustellen.

III. *Entwicklungstendenzen und Ergebnisse*: Die gesamte Energieproduktion der zwölf EG-Länder wuchs in dem Zeitraum 1950–1990 um 71%, der gesamte Energieverbrauch stieg im gleichen Zeitraum um 210%. Die Energieproduktion blieb hinter dem Wachstum des Energieverbrauchs weit zurück, der Energiebedarf mußte zunehmend durch Einfuhren gedeckt werden. Die Einfuhrabhängigkeit der Gemeinschaft wuchs von 10% im Jahr 1950 auf 32% im Jahr 1960 und 60% im Jahr 1970; sie erreichte

Tabelle 1: Energieproduktion und Energieverbrauch in der EG 1960–1990

	1960 (EG-6)	1970 (EG-9)	1980 (EG-12)	1990 (EG-12)
Primärenergieproduktion (in MtRÖE)[a]	209,9	323,5	478,7	571,2
davon (in %)				
Kohle	86	70	41	27
Erdöl	5	4	19	20
Erdgas	4	18	27	23
Kernenergie	0	4	9	27
Wasserkraft u. a.	5	4	4	3
Primärenergieverbrauch (in MtRÖE)[a]	310,8	816,3	1032,9	1104,6
davon (in %)				
Kohle	57	30	23	21
Erdöl	37	61	55	45
Erdgas	3	7	17	19
Kernenergie	0	1	4	14
Wasserkraft u. a.	3	1	1	1

[a] MtRÖE = Millionen Tonnen Rohöleinheiten

Quelle: EUROSTAT 1990: Energie 1960–1988, Luxemburg; EUROSTAT: Energie – Monatliche Statistiken, 4/1994

1973 ihren Höhepunkt mit 64% und ging bis 1980 wieder auf 54% zurück. Seit den frühen 80er Jahren kann die Gemeinschaft wieder annähernd die Hälfte ihres Energiebedarfs aus der Eigenproduktion decken.

Im selben Zeitraum hat sich die Rolle einzelner Energieträger nachhaltig verändert. Die Kohle (Stein- und Braunkohle) verlor ihre einstige dominierende Stellung, sie wurde verdrängt durch Erdöl und Erdgas, zunehmend auch durch Kernenergie.

Der Mineralölverbrauch erreichte 1973 seinen Höhepunkt mit 67% des gesamten Energieverbrauchs der Gemeinschaft; 1982 sank dieser Anteil erstmals wieder auf knapp unter 50%. Mehr als 95% des in der EG verbrauchten Mineralöls mußten noch in der Mitte der 70er Jahre aus Drittländern – hauptsächlich aus OPEC-Ländern des Nahen und Mittleren Ostens – importiert werden, zu Beginn der 90er Jahre konnte die Gemeinschaft annähernd ein Fünftel ihres Bedarfs aus eigenen Rohölquellen dekken. Beim Erdgas stammen zwei Drittel des Verbrauchs aus EG-Quellen. Kernenergie leistete 1993 einen Beitrag von 36% zur Stromerzeugung in der Gemeinschaft.

Allein die britische und die niederländische Energiebilanz sind im wesentlichen ausgeglichen. Die Einfuhrabhängigkeit Frankreichs und Deutschlands entspricht mit jeweils ca. 50% dem Mittelwert der Gemeinschaft. Die meisten EG-Staaten müssen aber mehr als zwei Drittel ihres Energiebedarfs – vorwiegend Rohöl und Mineralölprodukte – einführen.

Tabelle 2: Energiebilanzen in der EG 1993

	Primär-energieproduktion (in MtRÖE)[a]	Primär-energieverbrauch (in MtRÖE)[a]	Einfuhr-abhängigkeit (in %)[b]
Belgien	10,9	48,6	79
Dänemark	12,2	18,4	33
Deutschland	145,1	331,5	56
Frankreich	105,5	218,5	52
Griechenland	7,5	21,1	71
Großbritannien	215,0	212,1	–1
Irland	3,4	10,1	67
Italien	27,3	154,5	82
Luxemburg	0,0	3,8	99
Niederlande	67,2	67,6	13
Portugal	0,9	16,7	91
Spanien	28,6	86,4	68
EG-12[a]	624,0	1189,3	49

[a] MtRÖE = Millionen Tonnen Rohöleinheiten

[b] $\text{Einfuhrabhängigkeit} = \frac{\text{Nettoeinfuhren}}{\text{Bruttoinlandsverbrauch + Bunker}}$

Quelle: EUROSTAT: Energie – Monatliche Statistiken, 4 / 1994

Vergleicht man Stand und Entwicklungstendenzen der europäischen Energieversorgung mit den energiepolitischen Zielsetzungen der Gemeinschaft, so zeigt sich, daß die markantesten Veränderungen ohne das Zutun oder sogar gegen die Intention der Gemeinschaftsorgane zustande gekommen sind. Der unaufhaltsame Niedergang der Kohleproduktion signalisiert nicht nur ein Scheitern der EGKS, sondern auch den Fehlschlag der seit den 70er Jahren vom Europäischen Rat proklamierten Bemühungen, die heimische Kohle als Grundpfeiler einer unabhängigen westeuropäischen Energieversorgung besonders zu fördern. Der spektakuläre Aufstieg des Mineralöls zum wichtigsten Energieträger vollzog sich unabhängig von energiepolitischen Zielsetzungen der Gemeinschaft und unbeeinflußt von halbherzigen Gegenmaßnahmen (z. B. Kohlesubventionen, Mineralölsteuern) als Ergebnis der überlegenen Wettbewerbsposition billigen Rohöls auf dem Weltmarkt.

Für den relativen und absoluten Rückgang des Mineralölverbrauchs seit 1973 ist nicht die Energiepolitik der Gemeinschaft verantwortlich, sondern der zeitweise auf das Zehnfache gestiegene Rohölpreis; für die Entlastung der Zahlungsbilanzen seit Beginn der 80er Jahre nicht eine europäische Preispolitik, sondern die geschwächte Marktposition des OPEC-Kartells. Die schrittweise Diversifizierung der Energieträger und ihrer Bezugsquellen seit den 70er Jahren ist nicht energiepolitischen Eingriffen zu verdanken, sondern der Entdeckung und Erschließung neuer Erdöl- und Erdgasfelder in der Nordsee, in Sibirien und Afrika. Weit hinter den europäischen Planungen und Prognosen zurückgeblieben und in einigen Ländern ganz zum Erliegen gekommen ist der Ausbau der Kernenergie: Wo dieses Lieblingskind europäischer Energieplaner inzwischen doch eine beachtliche Rolle spielt, namentlich in Frankreich (1993: 78 % der Stromproduktion), hat nicht die Förderung durch Euratom, sondern eine zielstrebige nationale Atompolitik den Ausschlag gegeben.

Schließlich kann auch die seit 1980 in den meisten Ländern Westeuropas zu beobachtende Stagnation des Primärenergieverbrauchs kaum als Erfolg der vom Europäischen Rat beschlossenen Energiesparpolitik bewertet werden. Sie ist vielmehr – ebenso wie die spürbar reduzierte Energieeinfuhr der Gemeinschaft – in erster Linie mit der schwachen Wirtschaftskonjunktur sowie mit der in allen fortgeschrittenen Industrieländern zu beobachtenden Sättigung der Energienachfrage zu erklären.

Bei der Beurteilung der energiepolitischen Leistungsbilanz der EG muß man jedoch berücksichtigen, daß auch die nationale Energiepolitik der Mitgliedstaaten gegenüber den Umwälzungen der letzten Jahrzehnte weitgehend konzeptionslos und wirkungslos reagiert hat. Auch ist anzuerkennen, daß der allgemeine ordnungspolitische Rahmen, der durch die EWG ohne unmittelbaren energiepolitischen Bezug gesetzt wurde, sich auch für die Energiewirtschaft günstig ausgewirkt hat. Insoweit fällt die Bilanz nicht gänzlich negativ aus. Dies gilt v. a. für den – gerade im Energiebereich noch unvollständig verwirklichten – Wettbewerb der Energieträger und Energieproduzenten und für die grundsätzliche Anerkennung des Marktpreises als Regulativ energiewirtschaftlicher Entscheidungen. Mit der Öffnung des europäischen Marktes für billige Importenergien, insbesondere Rohöl, wurde eine wichtige Grundlage für den bis in die 70er Jahre anhaltenden Aufschwung der europäischen Wirtschaft gelegt, freilich zu Lasten des einheimischen Kohlebergbaus und unter Inkaufnahme einer riskanten Einfuhrabhängigkeit.

Positive und negative Aspekte dieser Situation wurden besonders deutlich sichtbar, als im Winter 1973/74 die arabischen Länder ihre Ölförderung pauschal reduzierten und einen politisch motivierten Ölboykott gegen die Niederlande verhängten. Während der Rat sich einer von der Kommission geforderten Bekundung der Solidarität mit dem niederländischen Partner verweigerte und die einzelnen Länder der Gemeinschaft, v. a. Frankreich und Belgien, sich durch nationale Maßnahmen vor einem Energienotstand zu schützen suchten, wurde der Boykott durch das autonome Zusammenspiel der multinationalen Mineralölkonzerne unterlaufen und vereitelt; nicht die Niederlande, sondern Frankreich und Belgien wurden durch die (geringfügige) Energieverknappung am empfindlichsten getroffen. Der Vorfall demonstrierte einerseits die Brüchigkeit der politischen Integration Europas und die Handlungsunfähigkeit der Gemeinschaft in einer energiepolitischen Krisensituation, andererseits aber die Effektivität und Elastizität des Gemeinsamen Marktes und die Wirkungslosigkeit nationaler Abschottungsversuche in einer transnational verflochtenen Energiewirtschaft.

In Anerkennung dieser Sachlage wurde 1974 auf Initiative der amerikanischen Regierung die *Internationale Energie-Agentur* (IEA, mit Sitz in Paris) gegründet, der inzwischen 24 westliche Industriestaaten angehören, darunter die USA, Kanada, Japan, Australien und die Mitglieder der EG. Die Agentur hat neben beratenden und koordinierenden Funktionen v. a. die Aufgabe, im Falle einer Lieferunterbrechung die nationalen Rohölvorräte, zu deren Haltung die Mitgliedstaaten verpflichtet sind (Mindestumfang: der Bedarf von 90 Tagen), in Kooperation mit den multinationalen Ölkonzernen solidarisch unter ihren Mitgliedern zu verteilen. Die Tragfähigkeit dieses Arrangements hat bisher noch keiner Belastungsprobe standhalten müssen.

Durch die Einrichtung der IEA ist die Krisenvorsorge der EG im Bereich des Mineralöls, also des wichtigsten Energieträgers, praktisch außer Kraft gesetzt worden. Im Bereich der Steinkohle und der Kernbrennstoffe besteht eine begrenzte Pflichtbevorratung aufgrund der EGKS- und EAG-Verträge. Die Einführung einer Vorratspflicht für Erdgas ist bisher nicht gelungen.

IV. *Ausblick*: Die Situation in den 90er Jahren ist geprägt durch eine Entspannung der energiewirtschaftlichen Lage, die sich in rückläufigen Energiepreisen und einem verringerten öffentlichen Interesse an energiepolitischen Fragen äußert. Dem entspricht der beiläufige Stellenwert, der im 1992 revidierten Art. 3 t EG-V den gemeinsamen europäischen «Maßnahmen im Bereich Energie» zugeschrieben wird. Tatsächlich ist ihre Bedeutung für die EU jedoch unverändert groß. Die EU ist nach wie vor der größte Energieimporteur der Welt; ihre Abhängigkeit von Energieeinfuhren wird allen Prognosen zufolge in den nächsten Jahren weiter wachsen. Die Energienachfrage Europas konzentriert sich weiterhin auf die weltpolitischen Krisenregionen des Nahen und Mittleren Ostens und der früheren Sowjetunion. Sie konkurriert dort in zunehmendem Maße mit dem Energiebedarf anderer Staaten, insbesondere in der Dritten Welt. Gleichzeitig verlangt die Rolle der politisch umstrittenen Komponenten der Energieversorgung (Kernenergie, fossile Energieträger) eine strategische Weichenstellung für die zukünftige Entwicklung des europäischen Energiesystems. Es ist noch nicht abzusehen, ob die EU die dazu notwendige Kraft gemeinsamer Willensbildung finden wird.

Europäische Energiepolitik ist in zunehmendem Maße verknüpft mit Ordnungsproblemen der internationalen Sicherheit, der Weltwirtschaft und des globalen Umweltschutzes, die weder im nationalen Rahmen noch allein im Rahmen der EU gelöst werden können. Der unter Federführung der Kommission ausgehandelte und im Dezember 1994 von 45 Staaten unterzeichnete ‹Vertrag über die Europäische Energiecharta› sieht ein gemeinsames verbindliches Regelwerk für die energiewirtschaftlichen Beziehungen zwischen den Staaten der OECD und den ehemals kommunistischen Staaten Mittel- und Osteuropas vor. Der Vertrag kann – vorausgesetzt, er wird von den Regierungen umgesetzt und von den energiewirtschaftlichen Unternehmen mit Leben gefüllt – den globalen Ost-West-Energieverbund auf eine verläßliche Grundlage stellen. Das europäische Energiesystem wird allerdings gegen existenzbedrohende Erschütterungen erst dann einigermaßen geschützt sein, wenn es gelingt, auch in den Nord-Süd-Beziehungen ein dauerhaftes Einvernehmen über Grundsätze der internationalen Kooperation im Energiebereich herzustellen.

↗ Euratom; Europäische Gemeinschaft für Kohle und Stahl – EGKS; Forschungs- und Technologiepolitik; Technologische, wissenschaftliche und finanzielle Kooperation (CERN, ESA, EUREKA, EBRD).

Literatur: *Bundesministerium für Wirtschaft* 1993: Energieversorgung in der Europäischen Gemeinschaft, Bonn. *Carmoy, G. de / Brondel, G.* 1991: L'Europe de l'énergie. Objectif 1992 et perspectives 2010, Brüssel. *DeBauw, R.* u. a. (Hrsg.) 1994: Energy Options in a Changing World: A European Perspective, Dordrecht. *European Commission, Directorate-General for Energy* 1985 ff.: Energy in Europe: Energy Policies and Trends in the European Community, Luxemburg. *European Commission* 1995: For A

European Energy Policy (Green Paper), Brüssel. *Fischer, W. / Häckel, E.* 1987: Internationale Energieversorgung und politische Zukunftssicherung. Das europäische Energiesystem nach der Jahrtausendwende: Außenpolitik, Wirtschaft, Ökologie, München. *Lyons, P.K.* 1994: Energy Politics of the European Union, London. *Mitchell, J. V.* 1994: An Oil Agenda for Europe, London. *Scott, R. C.* 1994: IEA – The First Twenty Years, Paris.

Erwin Häckel

Entwicklungspolitik

Die Entwicklungspolitik der EU reflektiert wie andere Politikbereiche die Bereitschaft und Fähigkeit ihrer Mitgliedstaaten, der Gemeinschaft bzw. Union Kompetenzen abzutreten und ihr ergänzende Maßnahmen zur nationalstaatlichen Politik in einer rechtlich begründeten, eigenständigen Form zuzugestehen. Im Bereich der Entwicklungspolitik geht es dabei in erster Linie um die Bereitstellung finanzieller und technischer Hilfe seitens der Gemeinschaft/Union an die Entwicklungsländer sowie um die Öffnung des Gemeinsamen Marktes für Erzeugnisse aus den Entwicklungsländern. Fortschritte in der gemeinschaftlichen Entwicklungspolitik werden durch die Bereitschaft geprägt, über die bilaterale, zwischenstaatliche Entwicklungshilfe hinaus multilaterale Kooperationen einzugehen und die Entwicklungspolitiken der einzelnen Mitgliedstaaten wechselseitig anzugleichen.

I. Die EG unterhält seit ihrer Gründung entwicklungsbezogene Kooperationsbeziehungen zu Ländern der Dritten Welt. Die Zusammenarbeit mit den Entwicklungsländern bestimmte sich nach Art. 113 des Vertrags über die *Europäische Wirtschaftsgemeinschaft* (EWG-V) (Handelspolitik) und nach Art. 131 bis 136 EWG-V (Assoziierung). Nach Art. 238 (Assoziierung mit dritten Staaten und Organisationen) wurde ein Vertrag zwischen der EG/EU und heute 70 Staaten in Afrika, der Karibik und im Pazifik vereinbart (sog. AKP-Staaten). Ziele der Assoziierung sind nach Art. 132 EWG-V die Förderung der wirtschaftlichen und sozialen Entwicklung dieser Länder und die Herstellung enger Wirtschaftsbeziehungen zur EU. Generalermächtigungen nach Art. 235 bildeten die Rechtsgrundlage für die Nahrungsmittelhilfe und die Katastrophenhilfe. Im Maastrichter Vertragswerk legt Art. 130 u die Ziele für die Entwicklungszusammenarbeit fest (nachhaltige wirtschaftliche und soziale Entwicklung der Entwicklungsländer, insbesondere der am meisten benachteiligten Länder, die Eingliederung dieser Staaten in die Weltwirtschaft, die Bekämpfung der Armut). Dem Europäischen Parlament, das sich mit besonderem Nachdruck für die Ausweitung der Entwicklungskooperation einsetzt, steht eine Mitentscheidung nach Art. 189 c EWG-V zu.

II. Mit den Assoziierungsabkommen ging die europäische Entwicklungspolitik über das ursprünglich vorgesehene Maß der Zusammenarbeit hinaus. Zunächst sollte jenen Mitgliedstaaten und gegebenenfalls neuen Beitrittsländern der Gemeinschaft, die besonders enge Beziehungen zu einzelnen Entwicklungsländern unterhalten, eine engere Zusammenarbeit der EG mit diesen Ländern als mit anderen Drittstaaten angeboten werden. Mit der Wahrnehmung der Kompetenz für die Handelspolitik gegenüber dritten Staaten und assoziierten Ländern nach Art. 110 EWG-V wurde die Gestaltung der Bedingungen für den Warenverkehr der EG übertragen. Die Gestaltung der Handelsbeziehungen sowie die öffentliche Entwicklungszusammenarbeit folgen einem bis heute unveränderten Differenzierungsmuster. Es wird im wesentlichen durch historische, oftmals koloniale Bindungen zwischen Entwicklungsländern und Mitgliedern, durch die Eigeninteressen der EG sowie durch die Kooperationsbereitschaft der Entwicklungsländer bestimmt:

1. Eine einseitige Handelsliberalisierung, Hilfen zur Stabilisierung von Rohstofferlösen sowie umfangreiche finanzielle und technische Leistungen werden den AKP-Staaten eingeräumt (ehemalige Kolonialgebiete und seit kurzem auch ärmste Entwicklungsländer). Maßnahmen der Entwicklungszusammenarbeit werden kollektiv mit der Gruppe der AKP-Staaten ausgehandelt, in einem eigenen mehrjährigen Budget aufgeführt und unterliegen der Kontrolle durch die Mitgliedsländer und durch die Entwicklungsländer.

2. Gegenseitige handelsöffnende Vereinbarungen und finanzielle Zusagen (in mehrjährigen Finanzprotokollen) enthalten die Vereinbarungen mit den Mittelmeeranrainerstaaten. Die Verträge sollen die Handelsströme zur EU aufrechterhalten und das Wirtschaftspotential dieser Staaten entwickeln, u. a. auch mit Blick auf gemeinsame ökologische Problemlösungen oder die Einschränkung von Migration aus nordafrikanischen Ländern in die EU.

3. Für die Staaten in Asien und Lateinamerika (ALA) erfolgt die Entwicklungszusammenarbeit aus dem regulären Budget der EU. Die handelspolitischen Erleichterungen ergeben sich aus dem Allgemeinen Präferenzsystem (APS).

4. Abkommen oder ständige Dialogveranstaltungen werden mit Zusammenschlüssen von Entwicklungsländern (z. B. ASEAN) und mit vergleichbaren Einrichtungen (z. B. *Golfkooperationsrat*) vereinbart mit dem Ziel, die Kooperation zwischen den Entwicklungsländern zu stärken.

In Ergänzung zu der bilateralen Zusammenarbeit hat der von der EU den Entwicklungsländern angebotene Politikdialog Mustercharakter. Er soll die Entwicklungszusammenarbeit nach dem Bedarf und der Aufnahmefähigkeit der Entwicklungsländer gestalten und die Maßnahmen koordinieren. Dabei wird den Empfängerländern weitgehend Mitbestimmung und Mitverantwortung eingeräumt.

III. Die Entwicklungszusammenarbeit wurde stets von weltpolitischen und weltwirtschaftlichen Veränderungen geprägt. Mit dem Angebot einer Stabilisierung der Exporterlöse der AKP-Staaten entwickelte die EG in der ersten Hälfte der 70er Jahre eine Alternative zu den in der UN-Charta der wirtschaftlichen Rechte und Pflichten von den Entwicklungsländern geforderten lenkenden Eingriffen in die Rohstoffmärkte. Die Zielsetzung der Nahrungsmittelsicherung in den 80er Jahren war eine Reaktion auf die krisenhafte Zuspitzung der Versorgungslage in vielen Entwicklungsländern angesichts rückläufiger Ernten. Nach der Öffnung der EU gegenüber Osteuropa ist erneut eine Anpassung in Vorbereitung. Sollten die osteuropäischen Länder der EU, so wie es die meisten von ihnen anstreben, als Vollmitglieder beitreten, würden diese Staaten erheblich günstigere Bedingungen erhalten als die assoziierten Entwicklungsländer. Vor allem die Mittelmeerländer verlangen deshalb gleichwertige handelsöffnende Maßnahmen und die Erhöhung der finanziellen Zusagen der EU gegenüber den Entwicklungsländern zur Kompensation der den osteuropäischen Staaten zufallenden Vorteile. Die europäischen Mittelmeerländer in der EU machen sich derartige Forderungen zu eigen und begründen sie mit unabweisbaren Eigeninteressen der EU auf den Gebieten des Umweltschutzes, der politischen Sicherheit und der Abwehr von Einwanderungsströmen.

Durch die Uruguay-Runde des GATT sind die tarifären Vergünstigungen der AKP-Staaten im Handel mit der EU weiter ausgehöhlt worden. Durch einen *Waiver* war es möglich, die noch verbleibende präferentielle Behandlung dieser Staaten mit dem GATT-Recht in Übereinstimmung zu bringen. Für die künftige Entwicklungskooperation der EU mit den AKP-Staaten wird unter anderem empfohlen, die bisherige Abkommenspraxis durch ein Vertragssystem zu ersetzen, das die handelspolitische Zusammenarbeit mit den einzelnen Entwicklungsländern und Entwicklungsländergruppen in Anlehnung an die Regeln der *Welthandelsorganisation* (*World Trade Organization* – WTO) festlegt. In einem davon getrennten Vertragswerk könnten die entwicklungspolitische Zusammenarbeit und die Wirtschaftskooperation mit einzelnen Entwicklungsländern und Gruppen aus diesen Staaten vereinbart werden.

IV. Vom absoluten Umfang her zählt die EU mit ihrem finanziellen Beitrag im internationalen Vergleich zu den größeren Gebern. Das Budget für Entwicklungszusammenarbeit entsprach in den 80er Jahren und zu Beginn der 90er Jahre etwa dem der Bundesrepublik Deutschland. Die EU hat in Ermangelung eigener Durchführungsorganisationen frühzeitig spezialisierte Unternehmen und Nicht-Regierungsorganisationen zur Durchführung der Entwicklungszusammenarbeit (öffentliche technische und finanzielle Entwicklungshilfe) und der wirtschaftlichen Zusammenarbeit (Förderung privatwirtschaftlicher und technisch-wissenschaftlicher Kooperation) herangezogen. Zu den einseitig von der Gemeinschaft eingesetzten Instrumenten gehören die Handelsförderung (bestehend aus Maßnahmen, die die betroffenen Länder in die Lage versetzen sollen, die ihnen angebotenen Präferenzen beim Zugang zum europäischen Markt auszuschöpfen), die Nahrungsmittelhilfe (Bereitstellung von Nahrungsmitteln für und Förderung der Nahrungsmittelproduktion in Entwicklungsländer(n), die einen strukturellen Nahrungsmittelmangel aufweisen oder die sich in einer Notsituation befinden), Soforthilfe bei Naturkatastrophen, Hungersnot, kriegerischen Konflikten, ländliche Entwicklung und regionale Integration sowie industrielle Zusammenarbeit.

↗ Außenbeziehungen der Europäischen Union.

Literatur: *Fischer, B.* 1993: Die Entwicklungszusammenarbeit der Europäischen Gemeinschaft vor und nach Maastricht, HWWA-Report Nr. 127, Hamburg. *Frisch, D.* 1994: Grundzüge einer europäischen Entwicklungspolitik nach Maastricht, in: Internationale Politik und Gesellschaft 2, 122–130. *Lingnau, H.* 1991: Neue Elemente in der Entwicklungszusammenarbeit der Europäischen Gemeinschaft zu Beginn der 90er Jahre, Berlin. *Nuscheler, F./Schmuck, O.* (Hrsg.) 1992: Die Süd-Politik der EG. Europas entwicklungspolitische Verantwortung in der veränderten Weltordnung, Bonn.

Karl Wolfgang Menck

Erweiterung und Vertiefung der Europäischen Union

Die Erweiterung des allgemeinen Macht- und v. a. des politisch-ökonomischen Einflußbereiches der EWG/EG/EU erfolgt in drei im Sinne konzentrischer Kreise aufeinander bezogenen Formen. Die formal wie inhaltlich bedeutsamste betrifft die Vollmitgliedschaft; hier hat sich die Sechser-Gemeinschaft in bislang drei Stufen (West-, Süd- und Norderweiterung) auf 15 Vollmitglieder vergrößert. Eine Erweiterung nach Ostmitteleuropa und in den mediterranen Raum ist mittelfristig absehbar. Die Erweiterung der Zahl der assoziierten Mitglieder dient der Ergänzung (z. B. Nordafrika), Kompensation (z. B. Türkei) für bzw. Vorbereitung (z. B. ostmitteleuropäische Staaten) auf Vollmitgliedschaft. Die Ausweitung spezieller bilateraler oder mit Ländergruppen (z. B. AKP) abgeschlossener Kooperationsverträge bzw. der Aufbau besonderer Beziehungen (z. B. Rußland) wird dabei zur Abrundung des regionalen bzw. zum Aufbau eines globalen Einflusses (z. B. mit ASEAN) eingesetzt. Vor allem durch ihre Erweiterungspolitik entwickelte sich die EWG von einem west- und kleineuropäischen Modell zu einer großeuropäischen EU, der mit wenigen Ausnahmen (z. B. Norwegen) alle westeuropäischen und in absehbarer Zukunft möglicherweise weitere Mittelmeerländer und die meisten ostmitteleuropäischen und Balkan-Staaten angehören. Dabei haben EWG, EG und EU auf eine genaue Bestimmung der Erweiterungsgrenzen verzichtet; gegenwärtig besteht aber aus ökonomisch-politischen Gründen wie auch unter Bezug auf politischkulturelle Identität und innere Machtbalance Konsens, Rußland, Nordafrika und den Nahen Osten nicht in die EU aufzunehmen.

Mit der Erweiterung, der ökonomischen Erstarkung und den Vertiefungs-, Politisierungs- und Unionisierungstendenzen waren ein Zugewinn an unmittelbarem politisch-geographischem Einflußbereich und an Gewicht in bzw. gegenüber NATO, WEU und KSZE sowie ein starker Impuls für eine Um- bzw. Neugestaltung der europäischen Ordnung gegeben. Das Maastrichter Vertragswerk markierte dabei eine doppelte Zielsetzung. Auf der einen Seite sollte sich die EU zum zentralen supranationalen europäischen Akteur entwickeln, und auf der anderen Seite sollten die monetären, finanz-, wirtschafts- und militärpolitischen Voraussetzungen für eine globale Gestaltungsrolle geschaffen werden. Parallel dazu hat sich der politische Charakter der alten EWG geändert. Aus einem insbesondere von der deutsch-französischen Kooperation geprägten Kerneuropa wurde durch den Einbezug von Staaten mit geringem Machtpotential ein supranationaler Akteur, der aufgrund der gestiegenen Zahl seiner Voll- und assoziierten Mitglieder, aufgrund neuer Problemtypen und globalisierender Interessenlage andere innere Herrschaftsmuster wie äußere Interessenschwerpunkte aufweist.

I. *Erweiterungsursachen und -effekte*: Aus Sicht der EWG/EG/EU sind die Gründe für Erweiterung sowohl politischer als auch ökonomischer Natur. Als positive Effekte gelten die Stärkung der allgemeinen regionalen wie globalen Machtposition, die politische Stabilisierung und Unterstützung von Demokratisierungsprozessen (z. B. bei der Süderweiterung) und die europäische Identitätsbildung. Hinzu kommen Wachstumsimpulse durch die Erschließung neuer Märkte, Komplementierung des ökonomischen Potentials und eine Vergrößerung des budgetären Beitragsaufkommens. Negative Effekte sind politische Einbindungs- und Kohäsionsprobleme (z. B. durch «*footnote*»-Länder) und budgetäre Netto-Belastungen durch allgemeinen, regionalen bzw. sektoralen Subventions- und Stützungsbedarf (z. B. Griechenland). Häufig hat sich die Erweiterungsdiskussion auf die Frage verengt, ob das beitrittsinteressierte Land ein Netto-Nehmer- oder ein Netto-Geberland sein werde. Diese aus budgetärer Sicht wichtige Frage darf aber nicht überschätzt werden. Abgesehen davon, daß sich die indirekten Effekte kaum kalkulieren lassen, kann im Sinne eines keynesianischen Verständnisses von Erweiterung auch der Beitritt eines Netto-Nehmerlandes insgesamt durchaus positive ökonomische Effekte haben. Beitrittsfragen werden letztlich oftmals politisch entschieden (so z. B. bei der Süderweiterung und bei der anstehenden Osterweiterung), ökonomische Nachteile also zum Teil bewußt in Kauf genommen.

Aus Sicht des beitrittswilligen Landes erscheint die Mitgliedschaft in der EWG/EG/EU aufgrund ihrer wirtschaftlichen und allgemein politischen

Leistungen gegenüber den Mitgliedsländern, ihrer qualitativen Modernisierungsdynamik und ihrem dominanten Einfluß in der Region attraktiver als die Fortsetzung traditioneller Unabhängigkeit bzw. Neutralität (z. B. Österreich) oder die Mitarbeit in Konkurrenzorganisationen (z. B. EFTA). Je stärker Erweiterung, Vertiefung und Vergemeinschaftung weiterer Politikbereiche erfolgen, desto höher wird das Marginalisierungsrisiko bei Nichtbeitritt. Beitrittskandidaten erwarten von der Mitgliedschaft eine politische Beteiligung am Willensbildungsprozeß und an der weiteren Entwicklung des europäischen Akteurs, allgemeine wie spezifische Modernisierungseffekte (z. B. Schweden), ökonomische Vorteile wie ungehinderten Marktzugang und finanzielle Hilfen bei der Lösung von Entwicklungs- bzw. Wachstumsproblemen. Dabei werden die Beitrittsvorteile im Verhältnis zur Notwendigkeit eigener Modernisierungsleistungen gelegentlich überschätzt. Hinzu kommt, daß es gerade im ökonomischen Bereich Beitragsgewinner aber auch -verlierer gibt und daß eine nationale politische Steuerung dieses Prozesses nicht mehr möglich und im Sinne der EU-Verträge auch in vielen Bereichen nicht mehr zulässig ist. So sind die Entwicklungsprozesse nach einem Beitritt durchaus unterschiedlich. Neben Ländern, die über den Beitritt erfolgreich einen Modernisierungs- und Wachstumsprozeß in Gang setzen und gleichzeitig politischen Einfluß in der EU gewinnen konnten (z. B. Spanien), stehen Länder, denen dies bislang nicht gelungen ist (z. B. Griechenland).

II. *Die Diskussion über Erweiterungsbedingungen*: Die Erfahrungen mit dem Einbezug neuer Mitgliedstaaten in den politischen Willensbildungs- und Entscheidungsprozeß wie auch die politisch-organisatorische Problematik einer Verdreifachung der Mitglieder haben dazu geführt, die Erweiterung an politische Bedingungen zu knüpfen.

Zunächst sind hier die Bedingungen für die beitrittswilligen Länder zu nennen. Dazu gehören ein bestimmter wirtschaftlicher Entwicklungsstand, eine demokratische Ordnung und die prinzipielle Bereitschaft zum Souveränitätstransfer. Obwohl die konkreten Erweiterungsentscheidungen zeigen, daß diese Bedingungen unterschiedlich ausgelegt werden, sollen auf diese Weise wirtschaftlich-politische Homogenität, politische Kohäsion und Fortsetzung des Integrationsprozesses gesichert werden bzw. der Grundcharakter der EWG/EG/EU als demokratische und sich weiter integrierende Wachstumsgemeinschaft soll erhalten werden. Die Praxis hat aber gezeigt, daß die jeweiligen Erweiterungsrunden trotz solcher Bedingungen neue Akzente, Probleme und Identitätsverschiebungen zur Folge hatten. Der Beitritt Großbritanniens führte unter den *Thatcher*-Regierungen zu einer grundsätzlichen Infragestellung des Sinns weiterer Integration und des politisch-ökonomischen Gemeinschaftsprinzips. Aus der Süderweiterung resultierten für die EG zum einen qualitativ neuartige politische und ökonomische Entwicklungsaufgaben in den neuen Mitgliedsländern. Zum anderen veränderten sich die politische Zusammensetzung von Gremien, z. B. des EP, und die politisch-geographische Gestalt der alten EWG. Spätestens mit der Norderweiterung wurde deutlich, daß die EU unterschiedliche subregionale Interessenlagen gleichermaßen verfolgen und harmonisieren muß und damit im Vergleich zur EWG eine sehr viel komplexere Organisationsleistung zu erbringen hat. Die diskutierte Osterweiterung wird eine bis dato unbekannte ökonomisch-politische Transformationsproblematik wie auch neue Hilfs- und Sicherheitsbedürfnisse mit sich bringen, während eine Vollmitgliedschaft der Türkei neue soziokulturelle und v. a. auch zusätzliche außenpolitische Verantwortungen gegenüber der Mittelmeer- und Kaukasusregion zur Folge haben wird. Eine weitere und bislang unentschiedene Frage ist, ob angesichts der geplanten Fusion von EU und WEU den neuen Mitgliedsländern der WEU- oder gar der NATO-Beitritt zur Bedingung gemacht werden soll, kann und darf, um auf diese Weise die bereits bestehenden Kompatibilitätsprobleme zwischen EU und WEU nicht noch weiter zu vergrößern. Dabei stellt sich das allgemeine Problem, ob neuen Mitgliedsländern prinzipiell bzw. auf Zeit *opt-out*–Möglichkeiten, eine Integration *à la carte* oder eine abgestufte Vergemeinschaftung erlaubt werden können bzw. wie sich dies auf den weiteren Integrationsverlauf und auf den Zusammenhalt der Gemeinschaft auswirkt.

Zweitens stellt sich das Problem, wie im Zuge der Erweiterung die klassischen politisch-ökonomischen Leistungen der EWG/EG/EU erhalten und neue politische Zielsetzungen, wie z. B. die von Maastricht, umgesetzt werden können und wie die Dynamik des Integrationsprozesses beibehalten werden kann. Einen Versuch, dieses Problem zu lösen, stellt die Forderung dar, die Erweiterung mit Maßnahmen zur Vertiefung zu verbinden, um durch eine politisch-organisatorische Reorganisation des Entscheidungsprozesses die Handlungsfähigkeit und den Handlungswillen der EU zu erhalten bzw. zu vergrößern. Im Rahmen dieser Diskussion kommen unterschiedliche Interessenlagen und Strategien zur Geltung. Integrationsbefürworter hoffen auf neue integrationswillige und initiative Mitgliedsländer; Gegner einer weiteren Integration setzen angesichts der Übergangsprobleme der neuen Mitgliedsländer auf Unterstützung ihrer Positionen. Anhänger von Sach- (z. B. Agrarpolitik) und Organisationsreformen (Stärkung der Brüsseler Gremien) erwarten, daß der durch die Erweiterung geschaffene zusätzliche Problemdruck derartige Reformen gewissermaßen erzwingt; Gegner solcher Reformen rechnen mit den Schwierigkeiten der neuen Mitglieder, sich bereits in den bestehenden Mechanismen und Strukturen zurechtzufinden. Europäische Kommission, Ministerrat und Europäisches Parlament wiederum haben unterschiedliche und größtenteils konkurrierende Interessen an einer organisatorischen Vertiefung. Während die Kommission aufgrund eines neuen Sachzwanges eine Entmachtung des Ministerrates erhofft, erwartet der Ministerrat gerade das Gegenteil. Obwohl also allgemeiner Konsens über die Verknüpfung von Erweiterung und Vertiefung besteht, sind die nötigen Schritte zur Vertiefung nicht nur umstritten, sondern es wachsen mit den aus der Erweiterung resultierenden Unwägbarkeiten im Willensbildungsprozeß auch die Schwierigkeiten, diese Schritte zu realisieren.

Nicht nur, aber auch im Zusammenhang mit der Erweiterung bzw. der Frage nach der künftigen Handlungsfähigkeit der EU ist die alte Frage nach einer machtpolitischen Umstrukturierung der EU erneut ins Spiel gebracht worden. Bei der «Kerneuropa»-Diskussion der 90er Jahre geht es wie in der «Direktorat»-Debatte der 70er Jahre darum, ob durch die Bildung eines mit besonderen Entscheidungskompetenzen ausgestatteten Kerns eine macht- wie sachpolitische Zweiklassenordnung in der EU geschaffen werden soll, in deren Rahmen im ‹Kerneuropa› wenige, traditionell starke und integrationsbereite Länder wie z. B. Frankreich und Deutschland Grundsatzentscheidungen vorbereiten, denen dann die restlichen Länder folgen sollen, können und dürfen. Anhänger dieser Idee weisen auf den Sicherheitsrat der *Vereinten Nationen* hin bzw. betonen, daß sie bereits implizite Grundlage von WEU und EU sei. Sie beziehen sich auf die Vorstellung spezieller Führungsverantwortung, politischer Gravitations- bzw. *spill-over*–Effekte sowie auf indirekte Sach- und Machtzwänge, die dieses Modell ihrer Ansicht nach attraktiv und akzeptabel machen. Die Gegner weisen darauf hin, daß dieses Modell informell bereits seit langem praktiziert werde und daß eine Formalisierung den Willensbildungsprozeß eher behindern als seine Akzeptanz fördern werde. Auch verstärkte Konflikte um Machtpositionen seien zu befürchten, so daß im Sinne eines weiteren konsensual angelegten Integrationsprozesses mit dem Modell insgesamt mehr Nach- als Vorteile verbunden seien.

III. *Bewertung*: Im Vergleich mit anderen Regionalisierungs- und Unionisierungsprozessen ist die EWG/EG/EU-Erweiterung relativ erfolgreich verlaufen. Bislang gibt es weder Austritte noch militärische Auseinandersetzungen zwischen Mitgliedsländern. Sowohl für die EU insgesamt als auch für die einzelnen Mitgliedsländer hat der Erweiterungsprozeß trotz der damit verbundenen politischen, ökonomischen und sozialen Kosten wie insbesondere des Verlustes an nationalen Handlungsfreiheiten insgesamt mehr Nutzen, Gestaltungsmöglichkeiten auf höherer Ebene und zusätzliche «europäische Identität» geschaffen. Abgesehen von dem über den Erweiterungsprozeß ausgelösten europäischen Reorganisationsprozeß bietet die Fortsetzung der EU-Erweiterungspolitik, wenn sie die politisch-ökonomischen Bedingungen angemessen berücksichtigt, die Möglichkeit, die nach Ende des Ost-West-Konfliktes bestehenden regionalen Probleme innerhalb Europas zu lösen, Einfluß auf die Entwicklung der Europa benachbarten Regionen zu nehmen und bei der Bewältigung globaler Probleme verstärkt mitzuarbeiten.

↗ Geschichte der europäischen Integration seit 1945; Integrationstheorien; Politisches System der Europäischen Gemeinschaft; Verfassungsdebatte.

Literatur: *Deubner, C.* 1995: Deutsche Europapolitik: Von Maastricht nach Kerneuropa?, Baden-Baden. Die EG und die jungen Demokratien in Europa. Ein gemeinsamer Bericht westeuropäischer Außenpolitik-Institute, Baden-Baden 1991. *Hommel, K.* 1992: Spanien und die Europäische Wirtschaftsgemeinschaft, Baden-Baden. *Jachtenfuchs, M./Kohler-Koch, B.* (Hrsg.) 1996: Europäische Integration, Opladen. *Kohler-Koch, B.* (Hrsg.) 1991: Die Osterweiterung der EG, Baden-Baden. *Kramer, H.* 1988: Die Europäische Gemeinschaft und die Türkei, Baden-Baden. *Läufer, T.* (Hrsg.) [3]1994: Europäische Union, Europäische Gemeinschaft. Die Vertragstexte von Maastricht mit den deutschen Begleitgesetzen, Bonn. *Ott, H.-P.* (Hrsg.) 1995: Österreich in der Europäischen Union: vom Antrag zur Mitgliedschaft. Die Rolle des Europäischen Parlaments bei der vierten EU-Erweiterung, Lahr. *Telo, M.* (Hrsg.) 1994: L'Union Européenne et les Defis de l'Elargissement, Brüssel. *Wilming, O.* 1995: Institutionelle Konsequenzen einer Erweiterung der Europäischen Union. Eine ökonomische Analyse der Entscheidungsverfahren im Ministerrat, Baden-Baden.

Reimund Seidelmann

Euratom

Auf der Grundlage des Vertrags zur Gründung der *Europäischen Atomgemeinschaft* (EAG oder Euratom) vom 25. 3. 1957, der derzeit in der Fassung des Europäischen Unionsvertrags (EU-V) vom 7. 2. 1992 gilt, wurde am 1. 1. 1958 gleichzeitig in Brüssel, Luxemburg und Straßburg die EAG gegründet. Nach Maßgabe von Art. 232 EG-V wird der Bestand des Vertrages über die *Europäische Atomgemeinschaft* (EAG-V) durch den EU-V von 1992 nicht berührt. Allerdings wurde durch den Titel IV des EU-V (Bestimmungen zur Änderung des Vertrags zur Gründung der *Europäischen Atomgemeinschaft*) der Wortlaut des EAG-V an die Begriffswelt des EU-V angepaßt. Zugleich wurden durch Einfügungen der Art. 107 a bis 107 d Rechte des Europäischen Parlaments (EP), das Petitionsrecht und die Vorschriften über den Bürgerbeauftragten auf die EAG ausgedehnt.

1. Nach Art. 1 EAG-V ist es die Aufgabe der EAG, «durch die Schaffung der für schnelle Bildung und Entwicklung von Kernindustrien erforderlichen Voraussetzungen zur Hebung der Lebenshaltung in den Mitgliedstaaten und zur Entwicklung der Beziehungen mit anderen Ländern beizutragen». Durch den Vertrag über die *Europäische Gemeinschaft für Kohle und Stahl* (EGKS-V) vom 18. 4. 1951 und die Verträge über die *Europäische Wirtschaftsgemeinschaft* (EWG-V) und die *Europäische Atomgemeinschaft* (EAG-V) vom 25. 3. 1957 wurden drei selbständige Gemeinschaften mit eigener internationaler Rechtspersönlichkeit geschaffen, doch bestehen organisatorisch und inhaltlich enge Beziehungen zwischen ihnen. Für alle drei Gemeinschaften sind dieselben Organe zuständig, nämlich das Europäische Parlament, der Rat, die Kommission, der Gerichtshof und der Rechnungshof. Wenngleich sich die materiellen Befugnisse dieser Organe in erster Linie

aus dem jeweiligen Sondervertrag ergeben, also bei Euratom aus dem EAG-V, handeln sie im Bereich von Euratom nicht ausschließlich auf dieser Grundlage. Da der EG-V alle Waren, Dienstleistungen, den gesamten Kapital- und Zahlungsverkehr und den gesamten Personenverkehr umfaßt, erstreckt er sich als Dachvertrag auch auf die Sonderbereiche, die durch den EGKS-V und durch den EAG-V geregelt sind. Für alle Lücken des EAG-V sind also die Regeln des EG-V heranzuziehen (*Bleckmann* 1990: 13f.).

2. Die Aufgaben von Euratom beziehen sich allesamt auf die friedliche Nutzung der Kernenergie aus Gründen der europäischen Energiesicherheit, allerdings nur auf die primäre Kernenergie, nicht auf die mit ihrer Hilfe gewonnene Elektrizität. Im einzelnen umfassen die Aufgaben von Euratom die Versorgung mit Brennstoffen, die Begründung des Gemeinschaftseigentums an spaltbaren Stoffen, die Preisbildung, Investitionen und die Gründung gemeinsamer Unternehmen, die Errichtung eines gemeinsamen Marktes für primäre Kernenergie und darauf bezogene Güter und Dienstleistungen, die Kernforschung und die Verbreitung von Kenntnissen, z.B. über die Erteilung von Lizenzen und den Austausch von Forschungsergebnissen, die Außenbeziehungen zu Drittstaaten oder Drittorganisationen sowie den Bereich Strahlenschutz und Reaktorsicherheit (*Oppermann* 1991: 465–468).

3. Euratom bewegt sich in einem schwierigen Netzwerk: Der Bau der Kernkraftwerke und ihr Betrieb sind Angelegenheiten der Mitgliedstaaten. Die Versorgung mit Erzen, Ausgangsstoffen und besonderen spaltbaren Stoffen ist nach Art. 52 EAG-V einer nachgeordneten Behörde, der Euratom-Versorgungsagentur, anvertraut. Neben Euratom besteht die *Europäische Organisation für Kernforschung* (CERN) / *Europäisches Labor für Teilchenphysik* in Genf, und die Aufgaben von Euratom überschneiden sich vielfältig mit denen der *Internationalen Atomenergie-Organisation* (IAEO), die 1957 im Rahmen der *Vereinten Nationen* in Wien gegründet wurde. So muß sich also die EAG als regionales System für den Umgang mit Spaltstoffen und als Sicherheits-, Kontroll- und Versorgungsinstitution in das internationale Netzwerk für die friedliche Nutzung der Kernenergie einpassen, und wenn auch die militärische Nutzung der Kernenergie Angelegenheit der Mitgliedstaaten Frankreich und Großbritannien bleibt, so spielt doch dieser Aspekt in vielfältiger Weise in die Aufgaben von Euratom hinein.

Vernetzt ist auch die Kernforschungstätigkeit von Euratom über die Gemeinsame Forschungsstelle (GFS) mit ihren vier Zentren in Ispra (Italien), Geel (Belgien), Petten (Holland) und Karlsruhe (Deutschland). Zu nennen sind in diesem Zusammenhang das technologische Forschungs- und Entwicklungsprogramm über die Sicherheit der Kernspaltung, die Arbeiten im Bereich der nuklearen Sicherungsmaßnahmen sowie insbesondere die Forschungs-, Ausbildungs- und Entwicklungsprogramme zur kontrollierten Kernfusion (*Europäische Kommission* 1995: 108f.).

4. Neben der Forschungstätigkeit hat sich Euratom besondere Verdienste um das geltende Gemeinschaftsrecht für nukleare Sicherheit und radioaktive Abfälle erworben, insbesondere seitdem durch die Atomkatastrophe von Tschernobyl der Problembereich der nuklearen Sicherheit auch im allgemeinen Bewußtsein Europas und der Welt ganz nach vorn rückte (*Europäische Gemeinschaften* 1994: 1959–1962). Daneben steht eine umfangreiche Rechtsetzung in den Bereichen Brennstoffversorgung, gemeinsame Kraftwerke und Unternehmen, Sicherheitskontrolle, Kernforschung und auswärtige Beziehungen auf dem Feld der friedlichen Nutzung der Kernenergie (ebd.: 853 ff.).

↗ Energiepolitik; Forschungs- und Technologiepolitik; Technologische, wissenschaftliche und finanzielle Kooperation (CERN, ESA, EUREKA, EBRD).

Literatur: *Bleckmann, A.* 1990: Europarecht. Das Recht der Europäischen Gemeinschaft, Köln usw. *EG-Kommission* (Hrsg.) 1987: Die Kernenergie in der EG, Brüssel/Luxemburg. *Europäische Kommission* 1996: Gesamtbericht über die Tätigkeit der Europäischen Union 1995, Brüssel/Luxemburg. *Europäische Gemeinschaften. Amt für amtliche Veröffentlichungen* (Hrsg.) 1994: Fundstellennachweis des geltenden Gemeinschaftsrechts, 25. Ausgabe, Stand 1. 12. 1995, Bd. I: Systematisches Verzeichnis, Brüssel/ Luxemburg. *Hillenbrand, O.* 1991: Europäische Atomgemeinschaft, in: *Weidenfeld, W./ Wessels, W.* (Hrsg.): Europa von A-Z, Bonn, 141f. *Oppermann, T.* 1991: Europarecht, München.

Gerhard W. Wittkämper

Europa der Regionen

Das Konzept eines ‹Europas der Regionen› hat sich bis heute als bemerkenswert sperrig gegenüber einer allgemein gültigen Definition erwiesen. Der Grund für diese Sperrigkeit liegt in erster Linie darin, daß das Konzept in sehr unterschiedlichen thematischen Zusammenhängen diskutiert wird, die weithin unverbunden nebeneinander stehen. Weitere Vieldeutigkeiten des Begriffs entstehen dadurch, daß das ‹Europa der Regionen› sowohl als politische Programmvokabel als auch als Umschreibung für empirisch beobachtbare Entwicklungen in verschiedenen Wissenschaftsdisziplinen benutzt wird. Ideengeschichtlich taucht der Begriff zunächst als utopischer Gegenentwurf zu einer auf den Nationalstaaten basierenden europäischen politischen Ordnung auf. Während dieses anti-etatistische Konzept im Verlauf des europäischen Integrationsprozesses schon bald ins politische Abseits gedrängt wurde, gewann das Schlagwort eines ‹Europas der Regionen› neue Bedeutung im Zusammenhang mit den Debatten um die kulturelle und ökonomische Marginalisierung peripher gelegener Regionen in Westeuropa einerseits und um die politische Aufwertung subnationaler Akteure im Verlauf des westeuropäischen Integrationsprozesses andererseits. Im zuletzt genannten Kontext dient das ‹Europa der Regionen› vor allem als Metapher für das Bemühen regionaler Akteure um interregionale Vernetzung und um mehr Mitsprachemöglichkeiten im Rahmen der EG-/EU-Integration und wird in dieser Bedeutung inzwischen auch in der politischen Alltagssprache verwendet. Weiterhin hat das ‹Europa der Regionen› Eingang in die wirtschafts- bzw. regionalpolitische Debatte gefunden, wobei hier allerdings die Standortkonkurrenz zwischen ökonomisch definierten Räumen und die Frage nach dem produktiven Beitrag regionaler politisch-sozialer Milieus zu deren wirtschaftlichem Erfolg im Mittelpunkt des Interesses stehen. Auch wenn ein kleinster gemeinsamer Nenner aller Diskussionsstränge darin besteht, eine Wechselwirkung zwischen der Europäisierung von Handlungszusammenhängen und der nachfolgenden Herausbildung kleinräumiger (regionaler) Subsysteme zu unterstellen, so herrscht weder über den zugrundegelegten Begriff der Region noch über die Rolle des Nationalstaates und den europäischen Rahmen, auf welchen sich das Konzept bezieht, Einigkeit.

I. *Diskussionsstränge*: Seine intellektuellen Wurzeln hat das Konzept eines ‹Europas der Regionen› in integral-föderalistischem Gedankengut. Aufbauend auf bereits während des II. Weltkriegs geäußerten Vorstellungen einer kantonal organisierten europäischen Friedensordnung, wurde es in den 60er und 70er Jahren unter anderem von dem Schweizer *D. de Rougemont* in die Debatte über die künftige politische Gestalt Europas eingebracht. Im Mittelpunkt des Denkens *de Rougemonts* steht die Schaffung autonomer Partizipationseinheiten auf territorialer, wirtschaftlicher, sozialer und kultureller Grundlage, wobei die Errichtung dieser kleinräumigen Gemeinschaften mit dem Aufbau einer übernationalen europäischen und später weltweiten Konföderation einhergehen soll. Das hergebrachte nationalstaatliche Ordnungsmodell wird so in einem Europa der Regionen gleichzeitig von oben und von unten überwunden. Eine zentrale Argumentationsfigur *de Rougemonts* ist der Verweis auf die Dysfunktionalität des Nationalstaates, welcher zu klein sei, um auf die Herausforderungen einer immer enger verflochtenen Welt angemessen zu reagieren, gleichzeitig jedoch zu groß, um die wirkungsvolle demokratische Teilhabe der Bürgerinnen und Bürger zu ermöglichen (vgl. *Schulz* 1993: 200ff.).

Das ‹Europa der Regionen› stellt sich somit zunächst als radikaler Gegenentwurf zu *C. de Gaulle's* ‹Europa der Vaterländer› dar. In diesem Kontext besitzt es bis heute auch für Vertreter des westeuropäischen Regionalismus Anziehungskraft, welche seit den späten 60er Jahren in einer Reihe europäischer Staaten (vor allem in Frankreich, Großbritannien, Italien und Belgien, später auch in Spanien) mit Forderungen nach kulturellen und/oder politischen Autonomierechten hervortraten (*Schultze/Sturm* 1992). Der europäische Integrationsprozeß ist in diesem Zusammenhang sowohl als erklärende Hintergrundsvariable wie auch als Bezugspunkt regionalistischer Forderungen von Bedeutung. Die europäische Integration gibt der Modernisierung und Internationalisierung gesellschaftlicher Wirklichkeit zusätzliche Impulse und treibt die wirtschaftliche Peripherisierung bestimmter Gebiete, die im Zusammenhang mit dem Auftauchen regionalistischer Bewegungen als bedeutsam erachtet wird, weiter voran. Zugleich liefert das Vorhandensein supranationaler Politikstrukturen Belege für die regionalistische These, daß die Organisation politischer, wirtschaftlicher und kultureller Prozesse nicht notwendigerweise im Nationalstaat zu kulminieren habe, sondern mit gleichem Recht auch auf europäischer oder regionaler Ebene erfolgen könne. Mit der Relativierung nationalstaatlicher Grenzen im Inneren des europäischen Integrationsverbundes eröffnen sich zudem Möglichkeiten für ein von nationalstaatlichen Grenzziehungen unabhängiges Regionenverständnis (vgl. *Esterbauer* 1978).

Eine organisatorische Verstetigung hat regionalistisches und integralföderalistisches Gedankengut vor allem innerhalb des *Europarates* bzw. der bei ihm angesiedelten ‹Europakonferenz der Gemeinden und Regionen› erfahren. Neben der Förderung der grenzüberschreitenden regionalen und lokalen Zusammenarbeit trat die Europakonferenz vor allem durch die Warnung vor dem Entstehen eines wirtschaftlich und kulturell marginalisierten ‹Zweiten Europas› hervor. Zentrales Anliegen eines ‹Symposiums der europäischen Randregionen› im Jahr 1970 und zweier Nachfolgekonferenzen 1975 und 1978 war die Forderung, Maßnahmen zur Verringerung wirtschaftlicher Disparitäten zwischen den zentral und den peripher gelegenen Regionen Europas einzuleiten und dabei der Region ihren Platz «als lebendige menschliche Gemeinschaft» anstatt einer bloß «passive[n] Rolle... als Verwaltungsrahmen wirtschaftlicher Tätigkeit» zu sichern. Diese Forderung verband sich mit dem Ruf nach der Errichtung demokratisch gewählter Organe in allen europäischen Regionen und deren «Mitwirkung an den Entscheidungen der Nationalstaaten» sowie einer «Vertretung bei den europäischen Institutionen». Mit dem Hinweis, es könne «nicht die Rede sein von einem gefährlichen Kurzschluß zwischen Europa und den Regionen, ein Kurzschluß, dessen Opfer die Nationalstaaten sein würden», wurde allerdings dem utopischen und anti-etatistischen Charakter des ‹Europas der Regionen› eines *de Rougemont* ausdrücklich die Spitze genommen (Abdruck der 1975 und 1978 verabschiedeten Resolutionen bei *Esterbauer* 1978: 209ff., hier: 210, 213).

Seine größte Aktualität besitzt das ‹Europa der Regionen› heute innerhalb eines direkt auf die künftige institutionelle Gestalt der EU bezogenen Diskussionsstranges. Zentrale Trägergruppe dieser stark verfassungsrechtlich geprägten Debatte sind die Vertreter solcher subnationalen Gebietskörperschaften, welche innerstaatlich über gewisse politische und rechtliche Handlungsbefugnisse verfügen und die Einschränkung dieser Kompetenzen durch den vorrangig von den Mitgliedstaaten und den Gemeinschaftsorganen getragenen Integrationsprozeß thematisieren (*Engel* 1993). Von ihnen wurde das Schlagwort vom ‹Europa der Regionen› aufgegriffen und zum integrationspolitischen Leitbild uminterpretiert. Das Ziel ist ein föderal-subsidiärer dreistufiger Aufbau der EU, innerhalb dessen den Regionen autonom auszuübende Kompetenzen verbleiben und die Mitwirkung regionaler Akteure sowohl an der Integrationspolitik des jeweiligen Mitgliedstaates als auch an der Entscheidungsfindung auf supranationaler Ebene gesichert ist (*Hrbek/Weyand* 1994). Dabei wird – unter Berufung auf Argumente aus den Dezentralisierungsdebatten der 70er und 80er Jahre (*Sharpe* 1993) – das ‹Europa der Regionen› häufig als eine bürgernahe und effiziente politische Struktur gewertet, welche das ‹Demokratiedefizit› und Tendenzen zur Überzentralisierung innerhalb der EU mildern könne. Diesen Argumenten hat sich das Europäische Parlament in der 1988 verabschiedeten ‹Gemeinschaftscharta der Regionalisierung› (Abl. EG C 326 vom 19. 12. 1988) teilweise angeschlossen, darüber hinaus jedoch insbesondere die zunehmende wirtschaftliche Ungleichentwicklung der Regionen in der EG als Problem benannt (vgl. *Blotevogel* 1991).

Als subnationale Bausteine eines so definierten ‹Europas der Regionen› werden allgemein die größten politisch-administrativen Einheiten unterhalb der Ebene der Nationalstaaten verstanden (beispielsweise die deutschen Bundesländer, französische und italienische Regionen, spanische Autonome Gemeinschaften, niederländische Provinzen, dänische *amdskommuner* oder die vier Landesteile des Vereinigten Königreichs, wobei der englische Landesteil nochmals in die 1964 für Zwecke der Raumplanung und der Bereitstellung öffentlicher Dienste eingerichteten *standard planning regions* unterteilt wird). Als Resultat der national unterschiedlichen Zielsetzungen und historischen Verläufe bei der Dezentralisierung der Staatsstrukturen handelt es sich bei den erwähnten ‹Regionen› jedoch um territoriale Einheiten von enorm unterschiedlicher Kompetenzausstattung, Finanzkraft, Größe und verfassungsrechtlicher Stellung (*Benz* 1993, *Engel* 1993), deren gleichberechtigter Einbau in die politisch-institutionelle Struktur der EU kaum möglich scheint. Problematisch ist auch, daß in unitarischen Staaten wie dem Vereinigten Königreich die regionale Ebene von Bevölkerung und Eliten im allgemeinen nicht als relevante ‹Handlungsarena› akzeptiert wird (*Keating* 1985).

Politisch bedeutsam wurde ein solchermaßen verstandenes ‹Europa der Regionen› vor allem in der grenzüberschreitenden regionalen Zusammenarbeit (*Schmitt-Egner* 1994) und in der Berücksichtigung politisch-institutioneller Forderungen der europäischen Regionen (wie die nach Verankerung des Subsidiaritätsprinzips und eines Regionalorgans mit konkreten Mitwirkungsrechten im EG-Vertrag) im Maastrichter Vertrag von 1992. Neben dem neu eingerichteten Ausschuß der Regionen existiert eine Reihe weiterer institutionalisierter oder informeller Mitwirkungsmöglichkeiten für subnationale Akteure an der EU-Politik. Hierzu zählt der ‹Beirat der lokalen und regionalen Gebietskörperschaften› ebenso wie die insbesondere im Bereich der Europäischen Strukturpolitik zu beobachtende informelle Konsultation von Regionalvertretern durch die Kommission. In Belgien und der Bundesrepublik haben sich regionale Akteure darüber hinaus das Recht erstritten, an den nationalen Verhandlungsdelegationen zur Beratung bestimmter Materien teilzunehmen (*Benz* 1993: 332ff., *Hrbek/Weyand* 1994: 82ff.). Die Bedeutung dieser verschiedenen Einwirkungsmöglichkeiten liegt vor allem in der Einschleusung regionalen Sachverstandes in die Politik der Gemeinschaft. Die von den Verfechtern eines ‹Europas der Regionen› propagierten Werte ‹Bürgernähe›, ‹Effizienz› und ‹Bewahrung regionaler Identitäten› werden durch diese Beteiligungsformen allenfalls mittelbar gefördert. Es handelt sich in aller Regel um nichtöffentliche, bürokratiebestimmte Verhandlungsrunden, die auf das Anliegen einer breiteren Beteiligung der Öffentlichkeit an der europäischen Politik nur ganz unzureichend Rücksicht nehmen können.

War das ‹Europa der Regionen› innerhalb der bisher skizzierten Diskussionsstränge in erster Linie als politisches Programm zu verstehen, so hat das Konzept mittlerweile auch Eingang in die akademische Debatte gefunden. In Anlehnung an die zuvor skizzierten Diskussionen dient das ‹Europa der Regionen› in der Politikwissenschaft als Metapher für einen möglichen politisch-institutionellen Entwicklungspfad der EU. Auch wenn die einschlägige angelsächsische und deutschsprachige Literatur kein einheitliches Verständnis des ‹Europas der Regionen› besitzt (ein ‹*Sandwich*-Modell› mit starker europäischer und regionaler Ebene und verschwindender nationaler Ebene in der angelsächsischen Forschung steht dem im deutschsprachigen Raum vorherrschenden Verständnis eines dreistufigen Modells mit gleichgewichtigen Ebenen gegenüber), so herrscht doch überwiegend Skepsis bezüglich der Realisierungschancen und der Wünschbarkeit einer politischen Umsetzung des Konzepts (*Jones/Keating* 1995). Ansatzpunkte zu einer größeren ‹Sichtbarkeit› und politischen Aufwertung der subnationalen Ebene werden jedoch allgemein konstatiert, so vor allem im Hinblick auf den Ausschuß der Regionen und die EG-Strukturpolitik. Allerdings zeigt sich auch, daß die direkt unterhalb der nationalstaatlichen Ebene angesiedelten ‹Regionen› weder die einzigen noch die in irgendeiner Hinsicht vorrangigen territorialen Einheiten sind, die sich von der Einrichtung verbesserter Mitwirkungsmöglichkeiten für subnationale Akteure oder von der Strukturpolitik der Gemeinschaft eine Aufwertung ihres politischen Status erhoffen können (*Marks* 1996). Ähnliches gilt für grenzüberschreitende Kooperationsformen zwischen subnationalen Gebietskörperschaften, welche durch das INTERREG-Programm der EG teilweise massive finanzielle Unterstützung erfahren (*Hrbek/Weyand* 1994: 43ff.).

Im Unterschied zur Politikwissenschaft sieht die wirtschaftswissenschaftliche bzw. wirtschaftspolitische Diskussion das ‹Europa der Regionen› in erster Linie durch räumliche Disparitäten der Wirtschaftsentwicklung und die Standortkonkurrenz zwischen verschiedenen europäischen Wirtschaftsregionen gekennzeichnet (*Blotevogel* 1991). Die Bedeutung kleinräumiger Einheiten liegt hier in der gerade im europäischen Binnenmarkt durchschlagenden Internationalisierung der Märkte und der schwindenden Möglichkeit nationalstaatlicher Schutzmaßnahmen gegen die globale Wirtschaftskonkurrenz. Sie erfordere von den ökonomischen Akteuren Strategien der flexiblen Spezialisierung, mittels derer neue Technologien schnell aufgegriffen und neu entstehende Märkte schnell bedient werden können (*Sabel* 1989). Unter Verweis auf das sogenannte Dritte Italien und andere *islands of success* wird argumentiert, daß solche Strategien am besten in kleinräumigen (regionalen oder auch lokalen) Organisationseinheiten zu verwirklichen seien. Entscheidend hierfür seien die räumliche Nähe und das Bestehen eines regionenspezifischen ‹sozialen Milieus›, welches Vertrauen und gegenseitige Kommunikation fördere und bislang ungenutzte Innovationspotentiale freisetzen könne. Dabei wird in diesem Diskussionsstrang mit dem Konzept territorial nur unscharf abgegrenzter wirtschaftlicher Agglomerationsräume jedoch ein fundamental anderes Verständnis von ‹Region› zugrundegelegt als innerhalb der politisch-institutionellen Diskussion zum ‹Europa der Regionen› (vgl. *Benz* 1993).

II. *Forschungsstand und Perspektiven*: Das Konzept eines ‹Europas der Regionen› besitzt Anziehungskraft im Zusammenhang mit strukturellen Problemen der supranationalen Gemeinschaftsbildung, namentlich deren Unüberschaubarkeit, der erschwerten Zurechenbarkeit politischer Entscheidungen und der potentiellen Verwischung kultureller Unterschiede. Gleichzeitig sind die Diskussionen um das ‹Europa der Regionen› ein Kennzeichen dafür, daß die Nationalstaaten offensichtlich nicht mehr die einzigen politisch-administrativen Einheiten sind, die Politik legitim und effizient gestalten und hierfür die Loyalität der Bürgerinnen und Bürger einfordern können. Aus den dargestellten Diskussionszusammenhängen läßt sich jedoch kein allgemeiner Trend hin zum ‹Europa der Regionen› ableiten. Die auf den ersten Blick plausible Rede vom Zusammenwirken verschiedener Prozesse beim Entstehen eines ‹Europas der Regionen› (wie die regionalistische Wiederentdeckung historisch-politischer Räume durch Teile der Bevölkerung, die Dezentralisierung des Staatsaufbaus in einer Reihe von Mitgliedstaaten und die zunehmenden Beteiligungschancen regionaler Akteure an der europäischen Politik) verwischt nicht nur die Unterschiedlichkeit der ihnen zugrundeliegenden Triebkräfte, sondern verschweigt auch, daß diese verschiedenen Formen regionaler Raumbildung einer unterschiedlichen Funktionslogik folgen. So wird eine für die Umsetzung regionaler Strukturpolitik optimale räumliche Größe nur in Ausnahmefällen den jeweils vorhandenen Verwaltungsuntergliederungen entsprechen; beide Größen wiederum sind nicht kongruent mit historisch oder kulturell begründeten regionalen Identifikationsräumen.

Eine theoretisch angeleitete und empirisch fundierte Forschung, die – unter Berücksichtigung der verschiedenen Dimensionen des Regionenbegriffs – versucht, die eingangs beschriebene Wechselwirkung von Europäisierung und Regionalisierung in ihren verschiedenen Ausprägungen vergleichend zu analysieren, ist kaum vorhanden. Zwar liegt zu einzelnen Aspekten der Thematik (etwa zur institutionellen Einbindung regionaler Akteure in die EU-*polity* oder zur Europäischen Strukturpolitik) sowie zu europäischen Initiativen einzelner Regionen (Nordrhein-Westfalen, Schottland, Katalonien) mittlerweile eine Fülle von empirischen Studien vor, doch trägt diese Forschung noch kaum zu einem kumulativen Erkenntnisgewinn bei. Auch in theoretischer Hinsicht ertragreich sind Untersuchungen, welche die Thematik des ‹Europas der Regionen› in die umfassendere Fragestellung des Entstehens eines europäischen Mehrebenensystems einbetten (z. B. *Benz* 1993: 344ff., *Marks* 1996). Im Gegensatz zu der oft einseitig um Kompetenzabgrenzungen und Machtverschiebungen zwischen den verschiedenen territorialen ‹Schichten› kreisenden Diskussion zum ‹Europa der Regionen› wird von dieser Forschung darauf verwiesen, daß nicht institutionelle Veränderungen im Aufbau der Mitgliedstaaten oder der Union, sondern von den Regionen selbst getragene Initiativen und binnenorganisatorische Anpassungsprozesse für das Entstehen eines ‹Europas der Regionen› eine entscheidende Rolle spielen werden. Beispielsweise können die Einrichtung regionaler Mitwirkungsmöglichkeiten im EU-System, grenzüberschreitende regionale Zusammenarbeit und insbesondere die EU-Strukturpolitik auch subnationalen Akteuren ohne durchsetzungskräftige institutionelle Ressourcen die Chance verschaffen, die in diese Politiken eingeschriebenen Konzepte von der Vorteilhaftigkeit und Legitimität regionaler Kooperation und Koordination aufzugreifen und strategisch zur Erweiterung und Neuschaffung von Handlungsspielräumen zu nutzen. An diesen Gedanken läßt sich die Frage anknüpfen, unter welchen Voraussetzungen die in einer Region ansässigen Akteure auf europäische Impulse antworten und dabei die regionale Ebene als erfolgversprechende Handlungsarena begreifen (*Kohler-Koch* 1995). Ganz offensichtlich spielen hierbei nicht nur institutionelle Parameter, sondern auch die erfolgreiche Einleitung von Kommunikations- und Organisationsprozessen im Inneren der Region sowie die ‹Anschlußfähigkeit› der europäischen Politikrezepte an die Interessen und Situationsdeutungen regionaler Akteure eine entscheidende Rolle.

↗ Ausschuß der Regionen; Interessenvertretung; Regionalpolitik; Verfassungsdebatte.

Literatur: *Benz, A.* 1993: Regionen als Machtfaktor in Europa, in: Verwaltungsarchiv 84, 328–348. *Blotevogel, H. H.* (Hrsg.), 1991: Europäische Regionen im Wandel. Strukturelle Erneuerung, Raumordnung und Regionalpolitik im Europa der Regionen, Dortmund. *Engel, C.* 1993: Die Regionen in der EG – Rechtliche Vielfalt und integrationspolitische Rollensuche. Gutachten im Auftrag der Staats- und Senatskanzleien der Länder, Bonn. *Esterbauer, F.* (Hrsg.) 1978: Regionalismus. Phänomen – Planungsmittel – Herausforderung für Europa. Eine Einführung, Wien. *Hrbek, R./Weyand, S.* 1994: Betrifft: das Europa der Regionen. Fakten, Probleme, Perspektiven, München. *Jones, B./Keating, M.* 1995: The European Union and the Regions, Oxford. *Keating, M.* 1985: Whatever Happened to Regional Government?, Local Government Studies 11, 111–122. *Kohler-Koch, B.* 1995: Regionen im Mehrebenensystem der EU, in: *König, Th./Rieger, E./Schmitt, H.* (Hrsg): Mannheimer Zentrum für Europäische Sozialforschung – MZES-Jahrbuch 1995, Frankfurt a. M., 203–227. *Marks, G.* 1996: Politikmuster und Einflußlogik in der Strukturpolitik, in: *Jachtenfuchs, M./Kohler-Koch, B.* (Hrsg.): Europäische Integration, Opladen, 313–343. *Sabel, C. F.* 1989: The Reemergence of Regional Economies (WZB Discussion Paper FS I 89–3), Berlin. *Schmitt-Egner, P.* 1994: Europas kooperierende Regionen, Baden-Baden. *Schultze, R. O./Sturm, R.* 1992, Regionalismus, in: Schmidt, M. G.: Die westlichen Länder (Lexikon der Politik, Bd. 3), München, 404–416. *Schulz, M.* 1993: Regionalismus und die Gestaltung Europas, Hamburg. Sharpe, L. S. (Hrsg.) 1993: The Rise of Meso-Government in Europe, London.

Thomas Conzelmann

Europäische Freihandelsassoziation – EFTA / Europäischer Wirtschaftsraum – EWR

Die EFTA entstand im Kontext der Gründung der *Europäischen Wirtschaftsgemeinschaft* (EWG). Mitte der 50er Jahre waren in Europa zwei unterschiedliche Integrationsvorstellungen einflußreich. Die erste zielte auf ein großes Projekt einer nicht nur wirtschaftlichen, sondern auch politischen Union. Der zweite Integrationsansatz betraf eine rein kommerzielle Zusammenarbeit mit dem Ziel, den Güteraustausch mittels Zollabbau und der Beseitigung technischer Hemmnisse zu erleichtern. Während der Verhandlungen der sechs EGKS-Staaten über die Gründung der EWG, zu denen auch Großbritannien eingeladen war, schlugen die Briten eine alle westeuropäischen OEEC-Staaten umfassende Freihandelszone vor. Diese große Freihandelszone fand zwar auch bei Politikern der EGKS-Staaten Unterstützung, nicht zuletzt auch beim damaligen Bundeswirtschaftsminister und späteren deutschen Bundeskanzler *L. Erhard*, der von der EWG eine Behinderung des Handels mit Drittländern befürchtete. Innerhalb der sechs EGKS-Staaten behaupteten sich jedoch die Kräfte, die eine höhere Integrationsstufe wünschten und daher der EWG den Vorzug gaben. Für Staaten wie die Schweiz, Schweden und Österreich kam aufgrund ihres Neutralitätsstatus aber nur eine funktional begrenzte wirtschaftliche Kooperation in Frage. Nach der Gründung der EWG setzte Großbritannien seine Bemühungen fort, alle übrigen OEEC-Mitglieder in einer Freihandelszone zusammenzuschließen. Als das mißlang, vereinbarten im Sommer 1959 Großbritannien, Dänemark, Norwegen, Österreich, Schweden, Portugal und die Schweiz die Bildung einer Freihandelszone. Die Länder, die nicht der EWG beigetreten waren, befürchteten vom europäischen Integrationsprozeß ausgeschlossen und auf der Ebene des Handels diskriminiert zu werden. Am 4. 1. 1960 wurde das ‹Übereinkommen zur Errichtung der Europäischen Freihandelszone› in Stockholm unterzeichnet. Das EFTA-Statut, das die unterschiedlichen Interessen der teilnehmenden Staaten widerspiegelte, wurde auf den beiden Pfeilern des freien und fairen Handels aufgebaut. Mit dem Inkrafttreten des EFTA-Statuts am 3. 5. 1960 war Westeuropa integrationspolitisch in zwei Wirtschaftsräume gespalten. Außer den bereits genannten Staaten traten der EFTA Island (1960) und Finnland (1986) bei. Liechtenstein, das aufgrund seiner Zollunion mit der Schweiz seit der EFTA-Gründung in die Freihandelszone integriert war, wurde 1991 Vollmitglied. Durch die EG- bzw. EU-Beitritte von Dänemark und Großbritannien 1972, Portugal 1985, Österreich, Schweden und Finnland 1995 wurde die Mitgliedschaft in der EFTA sukzessive stark reduziert. 1995 bestand sie nur noch aus der Schweiz, Norwegen, Island und dem Fürstentum Liechtenstein. Langfristig werden wohl auch diese restlichen EFTA-Staaten nicht umhin können, sich der EU anzuschließen. Die Schweiz und Norwegen konnten bislang aufgrund abschlägiger Volksabstimmungen den von den Regierungen angestrebten (im Falle Norwegens auch bereits vollständig ausgehandelten) EU-Beitritt nicht vollziehen.

I. *Vertragsziele und Organisationsstruktur*: Ziel der EFTA war die Errichtung einer Freihandelszone für Industrieerzeugnisse und für einzelne verarbeitete Agrarprodukte. Darüber hinaus sollte sie zu einer harmonischen Entwicklung des Welthandels, zu seiner Erweiterung sowie zum Abbau der Handelshemmnisse beitragen. Nebenziele, wie die Eliminierung wettbewerbsbeschränkender Praktiken durch Subventions- oder Dumpingverbote, ergeben sich aus dem Primärziel des Freihandels. Da die EFTA keine Zollunion sein sollte, stand es den Mitgliedstaaten frei, ihre Zölle und Mengenbeschränkungen gegenüber Drittländern selbständig und nach eigenem Ermessen festzusetzen. Aus dem Verzicht auf einen gemeinsamen Außenzoll ergab sich die Verpflichtung, beim Handel innerhalb der EFTA Ursprungszeugnisse vorzulegen.

Als höchstes Gremium der EFTA wurde der Rat geschaffen, in dem die Mitgliedstaaten gleichberechtigt durch Minister bzw. Beamten mit jeweils einer Stimme vertreten sind. Für die Beschlußfassung über neue Verpflichtungen galt stets das Einstimmigkeitsprinzip, ansonsten das Mehrheitsprinzip. Die EFTA sah keine parlamentarische Versammlung vor; dennoch trafen sich Parlamentarier der Mitgliedstaaten in den ersten 17 Jahren des Bestehens der EFTA zur Zusammenarbeit, um sich dann als Parlamentarierkomitee zu konstituieren. Damit wurde die Grundlage für eine Kooperation mit dem Europäischen Parlament (EP) gelegt. Die Vorbereitungs- und Verwaltungsarbeit wird durch ein Sekretariat erledigt (1994: ca. 140 Mitarbeiter), an dessen Spitze der Generalsekretär steht. Zur Vorbereitung der Ratssitzungen wurden verschiedene Komitees geschaffen, so z. B. ein

Budget-, ein Wirtschaftskomitee sowie Komitees der Ursprungs- und Zollexperten und ein Konsultativkomitee aus Vertretern der Unternehmer und Gewerkschaften. Das EFTA-Statut sah keinen Gerichtshof vor, ermächtigte durch Art. 31 allerdings den Rat, sich mit Beschwerden aus dem Kreis der Mitglieder zu befassen und somit eine Art Rechtsfunktion auszuüben.

II. *Entwicklungsbilanz*: Von Anfang an stand die EFTA im Schatten der sich rasch erfolgreich entwickelnden EWG. Dennoch erzielte die EFTA Erfolge. So wurde der Freihandel bei den Industriegütern bereits im Dezember 1966, drei Jahre vor dem anvisierten Datum, erreicht. Seit den 70er Jahren waren die EFTA-Staaten auch im Abbau nichttarifärer Handelshemmnisse erfolgreich. Überdies gelang es der EFTA in den 90er Jahren, eine engere Kooperation mit der EG einzugehen. Die Entwicklung der EFTA war allerdings auch von Krisen überschattet. So erhob Großbritannien 1964 eine Zusatzsteuer in Höhe von 15% auf die meisten Industriegüter aus den EFTA-Staaten in der Hoffnung, seine Zahlungsbilanzprobleme lösen zu können. Da das EFTA-Statut für diese Maßnahme keine Rechtsgrundlage vorsah, mußten die Briten ihre Maßnahme wieder zurückziehen.

Großbritannien stellte breits 1961 und 1967 Anträge auf Mitgliedschaft in der EWG; auch die übrigen EFTA-Mitglieder strebten entweder nach Vollmitgliedschaft in der EG (Dänemark und Norwegen) oder nach Assoziierung. Diese Versuche scheiterten jedoch zunächst v. a. am Widerstand Frankreichs. Nach 1969 bemühten sich Großbritannien, Dänemark und Norwegen erneut um den Beitritt zur EG; 1972 führten die Verhandlungen zum Erfolg. Allerdings lehnten die norwegischen Wähler in einer Volksabstimmung den EG-Beitritt ab. Nach dem Austritt Großbritanniens und Dänemarks schloß die aus Finnland, Island, Norwegen, Österreich, Portugal, Schweden und der Schweiz bestehende ‹Rest-EFTA› 1972 mit der EG Freihandelsabkommen ab, die dazu führten, daß von 1977 an der Handel von Industrieerzeugnissen zwischen allen Mitgliedern der EFTA und der EG zum größten Teil ohne Zölle und mengenmäßige Beschränkungen erfolgte.

III. *Gründung des EWR*: Anfang der 80er Jahre kamen EG und EFTA überein, die Zusammenarbeit zu intensivieren. Nach knapp achtjährigen Verhandlungen wurde 1992 ein Abkommen zwischen EFTA und EG über die Errichtung des Europäischen Wirtschaftsraums (EWR) unterzeichnet. Da die Schweizer Bevölkerung den EWR in einer Volksabstimmung mit knapper Mehrheit Ende 1992 ablehnte, konnte der EWR erst zum 1.7. 1993 zwischen den zwölf EG-Staaten und den anderen sechs Mitgliedstaaten der damaligen EFTA in Kraft treten. Für die Schweiz gilt weiterhin das ursprüngliche Freihandelsabkommen im Verhältnis zur EU sowie zu den EFTA-Partnerländern. Bestehend aus 15 (bis 1994: zwölf) EU-Staaten und drei EFTA-Staaten ist der EWR das weltweit größte geschlossene Wirtschaftsgebiet.

Juristisch stellt das EWR-Abkommen einen Assoziierungsvertrag nach Art. 238 EWG-V dar. Etwa 80% der Binnenmarktvorschriften und ca. 1400 Rechtsakte wurden von der EFTA übernommen. Die vier Freiheiten des EG-Binnenmarktes (Verkehr von Waren, Dienstleistungen und Kapital, Niederlassungsfreiheit) werden auf den gesamten EWR ausgedehnt. Im Unterschied zur EG ist der EWR aber keine Zollunion. Es gibt daher keine gemeinsame Handelspolitik und keinen gemeinsamen Außenzoll gegenüber Drittländern. Agrarerzeugnisse sind, abgesehen von Sonderregelungen für verarbeitete Agrarprodukte, nicht in den Freihandel einbezogen. Grenzkontrollen zwischen EFTA- und EU-Staaten bleiben somit bestehen. Eigenständig blieb die EFTA in der Agrar- und Fischereipolitik sowie der Steuer- und Finanzpolitik. Dagegen erstreckt sich die Zusammenarbeit mit der EU auf viele nichtwirtschaftliche Bereiche wie Forschung und Entwicklung, allgemeine und berufliche Bildung, Verbraucherschutz, Sozialpolitik und Umweltschutz.

Die enge Kooperation zwischen EU und EFTA fand Ausdruck in gemeinsamen Organen. So wurde ein Gemeinsamer EWR-Ausschuß gebildet, der für das allgemeine Funktionieren des Wirtschaftsraumes verantwortlich ist. Als höchstes politisches Organ sieht der Vertrag einen EWR-Rat vor, der aus den Mitgliedern des Rats der EU und Mitgliedern der Europäischen Kommission sowie je einem Mitglied der Regierung jedes EFTA-Staates besteht. Der EWR-Rat soll politische Anstöße für die Durchführung des Abkommens geben und die allgemeinen Leitlinien für den Gemeinsamen EWR-Ausschuß festlegen. Das Gremium faßt seine Beschlüsse einvernehmlich. Die EFTA-Staaten setzen einen Gerichtshof ein, der zusammen mit dem Europäischen Gerichtshof (EuGH) der EU das angemessene Funktionieren des EWR-Abkommens überwachen soll.

IV. *Ausblick*: Der wichtigste historische Erfolg der EFTA besteht im Abbau von Wirtschaftsbarrieren zwischen zahlreichen europäischen Ländern. Darüber hinaus bildete die EFTA bis in die 70er Jahre eine wichtige Brücke zwischen Großbritannien und dem europäischen Festland und bot den europäischen Staaten außerhalb der EG ein Forum für wirtschaftspolitische Probleme, einschließlich der Beziehungen zur EG. Was das Verhältnis der EFTA zu Drittstaaten außerhalb der EU anbelangt, so bestanden Mitte 1993 Freihandelsverträge mit Israel, der Türkei, Bulgarien, Polen, Rumänien, der Tschechischen Republik und Ungarn. Diese Verträge sehen eine Abschaffung von Zöllen und Einfuhrmengen vor. Mit Lettland, Litauen, Estland, Slowenien und Albanien wurde zunächst eine engere Kooperation vereinbart. Mit Jugoslawien wurde 1992 wegen des Krieges die Zusammenarbeit abgebrochen.

Ob der EWR in absehbarer Zeit geeignet ist, ehemals sozialistische Länder in Ostmitteleuropa der EU zu assoziieren, erscheint fraglich. Die EFTA-Länder, die dem EWR beitreten wollten, waren hochentwickelt und industriell konkurrenzfähig. Selbst die wirtschaftlich erfolgreichsten der Transformationsländer, Polen, die Tschechische Republik und Ungarn, werden noch Jahrzehnte brauchen, um sich der Konkurrenz der EU-Länder aussetzen zu können.

↗ Außenbeziehungen der Europäischen Union.

Literatur: *Curzon, V.* 1974: Essentials of Economic Integration. Lessons of the EFTA Experience, London. *EFTA-Sekretariat* 1992: The EEA Agreement, Genf. *Laursen, F.* (Hrsg.) 1990: EFTA and the EC. Implications of 1992, Maastricht. *Senti, R.* 1992: EG, EFTA, Binnenmarkt. Funktionsweise, Perspektiven, Zürich. *Sreit, A.* 1994: Das Abkommen über den Europäischen Wirtschaftsraum, in: NJW 9, 555–559. *Wallace, H.* (Hrsg.) 1991: The Wider Western Europe: Reshaping the EC-EFTA Relationship, London.

Dieter Grosser/Wichard Woyke

Europäische Gemeinschaft für Kohle und Stahl – EGKS

Die *Europäische Gemeinschaft für Kohle und Stahl* (EGKS, auch Montanunion genannt) wurde im April 1951 als erste der *Europäischen Gemeinschaften* von Belgien, der Bundesrepublik Deutschland, Frankreich, Italien, Luxemburg und den Niederlanden gegründet. Sie beruhte auf einer Initiative des damaligen französischen Außenministers *R. Schuman* (*Schuman*–Plan), der im Mai 1950 auf einer Außenministerkonferenz in Paris vorgeschlagen hatte, die gesamte Stahlproduktion Frankreichs und Deutschlands unter eine gemeinsame Hohe Behörde zu stellen. Die Leitidee des Planes war es, neue militärische Auseinandersetzungen zwischen diesen beiden Ländern zu verhindern, doch wurde von vornherein betont, daß diese Gemeinschaft anderen europäischen Ländern zum Beitritt offenstehen solle. 1952 trat dann der EGKS/Montanunion-Vertrag für eine Laufzeit von zunächst 50 Jahren in Kraft.

In der Präambel des EGKS-Vertrages wurde ausdrücklich festgeschrieben, daß eine auf einen Wirtschaftssektor begrenzte Gemeinschaft als ein erster Schritt auf dem Weg zur Errichtung einer umfassenderen Gemeinschaft zwischen den interessierten europäischen Ländern zu verstehen sei. Damit war der Grundstein für die spätere Gründung der *Europäischen Wirtschaftsgemeinschaft* (EWG) und der *Europäischen Atomgemeinschaft* (EAG) im Jahr 1958 gelegt.

Mit der Montanunion wurde der Bundesrepublik Deutschland die Möglichkeit gegeben, gleichberechtigt am europäischen Einigungsprozeß teilzunehmen. Dabei lag es im Interesse der französischen Gründungsväter, das Wirtschaftspotential Deutschlands in eine supranationale Struktur einzubinden und damit in gewisser Weise zu kontrollieren.

Im Juli 1967 erhielten die drei *Europäischen Gemeinschaften* durch einen Fusionsvertrag ein einheitliches organisatorisches Gefüge. Die Einzelverträge behielten jedoch ihre Gültigkeit. Im Verlauf des europäischen Integrationsprozesses wurde der EGKS-Vertrag freilich wiederholt geändert und ergänzt. Neben verschiedenen Vertragsanpassungen im Zuge des Beitritts weiterer Länder zur EG markieren insbesondere die Einheitliche Europäische Akte (EEA, in Kraft seit 1987) und der Maastrichter Vertrag zur Gründung der *Europäischen Union* (EU-V, in Kraft seit 1993) wichtige Einschnitte in der Entwicklung der EGKS, der alle Mitgliedsländer der EG/EU angehören.

1. Gemäß Art. 1 des Gründungsvertrages beruht die EGKS auf einem gemeinsamen Markt, verfolgt gemeinsame Ziele und hat gemeinsame Organe. Die Organe der EGKS sind: (1) Die Europäische Kommission (ursprünglich, bis zur Vertragsfusion von 1967: Hohe Behörde) ist das eigentliche Exekutivorgan der EGKS. Sie hat die Aufgabe, «für die Erreichung der im Vertrag festgelegten Zwecke zu sorgen». Sie kann Entscheidungen und Empfehlungen mit bindender Wirkung erlassen und Stellungnahmen abgeben. (2) Der Ministerrat der EG (ursprünglich: Besonderer Ministerrat) hat die Aufgabe, die Tätigkeit der Kommission und Maßnahmen der Regierungen der Mitgliedstaaten, aus deren Vertretern er sich zusammensetzt, aufeinander abzustimmen. Er kann die Kommission auffordern, Vorschläge und Maßnahmen zu prüfen und ihr gegenüber Stellungnahmen abgeben. (3) Das Europäische Parlament (EP; ursprünglich: Gemeinsame Versammlung) erörtert den Jahresbericht der Kommission, nimmt Kontrollfunktionen wahr und kann Stellungnahmen gegenüber dem Rat abgeben. (4) Der Europäische Gerichtshof (EuGH) sichert die Wahrung des Rechts bei der Auslegung und Anwendung des EGKS-Vertrages und seiner Durchführungsbestimmungen. Für die Befugnisse des EuGH im Bereich der EGKS gelten besondere Bestimmungen. Er besitzt eine allgemeine Zuständigkeit für die Vertragsinterpretation und hat bei der Vertragsrevision beratende Funktion. (5) Der Beratende Ausschuß ist bei der Kommission angesiedelt. Er besteht aus einer gleichen Anzahl von Vertretern der Erzeuger, der Arbeitnehmer sowie der Händler und der Verbraucher des Kohle- und Stahlsektors. Der Ministerrat ernennt sie aus den Reihen von Erzeuger- und Arbeitnehmerorganisationen, an deren Aufträge und Weisungen sie jedoch nicht gebunden sind, für die Dauer von zwei Jahren.

2. Die Hauptaufgabe der EGKS besteht laut Vertrag darin, «zur Ausweitung der Wirtschaft, zur Steigerung der Beschäftigung und zur Hebung der Lebenshaltung in den Mitgliedstaaten beizutragen» (Art. 2 EGKS-V). Die Organe der EGKS sollen (1) die geordnete Versorgung des gemeinsamen Marktes unter Berücksichtigung des Bedarfs dritter Länder sicherstellen; (2) den gleichen Marktzugang für die Verbraucher gewährleisten; (3) für die Bildung möglichst niedriger Preise sorgen; (4) Anreize geben, damit die Unternehmen ihr Produktionspotential ausbauen und verbessern können; (5) zur Verbesserung der Lebens- und Arbeitsbedingungen der in diesem Sektor Tätigen beitragen; (6) die Entwicklung des zwischenstaatlichen

Handels fördern und dafür sorgen, daß bei den Preisen auf auswärtigen Märkten angemessene Grenzen eingehalten werden; (7) die geordnete Ausweitung und Modernisierung der Erzeugung sowie die Verbesserung der Produktqualität fördern, um auf protektionistische Maßnahmen verzichten zu können (Art. 3 EGKS-V).

Durch Art. 4 EGKS-V werden folgende Maßnahmen innerhalb der Gemeinschaft untersagt: (1) die Erhebung von Ein- und Ausfuhrzöllen oder von Abgaben gleicher Wirkung sowie die Festsetzung von Importkontingenten; (2) Maßnahmen oder Praktiken, die eine Diskriminierung zwischen Erzeugern und Käufern oder Verbrauchern herbeiführen; (3) von den Staaten bewilligte Subventionen oder Beihilfen bzw. von ihnen auferlegte Sonderlasten; (4) einschränkende Praktiken, die auf Kartellbildung oder auf die Ausbeutung von Märkten abzielen.

Gemäß Art. 5 EGKS-V verfügt die Gemeinschaft über ein Instrumentarium, das ihr begrenzte Eingriffe in die sektoralen Wirtschaftsabläufe ermöglicht. Dazu gehören (1) eine allgemeine Zielbestimmungskompetenz sowie das Recht, Auskünfte einzuholen; (2) die Möglichkeit, den Unternehmen Finanzierungshilfen zur Bewältigung von Problemen der Strukturanpassung zur Verfügung zu stellen; (3) Eingriffsmöglichkeiten zur Schaffung, Aufrechterhaltung und Beachtung regulärer Wettbewerbsbedingungen. Ferner sind die Organe der EGKS gehalten, die notwendigen Maßnahmen zu ergreifen, um die Beachtung der Vertragsbestimmungen zu gewährleisten.

3. Es steht außer Zweifel, daß die Gründung der EGKS den Prozeß der europäischen Gemeinschaftsbildung initiiert und geprägt hat. Durch das Diskriminierungsverbot, die Höchstpreisvorschriften und Anpassungsbeihilfen ist es der EGKS weitgehend gelungen, die ‹Krisensektoren› Kohle und Stahl an die neuen Gegebenheiten der modernen Technologiegesellschaft anzupassen und gleichzeitig eine stabile Versorgung in diesem Bereich zu gewährleisten. Auch konnten sozialpolitische Ziele der EGKS, namentlich die Verbesserung der Lebens- und Arbeitsbedingungen der in der Kohle- und Stahlbranche Beschäftigten und die Einführung einer Mitbestimmung der Arbeitnehmer im Montanbereich, erreicht werden. Freilich hat die Montanindustrie infolge des Strukturwandels der Industrie und im Zuge der Stahlkrisen seit den 70er Jahren an gesamtwirtschaftlicher Bedeutung verloren. Es läßt sich auch nicht leugnen, daß v. a. die Stahlkrise eine Reihe von Beihilferegelungen und sozialen Maßnahmen erforderlich gemacht hat, welche die gesamtwirtschaftlichen Kosten von Kohle und Stahl in die Höhe getrieben haben. Doch ohne die EGKS würden die westeuropäische Kohle- und Stahlindustrie und die in ihr beschäftigten Arbeitnehmer sich vermutlich in einer schlechteren Lage befinden.

↗ Europäische Gemeinschaften; Geschichte der europäischen Integration seit 1945; Internationale Organisationen.

Literatur: *Fontaine, P.* 1990: Eine neue Ordnung für Europa. 40 Jahre Schuman-Plan, Luxemburg. *Schwabe, K.* (Hrsg.) 1994: Die Anfänge des Schuman-Plans, Baden-Baden.

Thomas Grunert

Europäische Gemeinschaften

Europäische Gemeinschaften ist die amtliche Sammelbezeichnung für die 1951 gegründete *Europäische Gemeinschaft für Kohle und Stahl* (EGKS) sowie die *Europäische Wirtschaftsgemeinschaft* (EWG) und die *Europäische Atomgemeinschaft* (EAG/Euratom), die beide 1957 gegründet wurden. Die drei Gemeinschaften beruhen auf separaten Verträgen, verfügen aber seit dem Fusionsvertrag von 1967 über gemeinsame Organe (Rat, Kommission, Gerichtshof, Parlament und Rechnungshof). Auch haben die drei Gemeinschaften einen gemeinsamen Haushalt. Aufgrund der finanziellen Autonomie der EGKS ist ihr Funktionshaushalt außerhalb des Gesamthaushalts angesiedelt. Mit Inkrafttreten des Maastrichter Vertrages am 1. 11. 1993 wurde die EWG durch Artikel G EU-V in ‹Vertrag zur Gründung der Europäischen Gemeinschaft› (EG) geändert. Die drei Gemeinschaften haben eigene Rechtspersönlichkeit, die *Europäische Union* dagegen nicht. Während der EGKS-V für eine Laufzeit von 50 Jahren abgeschlossen wurde, also 2002 zur Disposition steht, sind die beiden anderen Gemeinschaften zeitlich unbegrenzt. Weitere Unterschiede bestehen hinsichtlich des Vertiefungsgrades supranationaler Entscheidungen, der in den drei Gemeinschaften unterschiedlich geregelt ist. Während der EGKS-Vertrag und der Euratom-Vertrag eine nur partielle wirtschaftliche Integration vorsehen, zielt der EWG-Vertrag auf eine möglichst breite wirtschaftliche Integration. Auch weichen die Rechtsakte der Organe der EGKS begrifflich von den Rechtsakten der EWG und der Euratom ab, was allerdings nicht zur Beeinträchtigung der institutionellen Einheit führt.

Im allgemeinen Sprachgebrauch sowie in der politischen Perzeption treten die drei Gemeinschaften seit zwei Jahrzehnten als die ‹*Europäische Gemeinschaft*› auf. Auch im Verhältnis zu Drittländern tritt die EG als Akteur in Erscheinung. Die Anwendung des Begriffs Europäische Gemeinschaften dürfte sich immer mehr in Richtung *Europäische Union* verlagern, wenngleich die EU mehr als die Europäischen Gemeinschaften darstellt und neben dem Prinzip der Supranationalität auch durch das Prinzip des Intergouvernementalismus gekennzeichnet ist.

Die EU stellt heute für ihre Mitglieder eine Werte- und Sicherheitsgemeinschaft sowie einen Ordnungs- und Handlungsrahmen dar. Neben der supranationalen EG bestehen die Staaten in der EU fort und verfügen weiterhin über bedeutsame Kompetenzen. Sie nehmen ihre Kompetenzen aber nicht mehr autonom, sondern zusammen mit der EU wahr. Das

EU-System läßt sich als Verflechtungs- und Konkordanzsystem charakterisieren. Politische Entscheidungsprozesse sind durch vielfältige Verflechtungsbeziehungen zwischen Nationalstaaten, supranationalen Gemeinschaftsorganen und regionalen Entscheidungsträgern gekennzeichnet. Hinzu kommen Beziehungen zwischen politischen und gesellschaftlichen Organisationen auf der transnationalen Ebene. Auch verschiedene Politikbereiche sind eng miteinander verflochten (z. B. Umwelt und Binnenmarkt) und müsssen häufig gemeinsam behandelt werden. Verflechtung darf nicht mit vollständiger politischer Integration gleichgesetzt werden, kann aber als eine Vorstufe hierzu betrachtet werden. Als Konkordanzsystem wird die EU wegen des eher durch Kompromißbildung und Konsensfindung als durch Mehrheitsbeschlüsse geprägten Entscheidungsprozesses innerhalb der Union bezeichnet.

↗ Euratom; Europäische Gemeinschaft für Kohle und Stahl – EGKS; Europäische Wirtschaftsgemeinschaft – EWG; Geschichte der europäischen Integration seit 1945; Politisches System der Europäischen Gemeinschaft.

Literatur: *Beutler, B.* u. a. 1993: Die Europäische Union. Rechtsordnung und Politik, Baden-Baden. *Church, C. H./Phinnemore, D.* 1994: European Union and European Community: A Handbook and Commentary on the post-Maastricht Treaty, New York/London. *Dinan, D.* 1994: Ever Closer Union? An Introduction to the European Community, London. *Laffan, B.* 1992: Integration and Co-operation in Europe, London/New York. *Läufer, T.* (Hrsg.) [4]1995: Europäische Union, Europäische Gemeinschaft. Die Vertragstexte von Maastricht mit den deutschen Begleitgesetzen, Bonn. *Oppermann, T.* 1991: Europarecht. Ein Studienbuch, München. *Toulemon, R.* 1994: La Construction européenne, Paris.

Wichard Woyke

Europäische Interessenorganisation der Landwirtschaft

Die herausragende Stellung und die besondere Rolle der land- und agrarwirtschaftlichen Verbandsbildung im politischen System der EU ergibt sich aus der Verknüpfung zweier spezifischer Momente. Erstens hat bei der Verfolgung der einkommenspolitischen Ziele der Landwirtschaft in allen fortgeschrittenen Industriegesellschaften die organisierte Interessenvertretung gegenüber der Bildung von Marktmacht die weitaus größere Bedeutung. Zweitens erzwingen die vergleichsweise weitgehende Vergemeinschaftung und die supranationale Organisierung zentraler agrarpolitischer Felder, hauptsächlich der Preis- und Marktpolitik, aber auch von Teilen der Strukturpolitik, die Herausbildung eines leistungsfähigen transnationalen Verbandszusammenschlusses, wenn die nationale agrarische Interessenpolitik nicht entscheidende Einfluß- und Mitwirkungschancen verlieren will.

Dem hohen Grad der Vergemeinschaftung der europäischen Agrarpolitik entsprechend entstand, ausdrücklich angeregt und unterstützt durch die

Kommission der EWG, rasch eine relativ festgefügte Organisationsstruktur mit eigenen Verbandssekretariaten und vielfältig differenzierten, auf die institutionelle Struktur der Gemeinsamen Agrarpolitik und die Tätigkeit der Kommission bezogenen Arbeitsgruppen und Fachausschüssen. Der wichtigste europäische Spitzenverband im Bereich der Land- und Agrarwirtschaft ist der 1958 gegründete *Ausschuß der berufsständischen landwirtschaftlichen Organisationen der EWG* (*Comité des Organisations Professionelles Agricole de la Communauté Européenne* – COPA). Er arbeitet eng mit dem *Allgemeinen Ausschuß des ländlichen Genossenschaftswesens* (COGECA) und dem europäischen Zusammenschluß der berufsständischen Jugendorganisationen zusammen und ist mit diesen organisatorisch und personell verflochten (u. a. haben COPA und COGECA einen gemeinsamen Generalsekretär). Sowohl im engeren Bereich der Land- und Ernährungswirtschaft als auch im weiteren Bereich der Nahrungsmittelindustrie und des darauf bezogenen Handels gibt es neben den Spitzenverbänden eine große Zahl von Fachverbänden, deren Bedeutung in den letzten Jahren durch die Spezialisierungs- und Konzentrationsprozesse der Agrar- und Ernährungswirtschaft stark zugenommen hat.

Es sind vor allem zwei Momente, die COPA gegenüber nationalen agrarpolitischen Einfluß- und Vermittlungsstrukturen einen Vorteil verschaffen. Das erste Moment ist der privilegierte Zugang zur Kommission in Form vielfältiger formaler und informeller Kontakte. Die Kommission und ihre Organisationsstruktur nach Fachressorts bilden gewissermaßen den institutionellen Gegenpol zum COPA. Das zweite Moment ist die Konzentration der Gemeinsamen Agrarpolitik (GAP) auf die Preis- und Marktpolitik. Allgemeine Preisstützungsprogramme, wie sie die Marktordnungen der GAP darstellen, wirken verbandspolitisch potentiell konfliktbegrenzend und -entschärfend, weil sie für alle Unterkategorien der landwirtschaftlichen Erwerbsbevölkerung einen – wenn auch unterschiedlich großen – Nutzen haben. Die besondere Situation der Landwirtschaft, daß der Einfluß ihrer Verbände durch keine bzw. kaum mobilisierbaren direkten Gegenorganisationen – der Verbraucher oder der Steuerzahler – balanciert wird, verband sich mit den spezifischen Legitimations-, Informations- und Autonomiebedürfnissen der Kommission und mündete in ein engmaschiges Netz von Informationskanälen und Kontaktpunkten. Diese Verbindung wird noch durch die Regelmäßigkeit agrarpolitischer Entscheidungsfindung in Form von jährlich fällig werdenden Preisbeschlüssen verstärkt.

Der Vertretungsanspruch des COPA und der hohe Grad seiner institutionell-formalen Einbindung in die Tätigkeit der Kommission gründen sich auf die Mitgliedschaft aller wichtigen Agrarverbände der Mitgliedstaaten. Sie kommen um so stärker zum Tragen, je mehr die Kommission ihre Initiativfunktion und ihre Rolle als Vertreterin des Gemeinschaftsinteresses gegenüber dem Ministerrat ausfüllen kann. In dieser Situation ist COPA in der Lage, gegenüber nationalen Verbänden als alleinige Vermittlungsinstanz für Erwartungen sowohl seiner Mitglieder als auch der Kommission zu fungieren. Der Möglichkeit von Kontakten der COPA mit dem Ministerrat und den Verwaltungsausschüssen der Gemeinsamen Agrarpolitik sind bereits aufgrund des institutionellen Zuschnitts und der Funktionsbestimmung dieser Organe Grenzen gesetzt.

Bei Zusammenschlüssen autonomer Einzelverbände ist die Formulierung eines einheitlichen Verbandswillens naturgemäß eine komplizierte Angelegenheit. Die Durchsetzungsfähigkeit der COPA ist nicht nur entsprechend eingeschränkt, sondern es fehlen ihr auch jene wahlpolitischen Sanktionsmittel, die auf mitgliedstaatlicher Ebene agrarische Interessenpolitik prägen. Auch aus diesem Grund kam und kommt es immer wieder zu Massendemonstrationen und direkten Aktionen (Blockierung von Straßen oder anderen drastischeren Maßnahmen). Derartige Aktivitäten gehen allerdings i. d. R. von nationalen Verbänden aus. Als Verbandszusammenschluß muß COPA immer auf die sorgsam gehütete Autonomie der mitgliedstaatlichen Verbände achten und bei allen wichtigen Entscheidungen deren unterschiedliche Unterstützungsbereitschaft in Rechnung stellen. Bemerkenswert ist, daß es trotz der großen Heterogenität der Produktionsstrukturen zu keiner Verfestigung von verbandsinternen Konfliktlinien kam. Der Willensbildungsprozeß zeichnet sich durch wechselnde Koalitionen aus. Formal gilt das Prinzip qualifizierter Mehrheiten bei der Beschlußfassung. In der Regel wird allerdings versucht, einstimmige Beschlüsse zu fassen.

Von den 70er Jahren an veränderte sich die strategische Situation europäischer Verbandspolitik entscheidend. Die wichtigsten Elemente dieser Veränderung waren (1) der Wandel der Kommission von einer Verfechterin eigenständig-supranationaler agrarpolitischer Konzeptionen (*Mansholt*–Plan) zur Befürworterin einer grundlegenden, im wesentlichen haushaltspolitisch motivierten Reform der Gemeinsamen Agarpolitik; (2) die Renationalisierung des Gemeinsamen Agrarmarktes durch die Einführung von Währungsausgleichsbeträgen; und (3) die Einschränkung der Bedeutung der Preis- und Marktordnungspolitik zugunsten der stärker mitgliedstaatlich orientierten Politik direkter Einkommensbeihilfen. Diese Entwicklungen haben dazu geführt, daß die nationale Ebene und die nationale Verbandssouveränität wieder im Mittelpunkt der europäischen Agrarpolitik stehen. Nationale Ministerien und nationale Vertreter im Agrarministerrat bzw. in den Verwaltungsausschüssen, über die der Großteil der Abstimmung der Gemeinschaftspolitik erfolgt, wurden dadurch zu den höherbewerteten Akteuren im agrarpolitischen Entscheidungsprozeß der Union.

Insgesamt kann man festhalten, daß die europäischen Verbandsstrukturen im Bereich der Land- und Agrarwirtschaft nicht Teil oder gar Antriebskraft weitergehender Integrationsprozesse geworden sind. Die europäische landwirtschaftliche Verbandsintegration ist inzwischen stärker an den intergouvernementalen als an den supranationalen Elementen des politischen Systems der Union orientiert.

↗ Agrar- und Fischereipolitik; Interessenvertretung; Politisches System der Europäischen Gemeinschaft.

Literatur: *Averyt, W. F. Jr.* 1977: Agropolitics in the European Community. Interest Groups and the Common Agricultural Policy, New York/London. *Burkhardt-Reich, B./ Schumann, W.* 1983: Agrarverbände in der EG, Kehl am Rhein/Straßburg.

Elmar Rieger

Europäische Investitionsbank – EIB

Die *Europäische Investitionsbank* (EIB) wurde durch den EWG-Vertrag von Rom 1958 gegründet. Im Rahmen der EU ist sie eine autonome Institution mit einer von den übrigen Gemeinschaftsinstitutionen unabhängigen Organisationsstruktur. Ihre Aufgabe ist es, durch Vergabe von Darlehen und Garantien an öffentliche und privatwirtschaftliche Kreditnehmer die Finanzierung von Investitionsvorhaben zu ermöglichen. Sie soll vornehmlich Investitionen in den Bereichen Infrastruktur, Industrie, Energieversorgung, Umweltschutz, Dienstleistungen und Landwirtschaft fördern. Voraussetzung für eine Darlehensgewährung ist, daß die entsprechenden Projekte eine ausgewogene regionale Entwicklung fördern, von gemeinsamem Interesse für mehrere Mitgliedstaaten oder die Gemeinschaft als Ganzes sind und zur Modernisierung und Umstellung der Industrie beitragen sowie die Schaffung neuer Arbeitsplätze ermöglichen. Die EIB, die selbst keine Erwerbszwecke verfolgt, tritt sowohl als direkter Geber bei großen Investitionsvorhaben auf (sog. Einzeldarlehen) als auch, bei kleinen und mittleren Investitionen, als mittelbarer Darlehengeber, der nationalen oder regionalen Banken zeitlich begrenzte Kredite zur Weiterleitung an die Projektträger vor Ort zur Verfügung stellt (sog. Globaldarlehen).

1. Eigentümer der EIB sind die 15 Mitgliedstaaten der EU, wobei die einzelnen Anteile entsprechend der Wirtschaftskraft der Länder zwischen 17,7 % (Deutschland, Frankreich, Großbritannien, Italien) und 0,12 % (Luxemburg) gestaffelt sind. Zum 1. 1. 1995 betrug das gezeichnete Kapital 62 Mrd. ECU, das eingezahlte und noch einzuzahlende Kapital 4,65 Mrd. ECU. Die EIB finanziert sich im wesentlichen über Anleihen auf den Kapitalmärkten innerhalb und außerhalb der Gemeinschaft. Die Bank genießt auf den internationalen Kapitalmärkten einen ausgesprochen guten Ruf und kann daher ihre Anleihen zu günstigen Bedingungen aufnehmen, die sie als *Non-profit*-Organisation beinahe vollständig an ihre Kreditnehmer weitergibt. Die Statuten der EIB verfügen, daß die ausstehenden Dar-

lehen eine Obergrenze von 250% des gezeichneten Kapitals, d. h. derzeit 155 Mrd. ECU, nicht überschreiten dürfen.

Organe der in Luxemburg residierenden EIB sind: (1) der Rat der Gouverneure als oberstes Aufsichtsgremium, der sich aus den Finanzministern der Mitgliedstaaten zusammensetzt (derzeit: 15); (2) der Verwaltungsrat, der über Darlehen und Garantien sowie über Anleihen der Bank entscheidet. Von den seit der EU-Erweiterung von 1995 25 Mitgliedern werden 24 von den Mitgliedstaaten und eines von der EU-Kommission benannt; (3) das die laufenden Geschäfte führende Direktorium mit einem Präsidenten und sieben (bis 1995: sechs) Vizepräsidenten, die vom Rat der Gouverneure auf Vorschlag des Verwaltungsrates für sechs Jahre bestellt werden. 1994 beschäftigte die EIB insgesamt 852 Mitarbeiter.

2. Die Finanzierungen der Bank verzeichneten v. a. seit den 70er Jahren ein starkes Wachstum. Wurden zwischen 1958 und 1972 pro Jahr durchschnittlich 203 Mio. ECU bereitgestellt, so waren es zwischen 1973 und 1980 bereits 1,8 Mrd. ECU. Bis Anfang der 90er Jahre verzehnfachte sich das jahresdurchschnittliche Kreditvolumen auf über 18 Mrd. ECU. Ende 1994 betrugen die ausstehenden Darlehen und Garantien aus eigenen Mitteln der EIB insgesamt 106,5 Mrd. ECU. Die Bank ist mittlerweile neben der Weltbank das weltweit größte auf multilateraler Basis tätige Finanzinstitut.

Knapp 90% der Finanzierungen der EIB werden innerhalb der EU getätigt. Der Beitrag der Bank zur Eindämmung regionaler Ungleichheiten, deren Zunahme freilich nicht gänzlich verhindert werden konnte, und zu einer in diesem Sinn relativ ausgewogenen Wirtschaftsentwicklung der Gemeinschaft wird im allgemeinen hoch veranschlagt. Mehr als drei Viertel der Darlehen und Garantien der EIB fließen in den Infrastrukturbereich, wobei der Verkehrs- und Telekommunikationssektor im Zusammenhang mit dem Ausbau transeuropäischer Verkehrsnetze Anfang der 90er Jahre den Schwerpunkt bildete (knapp 50% der gesamten Mittelvergaben). Investitionsvorhaben in den Bereichen Industrie, Dienstleistungen und Landwirtschaft rangierten Mitte der 90er Jahre an zweiter Stelle. Insgesamt fördert die Bank zunehmend umweltpolitisch relevante Projekte, etwa im Zusammenhang mit der Umsetzung gemeinschaftlicher Normen der Wasserbewirtschaftung und der Verbesserung der Boden- und Luftqualität. Mittlerweile fließen etwa 30% der Mittel in solche Maßnahmen. Regionale Schwerpunkte liegen in strukturschwachen Gebieten in den südlichen Unionsländern.

Aufgrund ihrer Erfahrungen bei der Infrastruktur- und Regionalförderung wurde die EIB zunehmend auch mit Aufgaben außerhalb der EU, v. a. im Zusammenhang mit der Entwicklungspolitik der Gemeinschaft, betraut. Sie unterhielt Mitte der 90er Jahre Kreditbeziehungen mit mehr als 100 Ländern und abhängigen überseeischen Gebieten auf allen Kontinenten. Neben den AKP-Staaten und den südlichen und östlichen Mittelmeeranrainern kommt seit Anfang der 90er Jahre den Transformationsländern in Mittelost- und Osteuropa eine hohe Bedeutung zu. Die 1994 außerhalb der EU zur Verfügung gestellten Mittel, die sich insgesamt auf 2,24 Mrd. ECU beliefen, gingen zu ca. 43 % nach Mittel- und Osteuropa (AKP: 20 %; Mittelmeerraum: 27 %; Asien und Lateinamerika: 10 %). Der Schwerpunkt der Finanzierungen liegt auch hier im Bereich der Verkehrs- und Telekommunikationsinfrastruktur. Die Rahmenbedingungen einer Kreditaufnahme bei der EIB durch die AKP-Länder werden in den Lomé-Abkommen festgelegt.

↗ Entwicklungspolitik; Regionalpolitik; Verkehrs- und Telekommunikationspolitik.

Literatur: *Europäische Investitionsbank* 1958 ff.: Jahresbericht, Luxemburg. *Schafers, M./Starbatty, J.* 1990: Das Instrumentarium der EG zur Förderung innergemeinschaftlicher Kohäsion, in: APuZ B28/90, 3–15.

Bernhard Thibaut

Europäische Liberale, Demokratische und Reform Partei – ELDR

Die *Europäische Liberale, Demokratische und Reform Partei* (ELDR), formell gegründet im Dezember 1993, stellt neben der *Europäischen Volkspartei* (EVP) und der *Sozialdemokratischen Partei Europas* (SPE) den dritten übernationalen Parteienzusammenschluß mit festen Organisationsstrukturen innerhalb der *Europäischen Union* dar.

Die transnationale Kooperation liberaler Parteien in Europa reicht bis in die Anfangsphase der europäischen Integration zurück. 1952 wurde der *Mouvement Liberal pour L'Europe Unie* (MLEU) als lockeres Forum liberaler Parteien und Einzelpersonen gegründet. Seit 1961 nur für Mitglieder aus den Ländern der Europäischen Gemeinschaften offenstehend, wurde der MLEU 1972 als regionale Organisation der *International World Union* (Liberale Internationale) eingegliedert. Regelmäßige Treffen der Vorsitzenden liberaler Parteien in den EG-Ländern und deren Bestrebungen, die Zusammenarbeit zu intensivieren und organisatorisch zu festigen, mündeten 1976 in die Gründung der *Föderation Europäischer Liberaler Demokraten* (ELD). Die ‹Stuttgarter Erklärung› des ELD-Gründungskongresses gab den Anstoß für eine programmatische Standortbestimmung der Liberalen im Hinblick auf die Zukunft der europäischen Integration und die ersten Direktwahlen zum Europäischen Parlament (EP) 1979. Die ELD als Dachverband der liberalen Parteien in den Mitgliedstaaten der *Europäischen Union* wurde in Reaktion auf den Maastrichter EU-Vertrag, der die Schaffung politischer Parteien auf europäischer Ebene vorsieht (Art. 138 a EG-V), in die ELDR umgewandelt.

1995 gehörten der ELDR 23 Parteien aus den 15 EU-Staaten an (eine individuelle Mitgliedschaft unabhängig von der Zugehörigkeit zu einer der

Mitgliedsparteien ist nicht vorgesehen). Aus Belgien, Dänemark, Italien, den Niederlanden, Spanien und dem Vereinigten Königreich kamen jeweils zwei Mitgliedsparteien, aus Finnland drei. Elf Parteien aus neun Nicht-EU-Ländern Europas hielten eine affilierte Mitgliedschaft. 15 Mitgliedsparteien der ELDR sind derzeit im EP vertreten; 13 von ihnen bilden die ELDR-Fraktion, der darüber hinaus auch Abgeordnete von Parteien angehören, die nicht Mitglied der ELDR sind.

Oberstes Entscheidungsgremium der ELDR ist der einmal pro Jahr tagende Parteitag. Er setzt sich zusammen aus den Delegierten der Mitgliedsparteien, den Mitgliedern der ELDR-Fraktion im Europäischen Parlament, den der ELDR angehörenden EU-Kommissaren sowie Vertretern der europäischen Jugendorganisation der Liberalen (*Junge Liberale der Europäischen Union* – LYMEC). Der Parteitag wählt den Parteivorsitzenden (derzeit der Däne *U. Ellemann-Jensen*), drei Stellvertreter und den Schatzmeister. Zusammen mit dem Vorsitzenden der ELDR-Fraktion im EP und dem Generalsekretär der Partei bilden sie den Parteivorstand, dem außerdem der ELDR-Ehrenvorsitzende *W. de Clerq* angehört. Mindestens viermal pro Jahr tritt der Parteirat zusammen, der Stellungnahmen abgibt und über Anträge der Mitglieder entscheidet. Er setzt sich zusammen aus Vertretern der Mitgliedsparteien, einem Vertreter der LYMEC, den der ELDR angehörenden EU-Kommissaren und dem Parteivorstand. Darüber hinaus existiert – analog zum Europäischen Rat – die Institution des *Leaders' Meetings*: Zweimal pro Jahr, jeweils im Vorfeld der EU-Gipfeltreffen, treffen sich die Chefs der Mitgliedsparteien und der ELDR-Vorsitzende. Die ELDR unterhält ein Sekretariat in Luxemburg, dem der Generalsekretär der Partei vorsteht.

Den liberalen Parteien wird aufgrund ihrer meist geringen Größe und ihrer nationalen Rolle als Oppositionsparteien oder Juniorpartner in Regierungskoalitionen ein tendenziell starkes Interesse an transnationaler Kooperation zugeschrieben. Doch ähnlich wie die Konservativen und Christdemokraten oder die Sozialisten und Sozialdemokraten folgten auch die Liberalen bei ihrer ‹Transnationalisierung› dem Prozeß der europäischen Integration eher nach als daß sie ihm vorauseilten. Vor allem die anhaltend geringe Bedeutung parteiförmig organisierter parlamentarischer Entscheidungsprozesse im Institutionensystem der EU sorgt dafür, daß die Profilierung der ELDR als eigenständige Organisation eher schwach ausgeprägt ist, wenngleich sich in den Entscheidungsgremien der ELDR durchaus Vertreter der ersten Politikergarnitur der Mitgliedsparteien finden. Gewisse Grenzen der Integration, deren Bedeutung freilich mitunter überschätzt wird, ergeben sich auch aus dem breiten Spektrum programmatischer Positionen, das die Mitgliedsparteien repräsentieren. In fast allen Ländern Europas wirkt die alte Scheidung in rechts- und linksliberale Strömungen fort und drückt sich teilweise auch auf organisatorischer Ebene in der Existenz verschiedener liberaler Parteien aus, von denen kaum zu erwarten ist, daß sie auf europäischer Ebene einen Verlust jener Eigenständigkeit hinnehmen, die zu bewahren sie im nationalen Rahmen bedacht sind. Nicht zufällig gehört zu den offiziellen Zielen der ELDR die «Verbesserung des inneren Zusammenhalts zwischen der ELDR-Partei, ihren Mitgliedsparteien und der ELDR-Fraktion».

Die zentralen programmatischen Verbindungselemente zwischen den Mitgliedsparteien der ELDR stellen die Befürwortung der europäischen Integration und die einhellige Forderung nach einer Demokratisierung des Institutionensystems der EU dar. Die institutionelle Vertiefung der europäischen Integration soll demnach einer erneuten Erweiterung der EU, die grundsätzlich befürwortet wird, vorausgehen. Im Kern zielen die entsprechenden Forderungen auf eine Aufwertung des Europäischen Parlaments im politischen Entscheidungsprozeß der EU. In dieser Hinsicht unterscheidet sich die ELDR kaum von den beiden anderen gesamteuropäischen Parteien, nachdem bei den Sozialdemokraten der Euroskeptizismus der britischen *Labour Party* überwunden ist. Die programmatischen Aussagen der Partei zu einzelnen Politikfeldern, etwa im Wahlprogramm zur Europawahl 1994, bleiben entsprechend der Spannweite der politischen Positionen der Mitgliedsparteien und angesichts der komplexen Verschränkungen zwischen nationalen und gesamteuropäischen Gestaltungsspielräumen in vielen Bereichen vage. Die generelle Forderung nach einer Stärkung des Marktmechanismus und einem Abbau dirigistischer Eingriffe verbindet sich in bezug auf die Agrarpolitik mit dem Vorschlag, noch stärker zu direkten Einkommensbeihilfen für die Bauern überzugehen, die in einigen Ländern zur klassischen Klientel liberaler Parteien zählen. Die im Zusammenhang mit dieser Umsteuerung angestrebte Förderung einer umweltgerechten und landschaftspflegerischen Agrarwirtschaft eröffnet freilich ein ganzes Feld ungelöster Probleme im Hinblick auf die nach wie vor protektionistische Praxis der EU gegenüber dem Weltmarkt. Im Bereich der Innen- und Rechtspolitik verträgt sich die allgemeine Betonung bürgerlicher Freiheitsrechte nicht ohne weiteres mit der faktisch vertretenen Politik des kleinsten gemeinsamen Nenners in bezug auf Asylrecht und Asylpraxis. In der Umweltpolitik favorisiert die ELDR eine ökologische Sensibilisierung der Preise durch steuerpolitische Maßnahmen. Eine Umschichtung der Steuerlast vom Faktor Arbeit hin zum Faktor Umwelt soll gleichzeitig helfen, dem Problem der Arbeitslosigkeit in den EU-Staaten Herr zu werden.

↗ Europäisches Parlament; Europäische Parteienzusammenschlüsse.

Literatur: *ELDR* 1993: Building a Citizens' Europe. ELDR Election Manifesto 1994, Brüssel. *Hrbek, R.* 1984: Europäische Liberale Demokraten, in: *Woyke, W.* (Hrsg.): Europäische Gemeinschaft, München, 201–207. *Jansen, T.* 1995: Zur Entwicklung eines europäischen Parteiensystems, in: Integration 18 (3), 157–165. *Murphy, D.* 1995: Bürgerliche Parteien, in: *Nohlen, D.* (Hrsg.): Wörterbuch Staat und Politik, München, 63–70.

Bernhard Thibaut

Europäische Parteienzusammenschlüsse

Mitte der 70er Jahre stellten sozialdemokratische, liberale und christdemokratische Parteien aus Mitgliedsländern der EG ihre Beziehungen durch die Gründung von Parteienzusammenschlüssen auf eine neue, spezifisch auf den EG-Systemrahmen bezogene Basis, die dem Anspruch nach qualitativ über die bisherigen Formen grenzüberschreitender Parteienzusammenarbeit hinausreichen sollte. Der Gründung des *Bundes der Sozialdemokratischen Parteien der Europäischen Gemeinschaft* (heute: *Sozialdemokratische Partei Europas*, SPE) im Jahre 1974 folgte 1976 die Bildung der *Föderation der liberalen und demokratischen Parteien der Europäischen Gemeinschaft* (heute: *Europäische Liberale, Demokratische und Reform Partei*, ELDR) und der *Europäischen Volkspartei* (EVP). Daneben existiert in Europa heute eine Reihe weiterer grenzüberschreitender Organisationen, wie z. B. die *Europäische Demokratische Union* als Arbeitsgemeinschaft christdemokratischer und konservativer Parteien und die über den territorialen Rahmen der EU hinausgehenden und insbesondere auch Parteien aus Mittel- und Osteuropa in ihre Arbeit einbeziehenden Organisationen christdemokratischer, ökologischer und regionalistischer Parteien (*Europäische Union Christlicher Demokraten*, *European Federation of Green Parties* und *European Free Alliance*). Es läßt sich daher, zumindest was die organisatorische Dimension betrifft, durchaus von einer Europäisierung der Parteienlandschaft sprechen, deren Kern die drei Parteienzusammenschlüsse SPE, ELDR und EVP bilden.

I. *Intensität der europäischen Parteienzusammenarbeit*: Zur theoretischen Konzeptualisierung der Intensität grenzüberschreitender Parteienzusammenarbeit bietet sich zunächst die Unterscheidung in drei qualitativ differierende Intensitätsstufen an, die mit den Begriffen Kontakt, Kooperation und Integration belegt werden können. Der qualitative Sprung von bloßen Kontakten zur Kooperation ist dann gegeben, wenn den zwischenparteilichen Beziehungen durch die Etablierung einer permanenten Organisationsstruktur ihr *Ad-hoc*-Charakter genommen wird. Der Übergang von der Kooperation zur Integration läßt sich an der Einschränkung einzelparteilicher Autonomie zugunsten der gemeinsamen Organisationsebene – also am Übergang von der transnationalen zur supranationalen Organisation – festmachen. Der Grad an Autonomieverlust bei der Integration nationaler Parteien in eine supranationale Organisationsstruktur kann, je nach der konkreten Ausgestaltung der Beziehungen, in hohem Maße variieren. Das theoretisch mögliche Spektrum reicht dabei vom Modell der lose verkoppelten Anarchie, also einer stark dezentralisierten und fragmentierten Organisationsstruktur mit hoher Gebietsverbandsautonomie und ideologisch-programmatischer Vielfalt, wie sie nach Meinung eines Teils der Parteienforschung für die modernen nationalen Großparteien charakteristisch ist, bis hin zu einem extrem zentralistischen und hierarchischen Organisationsaufbau mit eindeutiger Suprematie der supranationalen Ebene.

Wesentliche Indikatoren für den Grad an Autonomietransfer von der einzelparteilichen auf die Gesamtebene sind organisatorische, finanzielle und Verfahrensregelungen. Bezogen auf die Organisation geht es um die Art der Repräsentation der Einzelparteien in den gemeinsamen Gremien und das Ausmaß an Überlagerung der territorialen durch grenzüberschreitend organisierte, in den gemeinsamen Organen repräsentierte funktionale Untereinheiten. Bezogen auf die Ressourcen ist das Ausmaß an eigener, der unmittelbaren Entscheidungsgewalt der Einzelparteien entzogener Ressourcenausstattung ausschlaggebend. Was schließlich die politischen Entscheidungsverfahren anbelangt, so sind die entscheidenden Indikatoren der Umfang der in den gemeinsamen Gremien behandelten Entscheidungsmaterien, der dort vorherrschende Konfliktregulierungsmechanismus sowie das Ausmaß an einzelparteilicher Bindungswirkung der in diesen Gremien getroffenen Entscheidungen.

Untersucht man die Parteienzusammenschlüsse anhand dieser Kriterien, so ist zunächst festzustellen, daß alle drei ihre Zusammenarbeit durch die Etablierung gemeinsamer Organisationsstrukturen auf eine dauerhafte, allerdings mit Ressourcen nicht allzu reichlich ausgestattete Grundlage gestellt haben. Das formal oberste Entscheidungsgremium bilden jährlich bzw. alle zwei Jahre tagende Kongresse, in der Zwischenzeit werden die Parteienzusammenschlüsse durch – bei ELDR und EVP nochmals in engere und weitere Gremien differenzierte – politische Führungsorgane repräsentiert, denen ein Präsident vorsteht und die von Sekretariaten organisatorisch unterstützt werden. Eine wichtige Rolle nehmen schließlich die in den neuesten Satzungen Anfang der 90er Jahre explizit verankerten Konferenzen der Parteivorsitzenden ein. Der Grad an formalem Autonomietransfer auf die gemeinsame Organisation war jedoch gerade in der Frühphase sehr unterschiedlich. In den Kongressen waren die Mitgliedsparteien von Anfang an ihrem – unterschiedlich gemessenen – Gewicht nach repräsentiert, in der Zusammensetzung des Führungsgremiums verwirklicht die SPE dagegen immer noch das reine Egalitätsprinzip, während die EVP und die ELDR auch hier Proportionalitätsgesichtspunkte berücksichtigen. Bei allen dreien wird die an nationalen Grenzen ausgerichtete Fraktionalisierung durch die Existenz grenzüberschreitend organisierter Vereinigungen überlagert, die jedoch nur bei der EVP und der ELDR auch in den Gremien stimmberechtigt sind. Politische Entscheidungen dieser Gremien konnten bei der ELDR und der EVP von Anfang an mehrheitlich getroffen werden, wenn auch die Realität der Entscheidungsfindung, insbesondere in den Führungsgremien, bei wichtigen Themen von Konkordanzmechanismen geprägt war. Die Sozialisten jedoch verankerten in ihrer Satzung von 1982 explizit ein Vetorecht der nationalen Parteien, und erst mit der Neugründung von 1992 wurden qualitative Mehrheitsbeschlüsse in bestimmten Bereichen eingeführt, an die die Mitgliedsparteien jedoch nicht zwingend gebunden sind.

II. *Entwicklungsdeterminanten der Parteienzusammenschlüsse*: Hinweise auf diejenigen Faktoren, die die Entstehung und Weiterentwicklung der Parteienzusammenschlüsse beeinflußt haben, lassen sich zum einen aus Theorien der internationalen Beziehungen und der europäischen Integration und zum anderen aus den im Rahmen der Parteienforschung entwickelten theoretischen Ansätzen zur Genese und Transformation von Parteien und Parteiensystemen ableiten. Handlungstheoretisch gewendet bilden diese Faktoren externe und interne Interaktionsanreize oder -restriktionen, deren spezifische Konstellation zu einem bestimmten Zeitpunkt den Interaktionsgrad, also die erreichte Intensität grenzüberschreitender Zusammenarbeit, bestimmt.

Externe Einflußfaktoren lassen sich in allen drei Subsystemen der EU, dem sozialen, dem intermediären und dem Regierungssystem, ausmachen. Die sozialen Rahmenbedingungen europäischer Parteienzusammenarbeit bestehen zum einen in den die Mitgliedstaaten prägenden zentralen gesellschaftlichen Konfliktlinien, zum anderen in dem durch die europäische Integration geschaffenen Konflikt zwischen nationaler und supranationaler Orientierung, der als neue Form des traditionellen Zentrum-Peripherie-Konflikts angesehen werden kann. Die neue Konfliktlinie hat in einigen Ländern durch die Bildung von pro- und antieuropäischen Parteien bzw. Koalitionen durchaus seinen parteipolitischen Ausdruck gefunden, blieb jedoch im Gesamtrahmen der Konfliktstruktur meist eher marginal. Auch grenzüberschreitend wirkte sie nicht strukturbildend, denn die Parteien organisierten ihre Zusammenarbeit entlang der durch die nationalen Konfliktstrukturen und ihre parteipolitische Organisation vorgegebenen ideologischen Parteifamilien.

Die durch die Gründung der drei Parteienzusammenschlüsse Mitte der 70er Jahre erfolgende Intensivierung und organisatorische Verfestigung dieser Zusammenarbeit wurde jedoch weniger durch die sozialen Faktoren, sondern v. a. durch die Veränderung der institutionellen Rahmenbedingungen auf der Ebene des europäischen Regierungssystems beeinflußt. Generell wurde und wird im Rahmen der europäischen Integration durch die Ausweitung des Geltungsbereichs von Gemeinschaftspolitik der Ausschließlichkeitscharakter des Nationalstaats als Bezugsobjekt (partei-)politischen Handelns relativiert. Für die Parteien handlungsrelevant wurde dies jedoch erst, als Ende der 60er Jahre eine Intensivierung der Integration eingeleitet und mit der Ankündigung direkter Wahlen zum Europäischen Parlament eine neue Arena auf dem ureigensten Handlungsfeld politischer Parteien eröffnet wurde. Der Katalysatoreffekt der Direktwahlen beruhte vor allem auf der Überlegung vieler Beteiligter, daß grenzüberschreitende

Zusammenarbeit auch im außerparlamentarischen Bereich zur Optimierung der Einflußchancen auf dieser neuen Handlungsebene erfolgversprechender sei als ein isoliertes Vorgehen einzelner Parteien. Zudem wurde mit der Gründung des ersten Parteienzusammenschlusses auf der nun um eine parteipolitische Komponente erweiterten Ebene des intermediären Systems der EU eine Wettbewerbsdynamik in Gang gesetzt, der sich die anderen nicht entziehen konnten.

Neben den prinzipiell für alle identischen externen Bestimmungsfaktoren wird die grenzüberschreitende Parteienzusammenarbeit von einer Reihe von internen Interaktionsanreizen und -restriktionen bestimmt, die für Variationen im Interaktionsgrad sowohl über die Zeit hinweg als auch zwischen den drei Parteienzusammenschlüssen sorgen. Solche Faktoren existieren auf der Ebene der am Interaktionsprozeß beteiligten Individuen, der einzelnen Mitgliedsparteien und der gemeinsamen Organisation. Auf der Individualebene bestehen sie in Erwartungen individuell zurechenbarer Vor- oder Nachteile des grenzüberschreitenden Engagements, auf der Einzelparteienebene in bestimmten Strukturmerkmalen und nationalen Rollenzuweisungen, die einer grenzüberschreitenden Zusammenarbeit mit anderen Parteien förderlich oder hinderlich sind. Starke Interaktionsanreize bestehen dabei insbesondere für kleine Oppositionsparteien oder Juniorpartner in Regierungskoalitionen, die sich durch eine grenzüberschreitende Zusammenarbeit eine Aufwertung im nationalen Rahmen bzw. eine Kompensation mangelnder nationaler Politikbeeinflussungsmöglichkeiten erhoffen. Auf der Ebene der Gesamtorganisation determinieren die Anzahl der beteiligten Parteien und insbesondere der Grad an Heterogenität ihrer Profile die Stärke der Interaktionsrestriktionen. Zu den bestimmenden Faktoren zählen sowohl die Stellung der Mitgliedsparteien in den nationalen Regierungssystemen, da die Ausfüllung unterschiedlicher Rollen Unterschiede in den Verhaltensweisen, Prioritäten und Verpflichtungen mit sich bringt, als auch v. a. die ideologisch-programmatischen Orientierungen. Je heterogener die ideologischen Grundorientierungen, die Haltung zu einzelnen Politikbereichen und die Affinität zu anderen ideologischen Grundrichtungen, desto größere Interaktionsrestriktionen sind zu erwarten.

Aufgrund ihrer meist geringen Größe und ihrer nationalen Rolle vorwiegend als Oppositionsparteien oder Juniorpartner in Regierungskoalitionen bestehen für die liberalen Parteien tendenziell die größten strukturellen Interaktionsanreize. Den Anreizen stehen jedoch bei allen drei Parteienzusammenschlüssen deutliche Interaktionsrestriktionen gegenüber. Alle setzten sich von Anfang an aus Parteien mit einem breiten Spektrum unterschiedlicher inhaltlicher Orientierungen in wichtigen Politikbereichen zusammen. Zusätzlichen Konfliktstoff lieferten unterschiedliche Affinitäten zu anderen ideologischen Grundrichtungen – bei den Christdemokraten zu den Konservativen, bei den Sozialdemokraten zu den Kommunisten und bei den Liberalen zu möglichen Koalitionspartnern links und rechts der Mitte. Allerdings wurde über die Zeit hinweg deutlich, daß die einhellige Befürwortung der europäischen Integration als verbindendes Element v. a. bei der EVP, aber auch bei der ELDR, bestehende Konflikte in einzelnen Politikbereichen in ihrer Bedeutung reduzieren konnte, während der durch die Einbeziehung der dänischen *Socialdemokratiet* und insbesondere der britischen *Labour Party* internalisierte Konflikt zwischen nationaler und supranationaler Orientierung bei den Sozialisten lange Zeit eine wesentliche Hürde für die Zusammenarbeit darstellte.

III. *Bedeutung für den europäischen Integrationsprozeß*: Unter normativ-demokratietheoretischen Gesichtspunkten kommt grenzüberschreitenden Parteienzusammenschlüssen für den europäischen Integrationsprozeß eine wesentliche Bedeutung zu. Als soziopolitische Vermittlungsstrukturen im Rahmen des europäischen intermediären Systems sollen sie insbesondere den Transmissionsriemen zwischen dem sozialen System und dem Regierungssystem der EU bilden und damit zur Stärkung der demokratischen Legitimität der Union und zur Herausbildung einer europäischen Identität beitragen. Auf der *Input*-Seite des politischen Prozesses bedeutet dies die europaweite Artikulation und Aggregation gesellschaftlicher Interessen und deren Einbringung in den Willensbildungs- und Entscheidungsprozeß der EU-Organe, auf der *Output*-Seite die Vermittlung europäischer Politik an die Bürger.

Inwieweit die europäischen Parteienzusammenschlüsse diese Funktionen der Interessenvermittlung und der politischen Kommunikation erfüllen, kann daran gemessen werden, ob es ihnen gelungen ist, zum einen die sich der jeweiligen ideologischen Grundrichtung zurechnenden Parteien über alle EU-Mitgliedsländer hinweg zu integrieren, die politischen Interessen der Einzelparteien in Form gemeinsamer programmatischer Aussagen europaweit zu aggregieren und ihre Politikpositionen in den EU-Entscheidungsprozeß einzuspeisen, zum anderen ihre öffentliche Präsenz so weit zu entwickeln, daß sie von den Bürgern als Akteure im Integrationsprozeß wahrgenommen werden.

Die Integration der sich der jeweiligen Parteifamilie zurechnenden Parteien, auch derjenigen aus den neu beigetretenen Ländern, ist den Parteienzusammenschlüssen im großen und ganzen gelungen. Die Formulierung gemeinsamer inhaltlicher Aussagen erwies sich jedoch aufgrund der programmatischen Heterogenität der Mitgliedsparteien als schwierig, so daß gemeinsame Programme anfangs entweder gar nicht zustande kamen (SPE) oder in vielen Bereichen äußerst vage blieben. Im Laufe der Zeit hat sich jedoch ein durchaus voneinander unterscheidbares programmatisches Profil der drei Parteienzusammenschlüsse herausgebildet. Die Einspeisung der gemeinsamen Politikpositionen in die europäischen Entscheidungsstrukturen stößt jedoch auf Probleme. Im Ministerrat dominieren noch nationale

Regierungsinteressen, und der Verwirklichung einer politischen Führungsrolle der außerparlamentarischen Parteienzusammenschlüsse gegenüber den jeweiligen Fraktionen im Europäischen Parlament steht eine Reihe von Punkten entgegen: die zuweilen deutlich differierende Zusammensetzung beider Organisationen, die sehr viel bessere Ressourcenausstattung der Fraktionen, die unterschiedlichen Arbeitsschwerpunkte, die intensivere, durch den ständigen Handlungsdruck auch effizienter organisierte Zusammenarbeit im Rahmen der Fraktionen und insbesondere der durch die Mehrheitsbildungserfordernis im EP institutionalisierte interfraktionelle Kompromiß- und Konsenszwang. Zudem sind die Parteienzusammenschlüsse sowohl innerhalb der nationalen Parteien, die der grenzüberschreitenden Zusammenarbeit im Rahmen ihrer gesamten, primär auf die nationale Handlungsebene ausgerichteten Aktivitäten meist noch relativ geringe Bedeutung beimessen, als auch bei den europäischen Bürgern als eigenständige Akteure im Integrationsprozeß viel zu wenig sichtbar, um ihre politische Kommunikationsfunktion erfüllen zu können. Selbst in Wahlkampfzeiten wird ihre Existenz und Arbeit dem Bürger so gut wie nicht vermittelt, da die Direktwahlen zum EP von den nationalen Parteien bisher stets zu innenpolitischen Zwecken instrumentalisiert wurden.

Es ist daher nicht verwunderlich, daß der euphorischen Aufbruchphase in den 70er Jahren eine Stagnationsphase in den 80er Jahren folgte. Zu einer Revitalisierung kam es erst im Zuge einer erneuten Veränderung der institutionellen Rahmenbedingungen: der Etablierung von Regierungskonferenzen zur Ausarbeitung des Maastrichter Vertrags Anfang der 90er Jahre. Hier wurde der durch die Parteienzusammenschlüsse bereitgestellte Rahmen, insbesondere in Form von Parteiführerkonferenzen, zunehmend zur Erarbeitung gemeinsamer Positionen genutzt, die dann in die Regierungsverhandlungen eingebracht wurden, so daß die europäisierte ideologische Konfliktstruktur die Ausrichtung am nationalen Interesse überlagerte und die Konferenzergebnisse prägte. Dies war jedoch eine Ausnahmesituation, und bei den vierten Europawahlen 1994 versanken die Parteienzusammenschlüsse – trotz der erneuten Erarbeitung gemeinsamer Wahlmanifeste – wieder in relative Bedeutungslosigkeit. Die Rolle dieser Akteure im Tagesgeschäft der europäischen Integration ist daher immer noch unterentwickelt. Ein möglicher Ansatz ist jedoch in der auch schon vor den Regierungskonferenzen erfolgten Vorstrukturierung von Tagungen des Europäischen Rates durch vorgeschaltete Parteiführerkonferenzen im Rahmen der Parteienzusammenschlüsse zu sehen.

↗ Europäische Liberale, Demokratische und Reform Partei; Europäisches Parlament; Sozialdemokratische Partei Europas; Europäische Volkspartei.

Literatur: *Gresch, N.* 1978: Transnationale Parteienzusammenarbeit in der EG, Baden-Baden. *Hix, S.* 1995: The European Party Federations: From Transnational Party Cooperation to Nascent European Parties, in: *Gaffney, J.* (Hrsg.): Political Parties and the European Union, London. *Niedermayer, O.* 1983: Europäische Parteien?, Frankfurt a. M./New York. *Niedermayer, O.* 1985: Zehn Jahre Europäische Parteienbünde: Kein Integrationsschub, in: Integration 8, 174–181. *Pridham, G./Pridham, P.* 1979: Towards Transnational Parties in the European Community, London. *Weidenfeld, W./Wessels, W.* (Hrsg.) 1980ff.: Jahrbuch der Europäischen Integration, Bonn.

Oskar Niedermayer

Europäische Verteidigungsgemeinschaft – EVG / Europäische Politische Gemeinschaft – EPG

Bereits zu Beginn des europäischen Integrationsprozesses entstand 1950 der Plan einer ‹Europäischen Verteidigungsgemeinschaft› (EVG), erweitert um Pläne einer ‹Europäischen Politischen Gemeinschaft› (EPG). Die Zunahme der Spannungen im Ost-West-Verhältnis (Staatsstreich in der Tschechoslowakei im Februar 1948, Berlinkrise 1948/49 und Ausbruch des Korea-Krieges im Juni 1950) machte v. a. aus Sicht der USA eine Beteiligung des 1949 neu geschaffenen westdeutschen Teilstaats an der westlichen Verteidigung erforderlich. Das Verlangen der westlichen Führungsmacht nach einer Einbindung der Bundesrepublik einerseits und das Sicherheitsbedürfnis der europäischen Staaten andererseits, denen ein nationaler Verteidigungsbeitrag eines wiederbewaffneten Deutschlands potentiell bedrohlich erschien, waren die treibenden Kräfte für die EVG- und EPG-Pläne. Sie scheiterten jedoch am 30. 8. 1954, als die französische Nationalversammlung es ablehnte, sich mit dem bereits unterzeichneten und ihr zur Ratifizierung vorgelegten EVG-Vertrag zu befassen. Es sollte fast vierzig Jahre dauern, bis im Maastrichter Vertrag von 1992 der Ansatz der supranationalen Integration wieder aufgenommen wurde.

1. Die EVG- und EPG-Pläne bauten auf Integrationsvorstellungen auf, die seit Mitte 1949 mit dem *Europarat* Gestalt angenommen hatten. Der französische Premierminister *R. Pleven* stellte am 24. 10. 1950 ein Konzept zur Bildung einer europäischen Armee vor (*Pleven*–Plan). An der Spitze dieser Armee sollte ein von den Regierungen der Mitgliedstaaten zu bestellender, sowohl diesen als auch der neu zu schaffenden Europäischen Versammlung verantwortlicher europäischer Verteidigungsminister stehen. Die Mitgliedstaaten, die bereits über nationale Streitkräfte verfügten, sollten Teile davon dem gemeinsamen neuen Kommando unterstellen, während die neu aufzustellenden Streitkräfte – das hieß v. a. die deutschen Streitkräfte – der gemeinsamen Führung unterstellt werden sollten. Auf der Grundlage des *Pleven*–Plans verhandelten Frankreich, Italien, Belgien, Luxemburg und Deutschland über eine Verteidigungsgemeinschaft. Die Niederlande stießen erst hinzu, als sich ein Erfolg abzeichnete. Der EVG-Vertrag wurde am 27. 5. 1952 unterzeichnet. In ihm wurde ein Kompromiß gesucht zwischen den Alternativen Supranationalität und Konföderation. Als Organe der EVG waren – wie auch bei der *Europäischen Gemeinschaft*

für Kohle und Stahl (EGKS) – ein Kommissariat als oberstes Exekutivorgan, ein Ministerrat als föderative Komponente, eine Gemeinsame Versammlung als parlamentarische und ein Gerichtshof als rechtsprechende Gewalt vorgesehen. EVG und EGKS sollten durch eine für beide Gemeinschaften zuständige Versammlung sowie einen für beide zuständigen Gerichtshof miteinander verknüpft werden.

2. Aufgrund des erfolgreichen Abschlusses von EGKS und auch EVG sowie der normativen Vorgabe durch den Art. 38 EVG-V und angesichts des zu erwartenden langwierigen Ratifikationsverfahrens des EVG-Vertrages in den Mitgliedstaaten wurde im September 1952 eine *Ad-hoc*-Versammlung der EVG einberufen und von allen sechs Mitgliedstaaten beauftragt, einen Entwurf über die Satzung der ‹Europäischen Politischen Gemeinschaft› (EPG) zu erarbeiten. Die ‹Gemeinsame Versammlung›, die aus der soeben konstitutierten Versammlung der EGKS sowie weiteren kooptierten Vertretern bestand, bildete die prä-konstituierende EPG-Versammlung und trat am 15.9. 1952 erstmals zusammen. Am 10.3. 1953 wurde der Vertragsentwurf über die EPG vorgelegt, die eine unauflösliche übernationale Europäische Gemeinschaft sein sollte. Ihre Ziele wurden wie folgt definiert: Beitrag zur Wahrung der Menschenrechte und Grundfreiheiten in den Mitgliedstaaten; Beitrag zum Schutz der Mitgliedstaaten gegen jede Aggression; Sicherung der Koordinierung der Außenpolitik der Mitgliedstaaten; Förderung der Ausweitung der Wirtschaft; Hebung der Beschäftigung und der Lebenshaltung.

3. Demokratietheoretisch bauten EVG und EPG auf der Idee der Gewaltenteilung auf. Der EPG-Vertrag sah einen ‹Europäischen Exekutivrat› – die Regierung der Gemeinschaft – sowie eine direkt zu wählende Völkerkammer und einen direkt zu wählenden Senat vor. Der ‹Rat der nationalen Minister› sollte die Tätigkeit des Europäischen Exekutivrates und diejenige der Regierungen der Mitgliedstaaten miteinander in Einklang bringen. Der Gerichtshof (Europäischer Gerichtshof) sollte über die Einhaltung der Verträge wachen und zusätzlich den Status eines höchsten europäischen Gerichts erhalten, das «im Wege der Kassation oder der Revision über Urteile oder Entscheidungen der übrigen Gerichte der Gemeinschaft [erkennen sollte], die ihm nachgeordnet sind» (Art. 41 EPG-Vertragsentwurf).

Auch der EPG-Entwurf machte die Zieldiskrepanzen des europäischen Integrationsprozesses zwischen Supranationalität und Konföderation sichtbar. Auf der einen Seite sollte ein unabhängiger Europäischer Exekutivrat und eine direkt gewählte Völkerkammer die europäische Komponente repräsentieren; auf der anderen Seite entsprach die Institution des Rats der nationalen Minister mit dem Entscheidungsprinzip der Einstimmigkeit eher den Vorstellungen der Anhänger einer Konföderationslösung. Die Kompetenzen der neu zu schaffenden Gemeinschaft sollten sich überdies ausschließlich auf jene Bereiche beziehen, die durch EGKS und EVG vertraglich geregelt wurden, also auf den Montanbereich und die Verteidigung. Einen wesentlichen Schwachpunkt wies das Vertragswerk dadurch auf, daß der EPG keine Kompetenzen für die Außenpolitik zugewiesen wurden. Es war nur eine koordinierte Außenpolitik vorgesehen. Im Falle der tatsächlichen Gründung der EPG hätte diese schwerlich eine effektive europäische Verteidigungspolitik führen können.

↗ Geschichte der europäischen Integration nach 1945; Verfassungsdebatte.

Literatur: *Gerbet, P.* 1983: La Construction de l'Europe, Notre Siècle, Paris. *Noack, P.* 1977: Das Scheitern der Europäischen Verteidigungsgemeinschaft, Düsseldorf.

Wichard Woyke

Europäische Volkspartei

Die Zusammenarbeit christdemokratischer Parteien in Europa, deren erste Ansätze bis in die 20er Jahre zurückreichen, fand 1946 ihren organisatorischen Ausdruck in der Gründung der *Nouvelles Equipes Internationales* (NEI), die 1965 in die *Europäische Union Christlicher Demokraten* (EUCD) umgewandelt wurde. Erst die neue Integrationsdynamik Ende der 60er Jahre führte jedoch zu einer Intensivierung der inhaltlichen Arbeit, zu einer stärkeren Verschränkung mit der Christlich-Demokratischen Fraktion des Europäischen Parlaments (EP) und schließlich zu organisatorischen und programmatischen Vorarbeiten zur Bildung eines, im Gegensatz zur EUCD, ausschließlich auf christdemokratische Parteien aus EU-Mitgliedsländern begrenzten Parteienzusammenschlusses, der 1976 unter dem Namen *Europäische Volkspartei – Föderation der Christlich-Demokratischen Parteien der Europäischen Gemeinschaft* (EVP) entstand.

1. Organe der EVP sind, gemäß der neuen, 1990 verabschiedeten und 1992/93 ergänzten Satzung, der mindestens alle zwei Jahre zusammentretende und über die politischen Leitlinien, das Programm und die Satzung entscheidende Kongreß, der Vorstand als politisches Führungsorgan, das vom Vorstand gewählte Präsidium, der Präsident an seiner Spitze, der das Generalsekretariat in Brüssel leitende Generalsekretär und die Konferenz der Partei- und Regierungschefs. Im Kongreß und Vorstand sind die Mitgliedsparteien proportional zu der Anzahl ihrer Mitglieder in der EVP-Fraktion des EP vertreten. Die territoriale Gliederung wird überlagert von einer funktionalen Gliederung in Form von grenzüberschreitend organisierten Vereinigungen der Jugend, der Frauen, der Kommunalpolitiker, der Arbeitnehmer und des Mittelstands, die in die Willensbildungsprozesse der EVP eingebunden sind und in den Organen Stimmrecht besitzen. Zudem läßt die Satzung auch die Möglichkeit einer direkten Mitgliedschaft natürlicher Personen zu. Sowohl im Kongreß als auch im Vorstand sind Mehrheitsentscheidungen vorgesehen, so daß die einzelnen Mitgliedsparteien im

Entscheidungsprozeß formal keine Vetoposition besitzen. Die bisherige Praxis zeigt jedoch, daß vor allem im Führungsorgan bei wichtigen Entscheidungen eine Konfliktregelung durch kooperative Strategien des Aushandelns erfolgt, deren Kompromisse alle Teilnehmer befriedigen sollen.

2. Gründungsmitglieder der EVP waren neun Parteien aus sieben Ländern: je zwei aus Belgien (aus dem flämischen und dem wallonischen Landesteil) und Deutschland (CDU und CSU) sowie je eine Partei aus Frankreich, Irland, Italien, Luxemburg und den Niederlanden. Die 1982 eingetretene *Südtiroler Volkspartei* ist wieder ausgeschieden. Schon frühzeitig wurden Kontakte mit möglichen spanischen und portugiesischen Partnerparteien aufgenommen, so daß diese schon im EG-Beitrittsjahr 1986 in die EVP integriert werden konnten, allerdings schied der portugiesische *Centro Democrática Social* (CDS) später wieder aus. Die griechische *Nea Demokratia* wurde zwei Jahre nach dem griechischen EU-Beitritt EVP-Mitglied. Parteien aus Finnland, Österreich und Schweden sind momentan assoziiert und werden voraussichtlich Vollmitglieder werden, so daß die EVP dann aus 17 Parteien bestehen und in allen EU-Mitgliedstaaten außer Portugal, Dänemark und Großbritannien vertreten sein wird.

3. In den beiden letzteren Staaten stehen nur konservative Parteien als mögliche Kooperationspartner zur Verfügung. Die Frage nach der institutionalisierten Zusammenarbeit mit Parteien dieser Grundrichtung führte in der Gründungsphase der EVP zu heftigen politischen Kontroversen, bei denen die Strategie einer Aktionseinheit mit Konservativen als breites antikommunistisches und antisozialistisches Bündnis einem Selbstverständnis gegenüberstand, nach dem Christdemokraten als prinzipiell nach beiden Seiten offene Parteien der Mitte durch eine solche Strategie einen Identitätsverlust zu befürchten hatten. Das Fortbestehen der gegensätzlichen Grundauffassungen zeigte sich später auch in der Haltung der einzelnen EVP-Mitgliedsparteien zur 1978 als Arbeitsgemeinschaft christdemokratischer und konservativer Parteien gegründeten *Europäischen Demokratischen Union*. Die EVP-Gremien vermieden in der Folgezeit einen offenen Konflikt durch die bewußte Ausklammerung dieser Thematik. Erst Anfang der 90er Jahre wurde vom EVP-Präsidenten *W. Martens* mit Bundeskanzler *H. Kohl* als wichtigstem Verbündeten mit Blick auf die erwünschte Präsenz der EVP in allen gegenwärtigen und zukünftigen EU-Mitgliedsländern eine von zeitweise heftigen und kontroversen Diskussionen begleitete Strategie der Öffnung betrieben, die letztendlich zur Aufnahme des spanischen *Partido Popular* als Vollmitglied und konservativer Parteien aus den EU-Norderweiterungsländern als ständige Beobachter sowie zur Aufnahme der britischen und dänischen konservativen Abgeordneten in die EP-Fraktion führte. Einer Vollmitgliedschaft insbesondere der britischen Konservativen in der EVP steht jedoch das EVP-Mitgliedschaftskriterium einer positiven Grundorientierung gegenüber der europäischen Integration und ihrer Vertiefung entgegen.

4. Die einhellige Befürwortung der europäischen Integration durch die Mitgliedsparteien stellt bis heute ein verbindendes Element dar, das die inhaltliche Arbeit der EVP prägt. Allerdings führte diese Arbeit nicht nur zur Erkenntnis von Gemeinsamkeiten und zur Beseitigung von Mißverständnissen, sondern auch zur Aufdeckung bisher nicht wahrgenommener Differenzen und zur Verdeutlichung von Positionsunterschieden in wichtigen Politikbereichen. Angesichts der vielfältigen Schwierigkeiten gemeinsamer Politikformulierung verwundert es daher nicht, daß in dem vom ersten EVP-Kongreß 1978 in Brüssel einstimmig verabschiedeten Politischen Programm der EVP der Rückzug in allgemeine Formulierungen, die Ausklammerung kontroverser Bereiche und das Offenhalten unterschiedlicher Interpretationsmöglichkeiten stärker spürbar waren als in nationalen Parteiprogrammen.

Die veränderten europa- und weltpolitischen Konstellationen, der Übergang zur *Europäischen Union* und die Öffnung gegenüber den konservativen Parteien erforderten Anfang der 90er Jahre eine programmatische Neubestimmung, die mit der Diskussion und Verabschiedung eines neuen Grundsatzprogramms durch den Athener Kongreß 1992 geleistet wurde. In diesem Programm werden im ersten Teil die allgemeinen politischen, sozialen und ökonomischen Grundsätze formuliert, an denen sich die EVP orientieren soll. Kernpunkt des zweiten, der EU gewidmeten Teils ist die Forderung nach deren Ausbau zu einer echten Politischen Union mit föderativem Charakter. Das Grundsatzprogramm wurde Ende 1993, wie auch schon in der Vergangenheit, durch ein an der Wahlperiode des EP orientiertes Aktionsprogramm ergänzt, dessen Zusammenfassung als Wahlmanifest zur Europawahl diente. Allerdings dürfen die wahlbezogenen programmatischen Aktivitäten nicht darüber hinwegtäuschen, daß es der EVP, wie auch den anderen Parteienzusammenschlüssen, aufgrund der innenpolitischen Instrumentalisierung der Europawahlen durch die nationalen Parteien auch 1994 nicht gelungen ist, sich den Wählern als eigenständiger Akteur zu präsentieren.

↗ Europäische Parteienzusammenschlüsse; Europäisches Parlament; Wahlen.

Literatur: *Dessloch, H.* 1979: Die Europäische Volkspartei EVP, in: APuZ B 14/79, 3–16. *Jansen, T.* 1993: Die Öffnung der EVP, in: Die politische Meinung 287, 79–85. *Kohler, B./Myrzik, B.* 1982: Transnational Party Links, in: *Morgan, R./Silvestri, S.* (Hrsg.): Moderates and Conservatives in Western Europe, London, 193–223. *Niedermayer, O.* 1983: Europäische Parteien?, Frankfurt a. M./New York. *Pridham, G.* 1981: Christian Democrats, Conservatives and Transnational Party Cooperation in the European Community: Centre-Forward or Centre-Right?, in: *Layton-Henry, Z.* (Hrsg.): Conservative Politics in Western Europe, London, 318–346.

Oskar Niedermayer

III. *Entwicklung*: Mit dem erfolgten Abbau der Binnenzölle und dem Aufbau eines gemeinsamen Außenzolltarifs konnten die Grundlagen für eine Zollunion zum 1. 1. 1970, für gewerbliche Produkte bereits 18 Monate früher geschaffen werden. Zum 1.7. 1977 wurde die EWG zu einer Zollunion erklärt, wenngleich es immer noch verschiedene technische und administrative Handelshemmnisse und ein unterschiedliches Steuerrecht gab, so daß sich die EWG zu diesem Zeitpunkt noch auf dem Weg von einer Zolltarifunion zu einer Zollunion befand. Mit der zum Ablauf der Übergangsperiode nicht nur rechtlich, sondern im wesentlichen auch faktisch hergestellten Freizügigkeit für Arbeitnehmer wurde allerdings eine zentrale Komponente des Gemeinsamen Marktes erfüllt. Die Vergemeinschaftung der Landwirtschaftspolitik erfolgte 1962, als gemeinsame Marktordnungen und eine Agrarfinanzierungsordnung beschlossen wurden. Diese Beschlüsse bedeuteten die entscheidende Weichenstellung für das System der Gemeinsamen Agrarpolitik (GAP) mit ihren politisch festgesetzten Preisen und den gemeinschaftsrechtlich abgesicherten Abnahmegarantien für die Produzenten.

In den 70er Jahren erfolgte der Ausbau der EWG zu einer Handelsunion auf der Grundlage einer gemeinschaftlichen Zollpolitik. Durch die Einführung eines gemeinsamen Außenzolltarifs liegt seit 1970 der Abschluß von Zoll- und Handelsverträgen in der alleinigen Kompetenz der Gemeinschaft. Die Verhandlungsführung übernimmt dabei die Kommission, allerdings entsprechend den vom Rat aufgestellten Richtlinien. Nationale handelspolitische Maßnahmen sind an die ausdrückliche Ermächtigung durch die EWG gebunden. Das den Mitgliedstaaten verbliebene Recht zum Abschluß bilateraler Kooperationsabkommen mit Drittländern ist durch ein gemeinschaftliches Informations- und Koordinierungsverfahren eingeschränkt.

Die EWG wurde seit 1973 in vier Etappen von sechs auf 15 Mitglieder (1995) erweitert. Am 1. 1. 1973 erfolgte die erste Norderweiterung mit den Staaten Großbritannien, Irland und Dänemark. Die Süderweiterung vollzog sich zweigeteilt. Zunächst trat am 1. 1. 1981 Griechenland der EWG bei; am 1. 1. 1986 folgten die iberischen Staaten Spanien und Portugal. Mit der Vereinigung Deutschlands am 3. 10. 1990 wurde die ehemalige DDR in die EWG eingegliedert. Österreich, Schweden und Finnland traten am 1. 1. 1995 bereits in die von EWG in EG umbenannte Gemeinschaft ein. Norwegische Regierungen unterzeichneten sowohl 1972 als auch 1994 Beitrittsurkunden, doch beide Male lehnte eine Mehrheit der norwegischen Bevölkerung die Mitgliedschaft in einem Referendum ab.

Mit der am 1.7. 1987 in Kraft getretenen Einheitlichen Europäischen Akte (EEA) wurde der Aufgabenbereich der EWG erweitert. Im Zentrum der EEA stand die Vollendung des Binnenmarktes bis zum 31.12. 1992, also eines Raumes ohne Binnengrenzen, in dem der freie Verkehr von Waren, Personen, Dienstleistungen und Kapital gewährleistet ist. Zwar kam der zeitlichen Terminierung keine rechtliche Bindung zu, doch wirkte sie psychologisch als Schubkraft für den Integrationsprozeß. Zur Beschleunigung und Flankierung der ökonomischen Integration dient die Einbeziehung weiterer Sachbereiche, nämlich die Förderung des wirtschaftlichen und sozialen Zusammenhalts in der Gemeinschaft (Art. 130 a-e); die Ergänzung der Sozialvorschriften innerhalb der EWG (Art. 118 a); die Rahmenkompetenz für Forschung und technologische Entwicklung (Art. 130 f-g); die Grundlagen für eine künftige gemeinschaftliche Umweltpolitik (Art. 130 r-t); die Einfügung eines neuen Kapitels in den EWG-V über die Zusammenarbeit in der Wirtschafts- und Währungspolitik (Art. 102 a). Die EEA verändert daneben die Entscheidungsverfahren (u.a. Mehrheitsentscheidungen im Rat in Binnenmarktangelegenheiten mit Ausnahme der Bereiche Steuern und Umwelt, Stärkung der Rechte des EP durch das Verfahren der Zusammenarbeit) und gibt der Europäischen Politischen Zusammenarbeit bzw. der Gemeinsamen Außen- und Sicherheitspolitik (GASP) einen rechtlichen Rahmen, indem sie diese mit der Gemeinschaft verknüpft. Die EEA stellt somit den rechtlichen Rahmen für eine bereits in Ansätzen praktizierte Zusammenarbeit der Mitgliedstaaten außerhalb des EWG-V. Die differenzierten Vertragsänderungen zu den Entscheidungsverfahren sollen sicherstellen, daß bei größtmöglichem Zwang zum Kompromiß der Integrationsprozeß nicht durch einzelne Mitgliedstaaten blockiert wird. Mit der EEA wurde das Instrumentarium neuen Gemeinschaftsrechts geschaffen, um das vordringliche Ziel des Binnenmarktes zu verwirklichen. Ende 1994 waren von den Binnenmarktrichtlinien 89% durchgesetzt, wobei Dänemark mit 95,9% und die Niederlande mit 94,9% an der Spitze lagen. Dagegen rangierte Deutschland mit 83,4% am Schluß, gefolgt nur noch von Griechenland, das 77,9% der Binnenmarkt-Richtlinien umgesetzt hatte. Während die Richtlinien in den Sachbereichen Personenkontrollen, Verkehr und Landmaschinen zu 100% umgesetzt sind, hinkte die EU bei den Sachbereichen Versicherungen (67%), öffentliche Aufträge (64%) und geistiges Eigentum (63%) deutlich hinterher.

Mit dem 1965 unterzeichneten und 1967 in Kraft getretenen Fusionsvertrag, der die zentralen Organe aller drei Gemeinschaften (EGKS, EWG und EAG) zusammenlegte, hatte die EWG als eigenständige Organisation faktisch zu bestehen aufgehört. Die Bezeichnung *Europäische Gemeinschaften* – später *Europäische Gemeinschaft* – setzte sich durch, obwohl *de jure* die EWG fortbestand und auch nach dem Maastrichter Vertrag noch fortbesteht. Die EWG war immer die bedeutsamste aller drei Gemeinschaften. Der Maastrichter Vertrag trägt diesem Faktum Rechnung, da seit seinem Inkrafttreten die EWG in EG umbenannt ist und innerhalb des EU-Vertrags die erste Säule der *Europäischen Union* darstellt.

IV. *Integrationsbeitrag*: Die Römischen Verträge gingen hinsichtlich der Verlagerung der Kompetenzen hinter die Regelung im EGKS-Vertrag zurück und stärkten den Ministerrat. Die supranationale Integration wurde faktisch durch die französische Politik des leeren Stuhls in der zweiten Jahreshälfte 1965 *ad absurdum* geführt, als sich Frankreich weigerte, an den Ministerratssitzungen teilzunehmen und somit die EWG zur Entscheidungsunfähigkeit verurteilte. Der im Januar 1966 mühsam gefundene Luxemburger Kompromiß sollte zwar die EWG wieder arbeitsfähig machen, doch setzten sich nun immer stärker nationale Interessen durch. Die Tendenz zum Intergouvernementalismus wurde 1975 durch die Einrichtung des Europäischen Rats (Staats- und Regierungschefs plus Kommissionspräsident) gestärkt. Dieses zunächst außerhalb der Verträge stehende Gremium entwickelte sich vom Krisenstabilisator zum Lenkungsinstrument der Gemeinschaft. Von nun an waren nur minimalistische und gradualistische Strategien zur Fortentwicklung der EWG möglich. Erst mit der Wirtschafts- und Währungsunion wurde ein erneuter supranationaler Ansatz versucht, dessen Realisierung aber zumindest in der dafür vorgesehenen Zeit (spätestens 1999) als fraglich eingeschätzt werden muß.

↗ Geschichte der europäischen Integration seit 1945; Politisches System der Europäischen Gemeinschaft; Wirtschaft und Währung.

Literatur: *Beutler, B.* u.a. 1993: Die Europäische Union. Rechtsordnung und Politik, Baden-Baden. *Church, C.H./Phinnemore, D.* 1994: European Union and European Community: A Handbook and Commentary on the post-Maastricht Treaty, New York/London. *Dinan, D.* 1994: Ever Closer Union? An Introduction to the European Community, London. *Duff, A./Pinder, J./Price, R.* (Hrsg.) 1994: Maastricht and Beyond. Building the European Union, London/New York. *Kreile, M.* (Hrsg.) 1992: Die Integration Europas, PVS-Sonderheft 23, Opladen. *Laffan, B.* 1992: Integration and Co-operation in Europe, London/New York. *Lenz, C. O.* (Hrsg.) 1994: EG-Vertrag – Kommentar, Köln. *Loth, W.* 1990: Der Weg nach Europa. Geschichte der europäischen Integration, Göttingen. *Nugent, N.* 1994: Government and Politics of the European Union, London. *Oppermann, T.* 1991: Europarecht. Ein Studienbuch, München. *Toulemon, R.* 1994: La construction européenne, Paris.

Wichard Woyke

Europäische Wirtschaftskommission der Vereinten Nationen – ECE

Die *Europäische Wirtschaftskommission der Vereinten Nationen* (*Economic Commission for Europe* – ECE) wurde am 28. 3. 1947 vom Wirtschafts- und Sozialrat der Weltorganisation eingerichtet. Ihr gehören alle europäischen UNO-Mitglieder einschließlich Rußlands und der übrigen Nachfolgestaaten der Sowjetunion an; darüber hinaus die USA (seit 1947), Kanada (Vollmitglied seit 1973) und die Schweiz (Vollmitglied seit 1971); die Bundesrepublik Deutschland ist Mitglied seit 1956.

Am Anfang der ECE standen Bestrebungen, die kriegsbedingte Kooperation zwischen den Verbündeten der Anti-Hitler-Koalition in Wirtschaftsfragen fortzuführen, den wirtschaftlichen Wiederaufbau der europäischen Länder nach den Zerstörungen des II. Weltkriegs zu koordinieren und einer Ost-West-Spaltung des europäischen Kontinents entgegenzuwirken. Unter dem Druck der osteuropäischen Regierungen stimmte die Sowjetführung ihrer Einrichtung im Dezember 1946 zu. Sie sorgte aber aus Furcht vor westlicher Einmischung in ihren Machtbereich dafür, daß die Kompetenzen der neuen Organisation gering bzw. teilweise ungeklärt blieben.

Nach der sowjetischen Absage an den *Marshall*–Plan am 2.7. 1947 hatte die ECE große Schwierigkeiten, im Kalten Krieg zwischen Ost und West zu überleben. Es gelang ihr, indem sie ihre Aktivitäten auf ‹technische› Bereiche wie die Erstellung von Wirtschaftsdaten, die Standardisierung von Industriegütern und die Regelung des europäischen Binnenverkehrs konzentrierte. In politisch empfindlichen Arbeitsbereichen wie der Regelung der Handelsbeziehungen oder der Energie- und Rohstoffpolitik konnten in den ersten Jahren ihres Bestehens trotz großer Anstrengungen ihres ersten Exekutivsekretärs, des schwedischen Ökonomieprofessors *G. Myrdal*, wenig praktische Erfolge erzielt werden.

Mit dem Übergang zur ersten Entspannungsphase im Ost-West-Konflikt, die nach dem Tode *J. Stalins* am 5.4. 1953 einsetzte, konnte die ECE ihre Aktivitäten in allen Bereichen merklich ausweiten. Sie entwickelte sich damit zu einem Forum für die graduelle Wiederannäherung von Ost und West. Auf dem Höhepunkt des Entspannungsprozesses in den frühen 70er Jahren wurde ihr von der KSZE die Mission zugesprochen, an der Verwirklichung der KSZE-Beschlüsse zur Zusammenarbeit im wirtschaftlich-technischen Bereich zu arbeiten. Fortschritte in der Realisierung dieser Beschlüsse wurden insbesondere im Bereich des Umweltschutzes erreicht, der sich seit den späten 60er Jahren zu einem neuen Arbeitsschwerpunkt der ECE entwickelte. Im November 1979 wurde von den Teilnehmerstaaten eine umfassende Umweltschutz-Konvention unterzeichnet. Ebenso entwickelte sich ein Netz praktischer Zusammenarbeit im wirtschaftlich-technischen Bereich, das der politischen Polarisierung der 80er Jahre standhielt.

Nach dem Ende des Ost-West-Konflikts konnte die ECE im Dezember 1990 unter der Federführung des österreichischen Exekutivsekretärs *G. Hinteregger* Änderungen in der Aufgabenstellung wie in der Arbeitsweise beschließen. Sie soll ihre Tätigkeit in Zukunft auf die Bereiche Umwelt, Verkehr, Statistik, Handelserleichterungen und Wirtschaftsanalysen konzentrieren. Kurz- und mittelfristig soll sie außerdem den Übergang der osteuropäischen Länder zur Marktwirtschaft beratend und koordinierend unterstützen.

↗ Internationale Organisationen; Organisation für Wirtschaftliche Zusammenarbeit und Entwicklung – OECD; Rat für Gegenseitige Wirtschaftshilfe – RGW.

Literatur: *Hinkel, G.* 1972: 25 Jahre Wirtschaftskommission der UNO für Europa, in: Deutsche Außenpolitik 17, 85–100. *Wightman, D.* 1956: Economic Co-operation in Europe. A Study of the United Nations Economic Commission for Europe, London. *Wolfrum, R.* (Hrsg.) 1989: Die Reform der Vereinten Nationen – Möglichkeiten und Grenzen, Berlin.

Wilfried Loth

Europäischer Gerichtshof

Im Institutionengefüge der *Europäischen Gemeinschaft* nimmt der in Luxemburg ansässige Europäische Gerichtshof (EuGH), eines der fünf EG-Organe (Art. 4 EG-V), eine bedeutende, oft unterschätzte Stellung ein. Knapp und allgemein gehalten, bedarf der EG-Vertrag wie nationale Verfassungen der schöpferischen juristischen Auslegung. Anders als bei nationalen Verfassungsgerichten befindet sich jedoch im Falle des EuGH die Rechtsordnung, die es auszulegen und weiterzuentwickeln gilt, aufgrund des Integrationsziels in ständigem Wandel bzw. ‹im Werden›. Dies betrifft Politik und Kompetenzen der EG ebenso wie ihr institutionelles System und ihr Verhältnis zu den Mitgliedern. Dem EuGH kommt in Streitfällen die Aufgabe zu, die «Wahrung des Rechts bei der Auslegung und Anwendung» des EG-Vertrags «zu sichern» (Art. 164 EG-V; ebenso Art. 136 EAG-V und Art. 31 EGKS-V). Da die EG in ihrer Existenz und zur Verwirklichung ihrer Ziele ganz entscheidend «auf die Kraft des Rechts angewiesen» ist (*Everling* 1993: 338), kommt EuGH-Urteilen zum Teil erhebliche politische Bedeutung zu, besonders wenn sie EG-Recht fortbilden und so Lücken im Gemeinschaftsrecht füllen, um einen Streitfall entscheiden zu können. Die erhebliche Beanspruchung des EuGH hat dazu geführt, daß zu seiner Entlastung 1989 ein ‹Gericht erster Instanz› eingerichtet wurde, das erstinstanzlich für alle Individualklagen zuständig ist.

1. Der EuGH wird in unterschiedlicher Funktion tätig: Betreffen seine Urteile das Verhältnis zwischen Mitgliedstaaten und Gemeinschaft oder der EG-Organe untereinander, oder prüft er die Vereinbarkeit von sekundärem EG-Recht mit dem EG-V, so fungiert er als Verfassungsgericht. Entscheidet er z. B. über Klagen natürlicher oder juristischer Personen gegen sie betreffende Maßnahmen der EG, übernimmt er die Rolle eines Verwaltungsgerichts. Außerdem kann er als Zivilgericht und Schiedsgericht tätig werden. Die verschiedenen Funktionen des EuGH können auch ineinander übergehen.

Zum wichtigsten Verfahren hat sich das Vorabentscheidungsverfahren (Art. 177 EG-V) entwickelt. Da der Vollzug des Gemeinschaftsrechts i. d. R. bei nationalen Behörden liegt, gelangen entsprechende Streitfälle vor nationale Gerichte. Sie legen selbständig Gemeinschaftsrecht aus und wenden es an; der nationale Richter trägt Verantwortung dafür, daß sich die EG-Rechtsordnung entfalten kann. Im Zweifelsfall kann er jedoch für den Streitfall relevante Auslegungsfragen an den EuGH richten; letztinstanzliche Gerichte sind zur Vorlage verpflichtet. Das Urteil des EuGH bindet das nationale Gericht. Dieses Verfahren soll die Einheitlichkeit der Auslegung und Anwendung von EG-Recht gewährleisten. Geht es dabei um die Vereinbarkeit einer nationalen Regelung mit einer gemeinschaftlichen, übt der EuGH auf diese Weise sogar eine Art indirekter Normenkontrolle nationaler Gesetze aus. Über die Hälfte der vor dem EuGH anhängig gemachten Rechtssachen beruhen auf Vorlagen nationaler Gerichte. In den übrigen Fällen gelangen die Klagen direkt vor den EuGH: Vertragsverletzungsklage gegen einen Mitgliedstaat kann von der Kommission (Art. 169) oder einem anderen EG-Staat (Art. 170) erhoben werden; letzteres ist – aus diplomatischen Gründen – die Ausnahme. Nichtigkeitsklage gegen Rechtsakte der Gemeinschaft können die Mitgliedstaaten, Organe und Einrichtungen der EG und in bestimmten Fällen – anders als vor internationalen Gerichtshöfen – auch Einzelpersonen erheben (Art. 173, 174), die Möglichkeit einer Untätigkeitsklage gegen Rat oder Kommission steht den EG-Organen und den Mitgliedstaaten offen (Art. 175). Der EuGH ist auch zuständig für Schadensersatzforderungen (Art. 178) und Streitsachen zwischen der EG und ihren Bediensteten (Art. 179). Außerdem gibt er, falls von Rat, Kommission oder einem Mitgliedstaat angefordert, Gutachten über die vertragliche Vereinbarkeit von geplanten Abkommen der EG mit Drittstaaten oder internationalen Organisationen ab (Art. 228).

2. Jeder Mitgliedstaat entsendet einen Richter an den EuGH. Sie werden von den Regierungen der Mitgliedstaaten im gegenseitigen Einvernehmen für jeweils sechs Jahre ernannt; Wiederernennung ist möglich. Aus ihrer Mitte wählen sie einen Präsidenten für drei Jahre. Der EuGH entscheidet i. d. R. in Kammern mit drei oder fünf Richtern. Außerdem arbeiten – seit Januar 1995 neun – Generalanwälte am EuGH, die in der mündlichen Verhandlung neben den Streitparteien und ggf. interessierten Mitgliedstaaten eine unabhängige juristische Stellungnahme abgeben und in Form von Schlußanträgen einen Entscheidungsvorschlag formulieren, an dem sich die Richter meist orientieren. An den Urteilsberatungen und Abstimmungen sind sie nicht beteiligt. Diese sind nicht öffentlich. Die – nunmehr 15 – Richter stimmen mit einfacher Mehrheit ab; publiziert wird die Meinung des Gerichtes, es werden keine Sondervoten veröffentlicht. Alle Amtssprachen der EG können Verfahrenssprache sein, je nach Kläger. Arbeitssprache ist Französisch. Die Urteile werden in allen Amtssprachen veröffentlicht. Vertiefung und Erweiterung der EG lassen die Anzahl der anhängigen Fälle vor dem Gerichtshof kontinuierlich steigen. Das Problem seiner enormen Arbeitsbelastung ist auch durch das Gericht erster Instanz nicht gelöst worden.

3. Der EuGH hat die vertraglichen Zuständigkeiten der Gemeinschaft ebenso wie seine eigenen Aufgaben grundsätzlich mit Blick auf Ziele und Funktionsfähigkeit der Gemeinschaft ausgelegt. Dies führte zu seiner allgemein als «integrationsfreundlich» bezeichneten – oft rechtsfortbildenden – Rechtsprechung. In der ersten Zeit hat er durch die Entwicklung allgemeiner Rechtsgrundsätze die Basis für eine quasi-föderale Rechtsordnung geschaffen. Aus dem Charakter der EG als einer mit eigener Hoheitsgewalt ausgestatteten Rechtsgemeinschaft leitete er den Grundsatz des Vorrangs des Gemeinschaftsrechts vor dem nationalen Recht ab. Er sprach Teilen des EG-Rechts unmittelbare Wirkung in den nationalen Rechtsordnungen zu. Außerdem integrierte er den Schutz von Grundrechten in das EG-Recht und entwickelte sich zur Rechtsschutzinstanz für den EG-Bürger. Ein Schwerpunkt seiner Rechtsprechung liegt auf den Binnenmarkt-Freiheiten, deren Verwirklichung er konsequent verfolgt. Seine Urteile stießen zum Teil auf Widerstand in den Mitgliedstaaten, wurden jedoch im allgemeinen akzeptiert, was sich auf die Autorität des Rechts, auf den grundsätzlichen Integrationswillen der Mitgliedstaaten sowie auf deren – durch Mehrheitsbeschlüsse nunmehr allerdings eingeschränkte – Kontrolle des EG-Entscheidungsprozesses zurückführen läßt (vgl. *Weiler* 1993). Mit dem Vertrag von Maastricht hat der EuGH im übrigen die Möglichkeit erhalten, bei Nichtbeachtung seiner Urteile Zwangsgelder zu verhängen (Art. 171 EG-V).

4. Die Politikwissenschaft hat dem EuGH lange Zeit wenig Aufmerksamkeit geschenkt und europarechtliche Studien über die Rolle des Rechts für die Integration (z.B. *Cappelletti/Seccombe/Weiler* 1986) kaum rezipiert. Seitdem es den Mitgliedstaaten in Folge der Maastricht-Debatten – Stichwort Subsidiarität – zunehmend um die Begrenzung der EG-Kompetenzen geht, richtet sich die Aufmerksamkeit vermehrt auf die Rolle des EuGH. Politisch wird die Forderung erhoben, er solle sich stärker der Wahrung der Kompetenzgrenzen widmen. Damit zeichnen sich politisch sensible Streitfragen ab (vgl. *Weiler* 1993). Auch in Zukunft wird der EuGH den europäischen Integrationsprozeß mitprägen – angesichts der veränderten Stimmungslage wird es jedoch möglicherweise mehr um die Wahrung des Erreichten als um ein Vorantreiben der Integration gehen. Die neuen Pfeiler der *Europäischen Union* – die Gemeinsame Außen- und Sicherheitspolitik sowie die justiz- und innenpolitische Kooperation – sind der Jurisdiktion des EuGH entzogen. Hier wollen die Mitgliedstaaten ihre Kontrolle über jegliche Integrationsfortschritte nicht durch Richterrecht einschränken lassen.

↗ Politisches System der Europäischen Gemeinschaft; Rechtswissenschaftliche Integrationstheorien

Literatur: Der Gerichtshof, in: *Weidenfeld, W./Wessels, W.* (Hrsg.) 1980ff.: Jahrbuch der Europäischen Integration, Bonn. *Cappelletti, M./Seccombe, M./Weiler, J.* (Hrsg.) 1986: Integration Through Law (6 Bde.), Berlin/New York. *Everling, U.* 1991: Die Stellung der Judikative im Verfassungssystem der Europäischen Gemeinschaft, in: Zeitschrift für

Schweizerisches Recht 112, 337–348. *Hummer, W.* u.a. 1991: Europarecht in Fällen, Baden-Baden. *Klinke, U.* 1989: Der Gerichtshof der Europäischen Gemeinschaften – Aufbau und Arbeitsweise, Baden-Baden. *Rasmussen, H.* 1986: On Law and Policy in the European Court of Justice. A Comparative Study in Judicial Policymaking, Den Haag. *Weiler, J.H.H.* 1993: Journey to an Unknown Destination: A Retrospective and Prospective of the European Court of Justice in the Arena of Political Integration, in: JCMS 31, 417–446. *Zuleeg, M.* 1994: Die Rolle der rechtsprechenden Gewalt in der europäischen Integration, in: Juristen-Zeitung 49, 1–8.

Anita Wolf-Niedermaier

Europäischer Rat

Die Einrichtung des Europäischen Rates wurde im Dezember 1974 auf der letzten in einer Reihe von bis dahin unregelmäßig einberufenen Gipfelkonferenzen (1969, 1972, 1973, 1974) vereinbart. Seit dem ersten Treffen des Europäischen Rates im März 1975 in Dublin kamen die Staatsoberhäupter bzw. Regierungschefs der Mitgliedstaaten wenigstens zweimal jährlich in diesem Rahmen zusammen. Der Europäische Rat hat in den zwei Jahrzehnten seines Bestehens eine zentrale Rolle für die Gestaltung des Integrationsprozesses gespielt. Seine Mitglieder waren immer bestrebt, ein Höchstmaß an Gestaltungsfreiheit zu bewahren. Infolgedessen wurden seine Funktionen nicht präzise definiert; seine vertragliche Grundlage findet sich in den ‹Gemeinsamen Bestimmungen› des Vertrags über die Europäische Union (EU-V); eine Geschäftsordnung wurde nicht entwickelt.

1. Der Europäische Rat setzt sich aus den Staatsoberhäuptern bzw. Regierungschefs der Mitgliedstaaten und dem Präsidenten der Kommission zusammen. Diese werden von den Außenministern und einem weiteren Mitglied der Kommission unterstützt. Anders als im Ministerrat wird der Kreis der Teilnehmer am Europäischen Rat möglichst klein gehalten, um den persönlichen Charakter der Zusammenkünfte zu bewahren. Dementsprechend halten sich – soweit dies bei den Ratstreffen möglich ist – die Mitarbeiterstäbe nicht im Konferenzsaal selbst, sondern in angrenzenden Räumen auf. Die Zusammenkünfte des Rates erfordern sorgfältige Vorbereitungen, die sich an den unterschiedlichen Verfahren der verschiedenen ‹Säulen› der Gemeinschaft orientieren. Über die üblichen Aufgaben im Zusammenhang mit der Vorbereitung hinaus kommt demjenigen Mitgliedstaat, der die Präsidentschaft innehat, eine besondere Bedeutung zu, da die Konsensbildung über schwierige Themen meist in einer Reihe von bilateralen Treffen erfolgt. Das Treffen des Rates selbst erstreckt sich normalerweise über zwei Tage, wobei die eigentliche Sitzungsdauer nur etwa zehn Stunden beträgt, und findet jeweils im Land der Präsidentschaft statt. Die Treffen werden mindestens zweimal jährlich anberaumt; bei politischen

Krisen können aber zusätzliche Sitzungen einberufen werden. So hat sich der Rat angesichts der unsicheren Lage nach dem Zusammenbruch der kommunistischen Herrschaft im Jahre 1990 – neben einem privaten Treffen der Regierungschefs – nicht weniger als viermal zusammengefunden.

Ein Anliegen der Initiatoren des Europäischen Rates, des deutschen Bundeskanzlers *H. Schmidt* und des französischen Präsidenten *V. Giscard d'Estaing*, war es, in abendlichen ‹Kamingesprächen›, soweit als möglich ohne die Anwesenheit von Übersetzern, in zwangloser Atmosphäre politische Fragen zu erörtern. Parallel zu den Staatsoberhäuptern bzw. Regierungschefs treffen sich die Außenminister, um ihre außenpolitischen Erklärungen abzustimmen. Diese werden zusammen mit den wichtigsten Ergebnissen des gesamten Gipfeltreffens in der abschließenden Erklärung zusammengefaßt und von der Ratspräsidentschaft vorgetragen.

Im Europäischen Rat werden Entscheidungen im allgemeinen im Konsens getroffen. In der Praxis hat das Konsensprinzip gelegentlich zu Entscheidungsblockaden geführt, so zum Beispiel in Athen im Dezember 1983. Zwei Ausnahmen vom Konsensprinzip sind zu erwähnen. So gibt es Fälle, in denen Verfahrensfragen durch Mehrheitsbeschlüsse geregelt wurden, wie zum Beispiel die Einsetzung der Regierungskonferenz, die die Einheitliche Europäische Akte (EEA) im Juni 1985 in Mailand vorbereitete. Hier wurde die britische Premierministerin *M. Thatcher* überstimmt. Ebenso erging es ihr bei der Einigung über die Einberufung der Regierungskonferenz zur Ausarbeitung des Vertrags zur *Europäischen Union*. Eine weitere Ausnahme bilden die Fälle, in denen sich nicht alle Mitgliedstaaten an eine bestimmte Übereinkunft binden wollen. So einigten sich elf Mitgliedstaaten der Gemeinschaft im Dezember 1989 in Straßburg auf die europäische Sozialcharta, während Großbritannien seine Zustimmung verweigerte. Auch wenn die Entscheidungen des Europäischen Rates keinen rechtsverbindlichen Charakter haben, sind sie dennoch faktisch bindend. Die Umsetzung der politischen Entscheidungen in geltendes EG-Recht bleibt dem Ministerrat überlassen.

2. Die Funktionen des Europäischen Rates sind in den Verträgen nur vage umschrieben. Nach Art. D EU-V gibt der Europäische Rat «der Union die für ihre Entwicklung erforderlichen Impulse und legt die allgemeinen Zielvorstellungen für diese Entwicklung fest». Über diese weitgefaßte Aufgabenstellung hinaus hat der Europäische Rat unterschiedliche Rollen gespielt. Seine Arbeitsschwerpunkte haben sowohl die Interessen seiner Mitglieder als auch die jeweiligen internationalen Rahmenbedingungen widergespiegelt. In den frühen 80er Jahren engagierte sich der Rat beispielsweise im Krisenmanagement, indem er eine Lösung im Streit um das angebliche Ungleichgewicht bezüglich der britischen Beitragszahlungen zum EG-Haushalt suchte. In den 70er Jahren bestimmten vor allem internationale Wirtschaftsfragen die Tagesordnung der Ratstreffen, was dem besonderen Interesse von *H. Schmidt* und *V. Giscard d'Estaing* ent-

sprach. Im Rahmen des Europäischen Rates gab *H. Schmidt* 1978 den Anstoß zur Schaffung des Europäischen Währungssystems (EWS), und unter der Schirmherrschaft des Rates wurde das EWS auch erarbeitet. Seit Mitte der 80er Jahre wurde größeres Gewicht darauf gelegt, die allgemeine Entwicklung des europäischen Integrationsprozesses vorzugeben. Der Europäische Rat war von entscheidender Bedeutung für den Konsens über das Binnenmarktprogramm (Mailand, Juni 1985), die Einheitliche Europäische Akte (Luxemburg, Dezember 1985), das *Delors*–I-Paket, das die Reform des Haushalts, der Agrarpolitik und des Strukturfonds zusammenfaßte (Brüssel, Februar 1988), den EU-Vertrag (Maastricht, Dezember 1991) und das *Delors*–II-Paket (Edinburgh, Dezember 1992). Damit wurden durch die Beratungen des Europäischen Rates die Weichen für den Verlauf der Integrationsgeschichte in jüngster Zeit gestellt. Der Rat hat somit die Federführung für konstitutionelle Fragen übernommen und wird sie auch in der Reformdebatte behalten, die anläßlich der Regierungskonferenz von 1996 geführt werden wird. Gleiches gilt für die Behandlung der Osterweiterung der EU.

Obwohl der Europäische Rat als intergouvernementales Organ gilt, kommt ihm als Impulsgeber für die Gemeinschaft eine große Bedeutung zu, die auch von der Kommission anerkannt wird. Unter der Präsidentschaft von *J. Delors* hat die Kommission sehr geschickt ihre Initiativen in die Diskussionen des Rates eingebracht – dies gilt für das Weißbuch zum Binnenmarkt ebenso wie für die Initiativen zur Wirtschafts- und Währungsunion. Das Europäische Parlament bemüht sich über seinen Präsidenten, seine Position zu anstehenden Themen dem Rat zur Kenntnis zu bringen. Auch Interessengruppen haben versucht, diesen Weg einzuschlagen, haben aber keinen Zugang zu den Ratssitzungen. Besonders seit den 90er Jahren haben die europäischen Parteibünde Treffen im Vorfeld der Ratsgipfel organisiert, um auf diese Weise Koalitionen zwischen parteiverwandten Regierungschefs zu schmieden. Diese Strategie, die besonders erfolgreich von der *Europäischen Volkspartei* und den Europäischen Sozialisten verfolgt wurde, zeigt, welche Bedeutung dem Rat als Initiator europäischer Politik beigemessen wird.

3. Insgesamt hat der Europäische Rat bei allen wichtigen Integrationsentscheidungen der letzten 20 Jahre eine Schlüsselrolle gespielt. Einige seiner Zusammenkünfte sind weniger erfolgreich gewesen und hinterließen eher den Eindruck einer Inszenierung für die Medien. Besonders häufig war dies der Fall, wenn in einem wichtigen Mitgliedstaat Wahlen anstanden. Insgesamt gewinnt man aber nur ein richtiges Bild, wenn man mehrere Gipfeltreffen des Rates in Folge in den Blick nimmt, weil sich nur dann der stufenweise Prozeß der Konsensfindung erschließt, der schließlich zu einer Einigung führt.

Obwohl die kleineren Mitgliedstaaten, insbesondere die Benelux-Länder, befürchteten, daß der Europäische Rat den Handlungsspielraum der supranationalen Institutionen der Gemeinschaft eingrenzen könnte, hat die Erfahrung gezeigt, daß die regelmäßigen Ratsgipfel eine wertvolle Ergänzung des vertraglich vorgesehenen Politikprozesses sind: Durch die Einbeziehung der Staats- und Regierungschefs verpflichtet der Europäische Rat die wichtigsten Akteure innerhalb der Gemeinschaft auf den Integrationsprozeß.

↗ Ministerrat; Politisches System der Europäischen Gemeinschaft.

Literatur: *Bulmer, S./Wessels, W.* 1987: The European Council. Decision-Making in European Politics, Basingstoke. *Johnston, M. T.* 1994: The European Council, Boulder/Col. *Von Donat, M.* 1987: Das ist der Gipfel. Die EG-Regierungschefs unter sich, Baden-Baden. *Werts, J.* 1992: The European Council, Amsterdam. *Wessels, W.* 1980: Der Europäische Rat, Bonn.

Simon Bulmer

Europäischer Rechnungshof

Der Europäische Rechnungshof ist ein Organ der *Europäischen Union* mit der Aufgabe, die Wirtschaftlichkeit, Ordnungsgemäßheit und Rechtmäßigkeit der Haushaltsführung der EU und ihrer Institutionen, der Darlehen und Anleihen der EGKS sowie der außerhalb des EU-Haushalts geleisteten Entwicklungshilfe der Gemeinschaft einer externen Prüfung zu unterziehen. Der Rechnungshof wurde 1975 vertraglich gegründet und trat an die Stelle des vordem für die externe Finanzprüfung zuständigen Kontrollausschusses von EWG und Euratom bzw. des Rechnungsprüfers der EGKS. Er nahm am 25. 10. 1977 seine Arbeit mit Sitz in Luxemburg auf und erhielt 1992 durch den Maastrichter EU-Vertrag den Status eines ordentlichen Organs der Union.

Der Rechnungshof besteht aus derzeit 15 Mitgliedern (eines pro Mitgliedstaat der EU), die vom Ministerrat nach Anhörung des Europäischen Parlaments (EP) für sechs Jahre ernannt werden. Mit einem Mitarbeiterstab von 427 Stellen (Stand 1994) verfügt der Rechnungshof über einen relativ großen Verwaltungsapparat. Dies und die Zusammenarbeit mit den nationalen Rechnungshöfen ermöglichen es, Haushaltsvorgänge an Ort und Stelle, gegebenenfalls auch in Drittstaaten außerhalb der EU, zu überprüfen.

Die jeweils nach Abschluß eines Haushalts- bzw. Rechnungsjahres erfolgende Prüfung durch den Rechnungshof mündet in einen Jahresbericht, der dem Europäischen Parlament (EP) und dem Rat vorgelegt wird. Dem EP, das an der Einrichtung und Kompetenzausstattung des Rechnungshofes stark interessiert war, um seine eigenen haushaltspolitischen Kontrollmöglichkeiten zu verbessern, dient der Bericht als wesentliche Grundlage für die Entlastung der für den Haushalt verantwortlichen Kommission.

Neben dem jährlichen Rechnungsbericht erstellt der Hof aus eigener Initiative Sonderberichte zu Einzelthemen und gibt auf Antrag der EU-Organe beratende Stellungnahmen zu Haushaltsfragen ab.

Die Kontrolle der Mittelverwendung der gemeinschaftlichen Institutionen durch den Rechnungshof gilt als wirkungsvoll, zumal der Maastricht-Vertrag seine Stellung aufgewertet und seine Befugnisse ausgeweitet hat. In bezug auf die Subventionen der EU in einigen Wirtschaftsbereichen (z. B. Gemeinsame Agrarpolitik) hat der Rechnungshof immer wieder umfangreiche Mißbräuche aufdecken können und damit auch einen Beitrag zur Bekämpfung der Wirtschaftskriminalität in den Mitgliedstaaten der Union geleistet.

↗ Finanzen / Haushalt / Steuern. *Bernhard Thibaut*

Europäisches Parlament

Das Europäische Parlament (EP) ist das parlamentarische Organ der *Europäischen Gemeinschaft*. Es besteht «aus Vertretern der Völker der in der Gemeinschaft zusammengeschlossenen Staaten» (Art. 137 EG-V). Seit 1979 werden die Mitglieder des EP in allgemeiner unmittelbarer Wahl gewählt. Die Direktwahl unterscheidet das EP grundsätzlich von anderen übernationalen parlamentarischen Versammlungen (z. B. Europarat, WEU, Benelux), die sich aus Delegierten der nationalen Parlamente zusammensetzen. Die Direktwahl ist auch eine wichtige Quelle der Legitimität der EG, die ihr einen demokratischen Anspruch verleiht. Das EP verstärkt damit weit über seine unmittelbaren Befugnisse hinaus den politischen Charakter der *Europäischen Union*.

I. *Zusammensetzung*: Nach dem Beitritt Finnlands, Österreichs und Schwedens (1. 1. 1995) setzt sich das EP aus 626 Abgeordneten zusammen, deren Aufteilung nach Mitgliedstaaten im EG-Vertrag festgelegt ist. Den kleineren Mitgliedstaaten wird dabei, gemessen am Verhältnis der Bevölkerungszahlen zur Zahl der Abgeordneten, ein größeres Gewicht zugesprochen. Die Abgeordneten des EP werden auf fünf Jahre gewählt; eine Auflösung des Parlaments während einer Wahlperiode ist nicht vorgesehen. Die letzten Wahlen fanden im Juni 1994 statt. Die sich daraus ergebende Zusammensetzung nach Herkunftsland und politischen Gruppierungen (Fraktionen) geht aus Tabelle 3 hervor (aktualisiert durch die Hinzufügung der Abgeordneten aus den drei neuen EG-Staaten, denen während eines Zeitraums von zwei Jahren als Übergangslösung die Vertretung durch nationale Abgeordnete gestattet wurde).

Wichtig ist die Tatsache, daß sich die Abgeordneten im EP seit Beginn seines Bestehens nicht nach nationalen Delegationen, sondern nach politischen Fraktionen zusammenfanden. Dies trug erheblich zur Politisierung der Arbeit des EP bei. Darüber hinaus entstanden nützliche Arbeitskontakte zwischen den nationalen Parteien, die die Herausbildung von europäischen Parteienbünden förderten.

Tabelle 3: Zusammensetzung des Europäischen Parlaments (Stand Mai 1995)

	A	B	DK	D	E	FIN	F	GR	IRL	I	L	NL	P	S	UK	Ges.
SPE	8	6	3	40	22	4	15	10	1	18	2	8	10	11	63	221
EVPCD	6	7	3	47	30	4	12	9	4	12	2	10	1	6	19	172
UFE	–	–	–	–	–	–	15	2	7	29	–	–	3	–	–	56
ELDR	1	6	5	–	2	6	1	–	1	6	1	10	8	3	2	52
VEL	–	–	1	–	9	1	7	4	–	5	–	–	3	1	–	31
GRÜ	1	2	–	12	–	1	–	–	2	4	1	1	–	1	–	25
REA		1	–	–	1	–	13	–	–	2	–	–	–	–	2	19
EdN		–	4	–	–	–	13	–	–	–	–	2	–	–	–	19
FL	5	3	–	–	–	–	11	–	–	11	–	–	–	–	1	31
Ges.	21	25	16	99	64	16	87	25	15	87	6	31	25	22	87	626

Abkürzungen: SPE: Sozialdemokratische Partei Europas; ECP-CD: Europäische Volkspartei – Christdemokraten; UFE: Union für Europa; ELDR: Europäische Liberale, Demokratische und Reform Partei; VEL: Vereinigte Europäische Linke; GRÜ: Die GRÜNEN; REA: Radikale Europäische Allianz; EdN: Europa der Nationalen; FL: Fraktionslose.

Die Fraktionen des EP bestimmen auch maßgeblich die Besetzung seiner politischen Ämter (Präsident, Vizepräsidenten, Vorsitzende der Ausschüsse usw.), die jeweils für zweieinhalb Jahre, d. h. für die Hälfte einer Legislaturperiode, gewählt werden. Die fachliche Vorbereitung der Arbeiten des EP findet vor allem in seinen Ausschüssen statt. Zwanzig ständige Ausschüsse decken den gesamten Bereich der Tätigkeit der EG ab, von der Außenpolitik über den Agrarbereich, Technologie und Forschung, Wirtschaft und Finanzen bis hin zu den Rechten der Frau. Mit dem EU-Vertrag hat das EP auch das Recht zur Einsetzung von Untersuchungsausschüssen erhalten, um Mißstände in der Anwendung des EG-Rechts aufzudecken.

Die Plenarberatungen des EP finden i. d. R. auf Grundlage eines Ausschußberichtes statt. Hierzu benennt der zuständige Ausschuß einen Berichterstatter, der einen Berichtsentwurf sowie den Entwurf einer Entschließung ausarbeitet. Über diese Entschließung wird im Ausschuß abgestimmt, wobei jedes Mitglied des EP die Möglichkeit hat, Änderungsanträge einzubringen. Das Ergebnis wird alsdann dem Plenum vorgelegt, wobei nunmehr die Fraktionen Gelegenheit haben, durch Änderungsanträge ihre Auffassung zur Geltung zu bringen. Die endgültige Entscheidung trifft schließlich das Parlament in seiner Gesamtheit.

II. *Arbeitsrhythmus und Sitzfrage*: Durch die sogenannte Sitzfrage wird die Tätigkeit des EP seit langem behindert. Die Regierungen der EG sind für die Festlegung der Arbeitsorte aller Gemeinschaftsorgane verantwortlich. Sie haben zuletzt Ende 1992 bei der Annahme des Maastricht-Vertrags die Regelung bestätigt, daß das EP zwölf Plenarsitzungen im Jahr in Straßburg abhalten soll, während weitere Sitzungen in Brüssel stattfinden dürfen. Ausschuß- und Fraktionssitzungen finden i. d. R. in Brüssel statt. Das Generalsekretariat des EP verbleibt jedoch weiterhin in Luxemburg. Eine große Mehrheit der Abgeordneten würde einen einheitlichen Sitz bevorzugen.

Der grundsätzliche Arbeitsrhythmus des EP hat sich wie folgt eingespielt: Etwa einmal im Monat trifft sich das gesamte EP in Straßburg zu einer Plenarsitzungswoche. In den folgenden zwei Wochen tagen die Fachausschüsse in Brüssel. Anschließend ist eine Woche für Fraktionssitzungen reserviert, die der politischen Vorbereitung der nächsten Plenarsitzung dienen. Insgesamt erfordert damit die Ausübung eines EP-Mandats einen erheblichen Zeitaufwand, der viel höher sein kann als der eines nationalen Parlamentsmandats.

III. *Aufgaben*: Das EP mußte sich seine heutige Stellung in zähem Ringen erkämpfen. Die ursprüngliche Fassung der EG-Verträge (Art. 137 EWG-V) sprach ihm nur ‹Beratungs- und Kontrollbefugnisse› zu. ‹Beratungsbefugnisse› ist hierbei vor allem eine Umschreibung einer schwachen Mitwirkung am Gesetzgebungsprozeß der EG: Dieser ist durch das Initiativmonopol der Kommission und durch das Beschlußrecht des Ministerrats gekennzeichnet. Der Ministerrat war ursprünglich der ausschließliche Gesetzgeber der EG; das EP war nur gehalten, zu den Entwürfen der Kommission eine unverbindliche Stellungnahme abzugeben. Mit der Einheitlichen Europäischen Akte (EEA) von 1987 wurde das «Verfahren der Zusammenarbeit» eingeführt (nunmehr Art. 189 c EG-V), das eine stärkere Einflußnahme ermöglichte. Ein gleicher Rang mit dem Ministerrat wurde dem EP erst mit dem EU-Vertrag zugestanden, der für eine Reihe von Tätigkeitsfeldern (Binnenmarkt, Forschung, transeuropäische Netze, Verbraucherschutz, Bildung, Kultur und Gesundheitswesen) zusätzlich das «Verfahren der Mitentscheidung» eingeführt (Art. 189 b EG-V). Nach diesem Verfahren kann das EP an einem Beschlußentwurf (Gemeinsamer Standpunkt) des Rates zu einer Verordnung oder Richtlinie Änderungen vorschlagen, die, sofern sie vom Rat nicht übernommen werden, einem paritätisch zusammengesetzten Vermittlungsausschuß zwischen Rat und Parlament vorgelegt werden. Dieser Vermittlungsausschuß kann einen Kompromißvorschlag unterbreiten, der von den beiden betroffenen Organen nicht mehr verändert, sondern nur angenommen oder verworfen werden kann. Dieses Verfahren orientiert sich stark an dem Vermittlungsverfahren zwischen Bundestag und Bundesrat. Damit besteht ein Zwang zur Zusammenarbeit, da keines der beiden Organe allein entscheiden kann. Das EP möchte aufgrund der ersten positiven Erfahrungen das Mitentscheidungsverfahren auf alle Bereiche der Gesetzgebung ausgedehnt sehen. Damit würde auch ein Beitrag zu einer größeren Transparenz in der Gemeinschaftsgesetzgebung geleistet, da die vielfachen, sich überschneidenden Verfahrenswege von den Bürgern der EG kaum überschaut werden können und zum Vorwurf des Bürokratismus beitragen.

Eine zweite wichtige Befugnis des EP liegt im Haushaltsbereich. Das EP hat zwar keine unmittelbare Einwirkung auf die Einnahmen der EG, ist jedoch zusammen mit dem Ministerrat für die Ausgaben, d. h. für die Festsetzung des Haushalts, zuständig. Dabei wird zwischen obligatorischen und nichtobligatorischen Ausgaben unterschieden. Erstere sind solche, deren Höhe schon in anderen Beschlüssen zwingend vorgesehen ist (z. B. Agrarpreise), während die nichtobligatorischen Ausgaben (z. B. Ausgaben für Forschungsprogramme) noch im Haushaltsverfahren verändert werden können. Im nichtobligatorischen Bereich ist der Einfluß des EP erheblich stärker. Der Gesamthaushalt der EG kann nur mit Zustimmung des EP verabschiedet werden.

Bei den ‹Kontrollbefugnissen› steht die Kontrolle der Kommission durch das EP im Vordergrund. Die Kommission ist dem EP politisch verantwortlich, was zunächst durch die Möglichkeit eines Mißtrauensantrags (Artikel 144 EG-V) zum Ausdruck kommt. Das EP kann mit einer Mehrheit von zwei Dritteln der abgegebenen Stimmen, die gleichzeitig eine Mehrheit seiner Mitglieder darstellen muß, die Kommission geschlossen zur Niederlegung ihres Amtes zwingen. Jedoch hatte das EP bisher praktisch keinen Einfluß auf die Bestellung von Mitgliedern der Kommission, die den Regierungen vorbehalten war, so daß die Waffe des Mißtrauensantrages nie mit voller Konsequenz eingesetzt wurde. Dies mag sich in Zukunft ändern, da durch den Maastricht-EG-Vertrag das EP wenigstens einen gewissen Einfluß auf die Benennung des Präsidenten und der Mitglieder der Kommission gewonnen hat (Artikel 158 EG-V). Zwar ist immer noch die endgültige Ernennung den Regierungen vorbehalten, doch hat nunmehr das EP die Möglichkeit einer Art Vertrauensabstimmung über den vorgesehenen Präsidenten als Einzelpersönlichkeit und anschließend eines offiziellen Zustimmungsvotums über die gesamte Kommission. Das EP hat diesen neuen vertraglichen Möglichkeiten ein Verfahren der Anhörung der einzelnen Kandidaten durch seine Fachausschüsse hinzugefügt und damit Vorformen der Einsetzung einer parlamentarischen Regierung in die Praxis umgesetzt, die für die Zukunft noch ausgebaut werden könnten. Das EP hat es weiterhin verstanden, vor allem durch das Fragerecht, aber auch durch den permanenten Dialog in den Fachausschüssen sein Kontrollrecht gegenüber der Kommission über die Vorgaben des Vertrages auszudehnen. Im Legislativbereich vereinbart das Parlament sogar zusammen mit der Kommission ein Jahresprogramm und kann so seinen Einfluß bei der Auswahl von Prioritäten für die EG-Gesetzgebung geltend machen.

Auch gegenüber dem Ministerrat ist ein Beziehungsgeflecht entstanden, das zumindest Ansätze einer parlamentarischen Kontrolle erkennen läßt: Die Beteiligung des Rates an wichtigen Plenardebatten, die Beantwortung von Anfragen, die Teilnahme an der Fragestunde, aber auch das regelmäßige Mitwirken der Ratspräsidentschaft in den Fachausschüssen des Parlaments auf Ministerebene zielen in diese Richtung. Mit dem EU-Vertrag wird auch der Europäische Rat in Beziehung zu dem Parlament gesetzt (Art. D), indem er ihm nach jeder Tagung Bericht erstattet und außerdem alljährlich einen schriftlichen Bericht über die Fortschritte der Union vorlegt.

Der EU-Vertrag hat außerdem Mitwirkungsrechte des EP in einer Reihe anderer Gebiete gestärkt oder neu geschaffen: Die Zustimmung des EP ist erforderlich bei einem Beitritt neuer Mitgliedstaaten (Art. O EU-V) und bei Assoziierungsabkommen sowie sonstigen wichtigen internationalen Vereinbarungen (Art. 228 EG-V). In den neugeschaffenen Bereichen der Gemeinsamen Außen- und Sicherheitspolitik sowie der sogenannten Dritten Säule, d. h. der Zusammenarbeit der Mitgliedstaaten in den Bereichen Justiz und Inneres, beschränkt sich formal die Mitwirkung des EP auf eine Unterrichtung durch Rat und Kommission sowie auf die Möglichkeit von Anfragen, Empfehlungen und Debatten (Art. J.7 und K.6 EU-V). In der Praxis kann das EP jedoch auch hier, vor allem über seine Haushaltsbefugnisse, stärkeren Einfluß geltend machen.

Insgesamt hat sich das EP in den letzten Jahren eine beachtliche Stärkung seiner Stellung, vor allem gegenüber dem übermächtigen Ministerrat, erkämpft, aber auch seine Rolle gegenüber der Kommission gefestigt und erweitert. Diese verstärkte Bedeutung des Parlaments ist jedoch noch nicht in genügendem Maße in der Öffentlichkeit gewürdigt worden, was mehrere Ursachen hat. Zu nennen sind die noch nicht voll ausgebauten Befugnisse, die Undurchsichtigkeit nebeneinander bestehender vielfältiger Verfahren im Gesetzgebungsprozeß, die Tatsache, daß im Gegensatz zu einer parlamentarischen Regierung keine klare Gegenüberstellung zwischen Regierungsmehrheit und Opposition besteht, und schließlich die Tendenz der Medien, das europäische Geschehen unter einem nationalen Blickwinkel darzustellen. Damit konnte das EP den wichtigen Bezug zum europäischen Bürger noch nicht in ausreichendem Maße entwickeln. Dies wird sich nur ändern, wenn es dem EP gelingt, die vitalen Fragen der EU in den Mittelpunkt zu rücken und entscheidend zu beeinflussen.

IV. *Europäisches Parlament und ‹Demokratiedefizit› der EU*: Bereits anläßlich der Debatte um die Einführung der Direktwahl des EP wurde die Chance der Überwindung des Demokratiedefizits durch eine Stärkung der

Stellung des EP kritisch diskutiert. Im Unterschied zur Überzeugung des EP, das eine Parlamentarisierung mit einer Demokratisierung der Gemeinschaft gleichsetzt, wird in der politikwissenschaftlichen Literatur darauf verwiesen, daß wichtige Voraussetzungen fehlen, die das EP zu einem erfolgreichen Transmissionsriemen der öffentlichen Interessen der europäischen Bürger machen könnten (*Kielmansegg* 1995).

In rechtswissenschaftlichen Beiträgen wird vor allem die mangelnde Repräsentativität aufgrund unterschiedlicher nationaler Quoten der Sitzverteilung und verschiedener Wahlsysteme kritisiert. Die Frage nach der Gültigkeit des Repräsentationsprinzips von *one man, one vote* ist eng mit der Frage des dem EP angemessenen funktionalen Leitbildes (*Schmuck/Wessels* 1989) als Vertretungsorgan der ‹europäischen Völker› in einem politischen System ohne Staatsqualität verknüpft.

↗ Kommission, Ministerrat; Europäische Parteienzusammenschlüsse; Politisches System der Europäischen Gemeinschaft; Verfassungsdebatte; Wahlen; Wahlrecht und Wahlsystem.

Literatur: *Dauses, M. A./Fugman, F.* 1995: Die politisch-institutionelle Stellung des Europäischen Parlaments nach dem Maastricht-Vertrag, in: APuZ B3–4/95, 3–9. *Jacobs, F./Corbett R./Shackleton, M.* ²1992: The European Parliament, London. *Schmuck, O./Wessels, W.* (Hrsg.) 1989: Das Europäische Parlament im dynamischen Integrationsprozeß: Auf der Suche nach einem zeitgemäßen Leitbild, Bonn. *Kielmansegg, P. Graf* 1995: Wie tragfähig sind Europas Fundamente? Legitimität bleibt für die Europäische Union auf absehbare Zeit ein knappes Gut, in: FAZ Nr. 41 v. 17. 2. 1995, 13. *Hrbek, R.* 1994: Das Europäische Parlament: mehr Vielfalt – weniger Handlungsfähigkeit?, in: Integration 17 (3), 157–164. *Roth, D.* 1994: Die Europawahl 1989, in: *Niedermayer, O./Schmitt, H.* (Hrsg.): Wahlen und Europäische Einigung, Opladen, 47–62. *Westlake, M.* 1994: A Modern Guide to the European Parliament, London. *Westlake, M.* 1994: The Commission and the Parliament. Partners and Rivals in the European Policy-Making Process, London.

Karlheinz Neunreither

Europäisches Währungssystem – EWS

Im Rahmen der Integrationspolitik der *Europäischen Union* (EU) und ihrer institutionellen Vorgänger sind mehrfach Versuche gemacht worden, die Währungspolitik einzubeziehen. Nach dem Scheitern des 1971 beschlossenen Stufenplans der Wirtschafts- und Währungsunion (WWU) und selbst dem Auseinanderbrechen des Wechselkursverbundes (‹Schlange›), dem schließlich nur noch eine Minderheit der damaligen EG-Mitglieder angehörte (BRD, Benelux-Länder und Dänemark), stellte das Europäische Währungssystem (EWS) einen neuen Anlauf dar. Gemeinsam ergriffen der deutsche Bundeskanzler *H. Schmidt* und der französische Staatspräsident *V. Giscard d'Estaing* die Initiative zugunsten des EWS, das auf der Dezembertagung 1978 des Europäischen Rates beschlossen wurde. Die Gründe für den überraschenden währungspolitischen Gipfelvorstoß waren v. a.

verstärkter Handlungsdruck von außen und innen sowie verbesserte ökonomische und politische Handlungschancen. Der äußere Handlungsdruck lag v. a. in der Unzufriedenheit mit der US-amerikanischen Währungspolitik (*benign-neglect*, Dollarverfall) und in der Enttäuschung über die Folgen flexibler Wechselkurse (erratische, die wirtschaftlichen Grunddaten häufig nicht widerspiegelnde Wechselkursschwankungen). Der innere Handlungsdruck resultierte aus zunehmenden Desintegrationstendenzen innerhalb der EG, in der fast die Hälfte des Außenhandels der Mitgliedstaaten abgewickelt wurde, verstärkt noch durch die wachsende Heterogenität der Gemeinschaft im Gefolge der Süderweiterung. Die verbesserten ökonomischen und politischen Handlungschancen sind v. a. in der Annäherung der wirtschaftspolitischen Ziele der Regierungen der Mitgliedsländer und dem besonderen deutsch-französischen *Accord*, personifiziert in den beiden Initiatoren, gesehen worden.

I. *Ziele und Elemente des EWS*: Das EWS zielt auf eine engere währungspolitische Zusammenarbeit und eine monetäre Stabilitätszone in Europa. Mitglieder sind prinzipiell alle EU-Staaten, aber bei einzelnen Elementen des EWS sind nicht alle Mitglieder beteiligt, wie umgekehrt Nicht-EU-Mitglieder bei einzelnen Elementen teilnehmen können bzw. eng kooperieren. Instrumentell gesehen besteht das EWS v. a. aus einer Europäischen Währungseinheit, einem Wechselkursverbund mit entsprechenden Interventionsregeln, flankiert u. a. durch erweiterte Kreditregelungen.

1. Die Europäische Währungseinheit (*European Currency Unit* – ECU; die Abkürzung entspricht der Bezeichnung einer französischen Silbermünze im Mittelalter) ist definiert als Währungskorb, in dem die Währungen der Mitgliedsländer mit festen Beiträgen entsprechend dem wirtschaftlichen Gewicht der Länder vertreten sind (z. B. Deutschland mit 0,6242 DM; das entspricht einem Anteil von 32 % am Währungskorb). Der aktuelle Wert der ECU in einer nationalen Währung ergibt sich aus der Summe aller im Korb enthaltenen Währungsbeträge ausgedrückt in der betreffenden Währung (Mitte 1995 entsprach 1 ECU ca. 1,92 DM). Die ECU gilt als Bezugsgröße für die Wechselkurse, Recheneinheit für Forderungen und Verbindlichkeiten im EWS und als Zahlungsmittel und Währungsreserve der Zentralbanken der Mitgliedsländer. Daneben wird die ECU zunehmend auch privat, z. B. als Anleihewährung, verwendet. Guthaben in ECU entstehen dadurch, daß die beteiligten Zentralbanken 20 % ihrer Gold- und Dollarreserven beim *Europäischen Fonds für Währungspolitische Zusammenarbeit* (EFWZ) hinterlegen und dafür eine Gutschrift in ECU erhalten. Aufgrund der verwendeten *Swap*-Technik verbleiben die Eigentumstitel an den deponierten Gold- und Dollarreserven bei den nationalen Zentralbanken.

2. Für alle beteiligten Währungen wurden Leitkurse in ECU festgelegt, aus denen sich ein Gitter bilateraler Paritäten (z. B. DM zu FF) ergibt. Das

System ist prinzipiell als System fester Wechselkurse mit einer Schwankungsbreite von +/-2,25 % (Ausnahmeregelung für spanische und portugiesische Währung +/-6 %) wie bei der ‹Schlange› konzipiert, d. h. die Zentralbanken sind bei Erreichen der Grenzpunkte am Devisenmarkt zu unbegrenzten Interventionen verpflichtet (obligatorische Interventionen), können aber einvernehmlich auch schon vor Erreichen der Interventionspunkte mit Kauf bzw. Verkauf von Devisen die Kursentwicklung zu beeinflussen versuchen (intramarginale Interventionen).
Als neues, ergänzendes Element dient der Abweichungsindikator. Er mißt die Abweichung des ECU-Tageswertes einer Währung, die sich entsprechend dem Wert der im Korb vertretenen Währungen verändert, von ihrem ECU-Leitkurs. Er zeigt damit an, ob sich eine Währung deutlich abweichend vom Durchschnitt der anderen Währungen entwickelt. Wird die Abweichungsschwelle von 75 % der maximal möglichen Abweichung überschritten, besteht eine Handlungsvermutung zu Lasten des ‹Abweichlers›, und zwar durch diversifizierte Interventionen, interne währungspolitische Maßnahmen, Änderung der Leitkurse oder andere wirtschaftspolitische Maßnahmen. Werden keine Maßnahmen ergriffen, besteht als Kompromiß ein Begründungszwang. Insbesondere die *Deutsche Bundesbank* hat eine asymmetrische Handlungsverpflichtung für ‹Abweichler›, z. B. besonders stabilitätsorientierte Währungsakteure, stets abgelehnt.

Für den Fall stark abweichender innerer Stabilität zwischen den beteiligten Ländern bleiben Leitkursänderungen bei Zustimmung aller Beteiligten ausdrücklich weiter möglich.

3. Im Zusammenhang mit dem EWS sind die Kreditfazilitäten stark ausgebaut und ist die Verwaltung beim EFWZ konzentriert worden. Für obligatorische und bedingt auch für intramarginale Devisenmarktinterventionen können die am Wechselkurssystem beteiligten Zentralbanken im Rahmen der sog. sehr kurzfristigen Finanzierung in unbegrenzter Höhe auf Währungen der Partner zurückgreifen (Rückzahlung seit 1987 nach 3½ Monaten, mit zweimaliger Verlängerungsmöglichkeit um 3 Monate). Daneben existieren ein durch Länderquoten quantitativ begrenztes System kurzfristiger Kredite (maximal 9 Monate), für dessen Einsatz einstimmige Entscheidungen des Ausschusses der Zentralbankpräsidenten erforderlich sind, und ein ebenfalls mit Länderquoten arbeitendes System des mittelfristigen Beistands (2–5 Jahre), über dessen Aktivierung aber der EU-Ministerrat entscheidet und bei dem Kredite an wirtschaftspolitische Auflagen gebunden werden können.

II. *Erfahrungen mit dem EWS*: Die Erfahrungen mit dem EWS sind ambivalent. Zwar hat das EWS zu mehr Währungsstabilität und Harmonisierung der Wirtschaftspolitik in Europa beigetragen, aber die angestrebte wirtschaftliche und wirtschaftspolitische Konvergenz blieb unzureichend. Ausdruck dieses Ungenügens ist, daß das EWS in einer verlängerten Experimentierphase verblieb. Von den bis 1995 zwölf EG-Mitgliedern haben sich nur neun kontinuierlich am Wechselkursverbund beteiligt – Griechenland trat nicht bei, Großbritannien wie Italien schieden in Krisensituationen wieder aus. Von den drei neuen EU-Mitgliedern nimmt Österreich seit Anfang 1992 am Wechselkursverbund teil. Die mangelnde Konvergenz der wirtschaftlichen Entwicklung führte dazu, daß bis August 1993 insgesamt 17mal der Notausgang einer Neufestsetzung der Leitkurse benutzt werden mußte. Am 2. 8. 1993 beschlossen die Finanzminister und Notenbankpräsidenten unter dem Druck der Währungskrise eine Erweiterung der Bandbreiten auf +/-15 %, so daß z. Z. ein System fester Wechselkurse auch im EWS *de facto* nicht existiert. Trotz einer so extrem erweiterten Bandbreite wurden im März 1995 die spanische Peseta und der portugiesische Escudo im EWS abgewertet.

III. *Institutionelle Neuerungen auf dem Weg zur Wirtschafts- und Währungsunion*: Nachdem bereits durch die Einheitliche Europäische Akte 1987 das Ziel der WWU auf der Grundlage des EWS vertraglich verankert worden war, wurde 1992 mit der Ratifizierung des Vertrages von Maastricht ein weitreichender Stufenplan vereinbart, der grundlegende institutionelle Änderungen einschließt. Mit Beginn der Stufe II (1. 1. 1994) wurde als neue Institution das *Europäische Währungsinstitut* (EWI) in Frankfurt gegründet, das die Aufgaben des Ausschusses der Zentralbankpräsidenten der EU und des EFWZ übernommen hat. Das EWI soll in der Endstufe III (frühestens 1997, spätestens 1999) durch die *Europäische Zentralbank* (EZB) abgelöst werden, die zusammen mit den nationalen Zentralbanken das Europäische System der Zentralbanken (ESZB) bilden wird. Dieses soll dann die Verantwortung für die europäische Geldpolitik und die einheitliche europäische Währung tragen. Die institutionelle Ausgestaltung des ESZB ist insbesondere im Hinblick auf seine betonte Autonomie stark am Modell der *Deutschen Bundesbank* orientiert worden.

Das EWI soll v. a. die Vorarbeiten leisten, die für die Errichtung des ESZB, Konzeption und Instrumente einer einheitlichen Geldpolitik sowie für die Schaffung einer einheitlichen europäischen Währung erforderlich sind. Das zentrale Entscheidungsorgan ist der EWI-Rat, der aus den Präsidenten der nationalen Zentralbanken und einem hauptamtlichen Präsidenten besteht und dessen Unabhängigkeit sowohl den nationalen Regierungen als auch den Gemeinschaftsorganen gegenüber betont wird. Beschlüsse über Instrumente und Verfahren zur Durchführung einer einheitlichen Geldpolitik in Stufe III bedürfen der Einstimmigkeit. Das EWI soll bereits während der Stufe II die Koordinierung der Geldpolitik im Dienste der Preisstabilität verstärken, bleibt dabei aber auf die Überzeugungskraft seines Rates angewiesen, da die geldpolitische Entscheidungskompetenz in Stufe II noch ausschließlich bei den nationalen Instanzen verbleibt. Letzteres ist gerade von der *Deutschen Bundesbank*, die aufgrund ihres Gewichts als heimliche europäische Notenbank charakterisiert worden ist, stets herausgestellt worden.

Von allen deutschen Instanzen (Parlament, Regierung, Bundesbank) ist auch durchgängig betont worden, daß angesichts der Tragweite eines Überganges zur Stufe III (Verzicht auf das Instrument der Wechselkursänderungen, einheitliche europäische Währung und Geldpolitik) die sachlichen Voraussetzungen für die Teilnahme wichtiger sind als die anvisierten Zeitpunkte. Die zwingende sachliche Voraussetzung einer hinreichenden Konvergenz ist anhand mehrerer Prüfungskriterien konkretisiert worden: (1) niedrige Inflationsrate, maximal 1,5 Prozentpunkte über jener der – höchstens drei – preisstabilsten Länder; (2) langfristige Zinsen, maximal 2 Prozentpunkte über dem Satz der – höchstens drei – stabilsten Länder; (3) begrenzte Haushaltsdefizite (höchstens 3 % des BIP) und öffentliche Verschuldung (höchstens 60 % des BIP); (4) Wechselkursstabilität im Sinne einer Einhaltung der ‹normalen Bandbreiten› des EWS ohne starke Spannungen und selbstveranlaßte Leitkursänderung während der letzten zwei Jahre.

Kontroversen um die Auslegung der unpräzise formulierten Kriterien spiegeln unterschiedliche Interessenlagen wider, sind aber ebenso wie die bisher mangelhafte Einhaltung der Konvergenzkriterien durch die meisten EU-Mitglieder ein Warnzeichen. Aus heutiger Sicht erscheint wahrscheinlich, daß auch 1998 nur wenige EU-Mitglieder die Konvergenzkriterien für den erfolgversprechenden Übergang zur Endstufe der WWU erfüllen werden. Deren Verwirklichung noch in diesem Jahrtausend erscheint daher fraglich. Die Bewertung der Risiken und Chancen einer Währungsunion mit einheitlicher europäischer Währung und ESZB auch nur für einen Kern von EU-Mitgliedern kann sinnvoll aber nur unter Berücksichtigung der Interdependenzen von Währungsunion, Wirtschaftsunion und Politischer Union erfolgen.

↗ Wirtschaft und Währung.

Literatur: *Andersen, U.* 1979: Das Europäische Währungssystem. Eine neue Initiative zur europäischen Integration, In: APuZ B 16/79, 3–21. *Andersen, U.* 1995: Das anvisierte Europäische System der Zentralbanken – eine vierte Gewalt im Dienste der Geldwertstabilität? in: *Andersen, U.* u. a. (Hrsg.): Politik und Wirtschaft am Ende des 20. Jahrhunderts. Perspektiven und Interdependenzen. Festschrift für Dieter Grosser zum 65. Geburtstag, Opladen, 13–29. *Deutsche Bundesbank* 1992: Die Beschlüsse von Maastricht zur Europäischen Wirtschafts- und Währungsunion, in: Monatsberichte 44 (2), 45–54. Deutsche Bundesbank [3]1992: Die Europäischen Gemeinschaften (EG), in: Internationale Organisationen und Gremien im Bereich von Währung und Wirtschaft. Sonderdruck der Deutschen Bundesbank Nr. 3, Frankfurt a. M., 172–329. *Deutsche Bundesbank* 1994: Die zweite Stufe der Europäischen Wirtschafts- und Währungsunion. Regelungen und Auswirkungen auf den institutionellen Rahmen der deutschen Notenbankpolitik, in: Monatsberichte 46 (1), 25–44. *Hasse, R. H./Schäfers, W.* (Hrsg.) 1990: Europäische Zentralbank, Göttingen 1990.

Uwe Andersen

Europarat

Der *Europarat* wurde als erste europäische Organisation am 5. 5. 1949 von zehn europäischen Staaten gegründet. Im Sommer 1996 gehörten ihm die folgenden 39 Staaten an: Albanien, Andorra, Belgien, Bulgarien, Dänemark, Deutschland, Lettland, Liechtenstein, Litauen, Estland, Finnland, Frankreich, Griechenland, Irland, Island, Italien, Luxemburg, Malta, Mazedonien, Moldavien, Niederlande, Norwegen, Österreich, Polen, Portugal, Rumänien, Rußland, San Marino, Schweden, Schweiz, Slowakische Republik, Slowenien, Spanien, Tschechische Republik, Türkei, Ukraine, Ungarn, Vereinigtes Königreich, Zypern. Sitz ist Straßburg.

Nach Artikel 1 der Satzung ist es Aufgabe des *Europarates*, «eine engere Verbindung zwischen seinen Mitgliedern zum Schutz und zur Förderung der Ideale und Grundsätze, die ihr gemeinsames Erbe bilden, herzustellen und ihren wirtschaftlichen und sozialen Frieden zu fördern». Ausdrücklich werden Fragen der nationalen Verteidigung von der Zuständigkeit des *Europarates* ausgenommen.

I. *Entstehung*: Die Entstehungsgeschichte des *Europarates* war bestimmt durch die Erfahrungen der beiden Weltkriege. Von besonderer Bedeutung war dabei eine im September 1946 in Zürich gehaltene Rede des damaligen britischen Oppositionsführers und Ex-Premiers *W. Churchill*. Dieser knüpfte an frühere Europapläne von Graf *R. N. Coudenhove-Kalergi*, *A. Briand* und *G. Stresemann* an und entwickelte ein Konzept für die ‹Vereinigten Staaten von Europa›. Erster Schritt müsse dabei eine Partnerschaft zwischen Frankreich und Deutschland sein. Allerdings sah *Churchill* sein eigenes Land, Großbritannien, nicht als Teil dieses vereinten Europas, sondern zusammen mit den USA und möglichst auch der UdSSR als ‹Freunde und Förderer des neuen Europa›.

Diese Ideen wurden im Mai 1948 beim ersten Haager Kongreß der *Europäischen Bewegung* aufgegriffen. Herausragende Persönlichkeiten aus zahlreichen europäischen Ländern verabschiedeten eine Resolution, in der es als vordringliche Pflicht der europäischen Nationen bezeichnet wird, «sich zu einer wirtschaftlichen und politischen Einheit zusammenzuschließen, die für die Sicherheit und für den sozialen Fortschritt bürgt». Die europäischen Nationen müßten einen Teil ihrer Souveränitätsrechte übertragen. Die Schaffung eines vereinten Europas stelle zugleich einen wesentlichen Beitrag zur Schaffung einer geeinten Welt dar. Diese Forderungen wurden von den Politikern aus zehn europäischen Staaten aufgegriffen und binnen Jahresfrist umgesetzt. Im Mai 1949 nahm der auf die Zusammenarbeit der Regierungen gegründete *Europarat* seine Arbeit auf. In der Folge aber wurde deutlich, daß die Bedeutung dieser Organisation – trotz der großen Zielsetzungen – für die praktische Politik wegen erheblicher Strukturdefizite in den Entscheidungsverfahren und auch wegen der unzureichenden Finanzausstattung (Haushalt 1994: 784 Mio. FF) begrenzt blieb.

II. *Entscheidungsverfahren*: Die Organe des *Europarates* können kein unmittelbar geltendes Recht setzen. Wesentliches Rechtsinstrument sind Konventionen (Abkommen), die in den jeweils ratifizierenden Staaten verbindliche Rechtskraft erlangen. Mitte 1994 waren insgesamt 155 völkerrechtliche Vertragstexte beim *Europarat* zur Zeichnung aufgelegt (Bericht der Bundesregierung über die Tätigkeit des Europarates für die Zeit vom 1.1.–30.6. 1994). Zwei Drittel davon stehen auch Nichtmitgliedstaaten offen.

Organe des *Europarates* sind das Ministerkomitee als Entscheidungsorgan und die Parlamentarische Versammlung mit beratender Funktion. Ein Sekretariat unterstützt die Arbeit der Organe. An der Spitze steht ein von der Parlamentarischen Versammlung gewählter Generalsekretär, der dem Ministerkomitee verantwortlich ist. Etwa 20 Fachministerkonferenzen beraten in unregelmäßigen Abständen über ein weites Spektrum von Themen: Erziehung, Familienfragen, Justiz, Wahrung des architektonischen Erbes, Umwelt, Kultur, soziale Sicherheit, Forschung, Gleichberechtigung von Mann und Frau u. a. m. Seit 1994 besteht als weiteres Beratungsgremium der Kongreß der europäischen regionalen und lokalen Gebietskörperschaften.

Das Ministerkomitee ist das wichtigste Entscheidungsgremium des *Europarates*. Es setzt sich aus den Außenministern der Mitgliedstaaten bzw. aus deren Beauftragten zusammen und vereinigt exekutive und legislative Kompetenzen auf sich. Das Ministerkomitee kann nach Art. 30 der Satzung wesentliche Beschlüsse nur einstimmig fassen. Diese oftmals als ‹Geburtsfehler des *Europarates*› bezeichnete Regelung bewirkt eine weitreichende Entscheidungsschwäche des Gremiums.

Die Parlamentarische Versammlung (bis 1974: Beratende Versammlung) hat keine parlamentarischen, d. h. gesetzgebenden Funktionen. Ihre Mitglieder werden nicht direkt gewählt, sondern von den nationalen Parlamenten entsandt. Immerhin ist somit die Existenz eines nationalen Parlaments Voraussetzung für die Mitgliedschaft eines Staates im *Europarat*. Die Parlamentarische Versammlung faßt ihre Beschlüsse in der Regel in Form von Empfehlungen an das Ministerkomitee. Den Meinungsäußerungen kommt v. a. im Hinblick auf die Aufnahme neuer Mitglieder besonderes politisches Gewicht zu.

III. *Arbeitsfelder*: Wesentliche Arbeitsfelder des *Europarates* sind: Schutz und Weiterentwicklung der Menschenrechte; Förderung der Demokratie; Rechtsangleichung; Kultur- und Bildungsfragen; Zusammenarbeit zwischen West- und Osteuropa. Daneben werden auch regelmäßig Fragen der Medienpolitik, der Umwelt- und Sozialpolitik, des Tierschutzes, des Gesundheitswesens sowie kommunale und regionale Anliegen bearbeitet.

1. Die am 4. November 1950 in Rom unterzeichnete Europäische Konvention zum Schutz der Menschenrechte (EMRK) war nicht nur die erste im Rahmen des *Europarates* ausgearbeitete Konvention, sondern der erste völkerrechtliche Vertrag überhaupt, der einen Katalog von Menschenrechten verbindlich festschrieb und darüber hinaus einen Kontrollmechanismus zur Durchsetzung der menschenrechtlichen Verpflichtungen der Staaten vorsah. Mit ihrem Inkrafttreten am 3. 9. 1953 (nach der 10. Ratifikation) und der Einrichtung der *Europäischen Kommission für Menschenrechte* am 18. 5. 1954 sowie des *Europäischen Gerichtshofes für Menschenrechte* am 21. 1. 1959 war weltweit erstmals ein System zum Menschenrechtsschutz verwirklicht worden. Die Unterzeichnung der Menschenrechtskonvention gilt als Vorbedingung für den Beitritt zum *Europarat*.

Zu den geschützten Rechten gehören unverzichtbare Elemente der Demokratie, wie das Recht auf Freiheit, der Anspruch auf ein faires Verfahren vor einem unabhängigen Gericht, die Gedanken-, Gewissens- und Religionsfreiheit, das Recht auf freie Meinungsäußerung und die Versammlungs- und Vereinigungsfreiheit. Schon bald nach dem Zustandekommen der Hauptkonvention wurde durch eine Reihe von Zusatzprotokollen eine Ausdehnung ihres Schutzbereichs in Angriff genommen. Diese sind rechtlich gesehen jeweils eigenständige völkerrechtliche Verträge und erweitern die Konventionsrechte erheblich. Sie beinhalten zum Teil Rechte, über die bei der Ausarbeitung der Hauptkonvention kein Konsens erzielt werden konnte. Geregelt wurden so u. a. das Eigentumsrecht, das Recht auf Bildung und das Recht auf freie und geheime Wahlen, das Verbot der Freiheitsentziehung wegen Nichterfüllung vertraglicher Verpflichtungen, das Recht auf Freizügigkeit und das Verbot der Ausweisung eigener Staatsangehöriger sowie der Kollektivausweisung von Ausländern. Zudem ist – zumindest in Friedenszeiten – die Todesstrafe in den Unterzeichnerstaaten verboten.

2. Der Wahrung der Demokratie kommt in der Arbeit des *Europarates* eine herausgehobene Bedeutung zu. Das Vorhandensein demokratischer Strukturen gilt als Voraussetzung einer Mitgliedschaft. Die Satzung unterstreicht für die Mitgliedstaaten «die geistigen und sittlichen Werte, die das gemeinsame Erbe ihrer Völker sind und der persönlichen Freiheit, der politischen Freiheit und der Herrschaft des Rechts zugrunde liegen, auf denen jede wahre Demokratie beruht». Freie Wahlen sind als Teil des Menschenrechtskatalogs verbürgt.

Besonders die Parlamentarische Versammlung hat in der Achtung und Wahrung der Demokratie einen deutlichen Akzent gesetzt. Sie veranstaltete eine Reihe von Konferenzen und Kolloquien über die Elemente der Demokratie. In der Entschließung 800 (1983) wurden wesentliche Grundanforderungen an demokratische Systeme aufgelistet: Achtung und Wahrung von demokratischen Prinzipien und der Menschenrechte; Durchführung freier und gleicher Wahlen; über den Wahlvorgang hinausreichende Mitwirkungsmöglichkeiten des Bürgers am demokratischen Meinungsbildungs- und Entscheidungsprozeß; hierfür sind das Recht zur Formierung einer politischen Opposition und die Existenz einer vielfältigen und freien Informationsstruktur Voraussetzung; das für alle politischen Ebenen geltende Prinzip der Gewaltenteilung; Schutz für Minderheiten.

Von Beobachtern wurde kritisch darauf hingewiesen, daß die konsequente Akzentuierung der Menschenrechte von den 50er bis zum Ende der 80er Jahre auch als ein Instrument des Kalten Krieges in Europa gewertet werden könne. Sie habe in den 70er Jahren eine Annäherung zwischen Ost- und Westeuropa deutlich erschwert. Zudem agiere der *Europarat* bei eklatanten Menschenrechtsverstößen durch Mitgliedsregierungen z. T. nicht allzu überzeugend. So habe man die Zusammenarbeit mit der Türkei trotz erheblicher Menschenrechtsverletzungen gegenüber Gewerkschaftsvertretern und trotz der Kurden-Politik dieses Landes fortgesetzt. Auch in bezug auf die Entscheidung über die Mitgliedschaft Bulgariens wurde eine kritischere Linie angemahnt. Im Hinblick auf den Beitrittsantrag Rußlands zeigte sich der *Europarat* allerdings deutlich zurückhaltend. Nach Ausbruch des Tschetschenien-Konflikts wurde der Beitrittsantrag zunächst zurückgestellt. Hier spielte auch die Grundsatzfrage eine Rolle, ob das große Rußland Teil des sich einigenden Europas sein kann oder als eigene Föderation anzusehen ist. Der Beitritt erfolgte schließlich Anfang 1996.

3. Im Arbeitsfeld Rechtsangleichung werden in mühsamen Verhandlungen von Regierungsvertretern und Expertenkolloquien Vorschläge zu einer vergleichbaren rechtlichen Handhabung und Bewertung grenzüberschreitender Sachverhalte und strittiger Materien durch die beteiligten Staaten erarbeitet. Zu Problemen ist es z. B. immer wieder gekommen, wenn in den Mitgliedstaaten das Sozialrecht, das Namensrecht, das Adoptionsrecht u. a. m. unterschiedlich ausgeformt waren und entsprechend widersprüchlich ausgelegt wurden. Bürger, die aus dem Rechtssystem eines Mitgliedstaates in dasjenige eines anderen überwechselten, hatten unter den Folgen im Einzelfall immer wieder erheblich zu leiden. Hier sucht der *Europarat* durch die Ausarbeitung von entsprechenden gemeinsamen Gesetzesformulierungen nach Abhilfe.

4. In der Kultur- und Bildungspolitik des *Europarates* sticht die europäische Kulturkonvention hervor, die von 34 europäischen Staaten – nicht nur Mitgliedstaaten des *Europarates* – ratifiziert wurde. Die Arbeiten in diesem Bereich werden vom *Rat für kulturelle Zusammenarbeit* getragen, dessen besonderes Anliegen es ist, das gemeinsame kulturelle Erbe Europas zu verdeutlichen und zu bewahren.

Durch verschiedene Aktivitäten sollen drei als vorrangig eingestufte Ziele erreicht werden: die Erfahrung der kulturellen Vielfalt in Europa, die Stärkung der europäischen Identität und die Öffnung für die Probleme der Gesellschaft.

Hierzu werden zahlreiche Projekte zur Weiterentwicklung des Fremdsprachenunterrichts, zur Förderung regionaler Sprachkulturen, zur Zusammenarbeit von Bibliotheken und kulturellen Dokumentationszentren durchgeführt. Gefördert werden auch Kunstausstellungen mit Querschnittsthemen und die Herstellung europäischer Film-Kunstwerke. Die jährliche Benennung einer europäischen Kulturhauptstadt geht auf den *Europarat* zurück. Sie wurde inzwischen von der wesentlich finanzkräftigeren EU aufgegriffen und weitergeführt.

Der *Europarat* unterhält zudem in Straßburg das Europäische Jugendzentrum. Dieses bietet Jugendlichen aus allen europäischen Staaten Studienkurse und eine Plattform für gemeinsame europäische Projekte von Jugendverbänden. Zur Organisation dieser Zusammenarbeit wurde das *Europäische Jugendforum* gegründet.

5. Mit dem Zusammenbruch der kommunistischen Systeme in Mittel- und Osteuropa übernahm der *Europarat* eine wesentliche Rolle beim Zusammenwachsen der lange getrennt gewesenen Teile Europas. Er bildete eine erste Anlauf- und Auffangstation für die Reformstaaten Mittel- und Osteuropas. Die Mitgliedschaft im *Europarat* war für sie der erste Schritt zur Annäherung an Westeuropa. Dabei wurde der Beitritt zur Menschenrechtskonvention als Vorbedingung für alle weiteren institutionellen Annäherungen angesehen. Zudem entsandte der *Europarat* Beobachter zu den ersten demokratischen Wahlen in den Reformstaaten und leistete Unterstützung bei der Ausarbeitung ihrer Verfassungen. In der ersten Phase wurde den beitrittswilligen Staaten zudem von der Parlamentarischen Versammlung ein besonderer Gaststatus eingeräumt, bevor die Mitgliedschaft realisiert wurde. Die meisten der betroffenen Staaten gehören heute zu den Mitgliedern des *Europarates*.

Trotz dieser Anstrengungen wurde schon bald klar, daß die Mitgliedschaft im *Europarat* aus der Perspektive der mittel- und osteuropäischen Reformstaaten keine Alternative zur Annäherung an die EU sein konnte. Sie drängten massiv auf den Abschluß von sogenannten ‹Europaabkommen›, in denen ihnen eine Beitrittsperspektive eröffnet wurde.

IV. *Ausblick*: Dem *Europarat* kommen in der Mitte der 90er Jahre drei wichtige Aufgaben zu: Erstens übernimmt er eine wichtige Brückenfunktion im Zusammenwachsen von Ost- und Westeuropa nach dem Ende des Kalten Krieges. Zweitens stellt er durch seine Arbeitsschwerpunkte beim Schutz der Menschenrechte und bei der Förderung der demokratischen Prinzipien das «Gewissen Europas» dar. Drittens schließlich ist er ein Experimentierfeld für neue Ideen und Anregungen, die häufig vom ‹großen Bruder› EU übernommen und mit größerer Durchschlagskraft und mehr Finanzmitteln auch umgesetzt werden.

Die Bedeutung des *Europarates* für die operative Politik ist aber durch die auf Einstimmigkeit ausgerichteten Entscheidungsmechanismen und durch die sehr begrenzte Finanzausstattung von heute lediglich rund 250 Mio. DM pro Jahr (zum Vergleich: der EU-Haushalt beläuft sich auf jährlich etwa 150 Mrd. DM) erkennbar eingeschränkt. Bei wesentlichen Fragen konnten sich die Regierungsvertreter nicht auf einvernehmliche Regelungen einigen. So scheiterte z. B. im Oktober 1993 eine geplante Initiative zur Verbesserung des Minderheitenschutzes. Die Staats- und Regierungschefs der Mitgliedstaaten konnten sich bei ihrem Treffen in Wien noch nicht einmal auf eine gemeinsame Linie hinsichtlich der Frage verständigen, was unter einer ‹Minderheit› im Einzelfall zu verstehen sei. Trotz dieser Kritikpunkte hat sich der *Europarat* als älteste und von der Zahl der Mitgliedstaaten her größte europäische Organisation im europäischen Einigungsprozeß erhebliche Verdienste erworben.

↗ Geschichte der europäischen Integration seit 1945; Organisation für Sicherheit und Zusammenarbeit in Europa – OSZE.

Literatur: *Link, G.* 1991: Der Europarat, in *Weidenfeld, W./Wessels, W.* (Hrsg.): Jahrbuch der Europäischen Integration 1990/91, Bonn, 391–396. *Schmuck, O.* (Hrsg.) 1990: Vierzig Jahre Europarat – Renaissance in gesamteuropäischer Perspektive? Bonn. *Berichte der Bundesregierung über die Tätigkeit des Europarates*, Bonn (erscheinen halbjährlich).

Otto Schmuck

Finanzen / Haushalt / Steuern

Im Zentrum des Finanzsystems der *Europäischen Union* (EU) steht seit der Fusion der drei Gemeinschaften *Europäische Wirtschaftsgemeinschaft* (EWG), *Europäische Atomgemeinschaft* (Euratom) und *Europäische Gemeinschaft für Kohle und Stahl* (EGKS) am 1. 7. 1967 der EU-Gesamthaushalt. Er umfaßt alle budgetwirksamen Einnahmen und Ausgaben der EU mit Ausnahme der operationellen Tätigkeiten der Montanunion, die im Funktionshaushalt der EGKS ausgewiesen werden. Daneben finanziert die EU Gemeinschaftsaufgaben über den *Europäischen Entwicklungsfonds* (EEF), die *Europäische Investitionsbank* (EIB) sowie durch Anleihen und Darlehen.

Die Ausgaben der EU im Rahmen des Gesamthaushaltsplans, der EGKS und des EEF wuchsen zwischen 1980 und 1994 von 16,5 auf 72,3 Mrd. ECU, d. h. um durchschnittlich 11,1 % pro Jahr. Ihr Anteil am BIP der Union nahm in dieser Zeit von 0,80 auf 1,24 % zu, der Anteil an den öffentlichen Ausgaben der Mitgliedstaaten von 1,70 auf 2,40 %. Je Unionsbürger beliefen sich die Ausgaben 1994 auf 207 ECU (1980: 63 ECU) (*Europäische Kommission* 1994). Der überwiegende Teil davon dient der regionalen und/oder sektoralen Umverteilung in der EU. Ihre Haushaltsausgaben finanziert die EU seit 1980 vollständig aus sog. Eigenmitteln.

1. Das mehrstufige Haushaltsverfahren ist in Artikel 203 EG-V vertraglich normiert; zu den weiteren relevanten Rechtsvorschriften zählen insbesondere die Haushaltsordnung vom 21. 12. 1977 sowie mehrere interinsti-

tutionelle Vereinbarungen zum Dialog und Trilog zwischen Kommission, Rat und Europäischem Parlament (EP), zur Haushaltsdisziplin und zur mittelfristigen ‹Finanziellen Vorausschau›. Danach erstellt die Kommission, gestützt auf die Voranschläge der einzelnen EU-Organe, den Haushaltsvorentwurf und übermittelt ihn dem Rat. Dieser stellt den Entwurf des Haushaltsplans mit qualifizierter Mehrheit auf und leitet ihn dem EP zu. Für das weitere Prozedere (vgl. dazu im einzelnen Artikel 203 EG-V) ist die – wenig präzise und daher konfliktträchtige – Unterscheidung zwischen ‹obligatorischen› Ausgaben, d. h. solchen, die sich ‹zwingend› aus dem Vertrag oder dem Folgerecht ergeben, und ‹nicht-obligatorischen› Ausgaben relevant. Bei den obligatorischen Ausgaben (in der Praxis im wesentlichen Ausgaben für die Gemeinsame Agrarpolitik) kann das EP dem Rat Änderungen vorschlagen, der jedoch das letzte Wort darüber hat. Bei den nicht-obligatorischen Ausgaben hat das EP die letzte Entscheidung. Der EP-Präsident stellt den Haushalt endgültig fest. Die Ausführung des Haushalts obliegt der Kommission, die Kontrolle dem Europäischen Rechnungshof.

2. Der Gesamthaushalt 1995 der erweiterten Union umfaßt ein Volumen von 76,5 Mrd. ECU (Zahlungsermächtigungen). Die Entwicklung von Höhe und Struktur des Haushalts im Zeitverlauf spiegelt die wachsenden (finanzwirksamen) Kompetenzen der Union und ihre zunehmende finanzielle Emanzipation von den Mitgliedstaaten wider.

Struktur und Entwicklung der Ausgaben sind durch folgende Merkmale gekennzeichnet (s. Tabellen 4 und 5): Die Ausgaben für die Gemeinsame Agrarpolitik machen knapp die Hälfte des gesamten Haushalts aus. Ihr Anteil ist seit den 70er Jahren (1968: 85 %) trendmäßig gesunken; absolut sind die Ausgaben aber ständig gestiegen, und sie sollen auch nach der

Tabelle 4: Haushaltsausgaben der EU 1995 (Zahlungen)

	in Mio. ECU	in %
Gemeinsame Agrarpolitik (Garantien)	37424	48,9
Strukturpolitische Maßnahmen	22791	29,8
Strukturfonds Landwirtschaft	2753	(3,6)
Regionalfonds	9516	(12,4)
Sozialfonds	5483	(7,2)
Kohäsionsfonds	1750	(2,3)
Interne Politikbereiche	3907	5,1
Forschung und Technologie	2716	(3,5)
Externe Politikbereiche	3952	5,2
Verwaltung	4008	5,2
Reserven	4445	5,8
Gesamtbetrag	76527	100

Quelle: Gesamthaushaltsplan der EU 1995, in: ABl. EG, Nr. L 396 v. 31.12.94.

Finanziellen Vorausschau bis 1999 weiter real steigen. Seit dem Brüsseler Sondergipfel vom 11.–13.2. 1988 ist die Expansion der Agrarausgaben auf 74% der Wachstumsrate des BSP plafondiert. Der zweite große – und stark wachsende – Ausgabenblock entfällt auf die Struktur- und Kohäsionspolitik. Er macht heute 30% des Gesamthaushalts aus (1980: 12%) und soll bis 1999 auf 35% zunehmen. Ökonomisch begründbar als Instrument zum Abbau des interregionalen Wohlstandsgefälles war die Aufstockung der Strukturfonds in der politischen Praxis der Preis, den der wohlhabendere ‹Norden› für die Zustimmung der ‹Südstaaten› zur Vertiefung der EG (Binnenmarkt, Wirtschafts- und Währungsunion) zu entrichten hatte.

Bei den internen Politikbereichen fallen seit dem Inkrafttreten der Einheitlichen Europäischen Akte 1987 besonders die Ausgaben für Forschung und technologische Entwicklung ins Gewicht. Unter den externen Politikbereichen dominieren die Ausgaben für die Entwicklungszusammenarbeit. Seit 1989/90 gewinnen die Leistungen an die Transformationsländer Mittel- und Osteuropas (1995: 1,3 Mrd. ECU) zunehmend an Bedeutung. Aufgrund der von den Südstaaten der Union hergestellten politischen Verknüpfung mit der Mittelmeerpolitik dürften auch die Leistungen an diese Region in Zukunft kräftig expandieren (1995: 409 Mio. ECU).

Tabelle 5: Finanzielle Vorausschau der erweiterten Union 1995–1999 (Verpflichtungen)

	1995		1999		Jährliche
	in Mrd. ECU[a]	in %	in Mrd. ECU[a]	in %	Zuwachsrate in %
Gemeinsame Agrarpolitik	35,4	46,9	39,3	45,2	2,7
Strukturpolitik (inklusive Kohäsionsfonds)	24,5	32,5	30,9	35,5	6,0
Interne Politikbereiche	4,7	6,2	6,4	0,6	4,2
Externe Politikbereiche	4,5	6,0	6,8	0,7	7,0
Mittel für Verpflichtungen insgesamt	75,5	100	87,0	100	3,6
Mittel für Zahlungen insgesamt	72,0	–	82,8	–	3,5
Eigenmittelobergrenze (in % des BSP)		1,21		1,27	

[a] zu Preisen von 1992.

Quelle: *Europäische Kommission* (1995).

3. Der Gesamthaushalt wird gemäß Artikel 201 EG-V vollständig durch Eigenmittel finanziert. Nach den geltenden Ratsbeschlüssen ist eine Kreditaufnahme nicht vorgesehen. Konkret sind der EG vier Einnahmequellen zugewiesen (s. Tab. 6): (1) Abschöpfungen auf Agrareinfuhren aus Drittländern und Abgaben unter der Gemeinsamen Marktorganisation für

Zucker; (2) Zölle im Handel mit Drittländern; (3) Mehrwertsteuer-Eigenmittel in Höhe von maximal 1,40% der harmonisierten Bemessungsgrundlage, wobei diese Bemessungsgrundlage ihrerseits auf 55% des BSP begrenzt ist. Der Europäische Rat hat am 11./12.12. 1992 in Edinburgh im Rahmen des sog. *Delors*–II-Pakets entschieden, den Plafond bis 1999 auf 1% und die Kappungsgrenze auf 50% zu senken. Großbritannien konnte 1985 einen Beitragsrabatt von rund einem Drittel auf die Mehrwertsteuer-Eigenmittel durchsetzen (sog. Korrekturmechanismus), der in Edinburgh bis 1999 festgeschrieben wurde; (4) BSP-Eigenmittel, die unmittelbar am BSP ansetzen (1995: 0,33536%). Sie dienen der Deckung des verbleibenden Finanzmittelbedarfs nach Ausschöpfung der anderen drei Eigenmittel-Quellen. Mehrwertsteuer- und BSP-Eigenmittel belasten die Steuerzahler nicht direkt und sichtbar, sondern werden aus den nationalen Budgets finanziert.

Der gesamte Einnahmen- und Ausgaben-Plafond unter dem EU-Gesamthaushalt wurde in Edinburgh auf 1,20% für die Jahre 1993 und 1994 festgesetzt, danach steigt er schrittweise bis 1999 auf 1,27%. Bei steigenden Gesamteinnahmen einerseits, weitgehend stagnierenden Einnahmen aus Abschöpfungen und Zöllen sowie rückläufigen Mehrwertsteuer-Einnahmen andererseits wird der Anteil der BSP-Eigenmittel in den nächsten Jahren weiter zunehmen. Damit wird zwar die innergemeinschaftliche Verteilungsgerechtigkeit erhöht, zugleich jedoch verstärkt auf ein Instrument zurückgegriffen, das eher Merkmale nationaler Finanzbeiträge als einer originären EU-Finanzmittelquelle aufweist (vgl. *Beutler* u.a. 1993: 173). Vielfach gefordert wird die Erhebung einer eigenständigen EU-Steuer als sog. Fünfte Einnahmequelle; in Edinburgh wurde der Kommission dazu ein Prüfungsauftrag erteilt. Die gelegentlich diskutierte Einführung einer Energiesteuer als Gemeinschaftssteuer findet wenig politische Unterstützung und wird auch von Finanzwissenschaftlern eher kritisch beurteilt

Tabelle 6: Haushaltseinnahmen der EU 1995

	in Mio. ECU	in %
Agrarabschöpfungen, Zucker- und Isoglukoseabgaben (netto)[a]	1964	2,6
Zölle (netto)[a]	12942	16,9
Mehrwertsteuer-Eigenmittel	39423	51,5
BSP-Eigenmittel	21681	28,3
Verschiedene Einnahmen	515	0,7
Gesamtbetrag	76527	100
in % des BSP	1,176	

[a] Nach Abzug der Erhebungskosten von 10%, die den Mitgliedstaaten zufließen.

Quelle: Siehe Tabelle 5.

(vgl. *Caesar* 1990: 89ff.). Sachgerecht wäre es, die gemeinschaftliche Mehrwertsteuer als Zuschlag zur (entsprechend gesenkten) nationalen Steuer bei den Verbrauchern direkt und offen zu erheben.

4. Nicht im Gesamthaushalt geführt werden die Ausgaben der EGKS (mit Ausnahme der Verwaltungsausgaben) und ihre Finanzierung (durch ‹Umlagen› bei den Kohle- und Stahlproduzenten sowie Anleihen), die Finanztransaktionen des – intergouvernemental organisierten – EEF im Rahmen des Lomé-Abkommens, die Darlehensgewährung der EU an einzelne Mitgliedstaaten unter verschiedenen Finanzierungsfazilitäten und – naturgemäß – die Aktivitäten der EIB. In allen Fällen (außer im Falle des EEF) kann die EU auch Anleihen auflegen; eine parlamentarische Kontrolle ist hier nicht gegeben.

Tabelle 7: Nettozahlerpositionen in der EU 1993[a]

	Mio. ECU	ECU pro Kopf
Deutschland	– 11760	– 145
Großbritannien	– 3185	– 55
Italien	– 2281	– 40
Niederlande	– 1404	– 92
Frankreich	– 1359	– 24
Belgien	+ 3	+ 0
Luxemburg	+ 217	+ 571
Dänemark	+ 409	+ 79
Portugal	+ 2351	+ 238
Irland	+ 2385	+ 670
Spanien	+ 2844	+ 73
Griechenland	+ 4270	+ 413

[a] Aus dem EU-Haushalt empfangene Zahlungen abzüglich Finanzleistungen an die EU aus Eigenen Einnahmen.

Quelle: *Europäischer Rechnungshof* (1994): Jahresbericht für das Finanzjahr 1993, zitiert nach: *The Philip Morris Institute for Public Policy Research* (1995: 53); eigene Berechnungen.

5. Spätestens mit dem Ende der Laufzeit des *Delors*-II-Pakets 1999 steht eine Reform der EU-Finanzverfassung an. Sie sollte folgende Elemente umfassen: eine grundlegende Ausgaben- und Aufgabenkritik der Gemeinschaft im Hinblick auf die Finanzierung einer nach Osten erweiterten Union (Agrarfinanzierung, Strukturfonds); eine gleichmäßigere finanzielle Lastenverteilung zwischen den wohlhabenderen Mitgliedstaaten (Nettozahlerproblematik, s. Tab. 7); die Umgestaltung des Systems der eigenen Einnahmen im Hinblick auf eine möglichst weitgehende direkte (und sichtbare) Steuerfinanzierung (einschließlich der erforderlichen Steuerkompetenz), eventuell unter Schaffung einer Fünften Resource; volle

(Mit-)Entscheidungsbefugnis des Europäischen Parlaments für alle Ausgabenkategorien (Verzicht auf Unterscheidung zwischen obligatorischen und nicht-obligatorischen Ausgaben).

↗ Politisches System der Europäischen Gemeinschaft.

Literatur: *Beutler, B.* u. a. [4]1993: Die Europäische Union. Rechtsordnung und Politik. Baden-Baden. *Biehl, D./Pfennig, G.* (Hrsg.) 1990: Zur Reform der EG-Finanzverfassung. Beiträge zur wissenschaftlichen und politischen Debatte. Bonn. *Caesar, R.* 1990: Neue Steuern für die Europäische Gemeinschaft? Kriterien und Vorschläge, in: *Biehl/Pfennig* (Hrsg.), 57–105. *Europäische Kommission* 1994: Der Haushalt der Europäischen Union (Mitteilungsblatt), Brüssel/Luxemburg. *Europäische Kommission* 1995: Gesamtbericht über die Tätigkeit der Europäischen Union 1994, Brüssel/Luxemburg. *Kommission der EG* 1989: Die öffentlichen Finanzen der Gemeinschaft. Der Gemeinschaftshaushalt nach der Reform von 1988. Luxemburg. *Strasser, D.* [3]1992: Die Finanzen Europas. Luxemburg. *The Philip Morris Institute for Public Policy Research* (Hrsg.) 1995: Braucht die EU ein neues Haushaltsabkommen?, Brüssel.

Hans-Eckart Scharrer

Forschungs- und Technologiepolitik

Die europäischen Staaten arbeiten seit den 50er Jahren in einer Reihe von Technologiebereichen und in den unterschiedlichsten institutionellen Formen zusammen. Zur gemeinsamen Forschung im Bereich der Kernenergie wurde 1957 die *Europäische Atomgemeinschaft* (Euratom) gegründet; im Bereich der Raumfahrt wurden 1962 die *European Space Research Organization* (ESRO) und die *European Space Vehicle Launcher Development Organization* (ELDO) geschaffen, die beide 1975 zur *Europäischen Weltraumorganisation* (*European Space Agency* – ESA) zusammengeschlossen wurden. Zur Verbesserung der internationalen Wettbewerbsfähigkeit der europäischen Industrie im Bereich ziviler Technologien (u. a. Information, Kommunikation, Umwelt, Verkehr) entstand 1985 EUREKA (*European Research Coordination Agency*). Im Bereich der Luftfahrt wurden mehrere bi- und multilaterale Kooperationsvereinbarungen zwischen den Staaten geschlossen (Concorde, Airbus). Außerdem wurden eine ganze Reihe von europäischen Forschungseinrichtungen, z. B. die *Europäische Organisation für Kernforschung* (CERN), gegründet (vgl. *Sharp/Shearman* 1987). Der Teilnehmerkreis in diesen Organisationen und Institutionen ist ganz unterschiedlich und reicht zumeist über die Mitgliedstaaten der EU hinaus. In der EUREKA-Initiative beispielsweise zählen neuerdings auch osteuropäische Staaten (Ungarn, Slowenien, die Russische Föderation) zu den Mitgliedstaaten. Die europäische Technologiekooperation besaß also von Beginn an eine äußerst variable ‹Geometrie›, in der die EG lange Zeit keine zentrale Rolle spielte (*Stremmel* 1988).

I. *Entwicklung, Rechtsgrundlagen und Schwerpunkte der Forschungsförderung*: Die Förderung von Wissenschaft, Forschung und Technologie zählte nicht zu den originären Aufgabenbereichen der EG. Die Gemeinschaft erhielt ihre forschungspolitischen Kompetenzen erst nach langwierigen, konfliktreichen Auseinandersetzungen mit den Mitgliedstaaten. Die Entwicklung der Forschungs- und Technologiepolitik der EG/EU läßt sich in drei Phasen einteilen, wobei insgesamt eine Entwicklungsrichtung zu erkennen ist, die durch die Ausweitung des Kompetenzbereichs der Gemeinschaft im Bereich von Wissenschaft, Forschung und Entwicklung, die Ausdehnung des Tätigkeitsbereichs der EG-Kommission und die Expansion der dafür zur Verfügung stehenden Ressourcen gekennzeichnet ist.

In der ersten Phase, die von den frühen 50er Jahren bis zur Mitte der 70er Jahre reicht, waren die forschungspolitischen Aktivitäten der EG sachlich eng begrenzt auf die Bereiche Kohle und Stahl, Kernenergie und Landwirtschaft, die in den Gemeinschaftsverträgen explizit genannt wurden. Die größte Bedeutung hatte hiervon die gemeinschaftliche Forschung auf dem Gebiet der Kernenergie. Im Rahmen von Euratom wurde die Gemeinsame Forschungsstelle (GFS) mit Forschungszentren in Ispra (I), Karlsruhe (BRD), Petten (NL), Geel (B) – und später Sevilla (E) – geschaffen, in denen seither die Eigenforschung der EG (sog. ‹direkte Aktionen›) durchgeführt wird. Die europäische Kernenergieforschung geriet jedoch bereits Mitte der 60er Jahre in die Krise, weil die großen Mitgliedstaaten Frankreich und Deutschland ihren nationalen Kernenergieprogrammen Priorität gaben (‹Euratom-Krise›).

Der Beginn der zweiten Phase der Forschungs- und Technologiepolitik der EG kann mit der Verabschiedung des ersten ‹Aktionsprogramms für die Politik im wissenschaftlich-technologischen Bereich› durch den Ministerrat im Januar 1974 angesetzt werden. Die rechtlichen Voraussetzungen hierfür waren auf dem Pariser Gipfel vom Herbst 1972 geschaffen worden, auf dem u. a. die Anwendung der ‹Generalklausel› von Artikel 235 des EWG-V auf die Forschungs- und Technologiepolitik beschlossen worden war. Im Rahmen dieses Aktionsprogramms wurde eine ‹erste Generation› von sektorspezifischen Forschungsprogrammen der EG durchgeführt. Den Schwerpunkt dieser Programme bildete die Energieforschung, in deren Rahmen neben der Kernenergie auch neue Energiequellen und die Fusionsforschung gefördert wurden. Hinzu kamen u. a. Programme zur medizinischen Forschung und zur Umweltforschung. Die forschungspolitischen Aktivitäten der EG-Kommission blieben in den 70er Jahren jedoch bescheiden und aus der Perspektive nationaler Forschungs- und Technologiepolitik weitgehend bedeutungslos. Dies zeigt allein schon der Blick auf das Forschungsbudget der EG, das sich 1980 nur auf 276 Mio. ECU (ca. 715 Mio. DM) belief. Sachlich dominierte in den 70er Jahren trotz aller Bemühungen der EG-Kommission, neue Forschungsthemen und -felder zu erschließen, weiterhin der Bereich der nuklearen und nicht-nuklearen Energieforschung. Etwa 70% des Forschungsbudgets wurden hierfür aufgewandt.

Das 1. Forschungsrahmenprogramm (1984–1987), das vom Rat im Sommer 1983 verabschiedet wurde, markiert den Beginn der dritten Phase in der Forschungs- und Technologiepolitik der EG. Mit diesem Rahmenprogramm gelang der EG der politische ‹Durchbruch› in diesem Politikfeld. Die Folge war eine beträchtliche Ausweitung und strategische Neuorientierung der Aktivitäten der EG in der Forschungs- und Technologiepolitik. Im Mittelpunkt stehen seither die in Form der Vertragsforschung durchgeführten Förderprogramme der EG (sog. ‹indirekte Aktionen›). Mit dem 1. Rahmenprogramm wurde eine ‹zweite Generation› von EG-Forschungsprogrammen initiiert. Ihr ‹Flaggschiff› war das Informationstechnik-Programm ESPRIT (*European Strategic Programme for Research and Development in Information Technology*) (*Sandholtz* 1992: 143–208; *Grande/Häusler* 1994: 218–246). Das wesentliche Merkmal dieser neuen Programme ist ihre Industrieorientierung: Durch die Förderung ‹vorwettbewerblicher› Forschung in den Unternehmen sollen die Rückstände der europäischen Industrie im ‹globalen Technologiewettlauf› aufgeholt werden (*Grewlich* 1992).

Die neuen Aktivitäten der EG in der Forschungs- und Technologiepolitik wurden ermöglicht durch zusätzliche Kompetenzen, die der Gemeinschaft mit der Einheitlichen Europäischen Akte (EEA) 1987 übertragen wurden. Die EEA ergänzte den Dritten Teil des EWG-Vertrages um einen sechsten Titel ‹Forschung und technologische Entwicklung›, der die Art. 130 f-q enthält. Dadurch bekam die EG erstmals eine eigene rechtliche Grundlage für ihre Forschungs- und Technologiepolitik. Ziel der Aktivitäten sollte es sein, «die wissenschaftlichen und technischen Grundlagen der europäischen Industrie zu stärken und die Entwicklung ihrer internationalen Wettbewerbsfähigkeit zu fördern» (Art. 130f EWG-V). Ein umfassenderes forschungs- und technologiepolitisches Mandat erhielt die EG erst mit dem Vertrag über die *Europäische Union* (Maastrichter Vertrag). Der neue Art. 130f EG-V ermächtigt die Gemeinschaft, über den industriellen Bereich hinaus «alle Forschungsmaßnahmen zu unterstützen, die aufgrund anderer Kapitel dieses Vertrages für erforderlich gehalten werden».

Mit der EEA wurden außerdem die Entscheidungsverfahren in der Forschungs- und Technologiepolitik geändert. Die Einstimmigkeit des Rates ist nur noch bei der Verabschiedung des Forschungsrahmenprogramms erforderlich, für die spezifischen Programme genügt eine qualifizierte Mehrheit. Gleichzeitig erhielt das Europäische Parlament (EP) größere Mitspracherechte in diesem Bereich.

Auf der Basis dieser forschungspolitischen Kompetenzen entstanden seither drei weitere Forschungsrahmenprogramme. Das 2. Forschungsrahmenprogramm (1987–1991) wurde im Herbst 1987 verabschiedet und hatte ein Gesamtvolumen von 5,4 Mrd. ECU. Hier wurden erstmals die neuen Prioritäten der Forschungs- und Technologiepolitik der EG deutlich sichtbar. Der Anteil der Energieforschung, auf die im 1. Rahmenprogramm noch beinahe die Hälfte der Mittel entfiel, ging stark zurück. Dagegen stieg der Anteil der Informations- und Kommunikationstechnik über 40%. Das 3. Forschungsrahmenprogramm (1990–1994), das vom Rat am 23.4. 1990 beschlossen wurde, brachte eine Konsolidierung der Forschungs- und Technologiepolitik der EG. Die Förderung in den Bereichen Umwelt, Biotechnologie und Forschermobilität wurde verstärkt; der Anteil der Energieforschung nahm weiter ab. Die Industrieorientierung wurde beibehalten. Allein für den Bereich der Informations- und Kommunikationstechnik waren insgesamt 2,5 Mrd. ECU (ca. 38% der Gesamtmittel) vorgesehen. Im 4. Forschungsrahmenprogramm für den Zeitraum von 1994 bis 1998, das vom Rat am 26.4. 1994 endgültig verabschiedet wurde, stellt die EU insgesamt 12,3 Mrd. ECU für die Förderung von Wissenschaft, Forschung und Technologie zur Verfügung.

II. *Forschungs- und technologiepolitische Bedeutung der EG/EU*: Mitte der 90er Jahre kann festgestellt werden, daß sich die EU erfolgreich in der Forschungs- und Technologiepolitik etabliert hat. Sie verfügt inzwischen über ein «nahezu flächendeckendes Netzwerk» (*Starbatty/Vetterlein* 1990: 62) eigener Forschungsförderprogramme, die sich überwiegend an Unternehmen und Forschungsorganisationen in den Mitgliedstaaten richten. Hinzu kommt, daß die EU auch in einer Reihe von anderen Politikbereichen tätig geworden ist, die für die Forschungs- und Technologiepolitik von Bedeutung sind: Bei der Planung und Finanzierung europäischer Verkehrs- und Kommunikationsinfrastrukturen, bei der Liberalisierung und Regulierung der Telekommunikationsmärkte, bei der öffentlichen Beschaffungspolitik, bei der Fusionskontrolle etc.

Die Bedeutung der EU im Gesamtsystem europäischer Forschungs- und Technologiepolitik muß differenziert beurteilt werden. Verglichen mit den nationalen Forschungsbudgets ist der Forschungshaushalt der EG noch immer klein. Im Jahr 1992 standen den 50 Mrd. ECU Forschungsausgaben der EU-Mitgliedstaaten lediglich 1,8 Mrd. ECU der Union selbst gegenüber. Allerdings ist zu beachten, daß die EU inzwischen in wichtigen Technologiebereichen ein maßgeblicher, wenn nicht sogar der maßgebliche staatliche Akteur geworden ist (vgl. *Grande/Häusler* 1994, *Reger/Kuhlmann* 1995). Dies gilt insbesondere für den Bereich industriell verwertbarer Schlüsseltechnologien (Mikroelektronik, Datenverarbeitung, industrielle Automatisierung, Materialforschung u.a.), in denen die EU mit ihren Förderprogrammen eindeutige Schwerpunkte setzt. In diesen Schwerpunktbereichen ist die EU-Förderung auch quantitativ relevant. Der größte und wichtigste dieser Förderschwerpunkte ist die Informations- und Kommunikationstechnik. Mit Programmen wie ESPRIT, RACE und den Aktivitäten zur Förderung von Anwendungen der Informations- und Kommunikationstechnik (AIM, DELTA, DRIVE) versucht die Gemeinschaft seit der Mitte der 80er Jahre systematisch, die Wettbewerbsfähigkeit der europäischen Informationstechnik-Industrie zu fördern. Diese Programme, die im 4. Forschungsrahmenprogramm unter veränderter Bezeichnung und mit neuen Förderschwerpunkten fortgesetzt werden, hatten zusammengenommen bislang ein Fördervolumen von mehr als 5 Mrd. ECU. Dadurch hat sich die Gewichtsverteilung zwischen der nationalen und der europäischen Förderung im Bereich industriell verwertbarer Schlüsseltechnologien innerhalb weniger Jahre signifikant verändert.

Insgesamt hat der europäische Integrationsprozeß eine ‹neue Architektur› von Staatlichkeit in der Forschungs- und Technologiepolitik hervorgebracht (*Grande* 1993). Die staatlichen Zuständigkeiten und Aktivitäten sind in diesem Politikfeld inzwischen über mehrere Ebenen und Grenzen hinweg verteilt. Bei der Entscheidungsfindung sind supranationale und nationale Akteure auf eine höchst spannungsreiche und komplizierte Art und Weise verflochten (Europäische Politikverflechtung). Die Problemlösungsfähigkeit der Forschungs- und Technologiepolitik wird unter diesen neuen institutionellen Bedingungen bislang kritisch beurteilt. Zu einer abschließenden Beurteilung bedarf es jedoch noch der weiteren politikwissenschaftlichen Forschung.

↗Technologische, wissenschaftliche und finanzielle Kooperation (CERN, ESA, EUREKA, EBRD); Verkehrs- und Telekommunikationspolitik.

Literatur: *Europäische Kommission* 1995: Die Politik der Europäischen Gemeinschaft in Forschung und technologischer Entwicklung, Brüssel. *Grande, E.* 1993: Die neue Architektur des Staates. In: *Czada, R./Schmidt, M. G.* (Hrsg.), Verhandlungsdemokratie, Interessenvermittlung, Regierbarkeit, Opladen, 51–71. *Grande, E./Häusler, J.* 1994: Industrieforschung und Forschungspolitik. Staatliche Steuerungspotentiale in der Informationstechnik, Frankfurt a.M. *Grande, E.* 1995: Forschungspolitik in der Politikverflechtungs-Falle? Institutionelle Strukturen, Konfliktdimensionen und Verhandlungslogiken europäischer Forschungs- und Technologiepolitik, in: PUS 36, 460–483. *Grewlich, K. W.* 1992: Europa im globalen Technologiewettlauf: Der Weltmarkt wird zum Binnenmarkt, Gütersloh. *Reger, G./ Kuhlmann, S.* 1995: Europäische Technologiepolitik in Deutschland: Bedeutung für die deutsche Forschungslandschaft, Heidelberg. *Sandholtz, W.* 1992: High-Tech Europe: The Politics of International Cooperation, Berkeley. *Sharp, M./ Shearman, C.* 1987: European Technological Collaboration, London. *Starbatty, J./ Vetterlein, U.* 1990: Die Technologiepolitik der Europäischen Gemeinschaft, Baden-Baden. *Stremmel, J.* 1988: Die Forschungs- und Technologiepolitik der Europäischen Gemeinschaft, Aachen.

Edgar Grande

Gemeinsame Außen- und Sicherheitspolitik

Die bis zum Maastrichter Vertrag über die *Europäische Union* von 1992 als Europäische Politische Zusammenarbeit (EPZ) bekannte und dann in Gemeinsame Außen- und Sicherheitspolitik (GASP) umbenannte ‹zweite Säule› des Integrationsprozesses stellt ein weltweit einzigartiges System der Zusammenarbeit der EU-Mitgliedstaaten in Fragen der internationalen Politik dar. Ziel der zunächst in der Einheitlichen Europäischen Akte (Art. 30) von 1986 und dann im Unionsvertrag (Art. J) reformierten EPZ/GASP ist die Wahrung der Identität Europas auf internationaler Ebene.

Als wichtigste Zielvorgaben sind zu unterscheiden: der praktisch permanente Austausch von Informationen und Meinungen zum internationalen Geschehen; die Angleichung der nationalen Standpunkte und die Herausbildung gemeinsamer Grundauffassungen; die Umsetzung von Grundpositionen in gemeinsame Aktionen. Erfolg oder Mißerfolg des Instruments und damit Profil und Glaubwürdigkeit einer europäischen Außenpolitik hängen nach wie vor vom politischen Willen der beteiligten Regierungen ab. Wenngleich sich die GASP deutlich an den Gemeinschaftsrahmen angenähert hat und die Vertragsbestimmungen Perspektiven für ein noch einheitlicheres Auftreten der Union und ihrer Mitgliedstaaten auf der internationalen Bühne enthalten, bleibt sie, auch und gerade im Verständnis der beteiligten Regierungen, intergouvernemental. Als politische Kontrollinstanz wird nur die das GASP-Geschehen maßgeblich bestimmende Ebene der Außenminister anerkannt. Eine Nachprüfbarkeit, etwa durch den Europäischen Gerichtshof, ist ausgeschlossen (EU-V Art. L).

I. *Etappen und Defizite der EPZ in den 70er und 80er Jahren*: Spätestens seit Beginn der 70er Jahre erwies sich, daß eine wenn nicht vergemeinschaftete, so doch koordinierte Außenpolitik der Mitgliedsländer zunehmend erforderlich wurde. Zum einen avancierte die EG allein durch ihre Außenwirtschaftspolitik zwangsläufig zu einem ‹Mitspieler› auf der Bühne internationaler Politik; zum andern wuchs die Erkenntnis, daß eine mehr und mehr in die Weltwirtschaft integrierte EG abhängig werden würde von Entwicklungen außerhalb ihrer eigenen Grenzen und daß man internationalem Druck, wie z. B. im Zusammenhang mit dem israelisch-arabischen Krieg 1973, mit untereinander abgestimmten Positionen der EG-Mitgliedsländer begegnen konnte. Der Nahost-Konflikt gehörte denn auch zu den ersten Testfeldern der EPZ/GASP, die hierbei von Mißerfolgen nicht verschont blieb. Das gemeinsame Agieren der zunächst sechs, nach mehreren Erweiterungen inzwischen 15 EG-Staaten im Rahmen der KSZE bzw. OSZE gehört ebenfalls zu den ‹klassischen› Handlungssfeldern. Es folgten weitere gemeinsame Gehversuche im Rahmen der *Vereinten Nationen*, wo in etwa 50–60 % der Fälle ein geschlossenes Abstimmungsverhalten der EG-Staaten erreicht werden konnte, sowie – über weite Strecken kontroverse – Debatten über eine gemeinsame Haltung zum Apartheidregime in Südafrika, zur sowjetischen Invasion in Afghanistan oder über europäische Sicherheitsinteressen.

Auch wenn die häufig als ‹reaktiv› oder ‹tatenlos› kritisierte Deklarationspolitik einige Erfolge zeitigte, etwa wenn es um konkrete Menschenrechtsverletzungen ging, erwies sich der ursprünglich rein diplomatische Ansatz der EPZ in Krisensituationen als letztlich wirkungslos. Man mußte erkennen, daß eine erfolgreiche außenpolitische Einflußnahme mitunter eine glaubwürdige Androhung oder auch den Einsatz wirtschaftlicher und ggf. auch militärischer Sanktionen erforderte. Eine Koppelung der EPZ-Diplomatie mit gemeinschaftlichen Sanktionsmitteln drängte sich immer mehr auf, etwa im Falle der irakischen Invasion in Kuwait 1990, beim Krieg im ehemaligen Jugoslawien oder auch in Reaktion auf den Zerfall der Sowjetunion sowie die politischen und wirtschaftlichen Transformationsprozesse in Mittelost- und Osteuropa. Strukturen und Entscheidungsverfahren der EPZ mußten dabei überprüft und den neuen Bedingungen angepaßt werden. Nachdem bereits Ende der 80er Jahre praktische Bemühungen um eine Reform der EPZ erfolgt waren, sorgten die mit dem Umbruch des internationalen Systems verknüpften außenpolitischen Herausforderungen (Ankerrolle der EU in Gesamteuropa), ein neuer Integrationsschub durch das Binnenmarktprogramm und die WWU-Debatte 1990/91 für eine Grundsatzdiskussion zur Europäischen Außen- und Sicherheitspolitik, deren Resultat die seit 1. 1. 1993 geltenden Bestimmungen von Art. J EU-V sind.

II. *Vertragsbestimmungen zur GASP und erste Erfahrungen*: Mehr Kohärenz und Handlungsfähigkeit verspricht man sich insbesondere von mehreren Bestimmungen, die über den bisherigen EPZ-*acquis*, d.h. die von allen getragene Auffassung, hinausgehen:

(1) Der GASP wird eine umfassende Zuständigkeit für die Sicherheit der Union zugewiesen, «wozu auf längere Sicht auch die Festlegung einer gemeinsamen Verteidigungspolitik gehört, die zu gegebener Zeit zu einer gemeinsamen Verteidigung führen könnte» (Art. J. 4 EU-V). Wie auch andere GASP-Bestimmungen sind jene des Art. J. 4 das Ergebnis widerstreitender nationaler Interessen und deshalb in der praktischen Umsetzung interpretationsfähig. Zwar kann man einen beachtlichen Kompetenzzuwachs der GASP konstatieren, doch fallen die neuen Aufgaben vor allem der *Westeuropäischen Union* (WEU) zu, die als eigenständige Institution lediglich auf Ersuchen der Union tätig wird. Unter Effizienzgesichtspunkten erscheint dies als zweifelhafte Lösung. Der Versuch, durch verbesserte Arbeitsbeziehungen zwischen den beiden Ebenen mögliche Reibungsverluste auszugleichen, dürfte sich als unzureichend erweisen, man denke etwa an die unterschiedlichen Mitgliedschaften in WEU und EU, die Ausdruck sehr unterschiedlicher nationaler Interessenlagen sind und dement-

sprechend auch die inhaltliche Auseinandersetzung über die Ziele einer gemeinsamen Verteidigungspolitik und Verteidigung prägen dürften.

(2) Die Durchführung gemeinsamer Aktionen kann auf der Grundlage von Mehrheitsentscheidungen erfolgen (Art. J. 3). Mit dieser Abkehr vom Konsensprinzip, die, gemessen an traditionellen diplomatischen Vorstellungen, ein beträchtliches Novum in der GASP darstellt, und durch gemeinsame Aktionen, die für alle Mitglieder ausdrücklich verbindlichen Charakter haben, soll der berechtigten Kritik begegnet werden, interne Entscheidungsabläufe seien ineffizient und das äußere Erscheinungsbild zu uneinheitlich und reaktiv. Diese Vertragsbestimmung kam erst nach zähem Ringen zustande und ist v. a. nach britischer Auffassung äußerst restriktiv anzuwenden. Die Möglichkeit von Mehrheitsentscheidungen ist ausdrücklich auf die Implementation gemeinsamer Aktionen beschränkt. Der Rat als zentrale Entscheidungsinstanz kann in allen Phasen des Entscheidungsprozesses über den anzuwendenden Modus der Beschlußfassung – Einstimmigkeit oder Mehrheit – befinden. Soweit die bisherige GASP-Praxis erste Schlußfolgerungen zuläßt, haben jene Recht behalten, die ein faktisches Fortwirken des Konsensprinzips vorhersagten. Es bestätigte sich zunächst die Warnung, daß die Regierungen nun jede Einzelheit einer gemeinsamen Aktion per Konsens vorweg regeln würden, um das Risiko von Mehrheitsbeschlüssen zur Implementation zu minimieren.

Auch wenn sich also an den Entscheidungsmodalitäten seit Inkrafttreten des Unionsvertrages nichts geändert hat, so gelang es doch relativ rasch, zu ersten gemeinsamen Aktionen zu kommen. Seit Inkrafttreten des EU-V wurden folgende Aktionen beschlossen: Entsendung europäischer Wahlbeobachter nach Rußland; humanitäre Hilfe im ehemaligen Jugoslawien einschließlich der Verwaltung der Stadt Mostar durch einen EU-Beauftragten; Stabilitätspakt; Unterstützung des Autonomieabkommens zwischen Israel und der PLO; Europäischer Wahldienst für Südafrika; Konferenz zum Vertrag über die Nichtverbreitung von Nuklearwaffen; Kontrollsystem für Waren mit doppeltem Verwendungszweck; Antipersonenminen. Die zumindest punktuell demonstrierte Reaktionsschnelligkeit wurde allerdings mehrfach dadurch konterkariert, daß die Beschlüsse inhaltlich unzureichende Antworten auf die internationalen Herausforderungen anboten oder unvorhergesehene Probleme schufen (etwa bei der Finanzierung gemeinsamer Aktionen), die lange Beratungen erforderten.

(3) Der EU-Vertrag brachte auch institutionelle Verbesserungen. Neben dem für die Leitlinien der GASP verantwortlichen Europäischen Rat (Staats- und Regierungschefs) fungiert der Rat (Außenminister) als zentrale Entscheidungsinstanz. Die Vorbereitung und die Implementation von Beschlüssen des Rates obliegen üblicherweise dem Ausschuß der Ständigen Vertreter (AStV) und den ihm zuarbeitenden Expertengruppen. Dies bedeutet einen bemerkenswerten Einschnitt bezüglich der traditionell in den Außenministerien der Hauptstädte der Mitgliedstaaten angesiedelten Stäbe

sowie hinsichtlich des Charakters und der Arbeitsweise des alten EPZ-Verbundes. Vom Fusionstrend ausgenommen blieb allerdings die Ebene der hohen Beamten der alten EPZ im Politischen Komitee. Diese sollen weiterhin für den Rat die GASP-relevanten Themen inhaltlich vorbereiten und Stellungnahmen ausarbeiten. Das Politische Komitee steht damit in einem potentiellen Konkurrenzverhältnis zum Ausschuß der Ständigen Vertreter. Die Politischen Direktoren gelten gemeinhin als enge Vertraute der Außenminister; sie dürften jedoch in dem Maße an Einfluß verlieren, in dem rein GASP-bezogene Aktivitäten in den Gesamtzusammenhang der EU-Außenpolitik eingebettet werden. Neben der Eingliederung des alten eigenständigen EPZ-Sekretariats in das Sekretariat des Rates erfolgte eine Aufwertung der Gemeinschaftsinstitutionen dahingehend, daß die Kommission Initiativrecht für die GASP erhielt und damit den Mitgliedstaaten gleichgestellt ist. Um dieses Recht wirksam wahrnehmen zu können, bedarf die Brüsseler Behörde freilich einer beträchtlichen personellen Aufstockung; darüber hinaus müssen die außenpolitischen Kompetenzen innerhalb der Union abgegrenzt werden. In den Grundsätzen unverändert blieb im Maastrichter Vertrag die Rolle des Europäischen Parlaments (EP). Es kann über seine Fragerechte und die Berichtspflicht der Präsidentschaft nur geringen Einfluß ausüben. Allerdings sollten die Möglichkeiten des EP, dessen Zustimmung zu allen wichtigen Abkommen der Union mit Drittstaaten erforderlich ist und dessen Haushaltsrecht auch die GASP berührt, sofern für die Umsetzung von Beschlüssen Gemeinschaftsmittel nötig sind, auch nicht unterschätzt werden.

III. *Ausblick*: Die bislang eher restriktive Auslegung der GASP-Bestimmungen und das Festhalten an tradierten Praktiken lassen auf wenig Spielraum für die 1996 anberaumte Revisionskonferenz zu den Maastrichter Beschlüssen schließen. Großbritannien scheint weiterhin auf der intergouvernementalen Methode zu beharren, während andere Länder eine stärkere Vergemeinschaftung der Außen- und Sicherheitspolitik als erfolgsträchtigeren Ansatz favorisieren, gerade angesichts der Wahrscheinlichkeit eines weiteren Anwachsens der EU in den kommenden Jahren auf 20 oder mehr Mitglieder. Welche Gestalt die GASP künftig annehmen wird, dürfte nicht zuletzt von den insgesamt zu schnürenden ‹Verhandlungspaketen› im Rahmen einer Reform der EU abhängen, aber auch von der tatsächlichen Interessenlage der außen- und sicherheitspolitisch neutralen Neumitglieder Finnland, Schweden und Österreich (sie gaben sich zunächst gemeinschaftsfreundlich) sowie von den Folgen einer eventuellen Ost- und zweiten Süderweiterung der EU.

↗ Außenbeziehungen der Europäischen Union; Europäische Verteidigungsgemeinschaft – EVG / Europäische Politische Gemeinschaft – EPG; Europäischer Rat; Ministerrat; Sicherheit; Westeuropäische Union.

Literatur: *Institut für Europäische Politik* 1994ff.: CFSP-Forum. Newsletter of the Institut für Europäische Politik, Bonn (erscheint vierteljährlich). *Regelsberger, E.* (Hrsg.) 1993: Die Gemeinsame Außen- und Sicherheitspolitik der Europäischen Union. Profilsuche mit Hindernissen, Bonn. *Weidenfeld, W./Wessels, W.* 1981ff.: Jahrbuch der europäischen Integration (jeweils die Artikel zu EPZ/GASP und WEU).

Elfriede Regelsberger

Geschichte der europäischen Integration seit 1945

Impulse zu regionaler Organisation und Integration gingen in Europa nach 1945 von dreierlei Bedürfnissen aus: dem Bedürfnis nach Schaffung größerer Wirtschaftsräume, die dem Produktivitätsfortschritt Rechnung trugen und damit eine Überwindung der Folgen der Weltwirtschaftskrise und des Krieges überhaupt erst ermöglichten; dem Bedürfnis nach Selbstbehauptung der geschwächten europäischen Nationalstaaten gegenüber den neuen Weltmächten USA und Sowjetunion; und dem Bedürfnis, ja der Notwendigkeit, einen Integrationsrahmen für die Deutschen zu schaffen, der sie dauerhafter Kontrolle unterstellte, ohne zugleich abermaligen deutschen Revanchismus zu provozieren. Bei der Verwirklichung dieser Ziele, die eng miteinander verknüpft waren, konnten allerdings unterschiedliche Prioritäten gesetzt werden. Ebenso mußte immer wieder ein Ausgleich zwischen partiell gegensätzlichen Einzelinteressen beteiligter Länder und gesellschaftlicher Gruppen gefunden werden. Das machte die regionale Integration in Europa zu einem komplexen Prozeß.

I. Verhandlungen über regionale Integration in Europa gab es schon während des II. Weltkrieges. Im Frühjahr 1944 schlug die Provisorische Regierung des Freien Frankreich unter General *C. de Gaulle* der britischen Regierung die Bildung einer ‹Föderation› des westlichen Europas unter Einschluß Großbritanniens vor, die den Europäern größere Eigenständigkeit verschaffen und insbesondere auch eine gemeinsame Kontrolle der Industriegebiete des westlichen Deutschlands ermöglichen sollte. Die britische Regierung zögerte allerdings mit Rücksicht auf die Weltfriedensorganisationspläne der Weltmächte, diesem Vorschlag zuzustimmen. Die kleineren westeuropäischen Staaten wiederum, insbesondere Belgien und Luxemburg, wollten sich nicht an einer Gemeinschaft ohne Großbritannien beteiligen, die von Frankreich dominiert werden würde. Folglich führten die Verhandlungen vorerst nur zu der Vereinbarung Belgiens, der Niederlande und Luxemburgs vom 5.9. 1944, nach dem Ende der Kampfhandlungen eine Zollunion (Benelux) zu bilden.

Nach dem Ende des Krieges betrieb insbesondere *E. Bevin*, der Außenminister der britischen *Labour*-Regierung, die Bildung einer ‹engen Assoziation› des westlichen Europas, die den wirtschaftlichen Wiederaufbau auf den Weg bringen und zur Schaffung gemeinsamer Sicherheitsstrukturen führen sollte. Er stieß damit jedoch nicht nur auf anhaltenden Widerstand im eigenen Kabinett, wo man die Kosten und den Verlust der Bindungen an das *Commonwealth* scheute, sondern auch auf die französische Gegenforderung nach vorheriger Abtrennung der Rheinlande und des Ruhrgebiets vom deutschen Staatsverband. Erst als Frankreich diese Forderung stillschweigend fallenlassen hatte, konnte mit dem Dünkircher Pakt vom 4. 3. 1947 eine erste vertragliche Festschreibung der Zusammenarbeit von Frankreich und Großbritannien erzielt werden.

II. Ausgeweitet wurde dieser Beginn einer regionalen Zusammenarbeit, als die amerikanische Regierung im Sommer 1947 die Erstellung eines integrierten Wiederaufbauprogramms der europäischen Staaten zur Vorbedingung für die Gewährung von Wirtschaftshilfe im Zeichen des *Marshall*–Plans machte. Zwar kam auch jetzt keine umfassende europäische Zollunion zustande, weil die Benelux-Staaten sie nicht ohne britische Beteiligung wollten und *Bevin* sich im britischen Kabinett nicht konsequent durchsetzen konnte. Die *Organisation für europäische wirtschaftliche Zusammenarbeit* (OEEC), deren Konvention am 16. 4. 1948 unterzeichnet wurde, beinhaltete aber immerhin eine Grundsatzverpflichtung der 16 Teilnehmerländer zu fortschreitender wirtschaftlicher Integration und wechselseitiger Abstimmung des Wiederaufbaus. Mit dem Brüsseler Pakt vom 17. 3. 1948 schufen sich Frankreich, Großbritannien und die Benelux-Staaten zudem ein Instrument sicherheitspolitischer Zusammenarbeit, das gleichzeitig der Vorbereitung weiterer Integrationsschritte dienen konnte.

Auf Stärkung der Gemeinschaftsstrukturen drängte nun insbesondere die französische Regierung, die mit der Konstituierung der Bundesrepublik Deutschland nach den Londoner Deutschlandempfehlungen vom 7. 6. 1948 die Gefahr einer abermaligen Hegemonie der Deutschen über Europa auf sich zukommen sah und den neuen westdeutschen Staat deshalb wirtschaftlich wie sicherheitspolitisch in eine supranationale westeuropäische Gemeinschaft einbinden wollte. Der *Europarat*, der auf ihre Initiative hin am 5. 5. 1949 konstituiert wurde, sollte nach französischem Verständnis zu rascher Einigung über die Schaffung einer föderativen Organisation Westeuropas führen. Als sich die Briten diesem Ansinnen widersetzten, rang sich die französische Regierung nach längerem Zögern zu dem Entschluß durch, mit der supranationalen Organisation Europas auch ohne britische Beteiligung zu beginnen. Darin lag die strategische Bedeutung des *Schuman*–Plans vom 9. 5. 1950, der dann zur Schaffung der *Europäischen Gemeinschaft für Kohle und Stahl* (EGKS) führte. Mit diesem Gemeinsamen Markt für die damaligen Schlüsselindustrien, an dem sich neben Frankreich und der Bundesrepublik die Benelux-Staaten und Italien beteiligten, wurde der Gefahr einer Kartellbildung unter deutscher Führung vorgebeugt. Damit war – unter tatkräftiger Mithilfe von Bundeskanzler *K. Adenauer* – ein wesentliches Element der Einbindung der jungen Bundesrepublik in eine westeuropäische Sicherheitsgemeinschaft gelungen.

III. Die weitere Entwicklung des westeuropäischen Integrationsprozesses litt darunter, daß nach dem Ausbruch des Koreakrieges am 25.6. 1950 mit der Forderung nach Aufstellung westdeutscher Truppen ein Integrationsbereich in den Vordergrund der Bemühungen rückte, der für nationale Empfindlichkeiten besonders anfällig war. Mit dem *Pleven*-Plan vom 24. 10. 1950 schlug die französische Regierung die Schaffung einer europäischen Armee vor, an der die Bundesrepublik nur unter diskriminierenden Bedingungen beteiligt sein sollte. Als daraus im Zuge der Verhandlungen am 27.5. 1952 ein Vertrag hervorging, der die nahezu gleichberechtigte Beteiligung der Bundesrepublik an der ‹Europäischen Verteidigungsgemeinschaft› (EVG) vorsah, war die Idee der Europa-Armee in Frankreich nicht mehr mehrheitsfähig. Ein Versuch, sie dadurch zu retten, daß man ihr eine ‹Europäische Politische Gemeinschaft› (EPG) vorschaltete, scheiterte an der niederländischen Vorbedingung, gleichzeitig auch eine Wirtschaftsgemeinschaft der Sechs zu schaffen. Am 30.8. 1954 lehnte es die französische Nationalversammlung daraufhin ab, sich mit dem EVG-Vertrag zu befassen.

Die *rélance européenne* nach dem Debakel der EVG beruhte auf einem kunstvoll ausgehandelten Kompromiß: Frankreich gestand in den Römischen Verträgen vom 25.3. 1957 die Schaffung eines Gemeinsamen Marktes der *Europäischen Wirtschaftsgemeinschaft* (EWG) zu, allerdings erst nach einer gestaffelten Übergangsperiode von dreimal vier, maximal fünfzehn Jahren; dafür billigten die Bundesrepublik, Italien und die Benelux-Staaten das Projekt einer *Europäischen Atomgemeinschaft* (Euratom), an dem v. a. die französische Planungsbürokratie interessiert war. Ermöglicht wurde dieser Kompromiß erneut durch politische Motive: *Adenauer* betrieb ihn gegen den Widerstand seines Wirtschaftsministers *L. Erhard*, weil er eine stärkere Einbindung der Bundesrepublik in die westliche Gemeinschaft anstrebte; der französische Ministerpräsident *G. Mollet* sah über die Einbindung der Deutschen hinaus die Möglichkeit stärkerer Selbstbehauptung der Europäer gegenüber der amerikanischen Führungsmacht.

IV. Die Entscheidung für die EWG bedeutete gleichzeitig, daß Pläne zur Schaffung einer allgemeinen europäischen Freihandelszone, wie sie sich die britische Regierung unterdessen zu eigen gemacht hatte, unausgeführt blieben. Den Ländern, die sich der EWG wegen der Verpflichtung auf Gemeinschaftsregeln oder wegen ihrer politischen Ausrichtung im Rahmen des westlichen Bündnisses nicht anschließen wollten, blieb nur noch die Möglichkeit, sich zu einer separaten Freihandelszone zu verbinden, die den Rückgang des Handels mit den EWG-Mitgliedern wenigstens teilweise zu kompensieren versprach. Mit der Gründung der *Europäischen Freihandels-*

assoziation (EFTA) vollzogen Großbritannien, Dänemark, Norwegen, Schweden, Portugal, Österreich und die Schweiz am 20. 11. 1959 diesen Schritt.

Die Länder im Machtbereich der Sowjetunion konnten nach der sowjetischen Absage an den *Marshall*-Plan am 2. 7. 1947 und *J. Stalins* Veto gegen Föderationspläne Bulgariens und Jugoslawiens im Frühjahr 1948 nur noch an Zusammenschlüssen teilnehmen, an denen auch die Sowjetunion beteiligt war. Im wirtschaftlichen Bereich war dies der *Rat für Gegenseitige Wirtschaftshilfe* (RGW), der am 25. 1. 1949 von Bulgarien, Rumänien, Polen, Ungarn, der Sowjetunion und der Tschechoslowakei gegründet wurde. Er entwickelte umfangreiche Planungsaktivitäten, blieb aber in der Effektivität beschränkt, da seine Mitglieder gleichzeitig auf ihrer nationalen Souveränität beharrten. Im militärischen Bereich wurde die Zusammenarbeit der Ostblock-Staaten seit dem 14. 5. 1955 durch den *Warschauer Pakt* organisiert, dem auch die DDR als Gründungsmitglied angehörte.

V. Im Kreis der sechs Gründungsmitglieder der EWG diskutierte man nach dem Inkrafttreten der Römischen Verträge verstärkt über die Schaffung einer Politischen Gemeinschaft. Insbesondere General *de Gaulle* verband damit die Vorstellung, eine von der amerikanischen Sicherheitsgarantie unabhängige europäische Atomstreitmacht schaffen zu können. Seine Partner waren jedoch nicht bereit, ihm auf diesem Wege zu folgen; Verhandlungen über den ‹*Fouchet*-Plan› einer Politischen Union (so benannt nach *de Gaulles* Mitarbeiter *C. Fouchet*) scheiterten am 17. 4. 1962. Ebenso mißlang *de Gaulles* Versuch, die Politische Union über den deutsch-französischen Vertrag vom 22. 1. 1963 im deutsch-französischen Alleingang auf den Weg zu bringen: Der Deutsche Bundestag versah den Vertrag einseitig mit einer Präambel, die dem Ziel der sicherheitspolitischen Unabhängigkeit von den USA explizit widersprach.

De Gaulle zog sich daraufhin auf eine Politik des nationalen Alleingangs zurück. Als EWG-Kommissionspräsident *W. Hallstein* versuchte, das Interesse Frankreichs an der Etablierung einer Agrarmarktordnung zu einer Stärkung der Stellung des Europäischen Parlaments und der Kommission zu nutzen, boykottierte *de Gaulle* vom 30. 6. 1965 an die Gemeinschaftsorgane (‹Politik des leeren Stuhls›). Er erreichte damit, daß die Partner nach einer Grundsatzaussprache am 28./29. 1. 1966 auf das vertraglich festgelegte Recht, im Ministerrat zu Mehrheitsentscheidungen überzugehen, weitgehend verzichteten (‹Luxemburger Kompromiß›). Einer raschen Vertiefung der westeuropäischen Integration war damit trotz des Beschlusses zur Fusionierung der Gemeinschaftsorgane von EGKS, EWG und Euratom vom 8. 4. 1965 ein Riegel vorgeschoben. Sicherheitspolitik betrieb Frankreich jetzt nur noch im nationalen Rahmen. Am 7. 3. 1966 kündigte *de Gaulle* den Austritt Frankreichs aus der militärischen Organisation der NATO an.

Die Konzentration auf die wirtschaftlichen Zielsetzungen der Integration, die mit dieser Selbstbeschränkung der Europäischen Gemeinschaften verbunden war, wurde durch den Beitritt Großbritanniens noch verstärkt. Er erfolgte, nachdem *de Gaulle* britische Beitrittsgesuche zweimal (1963 und 1967) unter Hinweis auf die enge sicherheitspolitische Bindung der Briten an die USA zurückgewiesen hatte, zum 1. 1. 1973. Gleichzeitig traten Irland und Dänemark der Gemeinschaft bei. Nach dem Ende der autoritären Regime in Griechenland, Portugal und Spanien Mitte der 70er Jahre stellten auch diese Länder Beitrittsanträge. Griechenland wurde zum 1. 1. 1981 in die Gemeinschaft aufgenommen, Portugal und Spanien erst nach langwierigen Verhandlungen über die Erweiterung des Agrarmarktes zum 1. 1. 1986.

Eine Ausweitung der Integrationsfelder kam unterdessen mit der Einrichtung des Europäischen Währungssystems (EWS) 1979 zustande. Partiell war dies eine Reaktion auf die Desintegrationstendenzen, die aus der Erweiterung und damit auch Heterogenisierung der Gemeinschaft resultierten. Darüber hinaus zielte die neue Einrichtung darauf, die Abhängigkeit von der weltweiten Währungsspekulation zu verringern und eine europäische Stabilitätszone zu schaffen. Großbritannien schloß sich dem EWS jedoch nicht an. Ebenso blieben Pläne des französischen Staatspräsidenten *V. Giscard d'Estaing* und des deutschen Bundeskanzlers *H. Schmidt* unausgeführt, eine deutsch-französische Militärallianz mit gemeinsamem Oberkommando zu schaffen, die den Kern einer eigenständigen westeuropäischen Streitmacht im Rahmen des westlichen Bündnisses bilden sollte. Die Gemeinsamkeit in der Außen- und Sicherheitspolitik beschränkte sich auf die Konsultationen im Rahmen der Europäischen Politischen Zusammenarbeit (EPZ, seit 1970 in mehreren Stufen entwickelt) sowie auf die Verstetigung der EG-Gipfeltreffen im Europäischen Rat (seit 1974).

VI. Eine wesentliche Vertiefung der Integration wurde mit der Einheitlichen Europäischen Akte (EEA) erreicht, die die Staats- und Regierungschefs der mittlerweile zwölf Mitgliedsländer am 17. 2. 1986 unterzeichneten. Im wesentlichen unter dem Eindruck der Gefahr eines Verlusts an Wettbewerbsfähigkeit gegenüber der japanischen Konkurrenz vereinbarten sie, den im EWG-Vertrag vorgesehenen europäischen Binnenmarkt bis zum 1. 1. 1993 zu vollenden. Außerdem wurde beschlossen, im Ministerrat künftig überwiegend mit qualifizierten Mehrheiten zu arbeiten. Der EWG-Vertrag wurde um Bemühungszusagen zur Schaffung der Wirtschafts- und Währungsunion, zur Stärkung der Sozialpolitik, der Forschungsförderung und des Umweltschutzes ergänzt. Schließlich wurde das Ziel der Entwicklung einer gemeinsamen Außenpolitik formuliert.

Obwohl die Umsetzung der Beschlüsse zur Erweiterung der Gemeinschaftsfelder weitgehend ungewiß blieb, war die EG damit vergleichsweise gut gerüstet, als mit dem Zusammenbruch des sowjetischen Imperiums 1989–91 gewaltige neue Aufgaben auf sie zukamen: Nach dem Wegfall der

Ordnungsfunktionen, die die Teilung Europas in zwei antagonistische Blöcke innegehabt hatte, wurde sie für die Einbindung und Selbstbindung der Deutschen noch ungleich wichtiger als zuvor. Gleichzeitig mußte sie Mitverantwortung für das Gelingen der Sanierung der osteuropäischen Länder übernehmen. Schließlich wurde sie mit der Transformation der östlichen Weltmacht und der Verringerung der amerikanischen Weltpräsenz, die daraus resultierte, potentiell auch zu einem globalen Akteur.

VII. In der Folgezeit unternahm die Gemeinschaft auch einige wesentliche Schritte, um den neuen Herausforderungen gerecht zu werden: (1) Auf dem Gipfel von Maastricht am 10./11.12. 1991 stimmte Bundeskanzler *H. Kohl* einem verbindlichen Zeitplan zur Errichtung der Währungsunion zu, mit der die bislang bestehende *de facto*–Hegemonie der Bundesbank durch eine Europäisierung der Währungspolitik abgelöst werden wird. (2) Gleichzeitig wurde die Entwicklung einer Gemeinsamen Außen- und Sicherheitspolitik (GASP) zur Zielvorgabe erklärt und die Zusammenarbeit in den Bereichen Justiz und Innenpolitik in Vertragsform gegossen. Durch die Verbindung der verschiedenen Integrations- und Kooperationsbereiche gingen die Gemeinschaften in die *Europäische Union* über, in deren Rahmen erstmals auch ein europäisches Bürgerrecht geschaffen wurde. (3) Auf dem deutsch-französischen Gipfeltreffen von La Rochelle im Mai 1992 beschlossen *Kohl* und der französische Staatspräsident *F. Mitterrand* die Bildung eines ‹Eurokorps›, das auch den anderen Mitgliedsländern der Gemeinschaft offensteht und damit zum Kern einer sicherheitspolitischen Identität der Europäischen Union werden kann. (4) Auf dem Essener Gipfel vom 9./10.12. 1994 wurde eine ‹Heranführungsstrategie› für die osteuropäischen Länder vereinbart, die ihnen bei Vorliegen der rechtlichen und wirtschaftlichen Voraussetzungen prinzipiell die Möglichkeit zum Beitritt eröffnet.

Da mit dem Ende des Ost-West-Konflikts auch die politischen Barrieren wegfielen, die vormals neutrale EFTA-Staaten davon abgehalten hatten, sich der wirtschaftlich erfolgreicheren Gemeinschaft anzuschließen, war gleichzeitig auch der Weg zum Beitritt Österreichs, Schwedens und Finnlands frei. Er wurde zum 1.1. 1995 vollzogen. Damit ist die EU, die mit dem Inkrafttreten der Maastricht-Verträge zum 1.1. 1994 aus den Europäischen Gemeinschaften hervorgegangen ist, auf dem Weg von der regionalen zur tatsächlich (gesamt-)europäischen Integration. Offen ist allerdings, ob das Gemeinschaftsbewußtsein der Europäer ausreichen wird, um die Union mit den Mechanismen und Kompetenzen auszustatten, die zur Bewältigung der außerordentlich gewachsenen Aufgaben bei gleichzeitig größer werdender Vielfalt und Heterogenität der Mitgliedsländer erforderlich sind. Im Mittelpunkt des europäischen Integrationsprozesses werden daher in nächster Zeit institutionelle Reformen und die Verständigung über eine Identität der Europäer stehen müssen.

↗ Erweiterung und Vertiefung der Europäischen Union; Europarat; Integrationstheorien; Kooperationstheoretische Ansätze; Politikwissenschaftliche Europaforschung; Politisches System der Europäischen Gemeinschaft; Westeuropäische Union.

Literatur: *Borchardt, K.-D.* 1996: Die europäische Einigung. Die Entstehung und Entwicklung der Europäischen Union, Brüssel. *Delgado, M./Lutz-Bachmann, M.* (Hrsg.) 1995: Herausforderung Europa: Wege zu einer europäischen Identität, München. *Jakobeit, C./Yenal, A.* (Hrsg.) 1993: Gesamteuropa. Analysen, Probleme und Entwicklungsperspektiven, Opladen. *Läufer, T.* (Hrsg.) [3]1994: Europäische Union, Europäische Gemeinschaft. Die Vertragstexte von Maastricht mit den deutschen Begleitgesetzen, Bonn. *Lehmbruch, G.* (Hrsg.) 1995: Einigung und Zerfall: Deutschland und Europa nach dem Ende des Ost-West-Konfliktes. 19. wissenschaftlicher Kongreß der Deutschen Vereinigung für Politikwissenschafft, Opladen. *Loth, W.* [3]1996: Der Weg nach Europa. Geschichte der europäischen Integration 1939–1957, Göttingen. *Loth, W./Picht, R.* (Hrsg.) 1991: De Gaulle, Deutschland und Europa, Opladen. *Loth, W./Wallace, W./Wessels, W.* (Hrsg.) 1995: Walter Hallstein. Ein deutscher Europäer, Bonn. *Milward, A.S.* 1992: The European Rescue of the Nation State, London. *Mommsen, W.J.* 1992: Der lange Weg nach Europa. Historische Betrachtungen aus gegenwärtiger Sicht, Berlin. *Platzer, H.-W.* 1995: Lernprozeß Europa: die EG und die neue europäische Ordnung, Bonn. *Poidevin, R./Spierenburg, D.* 1993: Histoire de la Haute Autorité de la Communauté Européenne du Charbon et de l'Acier, Brüssel. *Schmuck, O./Dirk, G./Bundeszentrale für politische Bildung/Institut für Europäische Politik* (Hrsg.) 1993: Von der EG zur Europäischen Union, Bonn. *Urwin, D.W.* 1991: The Community of Europe. A History of European Integration since 1945, London/New York.

Wilfried Loth

Gewerkschaftliche Zusammenarbeit

Westeuropäische Gewerkschaften haben sich hauptsächlich innerhalb vorhandener Staatsgrenzen organisiert und politisch ausgerichtet. Gleichzeitig gab es jedoch auch immer internationale Orientierungen. In der sozialistischen Arbeiterbewegung wirkte die Internationalismus-Norm; bei den katholischen Verbänden schuf die katholische Soziallehre Gemeinsamkeiten über Grenzen hinweg. Erste transnationale Organisationen wurden bereits zu Beginn des 20. Jh. ins Leben gerufen. Insofern stellte der 1973 gegründete *Europäische Gewerkschaftsbund* (EGB) prinzipiell kein Novum dar. Er ist zweifelsohne die wichtigste internationale Gewerkschaftsorganisation, die sich auf die *Europäische Union* bezieht. 1995 gehörten ihm 46 Gewerkschaftsbünde mit zusammen mehr als 40 Mio. Einzelmitgliedern aus 22 westeuropäischen Ländern an. Nur zwei national besonders bedeutende Arbeitnehmerverbände sind dort – aufgrund ihrer kommunistischen Orientierung – nicht vertreten: die französische *Confédération Générale du Travail* und die portugiesische *Intersindical*. Mittel- und osteuropäische Gewerkschaften sind noch nicht EGB-Mitglieder; viele haben jedoch bereits einen Beobachterstatus. Der EGB ist ein Dachverband nationaler Spitzenverbände. Seit einer Organisationsreform im Jahr 1991 sind auch branchenspezifische Gewerkschaftsausschüsse – d. h. die Zusammenfassungen nationaler Branchengewerkschaften – im Exekutivausschuß des EGB mit eingeschränktem Stimmrecht neben den nationalen Organisationen vertreten. Der EGB unterstützt und koordiniert ferner interregionale Gewerkschaftsräte, die sich in Grenzregionen (z. B. Lüttich, Aachen, Maastricht) organisiert haben. Da der EGB keine eigenen Verwaltungsorganisationen unterhalb der zentralen Ebene unterhält, ist er bei der Durchsetzung seiner Ziele auf die Kooperation der Mitgliedsgewerkschaften angewiesen. Neben dem EGB gibt es noch kleinere europäische Gewerkschaftsbünde. Mitte der 90er Jahre waren ihnen höchstens ein Fünftel aller Gewerkschaftsmitglieder in Europa angeschlossen. Unter dem Gesichtspunkt institutionalisierter Interessenvertretung von Arbeitnehmern ist die Einrichtung des Wirtschafts- und Sozialausschusses sowie die europäische Mitbestimmungsregelung zu erwähnen. Seit 1994 existiert eine Richtlinie des Sozialministerrats, die die rechtliche Grundlage für europäische Betriebsräte bildet, die allerdings nur Informations- und Konsultationsrechte genießen. Die Interessenvertretung der Arbeitnehmer im Wirtschafts- und Sozialausschuß wird von nationalen Gewerkschaften wahrgenommen. Dabei werden neun von zehn Delegierten von Mitgliedsgewerkschaften des EGB entsandt.

In der sozialwissenschaftlichen Literatur herrscht ebenso wie in der gewerkschaftlichen Praxis breite Übereinstimmung darüber, daß die europäische gewerkschaftliche Zusammenarbeit es nicht vermocht hat, den organisierten Arbeitnehmerinteressen auch nur annähernd die nationalstaatlich erreichten Einflußchancen in Wirtschaft und Politik zu eröffnen.

I. Der wichtigste Hinderungsgrund für die Herausbildung einer durchsetzungskräftigen europäischen Gewerkschaftsbewegung wird in den beträchtlichen Unterschieden der einzelstaatlichen Gewerkschaftsorganisationen und ihres nationalen Handlungskontextes gesehen. Die Forschung hat zwar diese national bedingten Unterschiede erkannt, vermutete jedoch häufig, sie würden durch eine doppelte Konvergenz minimiert. Die erste sei durch – vom internationalen Kontext weitgehend unabhängige – national ähnlich verlaufende sozio-ökonomische Entwicklungen bewirkt. Die zweite Konvergenz entstehe – direkt oder vermittelt – durch die ökonomische und politische Integration Europas.

Die Mitglieder- und Organisationsstrukturen sowie Programme und Politiken westeuropäischer Gewerkschaften sind wesentlich durch die Wirtschafts- und Berufsstruktur, die Politik und Organisation der Arbeitgeber und das politische System des jeweiligen Landes bestimmt. In der Forschung ist die starke und andauernde Prägekraft dieser nationalen Bedingungen unbestritten. Offen ist hingegen die Frage, in welchem Maße und in welchem Tempo die bestehenden Unterschiede abgeschliffen werden. Für die Prognose einer weitgehenden Einebnung der historisch entstandenen Unterschiede spricht eine Reihe von Argumenten: Sie beziehen sich auf ökonomische Veränderungen und wirtschaftspolitische Trends wie die Aufgabe wirtschaftlicher Globalsteuerung zugunsten von Deregulierung und Liberalisierung der Märkte im globalen Wettbewerb, soziale Differenzierungen (zunehmende Heterogenität der Qualifikation und Arbeitssituation der abhängig Beschäftigten) sowie kollektive Einstellungsänderungen (z. B. die Zunahme ‹postmaterialistischer› Haltungen oder die nachlassende Bindung an politische Parteien). Diese Entwicklungen sind in nahezu allen westeuropäischen Ländern festzustellen. Neuere empirische Studien zeigen allerdings, daß diese Angleichung von Umwelten der nationalen Gewerkschaften stark begrenzt ist. Zudem fallen selbst dort, wo die einzelnen Arbeitnehmerverbände mit zunehmend ähnlichen Entwicklungen konfrontiert sind, die organisatorischen und politischen Reaktionen durchaus verschieden aus. So sind weder in allen Ländern eine Konvergenz der Mitgliederentwicklung in Richtung auf ein niedriges Niveau der Organisationsdichte (Gewerkschaftsmitglieder in Prozent aller abhängig Beschäftigten) noch eine Angleichung der Organisationsstrukturen oder ein Zusammenbruch sozialpartnerschaftlicher Formen der Konzertierung zu beobachten. Gleichartige Herausforderungen werden mit unterschiedlichen nationalen Handlungsstrategien und Organisationsformen beantwortet, was vielfach aus der Unterschiedlichkeit der bisherigen Institutionen und Traditionen erklärt werden kann. Aus diesem Grund ist nicht anzunehmen, langfristig würden sich die Gewerkschaften in Europa in ihren Interessen, Organisationen und Politiken so stark angleichen, daß sie in einer neuen Gesamtorganisation aufgehen oder diese zumindest als untergeordnete Elemente tragen könnten.

Gegen die Einschätzung, der Binnenmarkt und schließlich die Währungsunion vernetzten die nationalen Ökonomien so eng, daß eine eigenständige nationale Gewerkschaftspolitik nicht mehr möglich ist, wird vorgebracht, die Ökonomien der EU-Mitgliedstaaten zeichneten sich durch einen national eigentümlichen Mix von Infrastruktur, Fähigkeiten, Qualifikation und Technologie aus, der nur aus dem Zusammenwirken der jeweils spezifischen ökonomischen und institutionellen Rahmenbedingungen zu erklären sei und die Position der einzelnen Ökonomien in der internationalen Wettbewerbsfähigkeit der ‹Systeme› begründe. Sollte dies auch in Zukunft zutreffen, so gibt es für Gewerkschaften – selbst in einem stärker integrierten Europa – keine Notwendigkeit zur Kooperation. Sie müssen vielmehr – zusammen mit den nationalen Regierungen und Arbeitgeberverbänden – ein Interesse an der Aufrechterhaltung dieser spezifischen nationalen Kombination von wettbewerbsfähigen Institutionen und Wirtschaftsstrukturen haben. Eine vereinheitlichende europäische Gewerkschaft und deren Politik wären, aus dieser Perspektive betrachtet, für die meisten nationalen Arbeitnehmerverbände schädlich. Diese Überlegungen stützen die These, daß in der Gemeinschaft zwei Konzertierungsebenen entstehen werden: Produktmärkte könnten im Zusammenspiel von

EG-Behörden und Wirtschaftsverbänden supranational-sektoral konzertiert geregelt werden. Arbeitsmärkte hingegen würden weiterhin auf der nationalen Ebene von einzelstaatlichen Akteuren und Sozialpartnern abgestimmt gesteuert. Die europäische Wirtschaftsintegration würde zwar den Handlungsrahmen der nationalen Systeme der Arbeitsbeziehungen verändern, aber keine transnationale Koordinierung der Gewerkschaften erzwingen.

In der politischen Diskussion und vereinzelt in fachwissenschaftlichen Beiträgen wird argumentiert, zur Verbesserung der europäischen Gewerkschaftsarbeit bedürfe es lediglich einer energischen Initiative aus dem Kreis der nationalen Gewerkschaften, die nur aus einer vertieften Einsicht über den Stand und die Gefahren der Integration erwachsen könne und dazu führen werde, den EGB mit mehr Kompetenzen auszustatten. Die Handlungsmöglichkeiten des EGB sind jedoch auch aufgrund fehlender Kompetenzzuweisungen an die EU und des mangelnden Verhandlungswillens der Arbeitgeber sehr beschränkt. Die Übertragung von Zuständigkeiten an den EGB von seiten der nationalen Mitgliedsverbände würde daran nichts ändern. Allerdings ist die gegenwärtige Situation des EGB, die durch begrenzte Kompetenzen und ungenügende Ressourcen gekennzeichnet ist, auch Ausdruck für die innergewerkschaftlichen Machtverhältnisse. Der EGB ist als Verband von Dachverbänden auch bei qualifizierten Mehrheitsentscheidungen auf den Konsens der wichtigsten Mitgliedsorganisationen angewiesen. Er ist weit davon entfernt, sich zu einem organisatorischen und politischen Zentrum zu entwickeln, das alleine aufgrund seiner Dienstleistungen und seiner politischen Bedeutung stets weitere Kompetenzen und Ressourcen an sich ziehen kann.

Historisch war der Erfolg nationaler Gewerkschaften eng verknüpft mit der Koalitionsbildung mit politischen Parteien, mit dem Aufbau von Verhandlungsbeziehungen zu Arbeitgebern und mit der Stützung der Gewerkschaften durch ihre Inkorporierung in die staatliche Politik. Die nationalen Gewerkschaftssysteme haben dabei stets vor dem Problem gestanden, diese Strategien der Einflußnahme über Einbindung in Übereinstimmung mit ihrem Anspruch auf autonome Interessenvertretung bringen zu müssen, um Mitglieder zu gewinnen und zu behalten. Eine Wiederholung der national erfolgreichen Politik scheint auf europäischer Ebene kaum möglich. Der EGB ist politisch außerordentlich heterogen und wäre allein aus diesem Grund nicht in der Lage, eine stabile parteipolitische Koalition einzugehen. Erschwerend kommt hinzu, daß auf europäischer Ebene kein eigenständiges Parteiensystem existiert und somit keine von den nationalen Gruppierungen unabhängigen und durchsetzungsfähigen politischen Parteien auszumachen sind, die als Bündnispartner der Gewerkschaften in Frage kämen. Vorliegende Befunde deuten darauf hin, daß die Arbeitgeber sich den transnationalen gewerkschaftlichen Verhandlungswünschen entziehen, indem sie ihrerseits auf eine Stärkung des europäischen Arbeitgeberverbandes verzichten. Dies muß nicht zwangsläufig bedeuten, daß die europäischen Arbeitsbeziehungen sich dem liberalen US-amerikanischen System vor dem *New Deal* angleichen werden, wie dies einzelne Forscher vermuten. Vielmehr ist auch möglich, daß Gewerkschaften weiterhin nationalstaatlich begrenzt agieren und sich in ihren nationalen Strategien und Institutionen graduell der transnationalen Organisation von Produktmärkten anpassen. Die Handlungsbedingungen auf europäischer Ebene sind so verschieden von jenen auf der nationalen Ebene, daß eine Übertragung der institutionellen Arrangements weder wahrscheinlich ist noch gewünscht wird.

In diesem Zusammenhang ist besonders bedeutsam, daß jene Stützung der Gewerkschaften durch die EU fehlt, die im nationalen Rahmen besonders wichtig war: die Einführung rechtlich abgestützter Verfahren der Arbeitsbeziehungen, die die Gewerkschaften bei der Vertretung der Mitgliederinteressen begünstigen oder zumindest schützen. Hierüber kann im Rat der Sozialminister nur schwer eine Einigung erzielt werden, weil dies einen Konsens über ein anzustrebendes System der Arbeitsbeziehungen voraussetzen würde. Eine solche Einigung ist auch deshalb schwer zu erreichen, weil damit ein Umbau der bisherigen Institutionen der Arbeitsbeziehungen in jenen Ländern gefordert wäre, in denen das bisherige System sich wenig mit einem zukünftigen europäischen deckt. Die Kosten der institutionellen Anpassungen können leicht von allen drei nationalen Akteuren als zu hoch betrachtet werden. Die vielfältige Unterstützung, die der EGB durch die Europäische Kommission erhält – Information, Konsultation und Subventionierung des EGB-Forschungsinstituts – ist kein Ausgleich dafür, daß der gewerkschaftlichen Interessenvertretung die Stützung durch Verrechtlichung der Arbeitsbeziehungen auf europäischer Ebene fehlt.

II. Untersuchungen der europäischen gewerkschaftlichen Zusammenarbeit haben meist die Integrationsperspektive eingenommen und diese als eigenständigen Handlungsbereich aufgefaßt. Dabei wurden Formen, Ausmaß und Wachstum der transnationalen Kooperation sorgfältig registriert. Bei diesen eher beschreibenden Studien kam die Frage zu kurz, weshalb trotz langjähriger Zusammenarbeit die Erfolge noch immer so bescheiden sind. Um diese Frage zu beantworten, müßten die Gründe für die vielfältigen nationalen Unterschiede und deren Bedeutung für die europäische Gewerkschaftsarbeit aufgearbeitet werden. Die vergleichende Gewerkschaftsforschung bietet Ansatzpunkte, hat aber ihrerseits bis vor wenigen Jahren Fragestellungen der Integrationsforschung kaum aufgenommen. Die Analyse von Struktur und Politik der Gewerkschaften wurde so vorgenommen, als ob die Arbeitnehmerverbände in ökonomisch und politisch unabhängigen nationalen Umwelten agierten.

Bei den Forschungen zur gewerkschaftlichen Zusammenarbeit in Europa ist eine eindeutige Konzentration auf den EGB festzustellen. Dabei wurde zu wenig problematisiert, ob der Fokus auf die europäischen Gewerkschaften im Institutionensystem der EU überhaupt angemessen ist, um Aufgaben und Leistungen europäischer gewerkschaftlicher Zusammenarbeit zu messen. Die Aufhebung politischer Systemgrenzen in Europa, die Internationalisierung oder gar Globalisierung der Märkte und die Verlagerung politischer Entscheidungen auf eine internationale Ebene sind Prozesse, die nicht ausschließlich auf die EU zurückzuführen sind. Somit stellt sich ganz allgemein die Frage nach den Veränderungen und Chancen gewerkschaftlicher Interessenvertretung. Die Analyse gewerkschaftlicher Zusammenarbeit in der EU würde sich demnach nur mit einem Sonderfall eines generellen Problems befassen.

↗ Interessenvertretung; Sozialpolitik; Wirtschafts- und Sozialausschuß

Literatur: *Barnouin, B.* 1986: The European Labour Movement and European Integration, London/Wolfeboro. *Platzer, H.-W.* 1991: Gewerkschaftspolitik ohne Grenzen? Die transnationale Zusammenarbeit der Gewerkschaften im Europa der 90er Jahre, Bonn. *Stöckel, I.* 1986: Gewerkschaftsausschüsse in der EG, Kehl. *Streeck, W.* (Hrsg.) 1994: Staat und Verbände (PVS-Sonderheft 25), Opladen.

Klaus Armingeon

Grund- und Menschenrechtspolitik

Mit dem Begriff Grund- und Menschenrechte werden i. d. R. diejenigen vorstaatlichen, unveräußerlichen und universalen Individual- und Gruppenrechte bezeichnet, die der einzelne aufgrund seines Menschseins zum Schutz und zur Entfaltung seiner Menschenwürde von der Gesellschaft, in der er lebt, mittels völkerrechtlicher Normen oder innerstaatlicher Verfassung rechtlich einfordern können soll.

Das Leitmotiv der nach 1945 einsetzenden internationalen Verrechtlichung der Menschenrechte besteht in der Erkenntnis, daß der Schutz der Menschenrechte nicht den einzelnen Staaten überlassen werden kann, sondern eine überstaatliche Aufgabe darstellt. In Anlehnung an die Allgemeine Erklärung der Menschenrechte, die von den *Vereinten Nationen* 1948 angenommen wurde, setzt die Einrichtung eines europäischen regionalen Schutzsystems 1950 mit der Vertragsunterzeichnung der Europäischen Konvention zum Schutze der Menschenrechte und Grundfreiheiten (EMRK) ein.

Das regionale europäische Menschenrechtsregime beruht auf Vereinbarungen des *Europarates* und der *Europäischen Gemeinschaft* sowie der *Organisation für Sicherheit und Zusammenarbeit in Europa* (OSZE). Aufgrund seiner weitreichenden Kontrollverfahren zum Schutze der Menschenrechte stellt das europäische Menschenrechtsregime die bislang umfassendste und wirksamste überstaatliche Institutionalisierung und Kodifikation zur Gewährleistung elementarer Grund- und Menschenrechte dar.

I. Auf der Grundlage der vom *Europarat* verfaßten EMRK werden Menschenrechte von den Vertragsstaaten für alle in ihrem Hoheitsbereich befindlichen Personen unabhängig von deren Staatsangehörigkeit unmittelbar garantiert. Als elementare Rechte werden in der Konvention die bürgerlich-politischen Freiheitsrechte von Individuen verbürgt, die als Abwehrrechte gegen den Staat einen umfassenden Entfaltungsrahmen für den einzelnen bieten sollen. Zentral hierfür sind das Recht auf Leben, Verbot der Folter, Verbot willkürlichen Freiheitsentzugs, Rechtssicherheit sowie die ‹klassischen› Freiheiten wie Meinungs-, Presse-, Gedanken-, Gewissens-, Religions-, Versammlungs- und Vereinigungsfreiheit.

Zur Gewährleistung dieser Rechte sind zwei unabhängige Organe eingesetzt: die Europäische Kommission für Menschenrechte und der Europäische Gerichtshof für Menschenrechte. Diese Organe sind für die Behandlung von Staaten- und Individualbeschwerden zuständig. Während die Staatenbeschwerden, in denen ein Vertragsstaat gegen einen anderen Vertragsstaat Beschwerde wegen Verletzung der garantierten Rechte einlegt, insgesamt wenig effektiv sind, haben sich die Individualbeschwerden als der eigentliche prozedurale Kern zum Schutz der Grund- und Menschenrechte erwiesen (*Robertson/Merrills* 1993). In diesem Verfahren hat jedes Individuum das Recht, gegen den zuständigen Staat Beschwerde wegen einer Rechtsverletzung einzureichen. Diese Beschwerde wird von der Kommission zunächst auf Zulässigkeit geprüft. Wird sie akzeptiert, erfolgt eine Tatsachenfeststellung sowie der Versuch einer gütlichen Regelung. Scheitert diese, entscheidet entweder das Ministerkomitee über die Begründetheit der Beschwerde, oder das Verfahren wird auf Initiative der Kommission, eines betroffenen Staates oder eines betroffenen Beschwerdeführers an den Gerichtshof überwiesen. Der Gerichtshof verfaßt dann ein bindendes Urteil, dessen Durchsetzung vom Ministerkomitee überwacht wird. Das Individualbeschwerdeverfahren ermöglicht es damit, Handlungen und Entscheidungen der Exekutive, Legislative und Judikative eines Staates einer überstaatlichen Kontrolle zu unterwerfen.

Während die Normstandards und Kontrollverfahren zum Schutze der Menschenrechte als effektiv bezeichnet werden können, zeigt sich die institutionelle Ausgestaltung des Verfahrens den inzwischen vielzählig eingehenden Individualbeschwerden und der Zunahme der Zahl der Vertragsstaaten nicht gewachsen. Mit dem 11. Zusatzprotokoll hat sich das Ministerkomitee daher am 21.4. 1994 auf die Errichtung eines einheitlichen Europäischen Gerichtshofs für Menschenrechte geeinigt, der nach Inkrafttreten das einzige supranationale Organ im Rahmen des *Europarates* sein wird, das über Beschwerden zu befinden hat. Dieser neue Gerichtshof tritt an die Stelle von Kommission, bisherigem Gerichtshof und Ministerkomitee, wobei die Kontrollfunktion des Ministerkomitees bestehen bleibt.

Ergänzt wird die Verrechtlichung der bürgerlich-politischen Rechte durch Zusatzprotokolle sowie durch wirtschaftlich-soziale Rechte, die in der Europäischen Sozialcharta, die seit 1965 in Kraft ist, niedergelegt sind (*Harris* 1984). Den wirtschaftlich-sozialen Rechten fehlen dabei allerdings die in der Konvention niedergelegten Kontrollverfahren, d. h. diese Rechte sind nicht einklagbar. Eine wichtige vertragliche Ergänzung ist die Folterkonvention vom 26. 11. 1987, durch die ein Expertenausschuß zur Prävention von Menschenrechtsverletzungen eingesetzt wurde mit der Kompetenz, Vor-Ort-Inspektionen in Hafteinrichtungen durchzuführen, um Foltervorwürfe überprüfen zu können.

II. Während für den *Europarat* der Schutz der Menschenrechte konstitutiv ist, sind die Europäischen Gemeinschaften als wirtschaftliche Interessenzusammenschlüsse der Mitgliedsländer entstanden. Mit der Verstärkung des politischen Elementes, insbesondere durch die Erweiterung einer gemeinsamen Außenpolitik und verstärkte innenpolitische Zusammenarbeit, wird Grund- und Menschenrechtsschutz zunehmend zum Gegenstand der EG. Die EG hat gemeinsame Erklärungen ihrer Organe zur Achtung der Menschenrechte und Grundfreiheiten verabschiedet, und im Vertrag über die *Europäische Union* (EU-V) werden die Beachtung der EMRK und der nationalen Verfassungsgrundsätze der Mitgliedstaaten zu Leitlinien des Gemeinschaftsrechts erklärt (*Duparc* 1993). Die mit dem Maastrichter Vertrag von 1992 einhergehende Erweiterung der Bürgerrechte – z. B. durch die Einführung der Unionsbürgerschaft – ist ein weiterer Fortschritt zur Sicherstellung der Grundrechte. National verankerte Grundrechte werden darüber hinaus durch die Tätigkeit des Europäischen Gerichtshofes als Gemeinschaftsrecht gesichert.

Dennoch fehlt der EU eine umfassende rechtliche Verpflichtung zum Schutze der Menschenrechte, was sich exemplarisch am Stellenwert der sozialen Rechte im Unionsvertrag zeigt, aber auch an der Schwierigkeit, die Handlungen und Entscheidungen der EG, die nicht durch das Gemeinschaftsrecht abgedeckt sind, hinsichtlich der Einhaltung von Grund- und Menschenrechten zu überprüfen. Eine solche Überprüfung würde möglich durch den seit langem geforderten Beitritt der EG zur EMRK.

Menschenrechte spielen aber auch in der Außenpolitik und der Kooperation mit Drittländern eine gewichtige Rolle, da Menschenrechte als Bestandteil der Beziehungen zu Entwicklungsländern definiert werden und die Achtung von Menschenrechten und demokratischen Grundsätzen Bestandteil von Kooperationsabkommen ist. Im Rahmen der Außenpolitik wird der EU hierbei aber mangelnde Kohäsion und Konsequenz vorgeworfen (*van der Klaauw* 1993: 114).

III. Hinsichtlich der Institutionalisierung des Menschenrechtsschutzes im Rahmen der OSZE ist festzustellen, daß die OSZE nicht darauf zielt, individuellen Menschenrechtsschutz zu garantieren, sondern darauf, Staaten auf eine Selbstverpflichtung zur Gewährleistung von Grund- und Menschenrechten festzulegen. Menschenrechte erscheinen hier als staatlich garantierte Rechte, nicht als individueller Rechtsanspruch. Dies spiegelt die ursprüngliche Aufgabe der KSZE wider, die als Forum für Regierungen mit teils parallelen, teils konkurrierenden Ansprüchen bezüglich der Wahrung von staatlicher Sicherheit und territorialem *Status quo* sowie bezüglich der Achtung der Menschenrechte dienen sollte.

Mit dem Zusammenbruch der sozialistischen Systeme in Osteuropa wandelt sich die OSZE zu einer Institution, in der Friedenssicherung, Konfliktprävention und Krisenbewältigung in den Vordergrund rücken. Zur Sicherung der Menschenrechte wurden Überwachungsverfahren ansatzweise institutionalisiert, so z. B. durch den Hohen Kommissar für Minderheiten oder das Büro für demokratische Institutionen und Menschenrechte in Warschau. Der Mechanismus der ‹Menschlichen Dimension› soll mittels Tatsachenfeststellung, guter Dienste und der Vermittlung Dritter dazu beitragen, Kooperation herzustellen und Menschenrechtsverletzungen zu verhindern (*Schlotter/Ropers/Meyer* 1994: 42–45). Inhaltlich gewinnen in der Tätigkeit der OSZE die Institutionalisierung und die Gewährleistung von Minderheitenrechten angesichts ethnonationalistischer Konflikte in Osteuropa zunehmend an Bedeutung. Für die OSZE als regionale Organisation wird die Bewältigung dieser Aufgabe zugleich der Prüfstein ihrer Wirksamkeit werden.

IV. Das europäische Menschenrechtsschutzsystem stellt das weltweit umfassendste Regime mit den weitgehendsten Kontrollverfahren dar. Allerdings sind deutliche Abstriche im Bereich der Verrechtlichung der wirtschaftlich-sozialen Rechte zu machen. Ein weiteres Manko stellen die mangelnde Abstimmung und Koordination, aber auch teilweise Überschneidung der einzelnen Institutionen dar, was besonders bei der Einbindung neuer Staaten aus Mittel- und Osteuropa in das europäische Menschenrechtsschutzsystem deutlich wird.

Ermöglicht wurde die insgesamt positive Entwicklung der Verrechtlichung durch die weitgehend homogene Kulturtradition Europas, in der trotz unterschiedlicher Rechtsverständnisse Grund- und Menschenrechte als zentraler Bestandteil des demokratischen Verfassungsstaates abgesichert sind. Ein normativer Konsens ermöglicht so die Aufhebung nationaler Souveränitätsvorbehalte.

Das europäische Menschenrechtsregime gewinnt vor allem durch die Entscheidungen des Europäischen Gerichtshofs für Menschenrechte mehr und mehr Einfluß auf die nationalen Rechtsordnungen und wird ein Element der Verfassungswirklichkeit der Vertragsstaaten. Die Verrechtlichung der Menschenrechte fördert die Entwicklung einer europäischen Rechtsgemeinschaft und bildet den normativen Kern der europäischen Integration (*Dicke* 1986: 110). Zugleich erweist sich die Verrechtlichung als dynamischer Institutionalisierungsprozeß, in dem die Ausdifferenzierung des

Menschenrechtsregimes als Reaktion auf Unrechtserfahrungen und neu auftretende Freiheitsbedrohungen angesehen werden kann.

↗ Europarat; Justiz und Inneres; Organisation für Sicherheit und Zusammenarbeit in Europa.

Literatur: *Beddard, R.* [3]1993: Human Rights and Europe, Cambridge. *Dicke, K.* 1986: Menschenrechte und europäische Integration, Kehl am Rhein/Straßburg. *Duparc, C.* 1993: Die Europäische Gemeinschaft und die Menschenrechte, Luxemburg. *European Union* 1991: The Human Rights Challenge, Baden-Baden. *Harris, D.* 1984: The European Social Charter, Charlottesville. *Robertson, A.H./Merrills, J.G.* [3]1993: Human Rights in Europe, Manchester. *Schlotter, P./Ropers, N./Meyer, B.* 1994: Die neue KSZE. Zukunftsperspektiven einer regionalen Friedensstrategie, Opladen. *van der Klaauw, J.* 1993: Europa und die Menschenrechte, in: *Bielefeldt, H./ Deile, V./Thomsen, B.* (Hrsg.): Menschenrechte vor der Jahrtausendwende, Frankfurt a. M., 103–127.

Thomas Schaber

Integrationstheorien

Der in den Sozialwissenschaften in vielfältigen Bedeutungszusammenhängen gebrauchte Begriff ‹Integration› bezieht sich im hier zugrunde gelegten Verständnis auf die friedliche und freiwillige Zusammenführung von Gesellschaften, Staaten und Volkswirtschaften über bislang bestehende nationale, verfassungspolitische und wirtschaftspolitische Grenzen hinweg. Der Begriff wird gleichermaßen auf einen Zustand, einen Prozeß und eine normative Zielgröße angewandt. Seine inhaltliche Füllung variiert im Laufe der Integrationsgeschichte und in Abhängigkeit davon, welche Disziplin sich damit beschäftigt.

Integrationstheorien sind so vielfältig wie das Verständnis von Integration. Einige beanspruchen ein von Raum und Zeit unabhängiges Phänomen zu beschreiben und zu erklären, andere betrachten Integration als eine auf die demokratischen, marktwirtschaftlich organisierten Verfassungsstaaten der Gegenwart begrenzte Erscheinung. Sie knüpfen an unterschiedliche theoretische Sichtweisen an, entwickeln konkurrierende Paradigmen und stellen unterschiedliche Fragestellungen in den Mittelpunkt. Den politikwissenschaftlichen Integrationstheorien ist gemeinsam, daß sie die Überwindung des anarchischen, nach dem Prinzip der Selbsthilfe organisierten Staatensystems für möglich und wünschenswert halten. Obwohl sich die theoretische Beschäftigung mit zwischenstaatlichen Integrationsprozessen bis ins 18. Jh. zurückverfolgen läßt (vgl. *Behrens* 1981), ist der Fokus politikwissenschaftlicher Integrationstheorien primär auf Prozesse der Gemeinschaftsbildung der Nachkriegszeit im atlantischen und vor allem im westeuropäischen Raum gerichtet.

I. *Europäische Integration und Integrationswissenschaft:* Die Integration Europas wurde teils in zeitlicher Abfolge, teils zeitlich parallel aus konkurrierenden Theorieperspektiven aufgearbeitet. In der unmittelbaren Nachkriegszeit kreiste die Integrationsdiskussion zunächst um die Zusammenführung der durch Wirtschaftskrisen und Kriege zersplitterten Märkte. Durch Intensivierung des Wirtschaftsaustauschs und der dadurch möglichen wirtschaftlichen Arbeitsteilung sollte eine allgemeine Wohlfahrtssteigerung erreicht werden. Parallel hierzu gab es im Vorfeld der Gründung des *Europarats* (1949) und begleitend zum *Schuman*–Plan (1950) eine öffentliche und teils auch eine wissenschaftliche Diskussion um die politisch-institutionelle Integration Europas. Gegenstand und Ziel war die Institutionalisierung einer zwischenstaatlichen *(Europarat)* bzw. suprastaatlichen (EGKS) Kooperation, die auf einen dynamischen Verlauf angelegt war und der innereuropäischen Friedenssicherung, Wohlfahrtssteigerung und Festigung der politischen Stabilität Westeuropas dienen sollte (*Herbst* 1986). Der Wille, auf diese Weise die «Grundlagen für einen immer engeren Zusammenschluß der europäischen Völker zu schaffen» (Präambel EWG-V), wurde in den Vertragswerken über die EWG und später über die EU festgeschrieben.

Diese Mehrdeutigkeit des Integrationsgedankens spiegelt sich auch in den unterschiedlichen Erkenntnisinteressen der theoretischen Erklärungsansätze europäischer Integration wider: Ökonomische Integrationstheorien analysieren die Voraussetzungen und Mechanismen von Marktintegration sowie deren Folgen für die Schaffung von Wohlfahrt; politische Integrationstheorien haben sich der Erforschung gesellschaftlicher und institutioneller Integration zugewandt; dabei werden einerseits die Prozesse der Gemeinschaftsbildung und die Entwicklung einer staatenübergreifenden (europäischen) Identität (Transaktionismus, Theorie des Wertewandels) analysiert und andererseits diejenigen Prozesse, in denen die Verregelung und Verrechtlichung zwischenstaatlicher Beziehungen überwunden werden und eine die Staaten transzendierende Ordnungsstruktur innerhalb eines regionalen Raumes aufgebaut wird (Föderalismus, [Neo-]Funktionalismus und Neo-Marxismus).

II. *Ökonomische Integrationstheorien*: In der Ökonomie hat sich zur Beschreibung unterschiedlicher Integrationsstufen eine weithin akzeptierte Typologie durchgesetzt, in der fünf hierarchisch angeordnete Integrationsschritte unterschieden werden (nach *Balassa* 1961): die Freihandelszone (Beseitigung von Binnenzöllen im Integrationsraum), die Zollunion (Freihandelszone sowie die Vereinheitlichung der Außenzölle), der Gemeinsame Markt (Gewährleistung der Mobilität der übrigen Produktionsfaktoren, wie z. B. Kapital, Arbeitskräfte), die Wirtschaftsunion (Harmonisierung gemeinschaftlicher Wirtschaftspolitik und anderer flankierender Politiken) sowie die Vollintegration (alle wirtschaftspolitischen Entscheidungen werden auf supranationaler Ebene getroffen).

1. Außenhandelstheoretische Ansätze, die von den zentralen Annahmen des Wirtschaftsliberalismus (*A. Smith*) über den Nutzen wirtschaftlicher Arbeitsteilung ausgehen, beurteilen Integration vornehmlich unter dem Gesichtspunkt von Freihandel. Öffnung der Märkte durch Verzicht auf staatliche Zoll- und Handelsbarrieren hebt künstliche Preisverzerrungen auf und ermöglicht an allen Standorten die Spezialisierung auf die kostengünstigste Produktion. *D. Ricardo* führte in seinem Theorem der komparativen Kostenvorteile den Nachweis, daß für eine Volkswirtschaft die Einfuhr von Waren selbst dann lohnenswert sein kann, wenn sie diese Güter selbst zu absolut niedrigeren Kosten produzieren könnte. Zu einer Intensivierung des Handels und der damit verbundenen Wohlfahrtsmehrung kommt es nach *Ricardo* somit auch dann, wenn internationaler Handel zwar keine absoluten Kostenvorteile mit sich bringt, sondern im Vergleich der Produktionskosten zwischen mehreren Gütern Differenzen bestehen und sich komparative Kostendifferenzen ergeben. Volkswirtschaften werden sich demnach auf die Produktion solcher Güter konzentrieren, in denen ihr komparativer Kostenvorteil besonders groß ist.

Aus dieser klassischen wohlfahrtstheoretischen Sicht liegt die optimale Lösung in der Errichtung eines grenzenlosen Marktes globaler Ausdehnung und dem weltweiten Verzicht auf staatliche Zollbelastungen und Handelsbeschränkungen. Regionale Integration kann danach eine zwar wirkungsvolle, aber dennoch nur begrenzte Wohlfahrtssteigerung bewirken.

2. Ausgehend von dieser Einschätzung regionaler Integration als *second best solution* widmeten sich ökonomische Integrationstheorien der Frage, wie der Erfolg der regionalen europäischen Integration und das weitgehende Ausbleiben globaler Marktintegration zu erklären seien und der Nutzen regionaler Integrationsverbände zu beurteilen sei. *J. Viner* (1950) hat mit seiner Weiterentwicklung der Zollunionstheorie zu einer sehr differenzierten Bewertung beigetragen. Danach wirken Zollunionen zwar einerseits durch die Errichtung staatenübergreifender Märkte handelserweiternd (*trade creation*–Effekt), sie können aber auch handelsumleitende Effekte (*trade diversion*) zur Folge haben, wenn der gemeinsame Außenzoll die Importe in die Zollunion verteuert und somit bisherige Lieferanten aus Drittländern durch neue Lieferanten innerhalb der Zollunion verdrängt werden. Entgegen der landläufigen Auffassung wird nach der Argumentation von *Viner* der damit verbundene Wohlfahrtsverlust von den Verbrauchern der Zollunion und nicht von den Exporteuren aus den Drittstaaten getragen. In den sich an die Thesen *Viners* anschließenden Arbeiten wurde gezeigt, daß der Wohlfahrtseffekt regionaler Integration, insbesondere wenn man seine Außenbeziehungen mitbedenkt, wesentlich komplexer ist, als dies in den frühen Freihandelstheorien angenommen wurde (vgl. *Tovias* 1991).

In verschiedenen stärker empirisch und wirtschaftspolitisch ausgerichteten Studien wurde nachzuweisen versucht, daß die Marktintegration in der

EG (Gemeinsamer Markt; Binnenmarkt) für die teilhabenden Staaten insgesamt zu Wohlfahrtsmehrung führe. Umstritten ist immer noch, wie stark die marktabschottenden Effekte des Binnenmarktes (‹Festung Europa›) sind und ob Drittländer allgemein oder nur spezifische Gruppen dadurch massiv benachteiligt werden. Auch die Kontroverse, ob regionale Integration als *stumbling stones* oder *stepping stones* globaler Integrationsversuche (etwa im Rahmen des GATT) zu betrachten ist, ist noch nicht entschieden.

3. In jüngster Zeit widmen sich wirtschaftswissenschaftliche Beiträge, die dem Ansatz der *new institutional economics* folgen, vermehrt der Analyse der Wohlfahrtseffekte der politisch-institutionellen Integration der EG/EU. Politische Integration wird gleichgesetzt mit der Kompetenzübertragung auf die Gemeinschaft und diese mit einer Zentralisierung politischer Entscheidungsbefugnisse auf supranationaler Ebene. Ausgehend von einer an *rational choice* orientierten Handlungstheorie wird Integration als Ergebnis von Kosten-Nutzen-Kalkülen der beteiligten Akteure betrachtet. Vorteile der Integration sind potentiell die Reduzierung von Informations- und Transaktionskosten (Transaktionskostenökonomie), aber auch der Zugewinn an Ressourcen für die an der Entscheidungsfindung beteiligten Akteure (Verfügungsrechte-Ansatz; vgl. zu den ökonomischen Ansätzen der Institutionentheorie *Keck* 1994). Integration ist demnach Ergebnis des Rationalitätskalküls partikularer Interessen, das funktional (Minderung von Transaktionskosten) oder statusbezogen (institutionelles Eigeninteresse, Machterweiterung) bezogen sein kann. Damit geht es in der wissenschaftlichen Analyse vornehmlich darum, das Mißverhältnis zwischen partikularem Nutzen und Schaden für das Gemeinwohl herauszuarbeiten. Der Nachweis der Ineffizienz zentralistischer Entscheidungen bei unterschiedlichen nationalen oder regionalen Präferenzsystemen begründet die Kritik an der Integration als Etablierung einer suboptimalen Problemlösungsebene (*Vaubel* 1993).

III. *Politikwissenschaftliche Integrationstheorien*: Übergreifendes Erkenntnisinteresse politikwissenschaftlicher Integrationstheorien ist die Suche nach den Möglichkeiten der Friedenssicherung im internationalen System. Trotz dieser Gemeinsamkeit gibt es erhebliche Unterschiede in den Annahmen bezüglich des Integrationsendpunktes, der treibenden Kräfte und der bedingenden Faktoren. Bezüglich des zu erwartenden Integrationsendpunktes bzw. des anzustrebenden Integrationsziels bewegen sich die Erwartungen auf einer Bandbreite zwischen den Eckpunkten ‹intergouvernementaler Kooperation› (enge Verflechtung von Staaten bei Erhalt ihrer staatlichen Souveränität) und ‹Staatswerdung Europas› (bundesstaatliche Konstruktion mit weitreichenden Kompetenzen auf supranationaler Ebene). Bezüglich der Frage nach den tragenden Akteuren des Integrationsprozesses stehen sich gesellschaftsorientierte und elitenorientierte Ansätze kontrovers gegenüber. Schließlich gibt es unterschiedliche Annahmen bezüglich der integrationsauslösenden Faktoren (*driving forces*), wobei unterschiedliches Gewicht auf die politisch-konstitutionellen bzw. sozio-ökonomischen Faktoren gelegt wird (zusammenfassende Darstellungen und Systematisierungen liefern *Pentlandt* 1973; *Harrison* 1974; *Welz/Engel* 1993).

1. Der kommunikationstheoretische Ansatz (ausgehend von *K. Deutsch*; auch als transaktionistischer bzw. pluralistischer Ansatz bezeichnet) nimmt an, daß Friedenserhaltung am besten durch enge Verflechtung der Staaten auf gesellschaftlicher Ebene zu erreichen sei. Diese entstehe durch die Verdichtung zwischenstaatlicher Austauschbeziehungen diplomatischer und ökonomischer, vor allem aber auch sozialer und kultureller Art, welche zu einem engeren Zusammenhalt der Gesellschaften führe. Eine solche Vernetzung führe zu einer Sicherheitsgemeinschaft (*security community*), in der Gewaltanwendung als Mittel zwischenstaatlicher Politik und Konfliktaustragung praktisch ausgeschlossen werden könne. Eine Sicherheitsgemeinschaft müsse dabei nicht zwingend mit der Schaffung einer supranationalen Ebene mit politisch-institutionellen Kompetenzen einhergehen; sie könne entweder ‹pluralistisch› organisiert sein, wenn die Einzelstaaten weiterhin unabhängig und souverän blieben, oder ‹amalgamisiert›, wenn die Vernetzung zur Schaffung einer einheitlichen, übergeordneten verbindlichen Entscheidungsinstanz führe (*Deutsch u.a.* 1966).

Bereits in seinen Arbeiten zur Entstehung von Nationalstaaten (*nation-building*) hatte *Deutsch* die Bedeutung von gesellschaftlicher Vernetzung und Kommunikationsausweitung für die Herausbildung von Gemeinschaftssinn betont. Komplementäre und effiziente Kommunikation ist für *Deutsch* das konstituierende Merkmal von Gesellschaften überhaupt. Er geht davon aus, daß seine Überlegungen zur Bildung von Nationalstaaten grundsätzlich auch auf staatenübergreifende Integrationsprozesse übertragbar sind. Die Verdichtung transnationaler Beziehungen führe zu einer Kommunikationsgemeinschaft, die mit dem Abbau der trennenden Bedeutung von Grenzen und der Entstehung eines staatenübergreifenden ‹Wir-Gefühls› einhergehe. Das vormals national ausgerichtete kollektive ‹Wir-Gefühl› werde in ein Zugehörigkeitsgefühl zu der größeren, supranationalen Einheit überführt. Die Durchsetzung des grenzüberschreitenden Gemeinschaftssinns in der Gesellschaft erfolge dabei in einer ‹Kommunikationskaskade›, in der Intellektuelle, Politiker und die Allgemeinheit sukzessive involviert werden. Ein grundlegender Wertekonsens sowie die wechselseitige Bedeutung grenzüberschreitender Kontakte sind für *Deutsch* wichtige Voraussetzungen für das Zustandekommen des Integrationsprozesses.

Kommunikation wurde von *Deutsch* als quantitativ erfaßbares Phänomen verstanden: Seine eigenen empirischen Erhebungen gesellschaftlicher Kommunikationsvorgänge beruhten auf der Messung grenzüberschreitender Aktivitäten im Handel, im Post- und Bahnverkehr sowie im Tourismus. *Deutsch* kam zu dem Ergebnis, daß seit dem Ende der 50er Jahre das europäische Austauschvolumen nicht mehr wachse, und leitete hieraus die These einer Stagnation des europäischen gesellschaftlichen Einigungsprozesses ab.

2. Diese These wurde von *R. Inglehart* zu widerlegen versucht. Auch *Inglehart* verstand europäische Integration als die Herausbildung einer grenzüberschreitenden Gemeinschaft infolge gesellschaftlicher Prozesse. Veränderungen ergeben sich nach *Inglehart* allerdings nicht infolge von Austauschbeziehungen, sondern von gesellschaftlichem Wertewandel. Daher setzten seine empirischen Erhebungen nicht an der quantitativen Erfassung von Kommunikation, sondern an der Analyse individueller Werthaltungen und Einstellungen an. Er sah im Heranwachsen der Nachkriegsgeneration die Grundlage für einen staatenübergreifenden Gemeinschaftsbildungsprozeß gegeben, weil der Sozialisierungsprozeß der jungen Generation nicht durch Krieg und Nationalismus geprägt sei, sondern durch die Erfahrung der Institutionalisierung friedlicher Mechanismen der Konfliktregulierung, der Institutionalisierung politischer Kooperationsformen, die an gemeinschaftlicher Wohlfahrtsmaximierung ausgerichtet sind, sowie einer zunehmenden Verdichtung grenzübergreifender Transaktionen (*Inglehart* 1967; 1977). Die vormals nationalistischen Orientierungen (der Kriegsgenerationen) würden durch supranationale Orientierungen (der Nachkriegsgenerationen) nachhaltig verdrängt. Der Prozeß einer europäischen Gemeinschaftsbildung vollziehe sich demnach als Folge des Generationenwandels. Entgegen dem anfänglichen Anschein einer empirischen Bestätigung der Thesen müssen sie heute auf Basis vertiefter empirischer Kenntnisse angezweifelt werden (vgl. *Janssen* 1991).

3. Im Gegensatz zu diesen gesellschaftsbezogenen Ansätzen betrachten föderalistische Integrationskonzepte (*Friedrich*; *Etzioni*) die Schaffung neuer politischer Ordnungsstrukturen durch einen konstitutionellen Akt und die institutionelle Gewaltenteilung zwischen dem zu schaffenden europäischen Bundesstaat und den einzelnen nationalen Gliedstaaten als Kern der Integration. Der föderale Zusammenschluß Europas wird im Hinblick auf eine effizientere Gewährleistung von Sicherheit und Wohlfahrt bei gleichzeitiger Bewahrung regionaler und nationaler Vielfalt als wünschenswert angesehen. Der Integrationsprozeß führt demnach nicht zu einer Auflösung der politisch-administrativen Organisation der nationalen politischen Systeme, sondern zu einer neuen Verteilung der Zuständigkeit für Aufgaben und Handlungsvollmachten zwischen den Einzelstaaten und der europäischen Föderation. Letztere werde die gemeinsamen Aufgaben unter Berücksichtigung der Interessen der Gliedstaaten wahrnehmen; diese werden ihrerseits den ihnen überlassenen Freiraum zur selbstbestimmten Politik unter Berücksichtigung der Gesamtinteressen der Föderation ausfüllen (*Friedrich* 1972). Endpunkt des Integrationsprozesses ist demnach die Errichtung einer hoheitlichen Entscheidungsinstanz auf

supranationaler Ebene, die den Mittelpunkt der politischen Identifikation bildet (*Etzioni* 1965). Notwendige Voraussetzung für ein so konstruiertes föderalistisches Europa ist ein durch gemeinsame kulturelle Traditionen der europäischen Nationen entstandener grundlegender Wertekonsens.

Während frühe, ‹klassische› föderalistische Konzepte Integration als einen einmaligen konstitutionellen Akt verstanden (vgl. *Pentlandt* 1973: 147ff.), thematisierten spätere, stärker soziologisch orientierte (auch als neoföderalistisch bezeichnete) Arbeiten verstärkt den Prozeßcharakter von Integration. Ähnlich wie beim Neofunktionalismus gehen sie von der Annahme aus, daß ein bestimmter Grad gegenseitiger Abhängigkeit (*take-off-point*) den Integrationsprozeß auslösen kann (*Etzioni* 1965). Anders als bei den funktionalistischen Ansätzen wird allerdings den sozio-ökonomischen Triebkräften kein integrationsauslösender Automatismus beigemessen; Integration sei vielmehr ein politischer Akt, der ökonomische Integration nach sich ziehe und nicht umgekehrt. Die Bildung der supranationalen Ebene sei – hier unterscheiden sich neoföderalistische von den funktionalistischen Ansätzen mit ihrem Credo des *form follows function* – ein Akt gewollten Handelns der politischen Eliten.

4. Der Funktionalismus, maßgeblich geprägt durch die Arbeiten von *D. Mitrany* (1943), versteht sich als Gegenentwurf zum als utopisch und dysfunktional verworfenen Föderalismus. Friedenssicherung sei nicht durch die formale Aufhebung von Souveränität und die Einrichtung einer supranationalen Entscheidungsinstanz über eine nach territorialen Gesichtspunkten abgegrenzte Gruppe von Staaten, sondern nur durch die aktive Zusammenarbeit in einem dichten Netz multilateraler, funktionsspezifischer Organisationen zwischen jeweils interessierten Teilnehmerstaaten zu gewährleisten. Die Legitimation internationaler Zusammenarbeit liege nicht im verfassungsrechtlich verankerten Souveränitäts*pooling* begründet, wie es den Föderalisten vorschwebt, sondern in der Leistungsüberlegenheit und Nützlichkeit der konkreten Sachkooperation. Die Zusammensetzung der internationalen Koordinationsgremien solle dementsprechend politikfeldspezifisch, an ausschließlich funktionalen Gesichtspunkten und an dem konkreten Bedarf der Staaten orientiert sein. Die Bildung eines für eine Region einheitlich organisierten supranationalen Politikverbundes wird also weder erwartet, noch gilt sie als wünschenswert.

Ausgangspunkt der funktionalen Integration sind, so *Mitrany*, technische Aufgabenstellungen, die sich aus der zunehmenden Internationalisierung von Handel, Kommunikation und Verkehr ergeben und die nicht länger nach dem Muster bilateraler diplomatischer Beziehungen erfolgreich erledigt werden können. Vielmehr ist dies von der Arbeit internationaler Behörden (*agencies*) zu erwarten. Aus dieser funktionsspezifischen sektoralen Zusammenarbeit erwartete *Mitrany* Anstöße für eine Ausweitung der Koordination auf andere, benachbarte Bereiche, so daß die technokratisch dominierten Organisationen sukzessive staatliche Aufgaben übernehmen. Der Integrationsprozeß bezieht sich dabei stets auf die Vergemeinschaftung technischer, unkontroverser Politikfelder; die internationalen Behörden besitzen und beanspruchen keine weiterreichenden politischen Kompetenzen. Die aus funktionalen Erwägungen erwachsende Aufgabenverkettung führe aber, so *Mitrany*, durch ein Umdenken in den Staaten zu einem Transformationsprozeß des internationalen Systems: Vormals national definierte Problemlagen werden zunehmend als *«local segment of general problems»* (*Mitrany* 1943: 42) wahrgenommen. Ohne daß sie formal mit politischer Kompetenz ausgestattet sind, bewirken die internationalen Behörden dank ihres Beitrags zur Wohlfahrtsschaffung den Übergang zu einer *international society*, in der politisch-weltanschauliche Konflikte aufgrund der in der Bevölkerung vorherrschenden Wohlfahrtsorientierung sukzessive zurückgedrängt werden und an Bedeutung verlieren.

5. Die kritische Reflexion und Überarbeitung der funktionalistischen Annahmen zu einem Konzept regionaler politischer Integration (vgl. *Haas* 1958; 1964) führten zum neofunktionalistischen Ansatz (Hauptvertreter: *E. B. Haas*; *L. Lindberg*; *J. Nye*). Zentraler Ausgangspunkt des Neofunktionalismus ist die Annahme pluralistisch verfaßter Gesellschaften. Integration erhalte ihre Impulse nicht, wie im Funktionalismus angenommen, durch die allgemeine Anerkennung ihrer funktionalen Notwendigkeit und der Wohlfahrtsorientierung in der Bevölkerung. Träger der Integration seien vielmehr politisch wichtige gesellschaftliche Gruppen, z. B. Parteien und Interessenverbände, die aufgrund ihrer spezifischen Nutzenkalküle ihre jeweiligen Interessen durch ein supranationales Gemeinschaftshandeln gewährleistet sehen und deshalb ihre Erwartungen und Forderungen auf die supranationale Ebene hin ausrichten.

Die Dynamik der Integration wird auf die ‹Logik der Sektorintegration› (*spill-over*–Prozeß) zurückgeführt. Ähnlich wie im Funktionalismus wird davon ausgegangen, daß die enge sachliche Verknüpfung einzelner Aufgabenbereiche zu einem Integrationsdruck in benachbarten Bereichen führt. Hierbei wird aber den politischen Akteuren eine entscheidende Rolle beigemessen, denn sie sind es, die ihre Loyalitäten zunehmend auf die europäische Ebene ausrichten, zur Legitimation des supranationalen Handelns beitragen und den Integrationsprozeß stimulieren, indem sie weitere Vergemeinschaftungsschritte einfordern. Das Handeln der Akteure entspringt zwar aus partikularem Eigeninteresse, und die Bewertung der Supranationalität erfolgt unter dem Aspekt der Nützlichkeit, doch es wird angenommen, daß bei positiven Erfahrungen über eine ausreichend lange Zeit ein Lernprozeß einsetzt und zu einer allgemeinen, über *Ad-hoc*–Bewertungen hinausführenden positiven Grundeinstellung führt, so daß die instrumentelle Bewertung der Gemeinschaft langfristig durch einen *«commonly accepted body of belief»* unterfüttert werde (*Haas* 1968: 7). Integration im neofunktionalistischen Verständnis ist demnach auf zwei Schlüsselgrößen zurückzuführen: auf die Leistungsfähigkeit supranationaler Politik sowie die Lernfähigkeit nationaler Akteure, die ihre Erwartungen sukzessive auf die supranationale Ebene übertragen.

Die ersten Rückschläge der europäischen Integration in den 60er Jahren führten zunächst zu einer kritischen Überarbeitung der neofunktionalistischen Annahmen und zu zunehmender Komplexität der theoretischen Modelle (vgl. die Beiträge in *Lindberg/Scheingold* 1971). *Haas* selbst erklärte die Beschäftigung mit Integrationsprozessen aus neofunktionalistischer Perspektive schließlich Mitte der 70er Jahre für überholt und wandte sich Überlegungen zur internationalen Interdependenz zu. Neofunktionalistisch geprägte Analyseansätze erfuhren erst mit der neuen Dynamik der EG-Integration zur Vollendung des Binnenmarktes in den 80er Jahren eine Renaissance.

6. Bereits in Konkurrenz zu den neofunktionalistischen Ansätzen, verstärkt aber, nachdem diese für obsolet erklärt worden waren, hat man Prozesse der europäischen Integration mit theoretischen Konzepten aus den Internationalen Beziehungen zu erklären versucht. Diese Ansätze interpretieren Integration vornehmlich als Resultat intergouvernementaler Aushandlungsprozesse, die mit den in der realistischen Schule dominierenden Kategorien von Macht und (staatlichem) Interesse zu erklären seien (*S. Hoffmann*). Aus der Dominanz staatlicher Eigeninteressen ließ sich plausibel erklären, warum es nach den ersten raschen Integrationserfolgen der 50er und 60er Jahre nicht zu einer Fortsetzung der vom Neofunktionalismus erwarteten Dynamik der Integration und zum sukzessiven Aufweichen staatlicher Souveränität kam. Die augenscheinliche Widerlegung der neofunktionalistischen Hypothesen durch den zögerlichen Verlauf des Integrationsprozesses in den 70er Jahren führte zunehmend zu Desinteresse an integrationstheoretischen Fragen.

7. Die Frage nach Macht und Interesse, allerdings nicht von Staaten, sondern von Klassen, stand auch im Mittelpunkt neo-marxistischer Analyse der europäischen Integration (*Deppe*). Sie verstand sich als Kritik am «desolaten Zustand der wissenschaftlichen Analyse gegenüber der wirklichen geschichtlichen Bewegung», der den ‹bürgerlichen› Integrationstheorien attestiert wurde (*Deppe* 1976: 44f.). Die europäische Integration wurde als Mittel gesehen, das die für den Fortbestand der westeuropäischen Staaten notwendige Internationalisierung der Produktionsfaktoren gewährleistete, und als ein Instrument der Krisenbewältigung kapitalistischer Gesellschaften, das die Festigung der Herrschaft ermöglichte. Langfristig könne die Integration jedoch keinesfalls die konkurrierenden ökonomischen und politischen Interessen der Mitgliedstaaten ausräumen.

8. Die Erschöpfung der integrationstheoretischen Debatte Mitte der 70er Jahre führte dazu, daß übergreifende Theorieansätze zur Transformation des internationalen Systems mit weitreichendem Erklärungsanspruch zunehmend solchen Analysen wichen, die sich der Tätigkeit der EG in einzel-

nen Politikfeldern oder – meist auch politikfeldspezifisch eingeengt – dem politischen Entscheidungsprozeß der Gemeinschaft widmeten. Politikfeldübergreifende Aussagen zum Verlaufsprozeß der europäischen Integration wurden selten getroffen und noch seltener theoretisch begründet. Als sie wieder aufgegriffen wurden, geschah dies in Rückgriff auf die alten Theoriepositionen des Neofunktionalismus bzw. Intergouvernementalismus (*Sandholz/Zysman; Moravcsik*). Statt dessen rückten neue Fragestellungen in den Mittelpunkt des Interesses, so etwa nach den Folgen von Integration für staatliche Politikformulierung sowie nach der demokratischen Verantwortlichkeit der EG (vgl. *Jachtenfuchs/Kohler-Koch* 1996).

IV. *Desiderate der Theoriebildung*: Lücken der theoretischen Aufarbeitung des europäischen Integrationsprozesses bestehen besonders bezüglich der verschiedenen Aspekte der Gemeinschaftsbildung unter politisch-soziologischem Blickwinkel. Die politische Soziologie hat sich im Umfeld der europäischen Integration schwerpunktmäßig mit Teilaspekten wie Wahlen und Wählerverhalten, begrenzt auch mit Problemen der europäischen Parteienbildung und in jüngerer Zeit verstärkt auch mit der Organisation von Interessen befaßt. Ebenso wie die regelmäßigen Erhebungen zur öffentlichen Meinung zur EG wurden diese Untersuchungen jedoch kaum zu einer Weiterentwicklung der Integrationstheorien genutzt. Während die Rechtswissenschaft sich intensiv auch mit den Grundsatzfragen der europäischen Gemeinschaftsbildung auseinandergesetzt hat, ist Europa in der Soziologie selbst noch immer ein weitgehend unbestelltes Forschungsfeld. In allen Zweigen der Sozialwissenschaft sind seit Beginn der 90er Jahre eine zunehmende Unzufriedenheit mit dem Stand der theoretischen Diskussion und die Suche nach theoretisch vielversprechenden Ansätzen festzustellen. Hierzu gehört auch der erneute Versuch, Anleihen bei den Theorien der Internationalen Beziehungen, wie z. B. der Regimetheorie (*Gehring* 1994), zu machen.

↗ Erweiterung und Vertiefung der Europäischen Union; Geschichte der europäischen Integration seit 1945; Kooperationstheoretische Ansätze; Politikwissenschaftliche Europaforschung; Rechtswissenschaftliche Integrationstheorien; Verfassungsdebatte.

Literatur: *Balassa, B.* 1961: The Theory of Economic Integration, New York. *Behrens, P.* 1981: Integrationstheorie. Internationale wirtschaftliche Integration als Gegenstand wirtschaftlicher, ökonomischer und juristischer Forschung, in: Rabels Zeitschrift für ausländisches und internationales Recht 45, 8–50. *Deppe, F.* 1976: Westeuropäische Integration als Krisenprozeß, in: ders. (Hrsg.): Arbeiterbewegung und westeuropäische Integration, Köln. *Deutsch, K. W.* u. a. ²1966: Political Community and the North Atlantic Area. International Organization in the Light of Historical Experience, Ann Arbor. *Etzioni, A.* 1965: Political Unification. A Comparative Study of Leaders and Forces, New York. *Friedrich, C. J.* 1972: Europa – Nation im Werden?, Bonn. *Gehring, T.* 1994: Der Beitrag von Institutionen zur Förderung der internationalen Zusammenarbeit. Lehren aus der institutionellen Struktur der Europäischen Gemeinschaft, in: ZIB 1 (2), 211–242. *Haas, E. B.* 1964: Beyond the Nation-State. Functionalism and International

Organization, Stanford. *Haas, E. B.* ²1968: The Uniting of Europe. Political, Social and Economic Forces 1950–1957, Stanford. *Harrison, R.J.* 1974: Europe in Question. Theories of Regional Integration, London. *Herbst, L.* 1986: Die zeitgenössische Integrationstheorie und die Anfänge der europäischen Einigung 1947–1950, in: Vierteljahresschrift für Zeitgeschichte 34, 161–205. *Inglehart, R.* 1967: An End to European Integration?, in: APSR 61, 91–105. *Inglehart, R.* 1977: The Silent Revolution. Changing Values and Political Styles among Western Publics, Princeton. *Jachtenfuchs, M./Kohler-Koch, B.* (Hrsg.) 1996: Europäische Integration, Opladen. *Janssen, J. I. H.* 1991: Postmaterialism, Cognitive Mobilization and Public Support for European Integration, in: BJPS 21, 443–468. *Keck, O.* 1994: Die Bedeutung der rationalen Institutionentheorie für die Politikwissenschaft, in: *Göhler, G.* (Hrsg.), Die Eigenart der Institutionen. Zum Profil politischer Institutionentheorie, Baden-Baden, 187–220. *Lindberg, L. N./Scheingold, S.A.* 1971: Regional Integration: Theory and Research, Cambridge. *Mitrany, D.* 1943: A Working Peace System. An Argument for the Functional Development of International Organization, New York usw. *Pentland, C.* 1973: International Theory and European Integration, London. *Tovias, L.* 1991: A Survey of the Theory of Economic Integration, in: Journal of European Integration 15, 5–24. *Vaubel, R.* 1993: Perspektiven der europäischen Integration: Die politische Ökonomie der Vertiefung und Erweiterung, in: *Siebert, H.* (Hrsg.): Die zweifache Integration: Deutschland und Europa, Kiel, 3–32. *Viner, J.* 1950: The Customs Union Issue, New York. *Welz, C./Engel, C.* 1993: Traditionsbestände politikwissenschaftlicher Integrationstheorien: Die Europäische Gemeinschaft im Spannungsfeld von Integration und Kooperation, in: *von Bogdandy, A.* (Hrsg.): Die Europäische Option. Eine interdisziplinäre Analyse über Herkunft, Stand und Perspektiven der europäischen Integration, Baden-Baden, 129–170.

Beate Kohler-Koch/Martin Schmidberger

Interessenvertretung

Die Europäische Kommission hat 1992 festgestellt, daß in Brüssel ca. 3000 Interessengruppen vertreten sind. Darunter sind über 500 internationale oder europäische Verbände, 50 Vertretungen von Regionen und Gebietskörperschaften, 200 Einzelunternehmen und 100 Beratungsfirmen. Im *European Public Affairs Directory* von 1995 werden sogar über 6500 Interessenvertretungen gezählt. Seit dem Binnenmarktprogramm und der Einheitlichen Europäischen Akte (EEA) 1986 hat ihre Zahl stark zugenommen. Überwiegend entstammen die Interessengruppen dem Wirtschaftsbereich. Sie dienen in unterschiedlicher Weise der Informationsbeschaffung und der Einflußnahme auf die EG-Politik wie der Bündelung der Interessen ihrer Mitglieder. Die Struktur des EG-Systems bestimmt in hohem Maße die jeweiligen Adressaten für ihre *Lobbying*–Versuche. Die EG-Organe können allerdings auch auf die Entscheidungsfindung in den Interessengruppen einwirken.

I. *Supranationale Institutionen und EG-Interessenvermittlung*: Der Kommission wurde bereits im Neofunktionalismus eine zentrale Rolle in der Gestaltung von Koalitionen mit Interessengruppen zugedacht. Sie ist auf der europäischen Ebene die zentrale Ansprechpartnerin für Interessengruppen, bezieht Interessenorganisationen in die Politikformulierung ein und fördert in einzelnen Fällen auch die Entstehung europäischer Verbandsföderationen, um nicht vereinzelten nationalen Positionen gegenüber zu stehen (*Lindberg* 1963: 70f.). Die Kommission bedarf ihrerseits der Interessengruppen, um ihren Informationsbedarf zu befriedigen und gesellschaftliche Akzeptanz für ihre Vorschläge zu gewinnen. In den Konsultationsprozessen stehen die Expertise und die Repräsentativität der Interessengruppen als Bedingungen für die Partizipation an den politischen Entscheidungsprozessen im Vordergrund. Ein prominentes Beispiel für die Tätigkeit der Kommission als politische Unternehmerin ist die Genese des ESPRIT-Forschungsprogramms im Zusammenspiel mit den europäischen Großunternehmen der Informationstechnik zu Beginn der 80er Jahre.

Im Europäischen Parlament (EP) hingegen werden stärker die parteipolitischen Spannungslinien betont. Seine Position ist durch die Einführung der Direktwahl und die Veränderung der Entscheidungsregeln im Zuge der EEA und der Maastrichter Verträge gestärkt worden, so daß es nicht mehr nur von sozialen und gesellschaftlichen Gruppen, sondern zunehmend auch von wirtschaftlichen Interessengruppen als wichtiger Ansprechpartner betrachtet wird. So hat das EP bei der Einführung des Binnenmarktes für Elektrizität und Gas nach Konsultationen mit den Interessengruppen der Energiewirtschaft ein Alternativkonzept zu dem von der Kommission unterbreiteten liberalen Wettbewerbsmodell in die Diskussion eingebracht, das sich stärker an der Rolle der öffentlichen Wirtschaft orientiert. Es hat damit die Position der öffentlichen Versorgungsunternehmen aufgewertet.

Auch wenn durch die institutionellen Reformen die Anwendung des Mehrheitsprinzips im Rat gestärkt worden ist und sich Interessengruppen nicht mehr auf die Kraft des nationalen Vetos verlassen können, sind die nationalen Regierungen und Ministerialverwaltungen durch ihre zentrale Position im EG-Entscheidungsprozeß sehr wichtige Adressaten der *Lobbying*-Aktivitäten. Somit ist auch die Interessenvermittlung in der EG durch den hohen Verflechtungsgrad zwischen der europäischen und der nationalen Ebene gekennzeichnet. Die europäischen Interessengruppen und ihre nationalen Mitglieder müssen simultan auf beiden Ebenen die EG-Maßnahmen mitgestalten. Die Bedeutung des drittelparitätisch mit Vertretern der Wirtschaft, der Gewerkschaften und allgemeiner Interessen besetzten Wirtschafts- und Sozialausschusses für die wirtschaftliche Interessenvertretung und die EG-Politik wurde dagegen bereits frühzeitig als gering eingestuft.

Aus der ursprünglichen Konstruktion der EG als Wirtschaftsgemeinschaft resultiert immer noch eine privilegierte Repräsentation von Produzenteninteressen, wenn diese auch durch den Erwerb von Kompetenzen in der Umwelt- und Sozialpolitik tendenziell verringert wird. Sie verfügen nicht nur in zahlenmäßiger Hinsicht über ein deutliches Übergewicht, sondern sind auch besser mit personellen, finanziellen und organisatorischen Ressourcen ausgestattet, wobei auch innerhalb dieser Gruppe große Unterschiede zu registrieren sind.

Die Organisationsentwicklung der Verbände folgte vielfach der institutionellen Entwicklung der Gemeinschaft wie auch der Vergemeinschaftung von Politiken. Von den heute bestehenden Euro-Verbänden wurden über 100 in den ersten beiden Jahren des Bestehens der EWG ins Leben gerufen: Bereits 1958 wurde UNICE als europäischer Dachverband der privaten Industrie und Arbeitgeber der sechs EWG-Staaten gegründet. Nach der jüngsten Erweiterung um einige osteuropäische Mitglieder vereinigt der Verband nunmehr 32 Industrie- und Arbeitgeberverbände aus 25 Ländern, die mehr als 10 Mio. Unternehmen repräsentieren. 1961 schlossen sich die öffentlichen Unternehmen und Arbeitgeber im CEEP zusammen, der ebenso wie UNICE den Status eines Sozialpartners der Gemeinschaft erhielt. Seine ordentlichen Mitglieder sind sowohl Verbände als auch Unternehmen aus den EG-Staaten. Allerdings sind Dänemark und Großbritannien nicht vertreten. Die öffentlichen Unternehmen in der EG beschäftigten 1991 mit über sieben Mio. Arbeitnehmern 8,9 % aller Beschäftigten in der gewerblichen Wirtschaft und trugen 10,9 % zur Bruttowertschöpfung bei. EUROCHAMBRES wurde 1958 ins Leben gerufen und repräsentiert gegenwärtig 31 Verbände der Industrie- und Handelskammern aus EG-Ländern und anderen europäischen Staaten. Das 1992 herausgegebene Verzeichnis der europäischen Verbände führt neun konkurrierende Verbände im Bereich der kleinen und mittleren Unternehmen auf, die noch dazu in sektorspezifischen Verbänden und über ihre nationalen Dachverbände vielfach in der UNICE zusammengeschlossen sind.

Im Gegensatz zu den nationalen Verbänden konzentrieren sich die europäischen Verbandsföderationen stärker auf die politische Interessenvertretung als auf die Erbringung von Dienstleistungen für ihre Mitglieder. Mit der Schaffung der europäischen Verbandsföderation wurde zunächst die Erwartung verknüpft, daß sie die Integration der nationalen Interessenorganisationen vorantreiben würde. Allerdings wurde bereits frühzeitig die Fähigkeit der Euro-Verbände, die Interessen ihrer nationalen Mitgliedsverbände zu bündeln, skeptisch eingeschätzt. Schon *E. Haas* stellte fest, daß sich die Vereinbarungen in diesen Organisationen kaum einmal auf eine gemeinsame Ideologie oder gemeinsame Werte beziehen. Statt dessen reflektieren sie eher problemspezifische Eigeninteressen der Mitgliedsverbände und -unternehmen, aus denen sich jeweils unterschiedliche Kooperationsformen ergeben (*Haas* 1958: 352f.). Dieses Problem wird noch dadurch forciert, daß eine Reihe von Verbänden auch Mitglieder hat, die nicht aus der EG sind.

Insbesondere den branchenübergreifenden europäischen Verbänden wird regelmäßig nur eine Rolle als Diskussions- und Kommunikationsforum zugestanden. Die Sacharbeit innerhalb der Verbände erfolgt sowohl durch ehrenamtliche Mitarbeiter der Unternehmen in Ausschüssen und den beschlußfassenden Organen als auch durch die hauptamtlichen Mitarbeiter in den jeweiligen Geschäftsstellen. Die Ressourcen der Geschäftsstellen und ihre Fähigkeit zur Steuerung der verbandlichen Abstimmung variieren in hohem Maße. 1992 betreuten insgesamt 36 Mitarbeiter von UNICE die verbandliche Arbeit, darunter waren 17 für die Koordination der Tätigkeit in den fünf Hauptausschüssen und ihrer Arbeitsgruppen zuständig. Selbst innerhalb dieses organisatorisch und personell sehr gut ausgestatteten Verbandes ist die Autonomie der Geschäftsstelle nach allgemeiner Einschätzung stark begrenzt. Grundsätzlich wird in den meisten Verbänden ein konsensuales Vorgehen bevorzugt. Formell sichern Einstimmigkeits- oder Mehrheitsregeln die Berücksichtigung der nationalen Interessen in den Organen. Innerhalb von UNICE können drei Mitgliedsdelegationen einen Entschluß blockieren. Die langwierigen Einigungsprozesse, die häufig auf dem kleinsten gemeinsamen Nenner erfolgten, haben in der ersten Hälfte der 80er Jahre eine Reorganisation des Ausschußwesens ausgelöst. Die Großunternehmen haben sich den Vorsitz in den wichtigen ständigen Ausschüssen gesichert und durch Vorabstimmungen den Aufbau gemeinsamer Positionen erleichtert. Diese wurden 1990 in der aus Unternehmensvertretern bestehenden UNICE *Support and Advisory Group* institutionalisiert. Das gestiegene Gewicht der Großunternehmen in der branchenübergreifenden Interessenvertretung läßt sich auch aus ihrer Zusammenarbeit im *European Round Table of Industrialists* ersehen, der 1983 ins Leben gerufen wurde und einen wesentlichen Beitrag zur Akzeptanz des Binnenmarktprogramms in den Mitgliedstaaten geleistet hat. Der *Round Table*, dem mittlerweile (1995) mehr als 40 Vorstandsvorsitzende angehören, versteht sich als strategische Organisation, die vornehmlich im Bereich der Agenda-Gestaltung tätig ist. Diese Zusammenarbeit von Großunternehmen in Organisationen mit direkter Unternehmensmitgliedschaft unterminiert weiterhin die Fähigkeit europäischer Verbandsföderationen, die Interessen ihrer Mitglieder zu bündeln. Auch die europäischen politischen Institutionen bevorzugen in vielen Fragen die Zusammenarbeit mit verpflichtungsfähigen Organisationen.

Die Tätigkeiten von UNICE und dem CEEP im Bereich der Arbeitsbeziehungen sind lediglich von begrenzter Bedeutung. Der in der zweiten Hälfte der 70er Jahre gestartete Versuch der Einführung eines gemeinschaftlichen ‹Tripartismus› scheiterte. Wesentliche Elemente der «sozialen Dimension des Binnenmarktes» wie die Fiskalpolitik und das Tarifrecht liegen weiterhin außerhalb der EG-Sozialpolitik, so daß der Kommission zentrale Steuerungsmöglichkeiten gegenüber den Verbänden fehlen. In anderen Bereichen ist die Einstimmigkeit des Ministerrates erforderlich. Sowohl den Arbeitgeberorganisationen als auch dem *Europäischen Gewerkschaftsbund* fehlen die institutionellen Voraussetzungen für einen europäischen Makrokorporatismus. Ihre Mitgliedsverbände gewähren weder die Ressourcen noch die Verhandlungsautonomie für derartige Regelungen. Für die Unternehmerseite besteht kein Anreiz, die Gewerkschaften auf der europäischen Ebene aufzuwerten, um sich ihre eigenen Handlungsmöglichkeiten durch EG-weite Vereinbarungen einschränken zu lassen. Auch die makrokorporatistische Perspektive des Protokolls über die Sozialpolitik in den Maastrichter Verträgen, das der Kommission die Verpflichtung auferlegt, die Sozialpartner vor sozialpolitischen Maßnahmen zu konsultieren, und diesen die Möglichkeit einräumt, eigene Vereinbarungen in Gemeinschaftsrecht transformieren zu lassen, wird unter diesen Bedingungen weitgehend skeptisch bewertet.

Allerdings zeigt eine Reihe von Untersuchungen, daß branchen- oder sektorspezifische Verbandsföderationen und Unternehmenszusammenschlüsse vielfach über eine große Handlungskapazität verfügen. So wird dem 1978 gegründeten Verband der pharmazeutischen Industrie EFPIA eine hohe Handlungs- und Durchsetzungsfähigkeit in der EG-Politik beigemessen. Diese wird einerseits auf seine Mitglieder zurückgeführt. In der EFPIA sind multinationale Unternehmen über ihre nationalen Verbände aus 16 Ländern zusammengeschlossen, die in verschiedenen nationalen Märkten mit ähnlichen Problemlagen agieren und über Erfahrungen auch in transnationaler Verbandskooperation verfügen. Andererseits konnte die Tätigkeit von EFPIA auf der langjährigen Zusammenarbeit zwischen nationalen Verwaltungen und den Verbänden des Pharmasektors aufbauen. Diese Beziehungen sind durch die Bevorzugung von Verhandlungslösungen und die Delegierung von Selbstregelungsautorität an die Pharma-Verbände gekennzeichnet. Der Sektoralisierung der Interessenvertretung wird weiterhin durch die ausgeprägte funktionale Organisation von Zuständigkeiten in den EG-Institutionen Vorschub geleistet, in der die einzelnen Parlamentsausschüsse, die Generaldirektionen der Kommission und die Ratsgruppen über eine hohe Autonomie verfügen. Die Bedeutung der sektorübergreifenden Euroverbände scheint dadurch weiter zu sinken. Auch in den sektorspezifischen Organisationen der Auto-, der Chemie- und der biotechnologischen Industrie sichern sich die Großunternehmen zunehmende Einflußmöglichkeiten im Verhältnis zu den nationalen Verbänden und den hauptamtlichen Mitarbeitern. Mittlerweile ist auch das direkte *Lobbying* von Einzelunternehmen in Brüssel üblich.

Im Verhältnis zur umfassenden Präsenz der wirtschaftlichen Interessen sind soziale, Verbraucher- und Umweltinteressen weiterhin unterrepräsentiert. Dieses Partizipationsdefizit liegt erstens darin begründet, daß diese politischen Dimensionen erst spät durch die europäischen Institutionen abgedeckt wurden. Während sich die nationalen Verbraucherverbände als Reaktion auf die Marktintegration bereits 1962 auf der europäischen Ebene im BEUC zusammenschlossen, folgte die Gründung des *Europäischen Umweltbüros* (EEB) 1974 dem ersten Umweltaktionsprogramm der Gemeinschaft. 1992 waren im BEUC insgesamt 31 ordentliche und außerordentliche Mitgliedsverbände zusammengeschlossen. Das EEB ist die umfassendste Interessenorganisation im Umweltbereich und vereinte 1994 über 130 Mitgliedsverbände aus der EG. Allerdings ist dem Verband in den späten 80er Jahren Konkurrenz durch die europäischen Zusammenschlüsse anderer Umweltorganisationen erwachsen (z. B. *Friends of the Earth*, *World Wildlife Fund for Nature*). Den wesentlichen Ansprechpartner der Umweltorganisationen innerhalb der Kommission bildet die Generaldirektion XI (Umwelt, nukleare Sicherheit und Katastrophenschutz). Somit hängt die Relevanz der Organisation nicht nur stark von ihrer Fähigkeit ab, die Umweltproblematik zu politisieren, sondern auch von der Bedeutung der GD XI in den Entscheidungsprozessen der EG. Auch das durch direkte Wahlen legitimierte Europäische Parlament hat mit seinem Anspruch, das Gemeinwohl in der Gemeinschaft zu wahren, den stärker normativ geprägten Gruppen bereits seit langer Zeit einen Anschlußpunkt für deren Belange geboten. Das Partizipationsdefizit der nicht-wirtschaftlichen Interessen hat seinen zweiten wesentlichen Grund darin, daß die Organisationsfähigkeit dieser Interessen nur schwach ausgeprägt ist. Die Kommission ist zwar bemüht, diese Unterlegenheit aufzufangen, doch der Gesamteindruck wird dadurch nicht wesentlich verändert. Sie ist die wichtigste Einnahmequelle des EEB und fördert auch die Tätigkeit des BEUC finanziell. Zudem unterstützt sie die Tätigkeit unterschiedlicher sozialer Gruppen in verschiedenen Problemfeldern – z. B. Frauenarmut und Alleinerziehung. Allerdings wird vielfach bemängelt, daß die Interessengruppen damit in ein Abhängigkeitsverhältnis geraten, das sich auf die Inhalte ihrer politischen Aussagen auswirken könnte. Ihre Einflußmöglichkeiten werden vor allem in der Agendagestaltung und in der Sensibilisierung der EG-Politik für gesellschaftspolitische und soziale Fragen gesehen.

II. *Integrationstheorie und Interessengruppen*: Aus integrationstheoretischer Perspektive wurden Interessengruppen vornehmlich in bezug auf ihren Beitrag zur Entstehung und Entwicklung der Europäischen Gemeinschaften untersucht. Insbesondere im neofunktionalistischen Ansatz wird ökonomischen Interessengruppen eine wichtige Rolle in der europäischen Integration beigemessen. Nicht «gute Europäer» werden als deren Träger identifiziert (*Haas* 1958: XIII). Der Integrationsverlauf hängt vielmehr von den Nutzenkalkülen ökonomischer, administrativer und politischer Eliten ab (*Lindberg* 1963: 293). Die Integration schreitet voran, wenn sich Koalitionen konvergenter – nicht notwendig identischer – Interessen bilden, in denen sich Vertreter der supranationalen und nationalstaatlichen Institutionen sowie der Interessengruppen und Parteien finden. Die Zusammenarbeit dieser Eliten in relativ «unpolitischen» ökonomischen Bereichen sollte den Boden bereiten für die schrittweise Vergemeinschaftung von Politiken und die wachsende Anerkennung der Angemessenheit und Legitimität von EG-Politik.

Nach *E. Haas* (1958: 354) und *L. Lindberg* (1963: 287f.) sind die nationalen wirtschaftlichen Interessengruppen in nationale Traditionen, Leitbilder und politische Strukturen eingebettet. Sie haben allerdings die große Bedeutung dieser Einbettung für die Definition von Identität und Interesse unterschätzt. So erwartete *Haas* eine Europäisierung der Interessenvermittlung im Sinne der Ausrichtung von *«loyalties, expectations and political activities toward a new centre»* (Haas 1958: 16). Überträgt man diese Annahmen auf den Wandel von Interessenvermittlungsstrukturen, so wäre eine konvergierende Entwicklung der Interessenvermittlung in der EG zu erwarten. Dagegen haben die Untersuchungen der EG-Interessenvermittlung gezeigt, daß institutioneller Wandel in hohem Maße pfadabhängig ist und wesentlich von den Gegebenheiten überkommener nationaler, sektorieller und politikfeldspezifischer Konfigurationen und deren Anpassung an den Integrationsprozeß geprägt wird. Eine konvergierende Entwicklung von Einflußchancen, Organisationsformen, Handlungsstrategien und Beziehungsmustern ist daher nicht zu erwarten.

Der theoretische Schwerpunkt des Neofunktionalismus liegt in dem Versuch, zu erklären, wie die EG die Definition der Interessen nationalstaatlicher und ökonomischer Interessen graduell dadurch verändert, daß sie Erwartungen, Weltbilder und den Handlungsrahmen der Akteure modifiziert. Nach der Entdeckung der Beharrungskräfte des Nationalstaates Mitte der 60er Jahre erfuhr die europäische Integrationstheorie eine Wendung hin zum Intergouvernementalismus und zur Analyse internationaler Interdependenz. Durch sie rückte die Bedeutung nationalstaatlicher Interessen in den Mittelpunkt der Erklärung von EG-Politik. Die Bedeutung der ökonomischen Interessengruppen für die Integration verringert sich in dieser Perspektive. Vermutlich ist auch daher die Anzahl der Studien, die explizit die Muster der Interessenvermittlung in der EG untersuchen, relativ gering (vgl. im einzelnen *Kohler-Koch* 1992).

Erst die Veränderungen in der europäischen Interessenlandschaft seit der Dynamisierung der Integration in den 80er Jahren und zu Beginn der 90er Jahre haben dazu geführt, daß diesem Ausschnitt europäischer Politik wieder vermehrt Aufmerksamkeit gewidmet wird. Die Studien sind vielfach eher beschreibender Natur oder suchen die «generellen Trends im europäischen Lobbying» aufzuspüren (*Mazey/Richardson* 1993). Die im Neofunktionalismus formulierte Frage nach den Konsequenzen für die Integration und die Zukunft des Regierens in Europa wird selten gestellt. Soweit der Zusammenhang von Interessen und Integration thematisiert wird, konzentriert sich die Frage auf den Einfluß, den organisierte Interessen auf die Integration genommen haben. Der These, die Formulierung des Binnenmarktprogramms und der EEA sei der Koalition von Kommission und interessierten Großunternehmen zu verdanken (*Sandholtz/Zysman* 1989), wird die These entgegengehalten, sie seien dem Interessenkalkül der großen Mitgliedstaaten entsprungen. Der Beitrag der Kommission wird in dieser

Perspektive vor allem in der Verknüpfung des Binnenmarktprogramms mit den institutionellen Regelungen der EEA gesehen (*Cameron* 1992).

Einige Studien aus jüngster Zeit knüpfen mit der Anwendung von Konzepten aus der *Policy*-Analyse an die Aufhebung der Trennung von Innen- und Außenpolitik im Neofunktionalismus an. Sie berücksichtigen aber das institutionalisierte Eigeninteresse der EG-Länder in höherem Maße. Den Besonderheiten und Problemen der EG-Mehrebenenverflechtung und der wachsenden Bedeutung von Interorganisationsbeziehungen zwischen Staat und Gesellschaft wird durch die Untersuchung von europäischen Verhandlungssystemen und *Policy*-Netzwerken verstärkt Rechnung getragen. Auch soweit Arbeiten sich mit der ‹Veränderung von Staatlichkeit› im Kontext der Integration befassen, nähern sie sich meist aus der Perspektive der *Policy*-Forschung (*Héritier* 1994) oder untersuchen die Auswirkungen der Integration auf die Fähigkeit von Mitgliedstaaten, Interessen zu bündeln (*van Schendelen* 1992). In der Interessengruppenliteratur verstehen sich einige Untersuchungen als Beitrag zur Neo-Korporatismusdebatte, in der man sich vor allem mit der These des Umschlags «*from national corporatism to transnational pluralism*» (*Streeck/Schmitter* 1991; vgl. *Greenwood* u.a. 1992) auseinandersetzt. Trotz der Ausweitung und Vertiefung der Regelungsbereiche der EG befassen sich bislang nur wenige Untersuchungen systematisch mit den Rückwirkungen der Integration auf die etablierten nationalen Verbandssysteme (Beiträge in *Eichener/Voelzkow* 1994).

III. *Interessenvermittlung und Regieren in der EG*: Die Vertreter des Neofunktionalismus haben die Rolle von Interessengruppen im Integrationsprozeß grundsätzlich als positiv betrachtet: Zum einen folgt dies aus der generell positiven Bewertung der Integration selbst – erst spät wurde nach den konkreten Wirkungen inner- und außerhalb der Mitgliedstaaten gefragt. Zum anderen resultiert diese Einschätzung aus der Verankerung des Neofunktionalismus im amerikanischen Pluralismus der 50er und 60er Jahre: Im entideologisierten Wettbewerb der Gruppen werden Interessen angenähert und ausgeglichen; die Macht der Interessengruppen ist zudem häufig nur bereichsspezifisch, so daß ein umfassendes *Capture* der EG-Institutionen nicht möglich erscheint. In seiner struktur-funktionalistischen Wendung einer Reihe neo-funktionalistischer Fragestellungen hat *J. Caporaso* diese Einschätzung stark in Zweifel gezogen. Er leitet aus dem Fehlen einer gesamtgesellschaftlichen Interessenaggregation in der EG, welche auf nationaler Ebene v.a. durch Parteien und Wahlen erfolge, die Herrschaft der Verbände in der EG ab – mit äußerst negativen Konsequenzen für die Qualität und Legitimität der Entscheidungen. Die Angewiesenheit der Kommission auf die Expertise der Interessengruppen lasse deren enge Forderungen in der EG-Politik dominieren. Die Legitimität der EG-Institutionen werde durch die «hedonistischen politischen Kalküle» dieser Gruppen beeinträchtigt. Deren Forderungen wiesen weder programmatischen Anspruch noch ideologische Kohärenz oder über ihre Eigeninteressen hinausreichende Prinzipien auf. Auch durch die Vielzahl und die Fragmentierung der Interessengruppen verliere die Entscheidungsfindung in der EG an Transparenz und an Verantwortlichkeit (*Caporaso* 1974: 180).

Bei genauerer Betrachtung erscheint das Bild der *Pressure Group Politics* in der EG aber differenzierter. So hat der Integrationsprozeß in einigen Politikfeldern zu einer Stärkung der öffentlichen Akteure geführt (z. B. *Grande* 1994), die sich aus klientelistischen Beziehungen zu nationalen Unternehmen und Verbänden lösen konnten. Die Einvernahme einer Regierung auf nationaler Ebene sichert nicht mehr die Durchsetzung des Verbandsinteresses in der EG-Politik. Auch auf der EG-Ebene stößt die Durchsetzung einzelverbandlicher Interessen auf Grenzen und fällt in verschiedenen Bereichen und Phasen der EG-Politik sehr unterschiedlich aus. Weiterhin müssen auch die politischen Forderungen der Interessengruppen ideelle Vorstellungen der Gemeinschaftsorgane berücksichtigen, die zudem durch die Einbindung von Interessengruppen an politischer Steuerungskapazität gewinnen können.

Ein bedeutendes Problem der Interessenvermittlung auf der europäischen Ebene liegt allerdings darin, daß sie eine steigende Nachfrage nach politischer Kontrolle und Partizipation auslöst, welche nicht durch Verfahren verwirklicht werden können, die dem traditionellen Verständnis demokratischer Verfassungsstrukturen entsprechen. Für das *Lobbying* in der EG gibt es keine formalisierten Regeln wie in der Bundesrepublik. Die Konsultationen zwischen der Kommission und Interessengruppen erfolgen sowohl formell und institutionalisiert im Rahmen des Ausschußwesens wie auch durch informelle Kontakte. Auch die gegenwärtigen Bemühungen des Europäischen Parlaments und der Kommission um die Regulierung der Interessenvermittlung in der EG scheinen keine geeigneten Ansatzpunkte für eine stärkere Strukturierung der fragmentierten Mehrebenen-Interessenvermittlung zu bilden. Während die Kommission in den Debatten um die Einführung eines *code of conduct* und eines Registers der Interessengruppen entsprechend ihrer Konsultationspraxis für die Selbstregulierung der Interessengruppen optiert, befürwortet das Parlament eine politische Regulierung. Die Kommission ist zudem nach der Ratifikationsdebatte um die Maastrichter Verträge stärker um geregelte und transparente Verfahren bemüht und greift zur Vorbereitung ihrer politischen Initiativen in höherem Maße auf Grün- und Weißbücher zurück, denen extensive Konsultationen vorangehen.

↗ Europäische Interessenorganisation der Landwirtschaft; Gewerkschaftliche Zusammenarbeit; Internationale Organisationen; Politisches System der Europäischen Gemeinschaft; Verbraucherpolitik; Wirtschafts- und Sozialausschuß.

Literatur: *Cameron, D.* 1992: The 1992 Initiative: Causes and Consequences, in: *Sbragia, A. M.* (Hrsg.): Euro-Politics. Institutions and Policymaking in the ‹New› European Community, Washington, 23–74. *Caporaso, J.* 1974: The Structure and Function of European Integration, Pacific Palisades. *Eichener, V./Voelzkow, H.* (Hrsg.) 1994: Europäische Integration und verbandliche Interessenvermittlung, Marburg. *Fallik, A.* (Hrsg.) 1995: The European Public Affairs Directory 1995. The Comprehensive Guide to Opinion-Formers in the Capital of Europe, Brüssel. *Grande, E.* 1994: Vom Nationalstaat zur europäischen Politikverflechtung. Expansion und Transformation moderner Staatlichkeit – untersucht am Beispiel der Forschungs- und Technologiepolitik. Habilitationsschrift, Konstanz. *Greenwood, J.* u. a. (Hrsg.) 1992: Organized Interests and the European Community, London usw. *Haas, E. B.* 1958: The Uniting of Europe. Political, Social and Economical Forces 1950–1957, London. *Héritier, A.* u. a. 1994: Die Veränderung von Staatlichkeit in Europa. Ein regulativer Wettbewerb: Deutschland, Großbritannien und Frankreich in der Europäischen Union, Opladen. *Kohler-Koch, B.* 1992: Interessen und Integration. Die Rolle organisierter Interessen im westeuropäischen Integrationsprozeß, in: *Kreile, M.* (Hrsg.): Die Integration Europas (PVS-Sonderheft 23), Opladen, 81–119. *Kommission der Europäischen Gemeinschaft* 1992: Verzeichnis der europäischen Verbände in der EG, Luxemburg. *Lindberg, L. N.* 1963: The Political Dynamics of European Economic Integration, London. *Mazey, S. P./Richardson, J. J.* (Hrsg.) 1993: Lobbying in the EC, Oxford. *Sandholtz, W./Zysman, J.* 1992: Recasting the European Bargain, in: WP 42 (1), 95–128. *Streeck, W./Schmitter, P. C.* 1991: From National Corporatism to Transnational Pluralism: Organized Interests in the Single European Market, in: P&S 19 (2), 133–164. *Van Schendelen, M. P. C. M.* (Hrsg.) 1993: National Public and Private EC Lobbying, Aldershot usw.

Rainer Eising

Internationale Organisationen

Internationale Gouvernementale Organisationen (IGOs) und Internationale Nichtgouvernementale Organisationen (INGOs) sind Ausdruck einer immer stärkeren Verflechtung und Vernetzung des internationalen Systems. Unter einer IGO wird eine durch multilateralen völkerrechtlichen Vertrag geschaffene Staatenverbindung mit eigenen Organen und Kompetenzen verstanden, die sich als Ziel die Zusammenarbeit von mindestens drei Staaten auf politischem und/oder ökonomischem, militärischem, kulturellem, sozialem u. ä. Gebiet gesetzt hat. Eine INGO ist ein Zusammenschluß von mindestens drei gesellschaftlichen Akteuren aus mindestens drei Staaten (Parteien, Verbände etc.), der zur Ausübung seiner grenzüberschreitenden Zusammenarbeit Regelungsmechanismen aufstellt. IGOs und INGOs sind charakterisiert durch: (1) eine ständige Organisationsstruktur, die festgelegte Aufgaben der internationalen Organisation bewältigt; (2) freiwillige Mitgliedschaft gleichberechtigter Partner; (3) einen Vertrag oder Abkommen, in dem Ziele, Strukturen und Methoden der Zusammenarbeit der Partner statuiert werden; (4) ein weitgehend repräsentativ zustandegekommenes beratendes Konferenzorgan und (5) ein permanentes Sekretariat, das die laufenden administrativen, wissenschaftlichen und Informationsaufgaben erfüllt.

I. *Entwicklung*: Voraussetzung für das Entstehen von internationalen Organisationen ist die Existenz von Staaten, die auf dem Prinzip der souveränen Gleichheit fußt. Internationale Organisationen entstehen, wenn zwei oder mehr Staaten in einem gewissen Interdependenzverhältnis stehen und zu der Überzeugung gelangen, daß die für beide entstandenen oder entstehenden Probleme in einer gemeinsamen Organisation besser zu lösen sind. Internationale Organisationen bilden eine besondere Form zur Steuerung des internationalen Systems, die durch die zunehmende Verflechtung der Staaten in ökonomischer, politischer und gesellschaftlicher Hinsicht erforderlich wurde. Sie sind eine Antwort auf diese Entwicklung, indem gemeinsame Interessen auf vertraglicher Basis mit Hilfe spezieller Institutionen verfolgt werden. Die Bezeichnung inter-national verweist dabei auf Nationalstaaten als weiterhin dominante Akteure des internationalen Systems. Internationale Organisationen sind sowohl Ausdruck als auch partiell Ansatzpunkt zur Überwindung dieser grundlegenden Systemstruktur. Zunächst haben IGOs die Aufgabe, die Kooperation der Staaten zu fördern, wobei durch Kooperation alle Teilnehmer Vorteile erlangen. Des weiteren stellen IGOs Foren dar, die von Staaten zur Lösung plötzlich auftauchender Probleme genutzt werden können. Im Konfliktfall können die nicht am Konflikt beteiligten Partner kraft ihrer Mitgliedschaft besser vermittelnd auf die Konfliktparteien einwirken. Anstelle von *Ad-hoc*-Konferenzen bieten IGOs eine reguläre Basis für Konsultationen mit festgelegten Regeln für den Ablauf von Verhandlungen. Da in einer immer stärker vernetzten Welt die Probleme nicht mehr auf die Nationalstaaten allein begrenzt bleiben, ist es sinnvoll, entweder bestehende IGOs mit neuen Aufgaben zu versehen oder neue IGOs mit spezifischen Aufgaben zu schaffen.

IGOs sind Völkerrechtsubjekte wie die Staaten, d. h. sie haben die Organisationsgewalt nach innen und außen. Sie agieren im internationalen System aufgrund eines originären Vertragsschließungsrechts gegenüber den Nationalstaaten oder anderen IGOs. Sie sind von den Mitgliedstaaten ermächtigt, in ihrem Namen in einem bestimmten Politikbereich aufzutreten. So ist z. B. die NATO eine für die Sicherheitspolitik ihrer Mitglieder zuständige IGO.

Besonders seit dem Ende des II. Weltkriegs ist eine enorme Zunahme der internationalen Organisationen festzustellen. So erhöhte sich die Zahl der IGOs von 123 im Jahr 1949 auf 378 im Jahr 1986. Die Zahl der Mitgliedschaften stieg auf über 7000 an. Einerseits nahm durch den Entkolonialisierungsprozeß und durch das Entstehen neuer Staaten die Zahl der Staaten zu, andererseits stieg die Verflechtungsdichte, worin eine neue Qualität der internationalen Beziehungen zum Ausdruck kommt. Betrug der durchschnittliche Mitgliedsgrad im Jahr 1945 nur 18,6, so stieg er in den 80er Jahren auf über 40 Mitgliedschaften. Das Wachstum der IGOs wurde in der zweiten Hälfte der 80er Jahre unterbrochen, die Zahl der IGOs fiel auf

272 im Jahr 1991 zurück. Auch wenn noch keine endgültigen Erklärungen vorliegen, dürfte die Auflösung des Ost-West-Konflikts und die damit in Zusammenhang stehende Auflösung von Ostblockorganisationen zur Reduzierung von IGOs beigetragen haben. Dennoch wird ein weiteres Ansteigen der IGOs prognostiziert. Noch spektakulärer fiel das Wachstum bei den INGOs aus. 1986 wurden 4676 gezählt. Für das Jahr 2000 wird ein Anwachsen auf mehr als 10800 erwartet. Gründe für diese spezielle Wachstumsdynamik sind insbesondere die Revolutionierung des Informations- und Kommunikationssystems, die gewachsene Mobilität des Bürgers, die wachsende Verflechtung über den staatlichen Bereich hinaus, die verstärkte Verbreitung von Demokratisierung sowie die wachsenden internationalen Herausforderungen (z. B. Migration, Umwelt), die sich nicht mehr national, sondern nur noch im Rahmen zumindest regionaler, wenn nicht globaler Zusammenarbeit bewältigen lassen. Für die Ausweitung der IGOs lassen sich vor allem folgende Faktoren nennen: (1) Vernachlässigung bzw. Ausklammerung von Problembereichen; (2) Situationswandel, der zu neuen Fragestellungen führt; (3) Unzufriedenheit mit bestehenden Organisationen; (4) Nichtmitgliedschaft in bestehenden Organisationen bzw. Konkurrenzsituation; (5) bürokratisches Expansionsbestreben und politische Mobilisierungsversuche; (6) Selbstgefährdung der Menschheit; (7) Entwicklungsdisparitäten im internationalen System.

II. *Unterscheidungs- und Abgrenzungskriterien*: Seit Beginn der Forschung über internationale Organisationen wurden immer wieder neue Typisierungs- und Abgrenzungskriterien formuliert, so daß kein einheitlicher Kriterienkatalog existiert. So kann ein Kriterium die Reichweite bzw. Zuständigkeit sein, wobei zeitliche, mitgliederbezogene und sachliche Aspekte zu berücksichtigen sind. Bezogen auf die zeitliche Reichweite interessiert z. B. die Frage, ob es sich um eine alte oder eine junge internationale Organisation handelt, da damit meist Konsequenzen für die Etablierung im Feld der Akteure, Traditionsprägung usw. verbunden sind. Von Bedeutung kann auch sein, ob eine internationale Organisation für eine befristete oder für eine unbefristete Zeitspanne besteht. Während z. B. die *Westeuropäische Union* für einen Zeitraum von 50 Jahren gegründet wurde, kennt die EWG keinerlei zeitliche Begrenzung. Auch sehen bestimmte IGOs in ihren Satzungen Verlängerungsmöglichkeiten für begrenzte Zeitperioden vor. Räumlich unterscheidet man IGOs mit globalem Charakter von solchen, deren Geltungsbereich auf eine bestimmte Region begrenzt ist. Als globale oder universale Organisationen werden solche angesehen, deren Mitgliedschaft nahezu den gesamten Erdball umfaßt. Von einer universalen Organisation kann immer dann gesprochen werden, wenn es theoretisch jedem Staat ermöglicht ist, an der Organisation teilzuhaben. Als regionale Organisationen gelten meistens jene auf eine *area* begrenzte internationale Organisationen. Dabei stellt sich allerdings das

Problem, zu bestimmen, was als Region verstanden wird oder welche Gebietseinheiten unter eine Region subsumiert werden sollen. Sowohl die Benelux-Union als auch der *Nordische Rat* werden als regionale internationale Organisationen begriffen. In den Sozialwissenschaften wird die Region aber nicht nur territorial verstanden: sie kann auch ökonomische, soziale, kulturelle und politische Komponenten enthalten. So ist der *Nordische Rat* ein Beispiel für eine internationale Organisation politischer und kultureller regionaler Zusammenarbeit, nicht aber für die raumgeographische. Er umfaßt die skandinavische Halbinsel, Dänemark, durch die Angrenzung an Deutschland mit Kontinentaleuropa verbunden, Finnland, durch die Nachbarschaft zu Rußland geographisch an Eurasien gekoppelt, und Island, inmitten des Atlantischen Ozeans liegend. Die idealtypische regionale Organisation bringt Staaten mit einem ähnlichen historischen Hintergrund zusammen, um gemeinsame Probleme besser als auf nationaler Ebene und ohne die für größere internationale Organisationen charakteristischen Reibungsverluste zu bearbeiten. In räumlicher Hinsicht wird auch unterschieden zwischen IGOs, die für einen Beitritt weiterer Staaten offen sind, und geschlossenen IGOs. So schien z. B. die Mitgliedschaft im *Ostseerat* nur für die Ostsee-Anrainerstaaten möglich; 1995 wurde freilich auch das im Atlantik liegende Island aufgenommen. Auch die CEFTA und der *Baltische Rat* bilden geschlossene IGOs.

Der Mitgliederaspekt ist wiederum nicht unabhängig von der sachlichen Reichweite internationaler Organisationen. So führt z. B. bei der *Organisation für wirtschaftliche Zusammenarbeit und Entwicklung* (OECD) das gemeinsame Interesse an wirtschaftlicher Entwicklung zugleich zur Aufgaben- und Mitgliederbegrenzung. In bezug auf die inhaltlichen Funktionen von IGOs wird oft die leicht mißverständliche Formulierung von ‹politischen› und ‹unpolitischen› Organisationen verwendet. Unter ‹politischen› IGOs werden dabei solche Organisationen verstanden, die in einem umfassenden Sinn (*high politics*) an der Erhaltung oder Ausdehnung der Macht ihrer Mitglieder orientiert sind (z. B. die NATO), während funktional spezifische, zur technisch-administrativen Bewältigung von Sachproblemen geschaffene IGOs (z. B. CERN, ESA, EBRD) als unpolitisch bezeichnet werden (*low politics*). In vielen Fällen ist freilich die Grenzziehung zwischen funktionaler Spezifizität und umfassende Machtfragen berührender Politik schwierig. So ist die *Internationale Energieagentur* (IEA) zwar zunächst eine Agentur zur Gewährleistung der Energieeinfuhren in die Mitgliedstaaten, angesichts des Nord-Süd-Konflikts aber von großer politischer Bedeutung (gewesen).

Im Rahmen der sachlichen Differenzierung kann nach Aufgaben und Funktionen internationaler Organisationen unterschieden werden. Internationale Organisationen können allgemeine, weltumspannende Funktionen anstreben wie z. B. die *Vereinten Nationen* oder das GATT bzw. seit 1995 die WTO. Die *Westeuropäische Union* begrenzte lange Zeit ihre Aufgabe auf die Gewährleistung der Sicherheit ihrer Mitglieder. Internationale Organisationen können spezifische Funktionen im Bereich der Sicherheit, der Wirtschaft, der Kultur, der Technik, der Verwaltung u. a. m. ausüben. Dabei gibt es IGOs, die vor allem als Verhandlungsorgane arbeiten (z. B. das GATT), während andere hauptsächlich konkrete Dienstleistungen für ihre Mitglieder erbringen (z. B. die *Weltgesundheitsorganisation*, WHO, oder die UN-*Ernährungs- und Landwirtschaftsorganisation*, FAO).

Ein weiteres Unterscheidungsmerkmal internationaler Organisationen bildet deren Verhältnis zu den Mitgliedstaaten. Die IGOs klassischen Stils verfügen über Organe, die i. d. R. die Souveränität der Mitgliedstaaten nicht einschränken. Sie haben deshalb potentiell nur eine geringe Durchsetzungskompetenz gegenüber den Einzelinteressen ihrer Mitglieder. Dies ist bei supranationalen Organisationen tendenziell anders, deren Organen die Mitgliedstaaten Kompetenzen auch zur Durchsetzung übernationaler Interessen abgetreten haben, z. B. im Rahmen der *Europäischen Union*. Dabei stellt sich im einzelnen die Frage sowohl nach den formalen Kompetenzen und Sanktionsmöglichkeiten der IGOs gegenüber ihren Mitgliedern als auch nach den realen Machtmitteln bzw. Durchsetzungsmöglichkeiten.

Ein letztes Unterscheidungsmerkmal bildet die Binnen- oder Organisationsstruktur. Zwar gilt im Völkerrecht das Prinzip der Gleichheit der Staaten in der internationalen Politik; jedoch kann es innerhalb der IGOs sowohl bei der Zusammensetzung von Führungs- und Entscheidungsorganen als auch in bezug auf das Stimmrecht durchaus Abweichungen von diesem Gleichheitsgrundsatz geben. In der *Europäischen Union* wird im Rat sowohl nach dem Gleichheitsgrundsatz (ein Staat, eine Stimme) als auch nach dem gewichteten Stimmrecht entschieden.

Internationale Organisationen unterscheiden sich auch in organisationsstruktureller Hinsicht. So kennen manche internationale Organisationen nur ein kleines Sekretariat (z. B. die EFTA), während andere eine sehr komplexe und umfassende Struktur und einen entsprechend großen Mitarbeiterstab haben. So ist die Kommission der EU eines der fünf Hauptorgane der Union und unterhält nach der zum 1. 1. 1995 erfolgten dritten Erweiterung einen Stab von inzwischen mehr als 18 000 Mitarbeitern.

III. *Internationale Organisationen, Nationalstaaten und internationales System*: Mit den klassischen Mitteln einer auf den Nationalstaat orientierten Politik konnten die grenzüberschreitenden Interaktionen seit Anfang des 19. Jh.s nicht mehr gesteuert werden. Es bedurfte daher der IGOs und der INGOs, um Steuerungs- und Managementaufgaben für das internationale System wahrzunehmen. Dabei kann die Zusammenarbeit in den IGOs als Fortsetzung nationaler Problemlösungskapazitäten und -mechanismen verstanden werden. Allerdings berührt die Zusammenarbeit in IGOs die Souveränität des Nationalstaats, die durch die IGOs als neue internationale

Akteure in ihrer absoluten Bedeutung, aber auch durch die Zunahme der internationalen Verflechtung in Frage gestellt wurde. Staaten sind seit der Mitte dieses Jahrhunderts nicht mehr in dem Sinne souverän, daß sie autonom über ihre politischen Ziele und Aktionen entscheiden können. Einige Staaten sind vielleicht in der Lage, relativ autonom in einem Bereich, z. B. der Währungspolitik, eigene Präferenzen weitgehend durchzusetzen, während sie im Bereich der Sicherheits- und Verteidigungspolitik eine große Abhängigkeit aufweisen. Das internationale System stellt sich nach *J. Burton* heute eher als ein Spinnwebmodell dar, «in dem die Welt durch eine Fülle je unterschiedlich funktional bestimmbarer, letztendlich Kommunikationsbeziehungen widerspiegelnder, einander überlagernder und gegenseitig durchwirkender Beziehungsgeflechte überdeckt ist, die wie eine Menge gigantischer Spinngewebe den einzelnen Akteur einfangen und ihn auf den verschiedensten Ebenen seines Tuns mit einer Fülle anderer Akteure verknüpfen» (*Meyers* 1991: 301).

Folgende spezifische Funktionen von IGOs und INGOs sind heute auszumachen: (1) Bildung von Gegen- und Parallleleliten zur Diplomatie des Nationalstaats: Das Ansteigen der Zahl der IGOs und INGOs wurde für die Diplomatie der Nationalstaaten eine Herausforderung, mußten doch dadurch neue Verhaltensweisen z. B. in Form der Konferenzdiplomatie entwickelt werden. Gegeneliten bilden sich in den INGOs, die bei der Lösung spezieller, oft fachlicher Probleme eine größere Kompetenz als die Diplomaten aufgrund ihrer Fachausbildung aufweisen. (2) Multilaterale und multinationale Interessenbündelung: Internationale Organisationen wirken als fachspezifische Agenturen der Konfliktregulierung. In ihnen vollzieht sich eine laufende Multilateralisierung, wenn auch im Völkerrecht weiterhin von der Idee ausgegangen wird, daß das Individuum in all seinen Beziehungen von seinem Heimatstaat vertreten wird. (3) Vermittlungsfunktion: Aufgrund ihrer multinationalen Zusammensetzung bilden internationale Organisationen einen guten Rahmen, um zwischen streitenden Parteien zu vermitteln und auszugleichen. Eine internationale Organisation kann als ein neutraler Ort dienen, an dem die Streitparteien ohne Prestigeverlust zusammentreffen können. Auch können internationale Organisationen sich als Vermittler in Konfliktfällen einschalten wie z. B. die Vereinten Nationen in vielen Missionen, aber auch die EG/EU im Jugoslawienkrieg, wenngleich ohne großen Erfolg. (4) Kollektive Organisierung schwacher und kleiner Nationalstaaten: Das internationale System besteht zu mehr als der Hälfte aus kleinen und schwachen Staaten, die zwar durch das Völkerrecht in den internationalen Beziehungen rechtlich weitgehend gleichgestellt sind, die aber faktisch nur durch Zusammenschluß ihre Interessen wahrnehmen können. So bilden internationale Organisationen für diese Staaten einen Rahmen, mit dessen Hilfe sie für ihre Probleme zunächst einmal Gehör schaffen können (z. B. Gruppe der 77), um in einem zweiten Schritt vielleicht sogar ihre Interessen durchsetzen zu können.

(5) Herstellung einer internationalen Öffentlichkeit: Internationale Organisationen tagen oft öffentlich und geben darüber hinaus in internationalen Pressekonferenzen der Öffentlichkeit die Möglichkeit, sich mit den anstehenden Themen vertraut zu machen.

Internationale Organisationen können nur erfolgreich wirken, wenn ihre Normen und Regeln auch durch die Mitgliedstaaten anerkannt werden, d. h. sich auch in die soziale Wirklichkeit umsetzen lassen. Sie bedürfen daher der Fähigkeit, (1) Programme zu implementationsfähigen Regelwerken zu spezifizieren, (2) selbst aktiv an der Implementation von Programmen mitzuwirken, (3) die Implementation von Programmen durch die Mitgliedstaaten zu überwachen und (4) im Falle von Normverstößen und Regelverletzungen Sanktionen zu verhängen (vgl. *Rittberger* 1994: 143).

↗ Euratom; Europäische Gemeinschaften; Europäische Parteienzusammenschlüsse; Europäische Wirtschaftskommission der Vereinten Nationen – ECE; Europarat; Interessenvertretung; Integrationstheorien; Nordischer Rat; Organisation für Sicherheit und Zusammenarbeit in Europa – OSZE; Organisation für Wirtschaftliche Zusammenarbeit und Entwicklung OECD; Ostseerat; Rat für Gegenseitige Wirtschaftshilfe – RGW; Westeuropäische Union.

Literatur: *Andersen, U./Woyke, W.* (Hrsg.) 1995: Handwörterbuch Internationale Organisationen, Opladen. *Archer, C.* 1994: International Organizations, London. *Baratta, M. v./Clauss, J.* 1995: Internationale Organisationen. Ein Handbuch, Frankfurt a. M. *Bennett, A.* 1991: International Organizations. Principles and Issues, Englewood Cliffs. *Holsti, K.* 1991: Change in the International System – Essays on the Theory and Practice of International Relations, Cheltenham. *Keohane, R. O./Nye, S.* (Hrsg.) 1977: Power and Interdependence: World Politics in Transition, Boston. *Meyers, R.* 1991: Grundbegriffe, Strukturen und theoretische Perspektiven der Internationalen Beziehungen, in: *Bundeszentrale für Politische Bildung* (Hrsg.) Grundwissen Politik, Bonn, 220–316. *Union of International Associations* (Hrsg.): Yearbook of International Organizations, Brüssel (erscheint jährlich). *Rittberger, V.* 1994: Internationale Organisationen. Politik und Geschichte, Opladen. *Woyke, W.* 1995: Europäische Organisationen, München.

Wichard Woyke

Justiz und Inneres

Die Europäische Zusammenarbeit in den Bereichen Justiz und Inneres bildet die sog. Dritte Säule der *Europäischen Union*, wie sie durch den Vertrag zur Gründung der *Europäischen Union* (EU-V) geschaffen wurde. Sie steht als entwickelte, weil sich innerhalb des einheitlichen institutionellen Rahmens der Union vollziehende intergouvernementale Zusammenarbeit neben den drei Europäischen Gemeinschaften (EG, EGKS, EAG = Erste Säule) und der aus der früheren Europäischen Politischen Zusammenarbeit (EPZ) hervorgegangenen Gemeinsamen Außen- und Sicherheitspolitik (GASP = Zweite Säule).

1. Anders als bei den Europäischen Gemeinschaften und bei der EPZ beruhte die Zusammenarbeit in den Bereichen Justiz und Inneres vor Inkrafttreten des EU-V nicht auf einen kohärenten völkerrechtlichen Vertrag zwischen den EG-Mitgliedstaaten. Verschiedene Herausforderungen im Gefolge der Vergemeinschaftung, insbesondere des Binnenmarktes, hatten ein eher punktuelles Zusammenwirken einzelner oder aller Mitgliedstaaten außerhalb der Organstruktur der EG hervorgerufen: so namentlich durch die TREVI-Gruppe und die Rhodos-Gruppe sowie durch das Schengen-Abkommen, das Dublin-Abkommen und das Übereinkommen über die gerichtliche Zuständigkeit und die Vollstreckung gerichtlicher Entscheidungen in Zivil- und Handelssachen. Doch erst in der Artikelgruppe K des Unionsvertrages erhielt die Europäische Zusammenarbeit in den Bereichen Justiz und Inneres eine zusammenhängende vertragliche Grundlage, die sowohl die sachliche Reichweite benennt als auch Verfahrensvorschriften vorgibt. Danach werden zur Verwirklichung der Ziele der Union, insbesondere der Freizügigkeit, unbeschadet der Zuständigkeit der EG von den Mitgliedstaaten als «Angelegenheiten von gemeinsamem Interesse» folgende Bereiche betrachtet: die Asylpolitik; die Vorschriften für das Überschreiten der Außengrenzen der Mitgliedstaaten durch Personen und die Ausübung der entsprechenden Kontrollen; die Einwanderungspolitik und die Politik gegenüber Staatsangehörigen dritter Länder; die Bekämpfung der Drogenabhängigkeit; die Bekämpfung von Betrügereien im internationalen Maßstab; die justitielle Zusammenarbeit in Zivilsachen und in Strafsachen; die Zusammenarbeit im Zollwesen; und schließlich die polizeiliche Zusammenarbeit zur Verhütung und Bekämpfung des Terrorismus, des illegalen Drogenhandels und sonstiger schwerwiegender Formen der internationalen Kriminalität, erforderlichenfalls einschließlich bestimmter Aspekte der Zusammenarbeit im Zollwesen, in Verbindung mit dem Aufbau eines unionsweiten Systems zum Austausch von Informationen im Rahmen eines Europäischen Polizeiamtes (Europol).

2. Die Zusammenarbeit in den Bereichen Justiz und Inneres ist nach dem Konzept des Unionsvertrags im wesentlichen intergouvernemental ausgeprägt, doch vollzieht sie sich im einheitlichen institutionellen Rahmen der Union. Die Handlungszuständigkeit liegt grundsätzlich bei den Mitgliedstaaten. Dies zeigt sich auch darin, daß Entscheidungen des Rates außer in Verfahrensfragen grundsätzlich einstimmig zu treffen sind (Art. K. 4 Abs. 3 EU-V), wenngleich der Rat beschließen kann, daß Maßnahmen zur Durchführung einer gemeinsamen Maßnahme mit qualifizierter Mehrheit angenommen werden. Kommission und Europäisches Parlament (EP) sind auf Beteiligungsrechte ohne Bindungswirkung beschränkt (Art. K. 4 Abs. 2, K. 6 EU-V). Allerdings hat die Kommission in den meisten Bereichen ein Initiativrecht (Art. K. 3 Abs. 2 EU-V) und nimmt in Gestalt ihres Präsidenten an den Zusammenkünften des für die Union impulsgebenden Europäischen Rates teil. Demgegenüber sind dem Gerichtshof (EuGH) im

Bereich der Dritten Säule anachronistischerweise obligatorische Zuständigkeiten bislang nicht zuerkannt. Der EU-V eröffnet lediglich die Möglichkeit, in eventuellen Übereinkommen zwischen den Mitgliedstaaten im Bereich der Dritten Säule den Gerichtshof zur Auslegung derartiger Übereinkommen für zuständig zu erklären.

3. Als Handlungsformen im Bereich der Dritten Säule stehen die gemeinschaftsrechtlichen Akttypen wie insbesondere Verordnung und Richtlinie im Sinne des Art. 189 EG-V nicht zur Verfügung. Vielmehr ist der Rat auf spezifische und in sich undefinierte Entscheidungstypen beschränkt: nämlich auf die Festlegung gemeinsamer Standpunkte; die Förderung jeder Art unionszieldienlicher Zusammenarbeit; die Annahme gemeinsamer Maßnahmen und Durchführungsmaßnahmen; die Ausarbeitung von Übereinkommen, die den Mitgliedstaaten zur Annahme empfohlen werden.

4. Die funktionelle Nähe der von der Dritten Säule erfaßten Politikbereiche zum Aufgabenbereich der EG, insbesondere zur Aufgabe der Gewährleistung des Binnenmarktes, rechtfertigt die im Unionsvertrag ausdrücklich vorgesehene Möglichkeit zur Vergemeinschaftung der meisten in Art. K. 1 EU-V benannten Bereiche der Zusammenarbeit (Art. K. 9 EU-V), wobei lediglich die justitielle Zusammenarbeit in Strafsachen, die Zusammenarbeit im Zollwesen und die polizeiliche Zusammenarbeit ausgeschlossen sind. Dadurch ist dem Rat der Weg eröffnet, auf Initiative der Kommission oder eines Mitgliedstaates einstimmig zu beschließen, daß Art. 100 c EG-V auf Maßnahmen in den in Art. K. 1 Ziff. 1–6 genannten Bereichen anwendbar ist, sowie das entsprechende Abstimmungsverfahren festzulegen und den Mitgliedstaaten die Annahme dieses Beschlusses gemäß ihren verfassungsrechtlichen Vorschriften zu empfehlen. Die funktionale Nähe der Zusammenarbeit in den Bereichen Justiz und Inneres zum Aufgabenbereich der EG legt es allerdings auch nahe, die Gegenstände der Dritten Säule unionspolitisch mittelfristig in den Aufgabenbereich der EG einzugliedern und damit auch der Jurisdiktion des EuGH zu unterwerfen sowie die Verfassungskomplexität der EU zu reduzieren.

↗ Europäischer Gerichtshof.

Literatur: *Muller-Graff, P.-C.* 1994: The Legal Bases of the Third Pillar and its Position in the Framework of the Union Treaty, in: CMLR 2, 493–510. *Müller-Graff, P.-C.* (Hrsg.) 1996: Europäische Zusammenarbeit in den Bereichen Justiz und Inneres, Baden-Baden; *Rupprecht, R.* 1995: Justiz und Inneres, in: *Weidenfeld, W./Wessels, W.* (Hrsg.): Jahrbuch der europäischen Integration 1994/95, Bonn, 199–206. *Schelter, K.* 1996: Innenpolitische Zusammenarbeit in Europa zwischen Maastricht und Regierungskonferenz 1996, in: APuZ B1–2/96, 19–26.

Peter-Christian Müller-Graff

Kommission

Gemäß Artikel E des Vertrags über die Europäische Union sowie Art. 4 EG-V ist die Kommission eines der fünf Organe der Gemeinschaft bzw. der Union. Im Gefüge der Institutionen wird sie als Exekutive bezeichnet, was sich einmal auf die politischen Funktionen einer Regierung, zum anderen auf die eher technischen Funktionen eines Verwaltungsapparates beziehen kann. Es ist das besondere Merkmal der Kommission, daß sie sowohl politischen als auch administrativen Charakter hat und sich ihre Funktionen auf beide Bereiche erstrecken.

I. *Zusammensetzung und Bestellung*: Der Vertrag sieht vor, daß der Kommission mindestens ein Staatsangehöriger jedes Mitgliedstaats angehören muß und daß nicht mehr als zwei Mitglieder dieselbe Staatsangehörigkeit besitzen dürfen. In der Praxis bedeutet das, daß die fünf sogenannten großen Mitgliedstaaten jeweils zwei Kommissionsmitglieder entsenden. Nach der letzten Erweiterung der Union 1995 besteht die Kommission aus 20 Mitgliedern, «die aufgrund ihrer allgemeinen Befähigung ausgewählt werden und volle Gewähr für ihre Unabhängigkeit bieten müssen» (Art. 157 EG-V). Sie dürfen also bei ihrer Amtsführung «Anweisungen von einer Regierung oder einer anderen Stelle weder anfordern noch entgegennehmen», und die Mitgliedstaaten sind verpflichtet, «nicht zu versuchen, die Mitglieder der Kommission bei der Erfüllung ihrer Aufgaben zu beeinflussen». Die Kommission ist auf das Wohl der Gemeinschaft verpflichtet. Die Amtszeit der Kommissionsmitglieder beträgt fünf Jahre; Wiederernennung ist zulässig.

Das Verfahren der Bestellung der Kommission hat sich mit dem Vertrag von Maastricht gegenüber früher, als ausschließlich die Regierungen die Ernennung im gegenseitigen Einverständnis vorgenommen haben, geändert. Es erfolgt in zwei Stufen. Zunächst müssen sich die Regierungen auf einen Kandidaten für das Amt des Kommissionspräsidenten verständigen. Der Vertrag sieht dabei die obligatorische Anhörung des Europäischen Parlaments (EP) vor. In einem zweiten Schritt wählen die Regierungen, in Konsultation mit dem designierten Präsidenten, die übrigen Kandidaten für die Kommission aus. Vor der förmlichen Ernennung durch die Regierungen der Mitgliedstaaten müssen sich der designierte Präsident und die designierten Kommissionsmitglieder als Kollegium einem Zustimmungsvotum des Europäischen Parlaments stellen.

Das neue Verfahren wurde erstmals 1994/95 angewandt. Dabei hatte der designierte Präsident, der Luxemburger *J. Santer*, deutlich gemacht, daß er bei einem negativen Votum des EP als Kandidat nicht mehr zur Verfügung stehen würde. Ein positives Votum kann also die Position des Präsidenten, gerade auch gegenüber dem Rat, also den Regierungen, stärken. Damit zeichnet sich auch die Möglichkeit ab, daß das EP bereits bei der Kandidaten-Suche einbezogen wird. Das EP hat, gestützt auf sein Recht eines Zustimmungsvotums, auf die Zusammensetzung der neuen Kommission Einfluß zu nehmen versucht, beispielsweise durch die Forderung nach angemessener Berücksichtigung von Frauen. Auch hier zeichnen sich also neue Einwirkungsmöglichkeiten des EP ab, die in einer stärkeren Stellung der Kommission und ihrer Mitglieder resultieren könnten. Einzelne Beobachter sehen im neuen Bestellungsverfahren einen Schritt auf dem Weg zu einer ‹parlamentarischen› Kommission (*Fitzmaurice* 1994).

II. *Kompetenzen und Funktionen*: Im institutionellen System der Gemeinschaft kommt der Kommission eine zentrale Rolle zu. Sie verfügt aufgrund der Verträge über eine Reihe von Kompetenzen, und ihr sind im Laufe der Vertragsreformen einige Funktionen zugewachsen, die im immer komplexer gewordenen Entscheidungsgefüge von erheblicher Bedeutung sind. In der Regel werden folgende drei Hauptaufgaben der Kommission genannt: (1) Initiativen zu ergreifen, (2) als Exekutive zu fungieren und (3) Hüterin der Verträge zu sein. (4) Hinzu tritt eine vermittelnde Funktion im interinstitutionellen Dialog sowie bei den Aushandlungsprozessen zwischen den Regierungen der Mitgliedstaaten.

1. Häufig wird die Kommission als ‹Motor› der Gemeinschaft und ihrer Entwicklung bezeichnet. Es ist ein besonderes Merkmal des in den Verträgen normierten europäischen Rechts, daß sich Kompetenzzuweisungen nicht allein auf (mehr oder weniger) präzise beschriebene Einzelermächtigungen beschränken, sondern daß sie auch mit dem Hinweis auf in den Verträgen formulierte Ziele begründet und beansprucht werden. Damit bietet sich für das Tätigwerden der Gemeinschaft, also vorrangig der Kommission, ein breites Spektrum von Politikfeldern. Aber auch hinsichtlich der Form, in der Gemeinschaftsaktivitäten erfolgen sollen, kann die Kommission auf eine ganze Palette von in ihrer Intensität deutlich abgestuften Möglichkeiten zurückgreifen. Diese reichen von der bloßen Stellungnahme oder Empfehlung über das Angebot von Programmen und Aktionen bis zur förmlichen Rechtsetzung, für die wiederum unterschiedliche Formen (Verordnung, Richtlinie, Entscheidung) vorgesehen sind.

Insbesondere beim Rechtsetzungsverfahren verfügt die Kommission über das alleinige Vorschlagsrecht. Dazu gehört nicht zuletzt, daß die Kommission während eines noch laufenden Rechtsetzungsverfahrens ihre Vorschläge jederzeit zurückziehen und damit den Vorgang stoppen kann. (189 a EG-V)

Es wäre dennoch falsch, das förmliche Initiativrecht als Monopol zu verstehen. So können sowohl der Rat als auch das EP die Kommission auffordern, Vorschläge auszuarbeiten und einzubringen. In wichtigen Angelegenheiten ist die Kommission gehalten und gut beraten, die Regierungen der Mitgliedstaaten vor Unterbreitung eines förmlichen Vorschlags zu konsultieren; die Unterbreitung eines politisch chancenlosen Vorschlags würde keinen Sinn machen. Da sich die Tätigkeit der Gemeinschaft überwiegend auf technische und dabei oft sehr komplizierte Details bezieht, ist die Kommission, will sie von ihrem Vorschlagsrecht einen sinnvollen Gebrauch machen, auf die Unterstützung von Experten angewiesen. Hier existiert mittlerweile eine große Zahl von spezifischen Beratenden Ausschüssen – teils permanent, teils *ad hoc* tätig –, die meist aus Verbandsvertretern zusammengesetzt sind. Ihre Mitglieder stellen den benötigten Sachverstand zur Verfügung; sie haben aber auf diesem Wege zugleich die Möglichkeit, eigene Interessen in den Entscheidungsprozeß einzubringen. Vergegenwärtigt man sich, daß es neben dieser formalisierten Form verbandlicher Einflußnahme eine sehr große Zahl informeller Kontakte zwischen Verbänden und der Kommission gibt und daß diese bevorzugter Adressat von *Lobby*-Aktivitäten ist, dann relativiert dies das Initiativ-Monopol der Kommission noch zusätzlich.

Diese Hinweise auf die Praxis des Entscheidungsprozesses ändern aber nichts an der zentralen Rolle, die der Kommission darin zukommt. Auch wenn sie mit vielen anderen Akteuren eng verknüpft und damit in eine gewisse Abhängigkeit geraten ist, bleiben ihr vielfältige Möglichkeiten, Gemeinschaftshandeln zu initiieren und in eine gewünschte Richtung zu lenken. Das gilt im übrigen auch für die Gemeinsame Außen- und Sicherheitspolitik (GASP) sowie die Zusammenarbeit in den Bereichen Justiz und Inneres, den beiden intergouvernemental angelegten Pfeilern des Vertrags von Maastricht. Der Unionsvertrag sieht die Beteiligung der Kommission an den Arbeiten in diesen Bereichen «in vollem Umfang» vor und erlaubt damit auch die Wahrnehmung der Initiativ-Funktion, wobei es sich nicht um Vorlagen im Rahmen eines Rechtsetzungsverfahrens handelt, sondern um politische Anstöße. In diesem Zusammenhang ist auch die Zugehörigkeit des Kommissions-Präsidenten zum Europäischen Rat (Art. D EU-V) von Bedeutung.

2. Im Mittelpunkt der Exekutiv-Funktion der Kommission steht die Verpflichtung der Kommission, für die Durchführung gemeinschaftlicher Rechtsakte zu sorgen. In der Regel muß der Rat der Kommission die Befugnis zur Durchführung von Gemeinschaftsvorschriften übertragen. Von einem Exekutiv-Monopol kann gleichwohl nicht gesprochen werden. Vielmehr ist die Wahrnehmung von Durchführungsbefugnissen der Kommission an die Mitwirkung besonderer Ausschüsse gebunden, die von Angehörigen der nationalen Regierungen, i. d. R. höheren Beamten, gebildet werden. Dieses ‹Komitologie› genannte Verfahren wurde 1987 institutionalisiert und dient der Kontrolle und letztlich der Beschränkung der Kommission. Die Mitwirkungsbefugnisse der Ausschüsse variieren je nach Ausschuß-Typus; am mächtigsten, also den Gestaltungsspielraum der Kommission am stärksten einschränkend, sind die Regelungs-Ausschüsse; weniger weitgehende Befugnisse haben die Verwaltungs-Ausschüsse; schließlich gibt es Ausschüsse mit lediglich beratender Funktion.

Zur Exekutiv-Funktion der Kommission gehören die Beteiligung an der Verabschiedung des Haushalts und die Pflicht, diesen ordnungsgemäß auszuführen. Dabei unterliegt die Kommission der Kontrolle durch den Rechnungshof. Weiterhin obliegt der Kommission Aushandlung und Abschluß von Abkommen mit Drittstaaten sowie internationalen Organisationen, wobei der Handlungsspielraum der Kommission durch Mandate des Rates abgesteckt wird. Schließlich ist die Kommission an der Außenvertretung der Gemeinschaft beteiligt: Vertretungen der Kommission existieren mittlerweile in allen wichtigen Drittstaaten bzw. Regionen.

3. Als ‹Hüterin der Verträge› muß die Kommission für die Anwendung und Einhaltung der Bestimmungen der Verträge und des sekundären Gemeinschaftsrechts Sorge tragen (Art. 169 EG-V). Sie kann in diesem Zusammenhang beispielsweise Vertragsverletzungsverfahren gegen einzelne Mitgliedstaaten anstrengen und sie kann gegen den Rat eine Untätigkeitsklage, aber auch eine Nichtigkeitsklage einbringen. Die vom EuGH gefällten Urteile gelten als gemeinschaftsfreundlich. Die Befugnis zur Klageerhebung schließt die politische Verpflichtung der Kommission ein, von dieser Möglichkeit nur als letztes Mittel Gebrauch zu machen. Bedeutender für die politische Praxis ist, daß im Vorfeld nach einvernehmlichen Lösungen gesucht wird. Da die Kommission mit den anderen Organen und insbesondere den Regierungen der Mitgliedstaaten in einem permanenten Dialog steht, gibt es hierfür zahlreiche Mittel und Wege und im Verlauf des Integrationsprozesses gewonnene reiche Erfahrungen. Daraus hat sich ein großes Arsenal formalisierter und informeller Prozeduren entwickelt.

Eine besondere Aufgabe kommt der Kommission im Rahmen der gemeinschaftlichen Wettbewerbspolitik zu; sie hat darüber zu wachen, daß die einschlägigen Bestimmungen eingehalten werden. Dazu gehören die Aufsicht über die Gewährung staatlicher Beihilfen, die im Zusammenhang mit dem Binnenmarkt immer wichtiger werdende Fusionskontrolle sowie das Vorgehen gegen wettbewerbswidrige Praktiken einzelner Unternehmen. Auf diesem Gebiet verfügt die Kommission über recht weitgehende Entscheidungsrechte und bei Regelverletzungen durch Unternehmen auch über die Kompetenz, Bußgelder zu verhängen.

4. Die Rolle der Kommission als ‹Maklerin und Vermittlerin› hat mit der Ausweitung des Aufgaben- und Tätigkeitsspektrums der Gemeinschaft und der Vergrößerung der Mitgliederzahl auf 15 Staaten an Bedeutung gewonnen. Einvernehmliche Entscheidungen, aber auch solche, für die ‹nur› eine qualifizierte Mehrheit vorgeschrieben ist, sind aufgrund der größer gewordenen Interessenvielfalt schwieriger geworden. Hier kommt der Kommission die besondere Aufgabe zu, zwischen unterschiedlichen Interessen zu vermitteln und Lösungsvorschläge zu unterbreiten. Die zentrale Stellung im gemeinschaftlichen Entscheidungsgefüge erleichtert der Kommission die Wahrnehmung dieser Aufgabe ebenso wie das im Laufe der

Jahre entstandene Geflecht formalisierter und informeller Kommunikationsbeziehungen zu anderen Institutionen bzw. Akteuren. Im Unterschied zur Rats-Präsidentschaft, die halbjährlich wechselt, kann sich die Kommission kontinuierlich und über einen längeren Zeitraum hinweg um Lösungen bemühen. Für den Erfolg solcher Aktivitäten sind die Autorität und das Gewicht des Kommissions-Präsidenten von besonderer Bedeutung. *J. Delors* war in seiner zehnjährigen Amtszeit das Beispiel für einen politisch gewichtigen Kommissions-Präsidenten, der von den Mitgliedsregierungen selbst immer wieder mit Vermittlungsaufträgen betraut wurde. Parallele Interessen und ein enges Zusammenwirken von Kommissionspräsident und Ratspräsident tragen zum Erfolg von Vermittlungsbemühungen bei.

III. *Organisation und Arbeitsweise*: Im strengen Sinn des EG-V (Art. 157) ist die Kommission das Kollegium der gegenwärtig 20 Kommissions-Mitglieder. Üblicherweise werden zur Kommission aber alle Verwaltungsdienststellen gerechnet, die unterhalb des Kollegiums angesiedelt sind. Die Struktur der Kommission als Gesamtorganisation entspricht der nationaler Regierungs- bzw. Ministeriums-Verwaltungen. Die Kommission als Verwaltungsapparat ist in gegenwärtig 23 Generaldirektionen gegliedert, von denen jede wiederum in mehrere Direktionen unterteilt ist; darunter wiederum sind Abteilungen und Referate mit immer spezielleren Aufgaben plaziert. Neben den Generaldirektionen, die für die unterschiedlichen Politiken zuständig sind, verfügt die Kommission über einen Juristischen Dienst, eine Sprechergruppe, den Übersetzungsdienst und das Amt für Amtliche Veröffentlichungen sowie das Generalsekretariat. Der gesamte Verwaltungsapparat umfaßt etwa 17000 Bedienstete unterschiedlichster Ränge, wobei etwa 3000 im Sprachendienst tätig und etwa 3500 in Forschungsstellen beschäftigt sind. Für besondere Aufgaben, die sich häufig *ad hoc* und lediglich für einen abgrenzbaren Zeitraum stellen, werden sogenannte *Task Forces* eingerichtet; es handelt sich um besondere Arbeitseinheiten, die außerhalb der normalen Hierarchie stehen.

Die Kommission gibt sich ihre eigene Geschäftsordnung, ist also diesbezüglich von den Regierungen der Mitgliedstaaten unabhängig. Jedes Mitglied der gegenwärtig 20köpfigen Kommission ist für bestimmte Arbeitsgebiete und Politikbereiche zuständig; insofern herrscht das Ressort-Prinzip. Da die Kommission vom Vertrag aber als Kollegial-Organ konzipiert ist, dominiert für Entscheidungen innerhalb der Kommission das Kollegial-Prinzip: Alle Angelegenheiten werden im Kollegium behandelt, und für Entscheidungen ist die Mehrheit erforderlich. Dabei hat auch der Kommissions-Präsident nur eine Stimme, ist also lediglich *primus inter pares*. In rein technischen Angelegenheiten überträgt das Kollegium die Entscheidungsbefugnis häufig dem zuständigen Kommissions-Mitglied zur alleinigen Erledigung. In allen anderen Fällen muß sich das einzelne

Kommissionsmitglied darum bemühen, im Kollegium Mehrheiten zu finden.

Für die praktische Arbeit innerhalb der Kommission sind die Kabinette von besonderer Bedeutung. Bei dieser Einrichtung, die auf französisches Vorbild zurückgeht, handelt es sich um den persönlichen Mitarbeiterstab des einzelnen Kommissionsmitglieds. Einem Kabinett gehören i. d. R. sechs Mitglieder an, die fast alle die gleiche Nationalität haben wie das Kommissionsmitglied. Die Kabinettsmitglieder sind so etwas wie politische Beamte, die frei ausgewählt und abberufen werden können. Zum einen haben die Kabinette die Aufgabe, die Verbindung zu den Verwaltungsdienststellen (den Generaldirektionen) zu halten, die dem betreffenden Kommissionsmitglied zugeordnet sind. Ihre zweite Aufgabe besteht darin, Verbindungen zu anderen Kommissionsmitgliedern, also deren jeweiligen Kabinetten, zu halten. Als Mitglieder eines Kollegiums müssen die Kommissionsmitglieder das gesamte Spektrum der Angelegenheiten der Gemeinschaft überblicken, wenn sie das Wirken der Kommission im gemeinschaftlichen Entscheidungsprozeß beeinflussen wollen. Sie hierbei zu unterstützen, ist die vorrangige Aufgabe der Kabinette. Die Runde der Kabinettschefs, die unter dem Vorsitz des Generalsekretärs der Kommission tagen, hat als Koordinationsgremium eine Schlüsselstellung inne. Kabinettschefs verfügen häufig über mehr Einfluß und politisches Gewicht als Generaldirektoren.

Die Alltagsarbeit der Kommission wird auf allen Ebenen durch eine Vielzahl von Kooperationsbeziehungen mit Angehörigen anderer Gemeinschaftsinstitutionen sowie mit Vertretern von Organisationen in ihrem Umfeld geprägt. Die Ausweitung der Gemeinschaftstätigkeit hat erhöhten Koordinationsbedarf zur Folge. Die Kommission versucht dem durch die Bestimmung interner Verfahrensabläufe Rechnung zu tragen; sie hat darüber hinaus mit den anderen Gemeinschaftsorganen, insbesondere Rat und EP, sogenannte interinstitutionelle Vereinbarungen abgeschlossen. Die Handhabung des Subsidiaritätsprinzips, wie es im Vertrag von Maastricht formuliert ist, ist zum Teil Gegenstand solcher Vereinbarungen.

Schätzungsweise ein Drittel der höheren Beamten gehört nicht zum Stamm der hauptamtlich Beschäftigten, sondern ist nur vorübergehend in den Diensten der Kommission; häufig sind diese Beamten von nationalen Behörden abgeordnet. Damit wird einerseits eine enge Verbindung zur (Ministerial-)Verwaltung der Mitgliedstaaten sichergestellt, doch andererseits fehlt es bei dieser Gruppe von Kommissionsbeamten an Kontinuität und Erfahrung in der europäischen Arbeit.

IV. *Probleme und Entwicklungsperspektiven*: Ein Hauptproblem liegt im gesteigerten Koordinationsbedarf angesichts der Interdependenz unterschiedlicher Politikbereiche und einzelner Sachfragen. Bei zunehmender Sektoralisierung, die sich auch in der Zuständigkeitsverteilung innerhalb des Verwaltungsapparates der Kommission zeigt, wird die Koordinierungsaufgabe vielfach nicht erfolgreich wahrgenommen. Ein weiteres Problem kann in der Vielzahl von Aktivitäten und Initiativen und im Fehlen einer Konzentration auf zentrale Aufgabenfelder gesehen werden. Beide Probleme hängen u. a. auch mit der Gesamtzahl der Kommissionsmitglieder zusammen, die mit Blick auf kommende Erweiterungsrunden mit dem Ziel einer Reduzierung der Gesamtzahl der Kommissionsmitglieder diskutiert wird.

Problematisch sind auch Tendenzen zur ‹Nationalisierung› der Kommission, also einer starken Bindung einzelner Kommissionsmitglieder an ihren Heimatstaat und dessen Regierung. Solche Tendenzen würden bei einer Vergrößerung der Kommission zweifellos wachsen. Bei der Benennung von Kandidaten für das Amt eines Kommissionsmitglieds durch die Mitgliedsregierungen versuchen diese immer wieder, für ihren Kandidaten jeweils ein bestimmtes Ressort zu reklamieren. Die Ressortverteilung erfolgt im Zusammenwirken von designiertem Kommissions-Präsidenten und den nationalen Regierungen. Auf diesem Hintergrund ist der Vorschlag zu sehen, den Kommissions-Präsidenten allein mit der Aufgabe der Ressortverteilung zu betrauen, ihm also die Organisationsgewalt zu geben, wie sie mancher Regierungschef besitzt. Als Mittel gegen eine dysfunktionale Sektoralisierung der Gemeinschaftspolitik wird die Vorlage von Gesamtprogrammen gesehen. Hier ist insbesondere auf die Vorlage von Weiß- bzw. Grünbüchern durch die Kommission zu verweisen, mit denen sie übergreifende Initiativen auf den Weg bringen will.

Im Zusammenhang mit den Überlegungen zur Regierungskonferenz 1996 wird auch über Stellung und Funktion der Kommission beraten. Was deren Kompetenzen betrifft, so wird hinsichtlich des im Prinzip unbestrittenen Initiativrechts erwogen, daß Initiativen zur Rechtsetzung verfallen, wenn innerhalb eines bestimmten Zeitraums kein entsprechender Beschluß zustande gekommen ist. Die Beachtung des Subsidiaritätsprinzips verpflichtet die Kommission bereits jetzt zur besonderen Begründung und Rechtfertigung ihrer Vorschläge. Initiativen, die die Exekutiv-Befugnisse der Kommission stärken, nämlich die Komitologie reduzieren wollen, stoßen bei einigen Mitgliedsregierungen auf Ablehnung und dürften keine Realisierungschancen haben. Eine substantielle Stärkung der Kommission, gar im Sinne ihrer Weiterentwicklung zu einem supranationalen ‹Regierungs›-Organ, ist von der Regierungskonferenz nicht zu erwarten.

Strittig bleibt die Frage der Zusammensetzung der Kommission. Die mit zukünftigen Erweiterungen verbundene Vergrößerung der Zahl der Kommissionsmitglieder wird vielfach, aber keineswegs übereinstimmend, als negativ bewertet. Da eine Reduzierung der Zahl der Kommissionsmitglieder letztlich die kleineren Mitgliedstaaten treffen würde – es sei denn, man wollte sich mit einer Begrenzung auf ein Kommissionsmitglied pro Mitgliedstaat begnügen –, erscheint eine einvernehmliche Lösung unwahrscheinlich. Auch der Vorschlag, zwischen Kommissionsmitgliedern mit und ohne Stimmrecht zu differenzieren, ist nicht konsensfähig. In der Perspektive der Erweiterung der EU steht die Kommission vor dem Problem, daß ohne einschneidende Veränderungen in der Zusammensetzung ihre Stellung und ihre Einwirkungs- und Funktionsfähigkeit geschwächt werden dürften.

↗ Politisches System der Europäischen Gemeinschaft.

Literatur: *Coombes, D.* 1970: Politics and Bureaucracy in the European Community, London. *Edwards, G./Spence, D.* (Hrsg) 1994: The European Commission, Harlow. *Hay, R.* 1989: The European Commission and the Administration of the Community, Brüssel. *Fitzmaurice, J.* 1994: The European Commission, in: *Duff, A./Pinder, J./Pryce, R.* (Hrsg.): Maastricht and Beyond. Building the European Union, London, 179–189. *Louis, J.-V./Waelbroeck, D.* 1989: La Commission au coeur du système institutionel des Communautés Européennes, Brüssel. *Ludlow, P.* 1991: The European Commission, in: *Keohane, R. O./Hoffmann, S.* (Hrsg.): The New European Community. Decisionmaking and Institutional Change, Boulder, 85–132. *Poulet, E./Deprez, G.* 1976: Struktur und Macht der EG-Kommission. Die Kommission im System der Europäischen Gemeinschaft, Bonn. *Ross, G.* 1995: Jacques Delors and European Integration, Cambridge. *Schmitt von Sydow, H.* 1980: Organe der erweiterten EG – Die Kommission, Baden-Baden. *Spierenburg, D.* 1979: Vorschläge für eine Reform der Kommission der Europäischen Gemeinschaften und ihrer Dienststellen, in: Bulletin der EG Nr. 9, Brüssel, 16–25. *Wessels, W.* 1996: Verwaltung im EG-Mehrebenensystem: Auf dem Weg zur Megabürokratie?, in: *Jachtenfuchs, M./Kohler-Koch, B.* (Hrsg.): Europäische Integration, Opladen, 165–192. *Westlake, M.* 1994: The Commission and the Parliament. Rivals or Partners in the European Policy-Making Process, London.

Rudolf Hrbek

Kooperationstheoretische Ansätze

Die aus der Analyse internationaler Regime hervorgegangene kooperationstheoretische Betrachtungsweise internationaler Institutionen (siehe ausführlich Bd. 6) folgt einem Forschungsansatz, der beansprucht, der Komplexität und Dynamik des europäischen Integrationsprozesses in höherem Maß gerecht werden zu können, als dies den traditionellen Integrationstheorien möglich ist. Kooperationstheoretische Ansätze führen zugleich die EG/EU-Forschung wieder enger an die Analyse institutionalisierter Kooperationsbeziehungen zwischen Staaten heran.

1. Für die politikwissenschaftliche Analyse zwischenstaatlicher Kooperation hatte der westeuropäische Integrationsprozeß bis in die 70er Jahre eine paradigmenbildende Wirkung: Föderalistische, funktionalistische und neofunktionalistische Integrationstheorien griffen unmittelbar Ansätze europapolitischer Praxis auf. Sie reagierten auf die Herausbildung eines Politiktyps in den internationalen Beziehungen, der der innerstaatlichen Politik vorbehalten schien: Wertezuteilung und Normbildung im Rahmen

einer hierarchisch gegliederten politischen Ordnung. Das Aufgehen nationaler Hoheitsbefugnisse in supranationalen Institutionen wurde als wegweisend für die künftige Organisation des internationalen Systems betrachtet. Zugleich bot sich damit ein Leitbild an, das die Überwindung nationaler Hoheitsrechte als Fortschritt, traditionelle intergouvernementale Kooperation indes als Beharrung beurteilen ließ.

Trotz der zunehmenden Vertiefung der europäischen Vergemeinschaftung, in deren Verlauf sich Staatlichkeit in Europa rapide wandelte, kam es nicht zu einer Staatswerdung Europas, und es wurde offenkundig, daß die Überwindung des Nationalstaatsprinzips kaum mehr als der richtungsweisende Fluchtpunkt für den Integrationsprozeß angesehen werden kann. Als Reflex auf diese Entwicklung wurde die EG wieder mehr als ein «Gemeinschaftsunternehmen von Nationalstaaten» (*Kreile* 1992: IX) aufgefaßt. Hierzu trug auch die Erweiterung, bezogen auf Mitgliedschaft und Aufgabenstellung, bei: Zum einen machten die wachsende Zahl und die zunehmende Heterogenität der an einer politischen Organisation Gesamteuropas auf dem Fundament der EG interessierten Staaten die Einlösung supranationaler Zielvorstellungen immer unwahrscheinlicher. Die zweite Erweiterung betrifft die Europäisierung immer weiterer Politikbereiche. Mit diesen erweitert sich auch das Spektrum der Formen, in denen Vergemeinschaftung stattfindet, auch innerhalb der EU selbst.

Im Unterschied zur traditionellen Erforschung der regionalen Integration in Europa, die auf den institutionellen Kern der EG begrenzt und der Erwartung einer supranationalen Finalität des Integrationsprozesses verhaftet war, muß sich die Untersuchung der institutionalisierten politischen Zusammenarbeit in Europa heute mit unterschiedlichsten Kooperationsformen in einer wachsenden Zahl von Politikfeldern auseinandersetzen. Der Grad an Vergemeinschaftung schwankt dabei zwischen einer horizontalen, intergouvernementalen Koordination unter weitgehender Beibehaltung nationalstaatlicher Souveränität auf der einen Seite und Entscheidungsstrukturen mit hierarchisch-supranationalem Charakter auf der anderen. Für das Verständnis dieser von einer Vielfalt institutionalisierter Kooperation geprägten Entwicklung erwiesen sich alle durch integrationstheoretisch begründete Vergemeinschaftungserwartungen vorbelasteten Deutungen als unzureichend (vgl. *Kratochwil/Ruggie* 1986).

Mit dem Vertrag über die *Europäische Union* (EU-V) von Maastricht (1992) ist die Anerkennung einer größeren institutionellen Offenheit des westeuropäischen Vergemeinschaftungsprozesses gleichsam amtlich geworden. Neben den im EG-Vertrag zusammengefaßten drei originären Gemeinschaften (EGKS, EWG und Euratom) werden mit den Politikfeldern Außen- und Sicherheitspolitik sowie Innen- und Rechtspolitik Kooperationsbereiche unter das gemeinsame Dach der EU genommen, die eindeutig intergouvernementale Strukturen aufweisen. Damit hat die funktionale, im Sinne einer vom Regelungsproblem abhängigen Begründung jeweiliger Vergemeinschaftungsgrade und Kooperationsformen eine Bekräftigung erfahren.

In dem Maß, in dem die für die alte EG charakteristischen Formen der Vergemeinschaftung nur noch als kleiner Ausschnitt eines erweiterten Spektrums vorfindbarer Kooperationsformen begriffen werden können, findet die europäische Integration als Forschungsgegenstand in die Normalität zurück: Ihre zweifelhaft gewordene staatenüberwindende Eigendynamik rechtfertigt nicht länger den Verbleib in der analytischen Nische einer speziell auf diesen Fall zugeschnittenen Integrationstheorie funktionalistischer oder neofunktionalistischer Prägung. Die europäische Integration wird als ein Untersuchungsgegenstand neben anderen unter die Erforschung institutionalisierter Kooperationsbeziehungen im internationalen System subsumiert, unter Verwendung aller dort gebräuchlichen, allgemeinen kooperationstheoretischen Ansätze. Dadurch lassen sich auch die intergouvernementalen Formen der Kooperation zwischen den EG-Staaten als vollwertige Institutionalisierungsansätze und nicht nur als ein beklagenswertes Zurückbleiben hinter einem ‹eigentlichen› Vergemeinschaftungsziel verstehen.

2. Der kooperationstheoretische Blickwinkel geht im Gegensatz zum Integrationsansatz grundsätzlich vom Fortbestand der Staatenwelt aus. Außerdem definiert er Inseln der institutionalisierten Kooperation in einem grundsätzlich von Selbsthilfe und Anarchie geprägten internationalen System nicht territorial, sondern als Folge politikfeldspezifischer Regelungsinteressen der Akteure. Er begegnet damit nicht nur möglichen Kooperationsformen und -partnern unvoreingenommener, sondern bettet auch das integrationstheoretische Kernargument der institutionellen Eigendynamik in eine handlungstheoretische (d.h. von den Nutzenkalkülen der Akteure ausgehende) Erklärung für die Zusammenarbeit zwischen Konkurrenten ein. An der Europäisierung von Politikbereichen ist nicht mehr allein deren Herauslösen aus einem obsolet werdenden nationalen Zusammenhang von Interesse, sondern vielmehr ihre Einbindung in ein komplexes Mehrebenensystem neuartiger politischer Willensbildungs- und Entscheidungsprozesse.

Insbesondere die seit Mitte der 70er Jahre betriebene Analyse internationaler Regime hat mit ihrer Ausweitung auf die Untersuchung internationaler Institutionen innovative Impulse auch für die EG-Forschung erbracht und vor allem das Beharrungsvermögen der Nationalstaaten im Kontext der europäischen Integration ein Stück weit enträtselt. Unter einem internationalen Regime wird eine institutionalisierte Form regelgeleiteter Kooperation verstanden, bei der sich i.d.R. Staaten selbst auf die Einhaltung bestimmter Normen verpflichten, mit denen sie ihr Verhalten in einem Politikfeld koordinieren (vgl. ausführlicher Bd. 6). Versuche, die EG (in Gestalt der drei ursprünglichen Gemeinschaften) selbst als ein internationales Regime zu bestimmen, finden sich etwa bei *Schneider/Werle* (1989).

Moravcsik (1993: 474) beschreibt die EG als «ein erfolgreiches intergouvernementales Regime mit dem Ziel, mit wirtschaftlicher Interdependenz durch verhandelte Politik-Koordination umzugehen».

Keohane/Hoffmann (1991: 10–17) haben, ebenfalls vor dem Hintergrund der Regimeforschung, drei Grundannahmen zum Verständnis der EG formuliert, mit denen sie deren Strukturen und Politikstile allerdings von herkömmlichen internationalen Organisationen, von internationalen Regimen und auch von hierarchisch-supranationalen Gebilden unterscheiden: (1) Sie beschreiben die Organisation der EG als ein Netzwerk zur Zusammenführung von Souveränität, nicht aber zu deren Übertragung auf eine übergeordnete Ebene. Damit wird die Dominanz der horizontalen Verflechtung im Rahmen eines komplexen Mehrebenen-Institutionengefüges betont, im Unterschied zu einer hierarchisch-autoritativ aufgebauten Entscheidungsstruktur. (2) Entsprechend weicht auch das Verständnis, das die Autoren von der Supranationalität der EG haben, von dem herkömmlichen ab, das auf eine über den Staaten stehende Entscheidungsebene fixiert sei: Nicht die Struktur, sondern der Politikstil ist ‹supranational›, weil die Staaten zugunsten qualifizierter Mehrheitsbeschlüsse auf nationale Vetopositionen verzichten. (3) Schließlich werden die intergouvernementalen Aushandelungsprozesse als Kern und Motor der Vergemeinschaftung verstanden.

Auch bei *Gehring* (1994) wird die Gemeinschaft nicht gemäß dem Leitbild der Überwindung der Staatenwelt konzeptualisiert, sondern als ein Projekt zur Verbesserung der Kooperationsvoraussetzungen innerhalb eines regionalen Segments der Staatenwelt, in dem es den Regierungen wie überall sonst auch um die Effektivierung ihrer Handlungsinstrumente geht. Das Verständnis der EG als einem institutionellen Rahmen, der die darin stattfindende nachgeordnete zwischenstaatliche Kooperation zumindest teilweise dem kooperationsfeindlichen Einfluß der internationalen Anarchie entzieht und somit das Erzielen von Kooperationsgewinnen bzw. das Vermeiden von Nachteilen in bestimmten Sachbereichen erleichtert, ist hier kennzeichnend: «Kooperation findet nicht mehr unmittelbar vor dem Hintergrund des anarchisch strukturierten internationalen Systems statt, sondern im geschützten Rahmen einer Institution» (*Gehring* 1994: 213). Nicht das Aufgehen in einer immer weitere Bereiche erfassenden supranationalen Ordnung folgt daraus, sondern vielmehr die Erwartung, daß eine bestehende institutionelle Struktur Einfluß nimmt auf das Zustandekommen von weiteren Kooperationsvereinbarungen zwischen den darin eingebundenen Akteuren. Die Besonderheit der Struktur der EG ergibt sich dabei aus der eigentümlichen Verteilung kooperationsfördernder Normen auf mehreren hierarchisch angeordneten Ebenen.

Bei *Keohane/Hoffmann* wie auch bei *Gehring* wird somit nicht die EG selbst als ein internationales Regime angesehen, sondern als Regime gelten vielmehr die unter ihrem schützenden Dach hervorgebrachten sachbereichsbezogenen Kooperationsvereinbarungen. Das institutionelle Gefüge der EG interessiert die kooperationstheoretisch fundierte Regimeanalyse somit zunächst einmal als ein institutioneller Einflußfaktor für das Zustandekommen zwischenstaatlicher Kooperation. In deren intergouvernementaler Ausprägung drückt sich keine Schwächung des Gemeinschaftsgedankens aus, sondern der Normalfall einer Kooperation zwischen Staaten, die auch als EG-Mitglieder nach wie vor miteinander konkurrieren.

3. Die möglichen Folgen der Auflösung des ehemaligen Ostblocks für die Zukunft der europäischen Integration werden unterschiedlich beurteilt. Einerseits lassen sich die eher hinhaltenden Reaktionen auf den Beitrittswillen von ehemaligen Ostblockstaaten als Abwehrverhalten gegen einen mit der Erweiterung verbundenen Bedeutungszuwachs von Strukturen der intergouvernementalen Kooperation für die politische Organisation Gesamteuropas deuten. Gerade grundsätzliche Befürworter einer supranationalen Finalität der Vergemeinschaftung sehen die bestehenden Gemeinschaftsstrukturen nicht als aufnahmefähig für eine Mitgliedschaft weit über die gegenwärtige Zahl hinaus an. Andererseits gibt es auch unter ihnen Autoren, die angesichts des Beitrittsbestrebens der mittel- und osteuropäischen Staaten an der Auffassung festhalten, daß «ein strikt föderaler Aufbau der Gemeinschaft unumgänglich» sei (*Weidenfeld* 1992: 322), da nur durch supranationale Organisationsformen verlorene nationalstaatliche Handlungsfähigkeit zurückgewonnen werden könne. Allein eine weitere Vertiefung der Integration sichere die zur Bewältigung auch der Erweiterungsprobleme nötige Handlungsfähigkeit.

Als gangbarer Weg werden Konzepte einer abgestuften Integration (‹Europa der variablen Geometrie›, ‹Kerneuropa›, ‹Europa der zwei Geschwindigkeiten› usw.) angeboten. Solche Konzepte beziehen sich auf unterschiedliche funktionsspezifische Integrationskerne (Wirtschafts- und Währungsunion, Politische Union und Sicherheitsunion), die sich nicht notwendigerweise geographisch überschneiden. Abgestufte Integrationskonzepte sind gerade deshalb bemerkenswert, weil in ihnen der Übergang zu einer regime-, d. h. kooperationstheoretischen Betrachtungsweise bereits enthalten ist. Die Herausbildung vielfältiger sektoraler Vereinbarungen mit unterschiedlichen institutionellen Kernen entspricht den Erwartungen eines an Regelungsproblemen orientierten analytischen Zugangs, der sowohl gegenüber den Formen, in denen sich Kooperationsbeziehungen institutionalisieren, als auch bezüglich der Akteure, die daran beteiligt sind, offen ist. Ein solcher politischer Prozeß würde sich für eine kooperationstheoretische Betrachtung geradezu anbieten.

4. Kooperationstheoretische Deutungsansätze holen die politische Organisation Europas wieder in den Kontext ‹normaler› Staatenbeziehungen zurück. Sie stellen ein Korrektiv zu einer Betrachtungsweise dar, die Westeuropa gern als den richtungsweisenden Fall des Übergangs traditioneller zwischenstaatlicher Beziehungen in ein wiederum territorial zu bestim-

mendes, aber neuartiges, weil supranationales europäisches Ordnungssystem ansehen möchte und damit jedes Verharren in intergouvernementalen Politikformen als Stagnation beklagen muß. Die Regimeforschung legt den Schluß nahe, daß die europäische Integration von den beteiligten Akteuren mit dem Ziel vorangetrieben wird, mit Hilfe begrenzter Selbstbindungen die Transaktionskosten und das gegenseitige Mißtrauen für die nachgelagerte Kooperation zu senken und damit die Effizienz von intergouvernementalen Aushandlungsprozessen zu steigern (*Moravcsik* 1993: 517ff.). Aus dieser Perspektive drückt sich der Erfolg der EG gerade nicht in einer möglichst umfassenden Durchsetzung supranationaler Strukturen aus, sondern dokumentiert sich in den durch das bestehende institutionelle Gefüge hervorgebrachten politikfeldbezogenen zwischenstaatlichen Vereinbarungen. Souveränitätsübertragung, in welchem Ausmaß auch immer, wird damit von einem Ziel in ein kalkuliertes Mittel zum Zweck umgedeutet.

↗ Erweiterung und Vertiefung; Geschichte der europäischen Integration seit 1945; Integrationstheorien; Politikwissenschaftliche Europaforschung; Rechtswissenschaftliche Integrationstheorien.

Literatur: *Gehring, Th.* 1994: Der Beitrag von Institutionen zur Förderung der internationalen Zusammenarbeit. Lehren aus der institutionellen Struktur der Europäischen Gemeinschaft, in: ZIB 1 (2), 211–242. *Keohane, R. O./Hoffmann, St.* (Hrsg.) 1991:Institutional Change in Europe in the 1980s, in: *dies.* (Hrsg.): The New European Community. Decisionmaking and Institutional Change, Boulder, 1–39. *Kratochwil, F./Ruggie, J. G.* 1986: International Organization: A State of the Art on an Art of the State, in: IO 40 (4), 753–775. *Kreile, M.* (Hrsg.) 1992: Die Integration Europas (PVS-Sonderheft 23), Opladen. *Moravcsik, A.* 1993: Preferences and Power in the European Community. A Liberal Intergovernmental Approach, in: JMCS 31 (4), 473–524. *Schneider, V./Werle, R.* 1989: Vom Regime zum korporativen Akteur. Zur institutionellen Dynamik der Europäischen Gemeinschaft, in: *Kohler-Koch, B.* (Hrsg.): Regime in den internationalen Beziehungen, Baden-Baden, 409–434. *Weidenfeld, W.* 1992: Zur Rolle der Europäischen Gemeinschaft in der Transformation Europas, in: *Kreile, M.* (Hrsg.), 321–334.

Klaus Dieter Wolf

Medienpolitik

Medienpolitik bezeichnet politische Aktivitäten und gesetzgeberische Maßnahmen, die auf die Beeinflussung und Steuerung sowohl der technisch-ökonomischen und rechtlichen Rahmenbedingungen als auch des laufenden Betriebs der Massenmedien zielen. Zu den Massenmedien zählen insbesondere Presse (Zeitungen und Zeitschriften) und Rundfunk (Hörfunk und Fernsehen). Auf der europäischen Ebene wird den Printmedien vergleichsweise wenig, dem Rundfunk, v. a. dem Fernsehen, dagegen überragende Bedeutung beigemessen. Ursache hierfür ist die rapide Entwicklung neuer Verbreitungstechniken (Kabel, Satellit), die seit Beginn der 80er

Jahre sowohl die Etablierung privater Sender als auch die grenzüberschreitenden Programmangebote fördert. Unabhängig von der politischen Einigung entstand dadurch eine europäische Kommunikationsgemeinschaft.

1. Während der Rundfunk in allen europäischen Ländern von staatlichen Vorschriften geprägt ist, wird im Bereich der privatwirtschaftlich organisierten Printmedien sowohl auf nationaler als auch auf europäischer Ebene v. a. der Wettbewerb staatlich reguliert. In der Bundesrepublik liegt die Zuständigkeit für das Rundfunk- und Presserecht überwiegend bei den Ländern (Art. 70 GG). Bis Anfang der 80er Jahre war der *Europarat* die einzige politische Arena der Medienpolitik auf europäischer Ebene (*Gellner* 1992). Die EG verzichtete angesichts fehlender expliziter Rechtsgrundlagen im EWG-Vertrag zunächst auf eigene medienpolitische Aktivitäten. Die in den 80er Jahren beginnende Medienpolitik der EG/EU wird v. a. mit der Einstufung des Rundfunks als Dienstleistung im Sinne des Gemeinschaftsrechts (Art. 60 EG-V) gerechtfertigt (*Kommission der EG* 1984). Dadurch wird u. a. den Mitgliedstaaten weitgehend die Möglichkeit genommen, grenzüberschreitenden Rundfunk zu verbieten oder inhaltlich zu beschränken. Rundfunkpolitische Initiativen werden zudem mit den Kompetenzen in der Forschungs- und Technologiepolitik (Art. 130 f-p EG-V) und seit Einführung des Binnenmarktes auch in der Kulturpolitik (Art. 128 EG-V) begründet.

Der grenzüberschreitende Rundfunk folgt in Europa zwei Entwicklungslinien: Zum einen dehnen sich private Sender über die nationalen Grenzen aus, zum anderen begründen Kooperationen der öffentlich-rechtlichen Sender supranationale, mehrsprachige Fernsehprogramme, wie z. B. den deutsch-französischen Kulturkanal ARTE, die Sender Euronews und Eurosport, die von der *European Broadcasting Union* (EBU), einem Zusammenschluß nationaler Sender unter Einschluß der ARD (mit-)getragen werden (*Siebenhaar* 1994: 224–259). Diese Entwicklungen sind Ausgangspunkt der europäischen Medienpolitik, die v. a. die Einführung des hochauflösenden Fernsehens (HDTV) auf der Grundlage einer gemeinsamen europäischen Norm anstrebt. Die Einführung eines europäischen HDTV wird von der Kommission mit besonderem Interesse vertreten, da nicht nur eine Harmonisierung erreicht werden soll, sondern die Entwicklung neuer Fernsehtechnologien die Eröffnung eines Marktes von 200–300 Mrd. DM für neue Fernsehgeräte bedeutet (*Siebenhaar* 1994: 203). Die EG hat zwar im Rahmen des EUREKA-Programms ein analoges hochauflösendes Fernsehen entwickeln lassen. Dieses System ist aber dem in den USA bereits terrestrisch zu empfangenden digitalen HDTV technisch unterlegen. Seine Einführung ist trotz des entschiedenen Einsatzes der Kommission an der fehlenden Akzeptanz der Fernsehveranstalter und zuletzt am Widerstand Großbritanniens vorläufig gescheitert.

Ein weiteres Feld der europäischen Medienpolitik ist die Marktregelung. Da die EU nicht über ein unabhängiges europäisches Kartellamt verfügt, wird diese Aufgabe von der Kommission wahrgenommen. Die Verhinderung von Marktmißbrauch durch europäische Medienmonopole wird sich aber nur dann erreichen lassen, wenn die nationalen Rechtsvorschriften im Kartellrecht angeglichen und durch eine unabhängige europäische Institution überwacht werden. Weitere Regelungen für den gemeinsamen Medienmarkt wurden im Mai 1989 durch eine Fernsehrichtlinie des Rates auf Grundlage von Vorschlägen der Kommission und des *Europarates* verabschiedet (*Rat der EG* 1989). Diese enthält Ansätze zur Harmonisierung in den Bereichen Werbung, Jugendschutz und Urheberrechte. Weder der Schutz des öffentlichen Rundfunks noch eine rechtlich verbindliche Quotenregelung zur Förderung europäischer Produktionen konnten bisher durchgesetzt werden.

Das dritte Feld europäischer Medienpolitik ist die finanzielle Förderung der Wettbewerbsfähigkeit der audiovisuellen Industrie, z. B. durch das 1986 beschlossene MEDIA-Programm, das aber im Vergleich zu den Technologieförderprogrammen EUREKA, ESPRIT oder RACE mit einem Etat von 250 Mio. ECU für die Phase von 1990–1994 finanziell gering ausgestattet war (*Kleinsteuber/Rossmann* 1992: 308 f.).

2. In den Maastrichter Verträgen wird das kulturpolitische Ziel der Wahrung nationaler und regionaler Vielfalt ausdrücklich auch auf den Bereich der audiovisuellen Medien übertragen (Art. 128 EG-V). Dieses Ziel wird von der europäischen Medienpolitik im Rahmen des Dualismus zwischen öffentlichem und privatem Rundfunk bisher unzureichend gewährleistet. Nur die öffentlichen Medien garantieren die Wahrung der kulturellen Vielfalt. Durch bi- und multilaterale Programme fördern sie das europäische Bewußtsein, ohne auf die Eigenheiten der Kulturen zu verzichten. Die öffentlichen Anbieter finden politische Unterstützung durch ihre Träger auf nationaler und regionaler Ebene, die sich europäisch im Rahmen des *Europarates* artikulieren. Von den Institutionen der EG/EU setzt sich lediglich das Europäische Parlament für die Unterstützung eines öffentlichen europäischen Fernsehprogramms ein.

Die privaten Anbieter sind an einer möglichst weitgehenden Öffnung des europäischen Marktes interessiert. Ebenso wie die Kommission ordnen sie die Medienpolitik der Industrie- und nicht der Kulturpolitik zu, da so dem EU-Ziel freier Märkte auch in diesem Bereich entsprochen werden kann und die Unionskompetenzen in der Industriepolitik ungleich größer sind als in der Kulturpolitik. Die Kommission wird in dieser Interpretation vom Europäischen Gerichtshof gestützt. Auch der Rat hat sich mit der Verabschiedung der Fernsehrichtlinie von 1989 mehrheitlich diesem Konzept angeschlossen. Die Medienpolitik der Union folgt daher einer Logik der Kommerzialisierung und Europäisierung, während die Unterstützung des öffentlichen europäischen Fernsehens bisher weit unter anfänglichen Zusagen blieb (*Kleinsteuber/Rossmann* 1992). Die Zukunft der europäischen Medien als Träger der kulturellen Vielfalt hängt davon ab, ob die

Union die Möglichkeiten des neuen Kulturartikels nutzt und die kulturelle Dimension der Medien verstärkt berücksichtigt.

↗ Bildungs- und Kulturpolitik; Forschungs- und Technologiepolitik; Technologische, wissenschaftliche und finanzielle Kooperation.

Literatur: *Gellner, W.* 1994: Massenmedien, in: *Gabriel, O. W./Brettschneider, F.* (Hrsg.): Die EU-Staaten im Vergleich, Opladen, 279–304. *Kleinsteuber, H. J./Rossmann, T.* 1992: Kommunikationsraum Europa? Die Medienpolitik der EG und die europäische Integration, in: *Kreile, M.* (Hrsg.): Die Integration Europas (PVS-Sonderheft 23), Opladen, 292–317. *Kleinsteuber, H. J./Rossmann, T.* 1994: Europa als Kommunikationsraum, Opladen. *Kommission der Europäischen Gemeinschaften* 1984: Fernsehen ohne Grenzen. Grünbuch über die Errichtung des gemeinsamen Marktes für den Rundfunk, insbesondere über Satellit und Kabel. Mitteilung der Kommission an den Rat, KOM (84), endg. Luxemburg. *Rat der Europäischen Gemeinschaften* 1989: Richtlinie des Rates vom 3. Oktober 1989 zur Koordinierung bestimmter Rechts- und Verwaltungsvorschriften der Mitgliedstaaten über die Ausübung der Fernsehtätigkeit, ABl. L 298 vom 17. Oktober 1989, einschließlich der Berichtigungen gemäß ABl. L 331 vom 16. November 1989. *Siebenhaar, H.-P.* 1994: Europa als audiovisueller Raum. Ordnungspolitik des grenzüberschreitenden Fernsehens, Opladen.

Nils Bandelow / Klaus Schubert

Ministerrat

Der Rat, zur genauen Kennzeichnung allgemein Ministerrat genannt, ist die bedeutendste Institution im Entscheidungsgefüge der EG. Er setzt sich zusammen aus je einem Vertreter jedes Mitgliedstaates auf Ministerebene, der befugt ist, für die Regierung des Mitgliedstaates verbindlich zu handeln (Art. 146 EG-V). Rechtlich betrachtet ist der Ministerrat eine einheitliche Institution, die jedoch in verschiedener Besetzung zusammentritt. Derzeit bestehen rund 20 Räte unterschiedlicher Ressorts. Von besonderem Gewicht sind der Rat der Außenminister und die Räte für Agrarpolitik, Wirtschafts- und Finanzpolitik sowie für Haushaltsfragen. Dem Allgemeinen Rat der Außenminister kommt die Aufgabe der Koordinierung sowie der Erörterung der allgemeinen politischen und institutionellen Fragen zu.

1. Die Bedeutung des Rates ist durch den vertraglich festgelegten Prozeß der Entscheidungsfindung vorgegeben, der auf den ersten Blick betrachtet einfach ist: Die Kommission präsentiert dem Rat einen Vorschlag, den dieser unter Mitwirkung des je nach Sachverhalt unterschiedlich stark beteiligten Europäischen Parlaments (EP) diskutiert, ändert, ergänzt und schließlich als endgültigen Rechtsakt verabschiedet. Drei verschiedene Gesetzgebungsverfahren existieren nebeneinander, die für die einzelnen Bereiche der Gesetzgebung genau festgelegt sind: die Verfahren der Anhörung, der Zusammenarbeit und der Mitentscheidung. Auch für die Verabschiedung des jährlichen Gemeinschaftshaushalts der EG gibt es ein eigenes Verfahren. Entscheidungen innerhalb des Ministerrates werden,

wiederum abhängig vom behandelten Problemfeld, mit einfacher Mehrheit, mit qualifizierter Mehrheit oder einstimmig gefällt. Bei qualifizierter Mehrheit werden die Stimmen der Mitgliedstaaten gewichtet, um – abgesehen von einer Mindeststimmzahl für die kleinsten Staaten – den Unterschieden in Bevölkerungszahl und Wirtschaftskraft annäherungsweise Rechnung zu tragen.

Die Realität ist sehr viel vielschichtiger. Der Rat ist kein einheitlicher Akteur, sondern seiner Zusammensetzung aus 15 Regierungsvertretern entsprechend auf sehr unterschiedliche Interessen und Zielvorstellungen ausgerichtet. Jeder Regierungsvertreter handelt aufgrund mehr oder weniger veränderbarer Vorgaben, die ihrerseits bereits das Ergebnis von langwierigen und komplizierten nationalen Verhandlungsprozessen sind. Infolgedessen nimmt die Entscheidungsfindung im Rat die Form eines fortlaufenden Verhandlungsprozesses an, innerhalb dessen eine Vielzahl von Themen mit einer Reihe von Partnern auf unzähligen formellen oder informellen Wegen diskutiert werden.

Aufgrund seiner legislativen und exekutiven Funktionen unterhält der Rat enge Beziehungen sowohl zur Kommission als auch zum Europäischen Parlament. Seine Verbindungen zur Kommission sind enger als die zum EP, da die Kommission im Ministerrat vertreten ist und in vieler Hinsicht wie eine ‹sechzehnte Delegation› handelt. Unterschiede in Herangehensweise und Interessensschwerpunkten geben allerdings häufig Anlaß zu Spannungen und manchmal zu offenen Auseinandersetzungen zwischen Kommission und Ministerrat. Das Verhältnis des Ministerrats zum EP ist aus historischen und politischen Gründen konfliktträchtig, aber die Zusammenarbeit ist eng und wohl kooperativer, als es von außen sichtbar wird.

2. Das von den Verträgen vorgesehene Amt des Präsidenten des Rates wird im Turnus von sechs Monaten von jeweils einem Mitgliedsland eingenommen. Ursprünglich war die Rolle des Präsidenten als rein administrative Aufgabe zur Durchsetzung einer möglichst reibungslosen Zusammenarbeit auf allen Ebenen der Ratstätigkeit gesehen worden. Doch seine Bedeutung nahm im Laufe der Zeit in gleichem Maße zu, wie die Europäischen Gemeinschaften an Gewicht und Einfluß gewannen. Der Präsident spricht für die Gemeinschaft, er verkörpert sie symbolisch, und diese Symbolkraft des Amtes ist vermutlich ebenso bedeutsam wie die Macht, die der Amtsinhaber mit der Übernahme dieser Rolle gewinnt. Die Präsidentschaft vertritt den Rat nach außen und leitet seine Arbeit, kann dabei aber nicht eigenmächtig verfahren. Sie muß sich innerhalb der Vorgaben bewegen, die vom System selbst und von den Ratskollegen festgelegt werden.

3. Besondere Bedeutung in der Vorbereitung der Ratstreffen kommt dem Ausschuß der Ständigen Vertreter (COREPER) zu. Dieser Ausschuß, der in den Gründungsverträgen nicht vorgesehen war, hat die inhaltliche Vorbereitung der Ratstagungen zur Aufgabe. Inzwischen spielt er eine Schlüs-

selrolle im Entscheidungsprozeß. Er tritt auf zwei Ebenen zusammen: auf derjenigen der Botschafter jedes Mitgliedstaates (COREPER II) und auf der Ebene ihrer Stellvertreter (COREPER I). Letztere treten mehrmals wöchentlich zusammen, um die Arbeit der Räte der Ressortminister vorzubereiten. Zugleich ist COREPER verantwortlich für die Überwachung und Koordination der Arbeitsgruppen, in denen die Entscheidungen des Ministerrates vorbereitet werden. Zusätzlich besteht der gleichrangige ‹Sonderausschuß Landwirtschaft›.

Unterhalb der Ebene von COREPER gibt es eine große Anzahl von Arbeitsgruppen (zur Zeit etwa 200), die in regelmäßigen, oft wöchentlichen Sitzungen über einzelne Vorschläge der Kommission verhandeln und versuchen, zu einer Einigung zu gelangen. Diese Arbeitsgruppen setzen sich aus Experten jedes Mitgliedstaates zusammen, die Weisungen ihrer jeweiligen Behörde unterliegen und in den Verhandlungen über die Vorschläge der Kommission die Interessen ihrer Regierungen zu vertreten und zu verteidigen haben.

Die Arbeitsgruppen erstatten COREPER über ihre Verhandlungen Bericht, der seinerseits den zuständigen Ministerrat unterrichtet. Diejenigen Streitpunkte, über die auf der Ebene der Arbeitsgruppen keine Einigung erzielt werden konnte, werden auf der Ebene von COREPER weiterbehandelt. Die Angelegenheit wird nur dann an den Rat weitergeleitet, wenn in den untergeordneten Verhandlungsgremien keine Übereinstimmung erreicht werden konnte und eine politische Lösung des Problems erforderlich scheint. In allen anderen Fällen segnen die Minister die Vereinbarungen ab, die auf den unteren Ebenen der Hierarchie erarbeitet wurden (als ‹A-Punkte› der Tagesordnung), auch wenn sie sich das Recht vorbehalten, die Diskussion über jede beliebige Angelegenheit auf Ratsebene erneut zu eröffnen. Die endgültige Entscheidung liegt stets beim Ministerrat.

Den organisatorischen Unterbau des Ministerrates bildet das Generalsekretariat, das die notwendige Infrastruktur für alle Arbeitsebenen schafft, indem es unter anderem Tagungsräume bereitstellt, Dokumente vorbereitet und verteilt sowie Übersetzungs- und Dolmetscherdienste gewährleistet. Das Sekretariat ist zudem eine unentbehrliche Hilfe für den jeweiligen Ratspräsidenten. Es unterstützt ihn nicht nur bei der Organisation und Durchführung von Treffen, sondern versorgt ihn auch mit Hintergrundinformationen und nutzt seine Position als neutraler und gut informierter Akteur, um in Konfliktsituationen zu vermitteln.

4. Die Arbeit des Ministerrates war im Laufe der Jahre einer Reihe von Änderungen unterworfen. Wiederholte Erweiterungen der Gemeinschaft führten zu Änderungen des Abstimmungsverfahrens und der für Mehrheitsentscheidungen erforderlichen Stimmenanzahl, die sich auf die Koalitionsbildung innerhalb des Rates auswirkten. Die Abstimmungsverfahren wandelten sich zunächst durch die informelle Anwendung des Luxemburger Kompromisses. Seit 1986 wird in zunehmendem Maße von der Mög-

lichkeit der qualifizierten Mehrheitsentscheidung Gebrauch gemacht, die in der Einheitlichen Europäischen Akte (EEA) und in den Verträgen zur *Europäischen Union* (Art. 148 EG-V) festgeschrieben wurde. Der Kompetenzbereich des Rates hat sich mit der Vertiefung der Integration ausgeweitet. Das jüngste Beispiel hierfür sind die erweiterten Befugnisse, die der Rat durch die Maastrichter Verträge in den Bereichen der Gemeinsamen Außen- und Sicherheitspolitik (GASP) und in der Justiz- und Innenpolitik erhielt. Inzwischen trifft sich praktisch jeder nationale Minister mindestens einmal pro Halbjahr mit seinen Kollegen, um Gemeinschaftsangelegenheiten zu diskutieren.

Die untergeordneten Ebenen haben ebenfalls eine Ausweitung erfahren, da fachlich neue Arbeitsgruppen geschaffen wurden, um die neu hinzugekommenen Arbeitsbereiche abzudecken. Dies verstärkte den Druck auf COREPER als wichtigstes Vorbereitungs- und Abstimmungsgremium, das sich mit allen Angelegenheiten befassen muß, die schließlich auf den Tisch des Ministerrates kommen. Das Sekretariat und die Präsidentschaft des Ministerrates spüren ebenfalls die Belastungen durch den Aufgabenzuwachs und den damit verbundenen zusätzlichen Koordinationsbedarf.

5. Da der Ministerrat sich weder einem europäischen noch einem nationalen Parlament gegenüber verantworten muß, geriet der Mangel an demokratischer Verantwortung ins Kreuzfeuer der Kritik. Unbehagen äußerte sich besonders nachdrücklich im Vorfeld der nationalen Ratifikation der Maastrichter Verträge. Dies führte zur Forderung nach einer größeren Transparenz der Arbeit des Ministerrates. Die bislang ergriffenen Maßnahmen haben allenfalls eine kosmetische Transparenz geschaffen, die wenig dazu beitragen wird, das Ansehen des Ministerrates in der europäischen Öffentlichkeit zu verbessern. Dies ist bedauerlich, weil der Rat mit erstaunlicher Effizienz im Rahmen der ihm vorgegebenen Kompetenzen und Verfahren die ihm übertragenen Aufgaben erfüllt. Es bleibt abzuwarten, ob es der für 1996 angesetzten Regierungskonferenz gelingen wird, konkrete Schritte zu unternehmen, um die demokratische Legitimation der EU als Ganzes und des Ministerrates im besonderen voranzutreiben.

↗ Europäischer Rat; Politisches System der Europäischen Gemeinschaft.

Literatur: *Hayes-Renshaw, F./Wallace, H.* 1996: The Council of Ministers, London. *Houben, H.J.M.* 1969: Les Conseils de ministres des Communautés européennes, Brüssel. *O'Nuallain, C.* (Hrsg.) 1985: The Presidency of the European Council of Ministers: Impacts and Implications for National Governments, London. *Wessels, W.* 1991: The EC Council: The Community's Decisionmaking Center, in: *Keohane, R. O./Hoffmann, S.* (Hrsg.): The New European Community. Decisionmaking and Institutional Change, Oxford. *General Secretariat of the Council*: Guide to the Council of the European Communities/European Union, Luxemburg: Office for Official Publications of the European Communities/European Union (erscheint jährlich mit aktualisierten Daten).

Helen Wallace/Fiona Hayes-Renshaw

Mitteleuropäisches Freihandelsabkommen – CEFTA

Am 15.2. 1991 unterzeichneten die Staatschefs der drei Staaten Polen, Ungarn und Tschechoslowakei in der ungarischen Donaustadt Visegrad ein Kommuniqué, das zuallererst ein abgestimmtes und z.T. auch koordiniertes Vorgehen bei der Herauslösung aus den alten bi- und multilateralen Bündnisstrukturen der sozialistischen Gemeinschaft vorsah. Durch gegenseitige Konsultation und Kooperation wollte die Visegrad-Gruppe, deren Mitglieder sich als erste Kandidaten einer Osterweiterung der EU begreifen, gegenüber der EG/EU Kooperationsfähigkeit demonstrieren. Die Verhandlungen dauerten jedoch fast zwei Jahre, ehe am 21.12. 1992 das Abkommen über die Gründung einer mitteleuropäischen Freihandelszone (*Central European Free Trade Agreement*, CEFTA) unterzeichnet werden und am 1.3. 1993 in Kraft treten konnte.

1. Als wichtigste Ziele wurden in der Visegrad-Erklärung genannt: (1) vollständige Integration in die europäische Ordnung in den Sektoren Politik, Wirtschaft, Sicherheit und Gesetzgebung; (2) Abstimmung bei den Bemühungen um engere Beziehungen zu den europäischen Institutionen; (3) Konsultationen in Sicherheitsfragen; (4) Förderung des freien Verkehrs von Kapital und Arbeitskräften durch die Entwicklung einer marktorientierten Wirtschaftskooperation sowie durch gegenseitig vorteilhaften Handel mit Waren und Dienstleistungen; (5) Verbesserung der Verkehrsinfrastruktur sowie Koordination bei der Entwicklung der Energiesysteme und Kommunikationsnetze; (6) Schaffung optimaler Bedingungen für die Gewährleistung der vollständigen Rechte der Bevölkerungsminderheiten; (8) Förderung der Zusammenarbeit zwischen Bürgern, gesellschaftlichen Organisationen und Verwaltungen.

Im CEFTA-Abkommen ist ein systematischer Zollabbau bis zum Jahr 2001 vorgesehen. Er soll in drei Stufen in Kraft treten und dann einen freien Handel für Industrieprodukte gewährleisten. Für die meisten Rohstoffe und Halbwaren wurden bereits 1993 die Zölle aufgehoben. Bei sensiblen Gütern, wie z.B. Textilien, Eisen, Stahl und Kraftfahrzeugen, sollen die Zölle bis zum Jahr 2001 schrittweise aufgehoben werden. Die Agrargüter werden nicht in den Freihandel einbezogen; bei ihnen ist jedoch eine Verringerung des Zollschutzes um 50% innerhalb von fünf Jahren geplant.

2. Schwierigkeiten bei der Zusammenarbeit der drei Visegrad-Staaten ergaben sich zum einen aus den unterschiedlichen Erwartungen der Partnerstaaten hinsichtlich des Nutzens einer Kooperation auf dem Wege zu einer EU-Mitgliedschaft und zum anderen aus der zum 1.1. 1993 erfolgten Aufspaltung der Tschechoslowakei. Zwar gelten für Tschechien und Slowakien identische Vertragsbestimmungen, doch hat die Separation die Intensität der Beziehungen zwischen den beiden Gebietseinheiten verringert. Die Freihandelszone zwischen den vier Staaten bildet den harten Kern; sie

ist der einzige institutionalisierte Bereich der insgesamt recht losen Kooperation. Auch wenn die CEFTA-Länder gemäß ungarischen Angaben eine Belebung des gegenseitigen Handels um bis zu 20% erwarten, wird die Bedeutung des innerregionalen Handels mittelfristig gering bleiben, da ein fundamentaler wirtschaftlicher Wandel nicht so schnell zu verwirklichen ist und die starke Orientierung zu den westeuropäischen Märkten hin kaum abnehmen wird. Die möglichst rasche Integration in die EU bleibt denn auch für alle Visegrad-Staaten ein vorrangiges Ziel.

Ende April 1994 beschlossen die für den Außenhandel zuständigen Minister der CEFTA-Staaten den beschleunigten Abbau der tarifären und nichttarifären Handelshemmnisse für gewerbliche Erzeugnisse. So soll in diesem Bereich die Freihandelszone bereits am 1.1. 1998 in Kraft treten. Gleichzeitig wurde eine beschleunigte Reduzierung der Behinderungen im Agrarhandel verabschiedet. Die Intensivierung der intraregionalen ökonomischen Kooperation innerhalb der CEFTA wird mit dem Ziel der Vertragsstaaten erklärt, sich wirtschaftlich möglichst bald in die EU zu integrieren. Rumänien, Slowenien und Kroatien haben bereits ihr Interesse an engerer Zusammenarbeit mit der CEFTA bekundet, jedoch besteht innerhalb der CEFTA kein Konsens über ihre mögliche Erweiterung.

↗ Außenbeziehungen der Europäischen Union.

Literatur: *Inotai, A.* 1994: Die Visegrad-Länder – Eine Zwischenbilanz, in: Europäische Rundschau 1, 51ff. *Suchocka, H.* 1994: Überlegungen zur Zukunft der Visegrad-Gruppe, in: West-Ost-Journal, Mai/Juni, 15f. *Steppacher, B.* 1994: Der europäische Wirtschaftsraum (EWR) – Ein Modell für Mittel- und Osteuropa?, Konrad-Adenauer-Stiftung: Interne Studien Nr. 87, St. Augustin. *Zschiedrich, H.* 1993: Die Freihandelszone der ‹Visegrad-Staaten›: Neubeginn einer internationalen Integration?, in: Südost-Europa 9, 491ff.

Wichard Woyke

Nordischer Rat

Die vielleicht präziseste Beschreibung für den Charakter des *Nordischen Rates* ist die eines Forums für Kooperationsbestrebungen der nordischen Parlamente und Regierungen (vgl. *Seip* 1992). 1952 auf Initiative Dänemarks gegründet, gehörten ihm zunächst Dänemark, Island, Norwegen und Schweden an. Finnland hatte aufgrund seiner spezifischen Neutralitätspolitik lediglich einen Beobachterstatus und erklärte seinen Beitritt erst am 28.10. 1955 unter Hinweis darauf, daß Fragen der Außen- und Sicherheitspolitik im *Nordischen Rat* nicht berührt würden.

1. Dem Nordischen Rat gehören seit 1984 87 (1955: 69) Parlamentarier an, die von den nationalen Parlamenten entsandt werden: Dänemark 16, Finnland 18, Island 7, Norwegen 20, Schweden 20; 2 Abgeordnete der Färöer und 2 Grönlands kommen zur dänischen Delegation hinzu, 2 der

Åland-Inseln zur finnischen. Daneben können eine erhebliche Zahl von Regierungsmitgliedern mit Rederecht an den Vollversammlungen teilnehmen. Sie finden seit 1984 zweimal jährlich statt. Dazwischen ist das höchste Entscheidungsorgan das elfköpfige Präsidium, das – jährlich neu gewählt – die Sitzungen leitet, die Initiativen für die Debatten ergreift und die Ausschußarbeit wesentlich initiiert. Die Ausschüsse (Wirtschaft, Kultur, Recht, Soziales, Umwelt, Haushalt) bereiten die Arbeit des Präsidiums und der Vollversammlung in der Sache vor.

Eine gewisse Bindung besteht zudem zum Nordischen Ministerrat. Seit 1971 treffen sich in ihm regelmäßig die unterschiedlichen Ressortminister (je nach Sachfrage), um eine Koordination nordischer Politik auf Regierungsebene zu ermöglichen. Der Ministerrat legt seinen jährlichen Tätigkeitsbericht einem Kontrollausschuß des *Nordischen Rates* vor, der diesen dann zur Grundlage der Generaldebatte macht. Wenn so zwar keine direkte parlamentarische Verantwortung des Nordischen Ministerrates gegenüber dem *Nordischen Rat* besteht, so gibt es über die öffentliche Wahrnehmung der Verhandlungen in der Vollversammlung jedoch einen gewissen Druck auf die Regierungen, Beschlüssen des *Nordischen Rates* zu folgen.

2. Die Anfangsphase der Arbeit des *Nordischen Rates* war primär vom Wunsch bestimmt, in sozialen, rechtlichen, wirtschaftlichen und kulturellen Fragen zu einer größeren Abstimmung zu kommen, wobei wirtschaftliche Fragen nach Unterzeichnung der Konvention von Helsinki 1962 in den Hintergrund traten. Gespräche über einen eventuellen gemeinsamen Markt waren mehrfach im Sande verlaufen. Nach Scheitern des NORDEK-Plans am Widerstand Finnlands und nach Beitritt Dänemarks zur EG gab es zunehmenden Bedarf an Abstimmung gesamteuropäischer und nordischer wirtschaftlicher Interessen, ein Prozeß, der sich mit Beitritt Finnlands und Schwedens zur EU noch weiter fortsetzen wird. Zugleich traten Fragen des gemeinsamen Interesses im Umweltschutz zunehmend in den Vordergrund der Tätigkeit. Seit 1992 ist die gemeinsame Außen- und Sicherheitspolitik zu einem wichtigen Ziel der Arbeit geworden, insbesondere die Unterstützung der baltischen Staaten, zunächst in ihren Unabhängigkeitsbestrebungen und schließlich beim Wiederaufbau.

Ohne Zweifel hat der *Nordische Rat* nicht unwesentlich dazu beigetragen, ‹Nordisches Bewußtsein› zu fördern, wenn auch von der Schaffung einer eigentlichen gemeinsamen Identität kaum die Rede sein kann. Ihr stehen nicht zuletzt Nationalismen entgegen (Färöer, Grönland, Åland-Inseln, Sami-Frage), v. a. aber die letztlich deutlich auseinanderfallenden Haltungen zur wirtschaftlichen Integration, zumal was die Bereitschaft zum Beitritt zur EU anbetrifft, die wesentlich von wirtschaftlichem Egoismus bzw. vom Wohlstandsgefälle in Nordeuropa bestimmt wird.

Es darf sicherlich als eine Leistung angesehen werden, daß der *Nordische Rat* über viele Jahrzehnte sorgsam mit dem Problem der finnischen Neutralität umgegangen ist und so nach Zerfall der Sowjetunion nicht nur einen nordischen Rahmen für eine veränderte finnische Außen- und Sicherheitspolitik zur Verfügung stellen konnte, sondern auch an einer Entwicklung in Finnland mitgewirkt hat, die Kooperationsmöglichkeiten in der Zukunft erleichert. Die Bedeutung des *Nordischen Rates* für die Wohlfahrt und Unabhängigkeit der baltischen Staaten ist nicht hoch genug einzuschätzen und wird in den kommenden Jahren weiter wachsen.

Die für die Menschen wichtigsten praktischen Ergebnisse der Arbeit des *Nordischen Rates* liegen jedoch auf den Feldern des täglichen Zusammenlebens. Hier wurden viele Abkommen mit wegweisendem Charakter geschlossen: Paßunion im Raum des *Nordischen Rates*; gemeinsamer Arbeitsmarkt; das Nordische Sozialversicherungsabkommen, das den Bürgern die heimischen Sozialleistungen auch im nordischen Ausland sichert; ein Abkommen über kulturelle Zusammenarbeit mit einem gemeinsam finanzierten *Nordischen Kulturfonds*; ein Umweltschutzabkommen, das schadenverhindernde Eingriffe auch im Nachbarland ermöglicht; ein Abkommen über kommunale Zusammenarbeit in Grenzgebieten, das Kooperationen der Kommunen ohne Beteiligung der nationalen Regierungen ermöglicht, und kommunales Wahlrecht für Skandinavier, die im nordischen Ausland ihren Wohnsitz haben.

3. In Fragen der Regulierung unmittelbarer Probleme des Bürgers hat sich die Institution als effiziente Einrichtung erwiesen, die es sowohl verstand, Druck auf die einzelnen Regierungen auszuüben als auch supranationale Institutionen auszubilden und in Fragen des Umweltschutzes die Priorität der territorialen Integrität aus sachlicher Notwendigkeit aufzuheben. In ökonomischen Fragen erwies sich der *Nordische Rat*, was das Ziel einer Nordischen Wirtschaftskooperation anbetrifft, als überfordert, die nationalen Interessen zu überwinden. Dies war von seiner Anlage her auch nicht möglich, da selbst mit klaren Mehrheiten gefaßte Beschlüsse den Regierungen gegenüber keine Verbindlichkeit besitzen, also nur öffentlichen Druck bewirken können. In Zukunft wird der Rat zusammen mit dem Nordischen Ministerrat seine Aufgabe wesentlich auch darin zu sehen haben, die Interessen der EU-Mitglieder Dänemark, Finnland und Schweden mit denen Norwegens und Islands zu koordinieren, ein Aufgabenbereich, der sicherlich noch problematischer wird, wenn Norwegen nach Ausschöpfung seiner Rohölvorkommen doch den Weg in die *Europäische Union* finden sollte. Auf dem Gebiet der Außen- und Sicherheitspolitik hat sich in der Vergangenheit gezeigt, daß der *Nordische Rat* es verstand, den Spielraum zu nutzen, den die Sowjetunion und die NATO ihm in der ‹nordischen Balance› ließen. Für eine solche Politikgestaltung innerhalb der Rahmendaten, die die Großmachtpolitik setzte, hat sich die Institution als tauglich erwiesen. Eine unabhängige Entwicklung scheint hingegen für die Zukunft nur schwer vorstellbar, zumal die Einbeziehung einzelner Mitglieder in die NATO einer gemeinsamen Gestaltung von Außen- und Sicherheitspolitik jenseits der Bündnisziele klare Grenzen setzt.

↗ Internationale Organisationen.

Literatur: *Andersen, O./Ussing, A.* 1983: Working together? Nordic Council, Uppsala. *Andren, N.* 1967: Nordic Integration, in: Cooperation and Conflict, 3–4, 1–25. *Haskel, B.* 1976: The Scandinavian Option, Oslo. *Nordic Council* 1992: Nordic Council 41st Session, Arhus 9–11 November 1992. Summary of Business and Recommendations, Stockholm. *Sundelius, B.* (Hrsg.) 1992: Foreign Policy of Northern Europe, Boulder.

Holger Ehmke

Organisation für Sicherheit und Zusammenarbeit in Europa – OSZE

Die Schlußakte der *Konferenz für Sicherheit und Zusammenarbeit in Europa* (KSZE) vom 1. 8. 1975 (KSZE/OSZE-Dokumente seit 1975 in: *Fastenrath* 1992ff.) umfaßte mit Ausnahme der Abrüstung und Rüstungskontrolle so gut wie alle gesamteuropäischen Konfliktthemen. Die Qualität der Beschlüsse reichte von Formelkompromissen für die grundlegenden Kontroversen über ‹Friedliche Koexistenz› versus ‹Wandel durch Annäherung› bis zu ersten militärischen vertrauensbildenden Maßnahmen. Die Schlußakte bestand aus einem umfassenden Verhandlungspaket, mit dem die Interessen beider Blöcke des Ost-West-Konflikts miteinander verknüpft wurden. Das östliche Streben nach Anerkennung der territorialen Nachkriegsordnung und nach einem verstärkten Wirtschaftsaustausch stand dem westlichen Bemühen um die Einbindung der sowjetischen Außenpolitik in ein ‹Regelwerk› und um mehr Freizügigkeit für Menschen und Informationen in ganz Europa gegenüber. Die ordnungspolitischen Grundvorstellungen waren weiterhin gegensätzlich und wurden durch ‹weiche› diplomatische Formulierungen zugedeckt. Auf Grund der westlichen Vorbehalte einigte man sich nicht auf eine gesamteuropäische ständige Organisation, sondern nur auf eine Folge von Konferenzen und Expertentreffen, woraus sich dann der KSZE-‹Prozeß› entwickelte (*Ghebali* 1989).

Die eigentliche Leistung der ersten Jahre der KSZE bestand darin, fast das gesamte Spektrum der Ost-West-Beziehungen in Europa je nach ihrem Konfliktgrad ‹kleinzuarbeiten›. Trotz aller – oft heftigen – Auseinandersetzungen auf den verschiedenen Konferenzen zählte der KSZE-Prozeß zu den krisenstabilsten Elementen in den ‹vereisten› Ost-West-Beziehungen Ende der 70er bis Mitte der 80er Jahre. Die Folgekonferenz in Madrid (1980–1983) war zeitweilig das einzige offizielle Forum, auf dem Ost und West noch miteinander redeten.

Eine neue Dynamik erhielt die KSZE mit *M. Gorbatschows* Machtantritt in der UdSSR 1985. Die militärischen Spannungen wurden mit der Stockholmer *Konferenz über Vertrauens- und Sicherheitsbildende Maßnahmen und Abrüstung in Europa* (KVAE) abgebaut, die Beziehungen zwischen Ost und West konnten sowohl auf staatlicher wie auch gesellschaftlicher Ebene intensiviert werden.

Ein Strukturelement der KSZE sollte für die Auflösung des Ost-West-Konflikts zentrale Bedeutung gewinnen: die Diskussion innergesellschaftlicher Verhältnisse als legitimes Thema der zwischenstaatlichen KSZE-Konferenzen. Während ursprünglich auf westlicher Seite befürchtet worden war, die KSZE könnte der Sowjetunion ein einseitiges Mitspracherecht in westeuropäischen Angelegenheiten verschaffen, hatte die reale Entwicklung den genau entgegengesetzten Effekt. Bürgerrechtsbewegungen, die Gewerkschaft *Solidarność* in Polen, Menschenrechtsgruppierungen und Friedensbewegungen im Osten Europas beriefen sich auf die KSZE-Vereinbarungen und klagten diese gegenüber dem Partei- und Staatsapparat ein. So entwickelte sich ein ‹Konstitutionalisierungsprozeß› in den sozialistischen Ländern, der zur Erosion der dortigen Herrschaftsstrukturen und damit schließlich zum Ende des Ost-West-Konflikts beitrug.

I. *Die neue KSZE/OSZE*: Knapp zwei Monate nach der deutschen Vereinigung wurde mit der ‹Charta von Paris› vom November 1990 ein neues Kapitel in der KSZE-Geschichte aufgeschlagen. An die Stelle des ordnungspolitischen Grundkonfliktes zwischen Ost und West trat nunmehr das gemeinsame Bekenntnis zu Rechtsstaatlichkeit, pluralistischer Demokratie und Marktwirtschaft. Die bisherige Funktion der KSZE, den Ost-West-Konflikt in Europa durch diplomatische Tauschgeschäfte und Kompromisse, durch Verhaltensregeln und Implementierungsdebatten, durch die ‹Institutionalisierung des Dauerdialogs› einzuhegen, war überflüssig geworden. Statt dessen stand die KSZE plötzlich vor einer Fülle neuer Herausforderungen: der Erosion der staatlichen, gesellschaftlichen und wirtschaftlichen Strukturen im Osten Europas, dem Aufflammen alter und neuer ethnonationaler Konflikte und der wachsenden wirtschaftlichen und sozialen Kluft in Europa.

Die KSZE-Staaten reagierten auf diese neuen Probleme mit dem Aufbau von Institutionen (*Heraclides* 1993). Die KSZE wurde vom ‹Prozeß› zu einer ‹regionalen Einrichtung› im Sinne der UN-Charta weiterentwickelt. Damit ist die KSZE prinzipiell für die friedliche Konfliktregelung in Europa mit Maßnahmen unterhalb der Schwelle des Zwangs und militärischer Kampfeinsätze zuständig. Auf dem Budapester Gipfeltreffen im Dezember 1994 trugen die Mitgliedstaaten dieser Entwicklung Rechnung, indem sie die KSZE in *Organisation für Sicherheit und Zusammenarbeit in Europa* (OSZE) umbenannten.

Wichtigste Gremien der neuen KSZE/OSZE sind die Gipfeltreffen, der Ministerrat (Außenminister), der Hohe Rat (Direktoren der Außenministerien), der Ständige Rat (Botschafter), der Generalsekretär, das Büro für demokratische Institutionen und Menschenrechte, eine Parlamentarische Versammlung, ein Vergleichs- und Schiedsgerichtshof und der Hohe Kommissar für nationale Minderheiten. Er ist das ‹Frühwarnsystem› der KSZE zur Vorbeugung von ethnonationalen Konflikten. Darüber hinaus sind neben verschiedenen Verpflichtungen zur Information und Konsultation (OSZE-'Mechanismen') vor allem die Langzeitmissionen von mindestens sechs Monaten Dauer wichtig. Mit ihnen sollen in Krisengebieten durch Berichterstattung, Beratung und Empfehlung, aber auch durch praktische Vermittlungsaktivitäten auf politischer und gesellschaftlicher Ebene Konflikte entschärft werden. Parallel dazu finden im Forum für Sicherheitskooperation (Wien) permanente Verhandlungen über militärische Vertrauensbildung (auch bei internen Konflikten), Rüstungskontrolle und Abrüstung statt. Mit diesen Institutionen und Mechanismen verfügt die OSZE über ein sehr ausdifferenziertes und bislang beispielloses System der friedlichen Konfliktregelung, das weit über das der Vereinten Nationen hinausgeht.

Seit Anfang der 90er Jahre versucht die KSZE/OSZE, mit ihren unterschiedlichen Institutionen, Mechanismen und Langzeitmissionen zu einer friedlichen Regelung in fast allen Konflikten beizutragen, die mit dem Auseinanderfallen und der Neukonstituierung des Staatensystems im GUS-Raum, in Ost- und in Südosteuropa zusammenhängen (*Schlotter* u. a. 1994). Ihre Aktivitäten konzentrieren sich darauf, Konflikte, die vor dem offenen (gewaltsamen) Ausbruch stehen, vorab beizulegen, bei gewaltsamen Auseinandersetzungen durch Vermittlung zu einer Deeskalation und politischen Regelung beizutragen und in einer längerfristigen Perspektive den Aufbau rechtsstaatlicher und demokratischer Verhältnisse zu unterstützen (*Helsinki Monitor* 1992ff.).

II. *Eine Leistungsbilanz der KSZE/OSZE*: Bei den neuen Aktivitäten der KSZE/OSZE lassen sich bislang nur Erfolge bei der Entschärfung regional begrenzter und überschaubarer Konfliktlagen beobachten. Hier kann die Anwesenheit einer internationalen Beobachtergruppe zur Deeskalation und zur Gewaltvermeidung führen, weil die Konfliktparteien sich kontrolliert fühlen und deshalb ihr Verhalten mäßigen oder weil sie durch die Einschaltung einer dritten Partei von KSZE/OSZE-Vertretern dazu gebracht werden können, ihre Interessen neu zu bestimmen. Auch trug der Hohe Kommissar für nationale Minderheiten über die Beeinflussung gesetzlicher Regelungen für Nationalitäten und Minderheiten mit dazu bei, der Gefahr gewaltsamer Auseinandersetzungen, z. B. in den baltischen Staaten, vorzubeugen. In ‹Großkonflikten› und Kriegen wie im ehemaligen Jugoslawien oder im Kaukasus jedoch war die KSZE/OSZE-Vermittlung bislang nicht erfolgreich, eine dauerhafte Regelung konnte noch nicht ausgehandelt werden.

Obwohl die KSZE/OSZE diejenige internationale Organisation ist, in der ganz eindeutig anerkannt ist, daß auch innere Angelegenheiten (wie z. B. die Behandlung von Minderheiten) Gegenstand legitimer Einmischung von außen sein können, sind ihre praktischen Aktivitäten in aller Regel durch das Souveränitätsprinzip behindert. Damit ist die KSZE/

OSZE nur ein Sonderfall für die allgemeine Problematik kollektiver Sicherheitssysteme bzw. internationaler Organisationen. So wurden die diversen Mechanismen, mit denen Konflikte friedlich beigelegt werden könnten, von den Konfliktparteien bisher kaum genutzt, sie lassen sich ihnen aber auch nicht aufzwingen. Die KSZE/OSZE kann nur über so viel Handlungsfähigkeit verfügen, wie ihr die Mitgliedstaaten zubilligen. Ihre Aktivitäten bilden daher in der Regel den kleinsten gemeinsamen Nenner aus den Interessen der (wichtigsten) Mitglieder ab. Angesichts der vielen, sowieso von außen schwer regelbaren Konflikte führt dies entweder zu einer Einmischung mit sehr niedrigem Profil – weil dies unkontrovers ist – oder aber zu einer uneinheitlichen und widersprüchlichen Politik, bei der die KSZE/OSZE und einzelne Staaten im besten Fall nebeneinander, im schlimmsten Fall gegeneinander arbeiten. Die Möglichkeiten der OSZE, z. B. einen Aggressor in seine Schranken zu weisen, werden daher auch zukünftig gering sein.

Ihre Leistungsfähigkeit sollte aber nicht allein am extremen Fall gemessen werden. Unterhalb der Ebene kriegerischer Auseinandersetzungen gibt es eine Vielzahl von Möglichkeiten, wie das potentielle Gewaltverhalten von Staaten und gesellschaftlichen Gruppen gebändigt und eingehegt werden kann. Im Normbereich binden sich die Staaten an den Gewaltverzicht, der in der täglichen Zusammenarbeit in internationalen Organisationen immer neu eingeübt wird und in den die staatlichen Vertreter «einsozialisiert» werden. Die Unsicherheit darüber, was andere Staaten im Schilde führen könnten, einer der Hauptgründe für das ‹Sicherheitsdilemma›, wird durch Transparenz und Berechenbarkeit reduziert (*Rittberger* 1994). Und im Bereich der Prävention gewaltsam ausgetragener Konflikte und der Friedenskonsolidierung nach Kriegen bieten sich zahlreiche Aufgaben an, auch in Zusammenarbeit mit gesellschaftlichen Akteuren und NGOs, die noch nicht ausreichend wahrgenommen werden.

IV. *Theorien über die KSZE/OSZE*: Die Literatur über die KSZE/OSZE war bisher weithin nicht darauf ausgerichtet, einen Beitrag zur Theoriebildung in den Internationalen Beziehungen zu leisten. Sie orientierte sich an der wissenschaftlichen Begleitung des Verhandlungsprozesses, seiner empirischen Analyse und Bewertung unter politisch-praktischen Gesichtspunkten. Dabei war sie anfangs in den westlichen Gesellschaften Teil der zwei großen politischen Lager der Entspannungsbefürworter im linken und liberalen Spektrum und der Entspannungsskeptiker im konservativen. Mit dem zunehmenden Erfolg der KSZE im Sinne westlicher Vorstellungen hat sich diese Frontstellung aufgelöst. In den sozialistischen Ländern waren Untersuchungen zur KSZE stets Teil der offiziellen Politik.

Die KSZE geriet unter theorieorientierten Gesichtspunkten bisher nur in das Blickfeld der Regimeanalyse. Da in den KSZE-Dokumenten Normen und Verhaltensregeln für den Umgang mit dem Ost-West-Konflikt vereinbart worden waren (*Zellentin* u. a. 1977), sind Ähnlichkeiten mit dem unverkennbar, was in den Internationalen Beziehungen als Regime, als institutionalisierte Form des norm- und regelgeleiteten Verhaltens in einzelnen Problem- oder Konfliktfeldern bezeichnet wird. Bis zum Ende des Ost-West-Konflikts kann von KSZE-Regimen jedoch nur bei den militärischen Vertrauensbildenden Maßnahmen die Rede sein (*Efinger* 1990), da in allen anderen Fällen die Vereinbarungen über Absichtserklärungen und die Festlegung von Prinzipien und Normen nicht hinausgelangten und diese vorwiegend von den sozialistischen Staaten auch nicht eingehalten wurden. Es ist daher sinnvoll, von einem ‹KSZE-Verhandlungssystem› auszugehen (*Ropers/Schlotter* 1989), an dem sich viele Prozesse beobachten lassen, die auch für die Entwicklung von internationalen Regimen von Belang sind, und von einem ‹KSZE-Regelwerk›, das in weiten Bereichen nicht die Qualität von Regimen erreicht hat. Dennoch wirkte es durch die ‹normative Kraft des Symbolischen› und die Berufung gesellschaftlicher Kräfte in Osteuropa auf dieses Regelwerk. Die mit dem KSZE-Prozeß entwickelten Absichtserklärungen, praktischen Empfehlungen und Verhaltensregeln für fast alle Ost-West-Beziehungsfelder schufen allmählich ein gesamteuropäisches Netzwerk der Konfliktregulierung und Kooperationsförderung, dem sich die Teilnehmerstaaten um so weniger entziehen konnten, je länger es in Kraft war und je mehr die sozialistischen Gesellschaften ihre Krise durch Reformen im westlichen Sinne in den Griff zu bekommen versuchten. Ein bisher theoretisch nicht reflektiertes Problem stellt allerdings dar, daß sich im Zuge der Herausbildung effektiver Regime der sie konstituierende Systemkonflikt aufgelöst hat.

Nach 1990 haben die Vereinbarungen über die Achtung der Menschenrechte, den Schutz der Minderheiten, die friedliche Streitbeilegung, die Rüstungskontrolle und Verringerung der Streitkräfte formell Regimequalität erreicht, es fehlt aber in vielen Fällen die Einhaltung dort, wo es besonders notwendig wäre, in Südosteuropa, auf dem Balkan und in der Gemeinschaft Unabhängiger Staaten. Inwieweit hier langfristig die OSZE an die Erfolgsbilanz der KSZE anknüpfen kann, muß derzeit offen bleiben.

↗ Gemeinsame Außen- und Sicherheitspolitik; Internationale Organisationen; Sicherheit.

Literatur: *Delbrück, J./Ropers, N./Zellentin, G.* (Hrsg.) 1977: Grünbuch zu den Folgewirkungen der KSZE, Köln 1977. *Efinger, M.* 1990: Preventing War Through Confidence- and Security-building Measures?, in: *Rittberger, V.* (Hrsg.): International Regimes in East-West Politics, London/New York, 117–150. *Fastenrath, U.* (Hrsg.) 1992ff.: KSZE. Dokumente der Konferenz über Sicherheit und Zusammenarbeit in Europa, Neuwied (Loseblattsammlung 1973ff.). *Ghebali, V.-Y.* 1989: La diplomatie de la détente: La CSCE d'Helsinki à Vienne (1973–1989), Brüssel. Helsinki Monitor. Quarterly on Security and Cooperation in Europe, 1992ff. (vierteljährlich). *Heraclides, A.* 1993: Helsinki-II and its Aftermath. The Making of the CSCE into an International Organization, London/New York. *Holtermann, H.* 1993 (Hrsg.): CSCE. From Idea to Institution. A Bibliography, Kopenhagen. *Ropers, N./Schlotter, P.* 1989: Regimeanalyse und KSZE-

Prozeß, in: *Kohler-Koch, B.* (Hrsg.): Regime in den internationalen Beziehungen, Baden-Baden, 315–342. *Rittberger, V.* 1994: Internationale Organisationen – Politik und Geschichte, Opladen. *Schlotter, P.* u. a. 1994: Die neue KSZE. Zukunftsperspektiven einer regionalen Friedensstrategie, Opladen. *Zellentin, G.* 1994: Konferenz über Sicherheit und Zusammenarbeit in Europa – KSZE, in: *Boeckh, A.* (Hrsg.): Internationale Beziehungen (= Lexikon der Politik, hrsg. von Dieter Nohlen, Bd. 6), 251–257.

Peter Schlotter

Organisation für Wirtschaftliche Zusammenarbeit und Entwicklung – OECD

Die *Organisation für Wirtschaftliche Zusammenarbeit und Entwicklung* (*Organization for Economic Cooperation and Development* – OECD) ging 1961 aus der *Organisation für Europäische Wirtschaftliche Zusammenarbeit* (*Organization for European Economic Cooperation* – OEEC) hervor. Die OEEC war 1948 in Paris gegründet worden, um die als Teil einer weitsichtigen amerikanischen Strategie zur wirtschaftlichen und politischen Stabilisierung Europas angebotene wirtschaftliche und finanzielle Wiederaufbauhilfe (*Marshall*–Plan) möglichst wirkungsvoll und kooperativ zu nutzen. Die ursprünglich 17 Mitgliedstaaten der Konvention für Europäische Wirtschaftliche Zusammenarbeit verpflichteten sich im Rahmen ihres Wiederaufbauprogramms u. a. auf das Ziel der Liberalisierung des Handels und der Konvertibilität der Währungen. Die OEEC mit ihrer flexiblen, souveränitätsschonenden Organisationsstruktur erwies sich in ihren Kernzielen als höchst erfolgreich. In der zweiten Hälfte der 50er Jahre war der wirtschaftliche Wiederaufbau weitgehend abgeschlossen, Liberalisierung des Handels und Konvertibilität der Währungen – letztere v. a. mit der *Europäischen Zahlungsunion* (EZU) – waren in beachtlichem Maße erreicht. Angesichts der wirtschaftlichen Gewichtsverschiebungen waren die USA an einer stärkeren Lastenbeteiligung Westeuropas im Rahmen einer verstärkten und besser koordinierten Entwicklungshilfe interessiert, und der Bedarf an einer Zusammenarbeit und Koordinierung der Wirtschaftspolitik über den europäischen Bereich hinaus war gewachsen. Zugleich verstärkte die westeuropäische Wirtschaftsspaltung in *Europäische Wirtschaftsgemeinschaft* (EWG) und *Europäische Freihandelszone* (EFTA) den Wunsch nach einer Organisation, die als Bindeglied wirken konnte. Vor diesem Hintergrund einer veränderten Ausgangslage und neuen Herausforderungen wurde 1960 die Umwandlung der OEEC in die OECD beschlossen und im Jahr darauf realisiert. Die Namensänderung signalisierte sowohl die funktionale Erweiterung mit dem Akzent Entwicklung als auch die räumliche Erweiterung über Europa hinaus, die mit der Vollmitgliedschaft der USA und Kanadas (beide Länder waren in der OEEC lediglich assoziierte Mitglieder) unterstrichen wurde.

209 Organisation f. Wirtschaftl. Zusammenarbeit u. Entwicklung – OECD

I. *Ziele und Organisationsstruktur*: Nach Art. 1 des OECD-Vertrages zielt die Organisation darauf, «a) in den Mitgliedstaaten unter Wahrung der finanziellen Stabilität eine optimale Wirtschaftsentwicklung und Beschäftigung und steigenden Lebensstandard zu erreichen und dadurch zur Entwicklung der Weltwirtschaft beizutragen, b) in den Mitglied- und Nichtmitgliedstaaten, die in wirtschaftlicher Entwicklung begriffen sind, zu einem gesunden wirtschaftlichen Wachstum beizutragen und c) in Einklang mit internationalen Verpflichtungen auf multilateraler und nichtdiskriminierender Grundlage zur Ausweitung des Welthandels beizutragen».

Als Organisation zeichnet sich die OECD dadurch aus, daß sie kaum über wirksame Kompetenzen verfügt, sich im wesentlichen auf Empfehlungen an die Mitglieder beschränkt und v. a. als flexibles Diskussions- und Koordinierungsforum fungiert. Oberstes Organ der OECD mit Sitz in Paris ist der Rat, in dem alle Mitgliedstaaten (1996: 25) vertreten sind. Er tritt i. d. R. einmal pro Jahr auf der Ebene der Minister zusammen, ansonsten auf der Ebene der Ständigen Delegationen (sog. OECD-‹Botschaften›). Charakteristisch für die Verfahrensordnung ist das Konsensprinzip, das für Entscheidungen bzw. Empfehlungen maßgeblich ist. Ausnahmen von dieser Regel bedürfen ebenfalls der Einstimmigkeit. Das Blockadepotential dieser souveränitätsschonenden Regelung, die prinzipiell jedem Mitgliedstaat ein Vetorecht einräumt, wird dadurch abgeschwächt, daß Entscheidungen auch dann zustande kommen, wenn Mitglieder sich der Stimme enthalten. Diese Entscheidungen werden dann aber auf die sich enthaltenden Mitglieder nicht angewendet.

Vorbereitet werden die Sitzungen des Rates durch den Exekutivausschuß, dem 14 jährlich neu gewählte Mitglieder (darunter ständige Vertreter der sieben wichtigsten westlichen Industrieländer – G 7) angehören. Der Exekutivausschuß versucht auch, eine Koordinierungsfunktion gegenüber der Vielzahl von Fachausschüssen (z. Z. ca. 30 ständige bzw. *Ad-hoc*-Ausschüsse) wahrzunehmen, die ein Charakteristikum der OECD sind und an deren Arbeit teilweise nur wenige Mitglieder, teilweise aber auch Nichtmitglieder beteiligt werden. Das Sekretariat (z. Z. 1700 Mitarbeiter, darunter über 500 Experten der verschiedenen Fachgebiete) wird von einem auf fünf Jahre gewählten Generalsekretär geleitet, der die OECD nach außen vertritt und auch den Vorsitz im Rat führt.

Durch unterschiedlichen Autonomiegrad mit der OECD verbunden sind insbesondere die folgenden Institutionen: das 1962 geschaffene *Entwicklungszentrum* (DC) resultierte aus der neuen Schwerpunktaufgabe Entwicklungspolitik. 1968 wurde das *Zentrum für Forschung und Innovation im Bildungswesen* (CERI) gegründet. Die *Kernenergie-Agentur* (NEA) von 1972 befaßt sich mit der friedlichen Nutzung der Kernenergie und ist als ursprünglich europäische Einrichtung zunehmend auch um außereuropäische Mitglieder erweitert worden (Ausnahme: Neuseeland). Die *Internationale Energieagentur* (IEA) wurde 1974 in Reaktion auf die Ölpreisexplosion der OPEC gegründet und bemüht sich um eine abgestimmte Energiepolitik einschließlich gemeinsamer Notstandsmaßnahmen für Krisenfälle. Die jüngste OECD-Tochter ist das *Zentrum für die Kooperation mit Europäischen Transformationsökonomien* (CCEET), das 1992 in Reaktion auf die Transformationsprobleme des früheren Ostblocks gegründet wurde.

II. *Entwicklung*: Geht man von den Anstößen zur Gründung der OECD aus, so hat ihre Funktion als Klammer zwischen den rivalisierenden europäischen Handelsblöcken an Bedeutung eingebüßt, da die Sogkraft der EU die EFTA faktisch aufgelöst hat. Dagegen hat sich die OECD zunehmend zum Koordinierungsgremium der westlichen Industriestaaten entwickelt. Dies wird schon daran deutlich, daß die außereuropäischen westlichen Industriestaaten Japan (1964), Australien (1971) und Neuseeland (1974) der OECD beigetreten sind. Mit dem Beitritt Mexikos (1994) als 25. Mitglied und dem für 1996 erwarteten Beitritt Südkoreas öffnet sich die OECD darüber hinaus auch für außereuropäische Schwellenländer.

Der neue Schwerpunkt Entwicklungspolitik wird vom Ausschuß für Entwicklungspolitik (DAC) abgedeckt, der einer der prominentesten OECD-Ausschüsse ist. Ihm gehören z. Z. 21 der 25 OECD-Mitglieder an (nicht vertreten sind Island, Griechenland, die Türkei und Mexiko) sowie zusätzlich die EU-Kommission. Damit sind alle westlichen Geber repräsentiert, auf die über 90% der staatlichen Entwicklungshilfe entfallen (1994: 59,2 Mrd. US-$). Das DAC überprüft jährlich eingehend Umfang und Art der Leistungen der Mitglieder und regt Verbesserungen an. Verdienste erworben hat sich das DAC v. a. bei der statistischen Erfassung und Dokumentation (einheitliche Meßkriterien) sowie bei der Verbesserung der Konditionen der Hilfe. Gemessen am UN-Richtwert von 0,7% des BSP fällt die entwicklungspolitische Leistungsbilanz der DAC-Länder jedoch unbefriedigend aus (1994: 0,30%). Die Arbeit des DAC spiegelt auch die neuen Herausforderungen und Diskussionsschwerpunkte in der Entwicklungspolitik wider, so z. B. die Verschuldungsproblematik in den 80er Jahren und die Interdependenzen von Bevölkerung, Umwelt und Entwicklung im Kontext von ‹dauerhafter Entwicklung› in den 90er Jahren.

Zugunsten der wenigen europäischen Mitglieder, die noch zu den Entwicklungsländern gezählt werden, hat die OECD mehrfach größere Hilfsaktionen organisiert (insbesondere für die Türkei). Mit dem Transformationsprozeß in Osteuropa ist auch unter dem Entwicklungsaspekt eine neue Situation entstanden, insofern neben den klassischen Entwicklungsländern neue Konkurrenten um knappe Mittel aufgetaucht sind. Die OECD hat nicht nur mit einem Ausbau der Beratungshilfe für osteuropäische Staaten reagiert (u. a. CCEET), sondern den vier am weitesten entwickelten Ländern Polen, Slowakische Republik, Tschechische Republik und Ungarn einen Beobachterstatus mit selektiver Beteiligung eingeräumt. Die vier genannten Länder streben eine OECD-Mitgliedschaft an.

Für die allgemeinen Bemühungen um eine Koordinierung der Wirtschaftspolitik bildet der Wirtschaftspolitische Ausschuß mit seinen Arbeitsgruppen das wichtigste Gremium. In ihm kommen mehrmals jährlich Spitzenbeamte der zuständigen Ministerien und Notenbanken zusammen, um die weltwirtschaftliche Lage, die Politik der Mitglieder und ihre weltwirtschaftlichen Auswirkungen zu analysieren und – soweit möglich – aufeinander abzustimmen. Obwohl es keine Weisungskompetenz der OECD gibt, wird die insbesondere mit der gegenseitigen Vertrautheit und dem Rechtfertigungszwang verbundene indirekte Wirkung als wichtig eingestuft. Das Beispiel einer einflußreichen Arbeitsgruppe ist die Arbeitsgruppe 3, der sog. Währungsausschuß der OECD, der durch die auf die wichtigen Industrieländer beschränkte Zahl und den hohen Rang der Teilnehmer sowie durch die strikte Vertraulichkeit der Beratung charakterisiert wird. Beispiele für OECD-Initiativen sind die nach der ersten Ölpreiskrise abgegebenen und mehrfach erweiterten Handelsversprechen, die nationale Alleingänge zu Lasten des Welthandels verhindern sollten, oder die 1976 beschlossene wirtschaftspolitische Strategie zur Wiedergewinnung der Vollbeschäftigung, die aber ebenso wie spätere Anläufe wenig Erfolg hatte. Die OECD-Tätigkeit wird nicht zuletzt durch ihre Vielfalt charakterisiert, die u. a. Arbeit und Kapital, Steuerwesen, Landwirtschaft und Seeverkehr, Energie, Umwelt und Wissenschaft einbezieht.

III. *Bewertung*: Das Urteil über die OECD ist abhängig von den zugrunde gelegten Erwartungen. Kritiker haben das außerordentlich breite Aufgabenspektrum ohne klares Zentrum, das damit verbundene wuchernde Ausschußwesen, den spezifischen konsensorientierten Entscheidungsmodus mit dem Resultat eines unzureichenden Entscheidungs*outputs* sowie die Interessenverengung auf die westlichen Industriestaaten angeprangert und teilweise die Existenzberechtigung der OECD in Frage gestellt. Diese Kritik enthält unbestreitbar einen zutreffenden Kern, verkennt aber, daß die Schwächen der OECD zugleich Ausdruck ihrer spezifischen Stärken sind. Hoher fachlicher Anerkennung erfreut sich die OECD in ihren Expertisen, insbesondere im Bereich der statistischen Information und Dokumentation. Sie hat sich auch als besonders flexibel erwiesen, neue Herausforderungen – z. B. den Transformationsprozeß in Osteuropa – in ihrer Arbeit zu berücksichtigen und abgestufte Beteiligungsmöglichkeiten zu bieten. Als kompetenzschwache Organisation ist sie primär Diskussionsforum für ihre Mitglieder, aber die damit verbundenen indirekten und schwer nachweisbaren Wirkungen sollten nicht unterschätzt werden. Im Nord-Süd-Konflikt hat sich die OECD vorrangig als Interessenorganisation der westlichen Industriestaaten erwiesen, aber ein solches Interessen*clearing* bleibt notwendig. Gemessen an den Notwendigkeiten ist die wirtschaftliche Abstimmung der westlichen Industriestaaten höchst unzulänglich, und dennoch ist die ‹weiche› Form in der OECD ein positives Element in einem komplexen System. Mit der Erweiterung der Mitgliedschaft und wachsendem Abstimmungsbedarf dürfte die Bedeutung der OECD trotz der genannten Unzulänglichkeiten eher wachsen.

↗ Entwicklungspolitik; Internationale Organisationen.

Literatur: *Aubry, H. G.* 1967: Atlantic Economic Cooperation. The Case of the OECD, New York usw. *Camps, M.* 1975: ‹First World› Relationships: The Role of the OECD, Paris usw. *Deutsche Bundesbank* [4]1992: Die Organisation für Wirtschaftliche Zusammenarbeit und Entwicklung, in: *dies.*: Internationale Organisationen und Gremien im Bereich von Währung und Wirtschaft, Frankfurt a. M. *Hahn, H./Weber, A.* 1976: Die OECD, Organisation für Wirtschaftliche Zusammenarbeit und Entwicklung, Baden-Baden. *OECD* 1990: Zusammenarbeit im Dienste der Entwicklung. Politik und Leistungen der Mitglieder des Ausschusses für Entwicklungshilfe, Paris. *OECD* div. Jahre: Activities of OECD (Jahresberichte), Paris. *OECD* div. Jahre: Development Assistence Efforts and Policies (erscheint jährlich), Paris.

Uwe Andersen

Ostseerat

In Reaktion auf die epochenverändernden Vorgänge in den Jahren 1989 bis 1991, die zur Überwindung des Ost-West-Konflikts und zur Auflösung der Sowjetunion führten, beschlossen im März 1992 die Regierungen Dänemarks, Deutschlands, Estlands, Finnlands, Lettlands, Litauens, Norwegens, Polens, Rußlands und Schwedens sowie die Europäische Kommission in Kopenhagen die Errichtung eines *Ostseerates*, um die zwischenstaatliche Kooperation im Ostseeraum zu erneuern und auszudehnen. 1995 erhielt der *Ostseerat* mit Island ein weiteres Mitglied.

1. Die Zusammenarbeit der Ostseeanrainerstaaten im *Ostseerat* führt Länder mit sehr unterschiedlicher politischer und ökonomischer Entwicklung zusammen, die sich aufgrund historischer Faktoren freilich alle als Teil einer spezifischen Region verstehen. Wenngleich sich heute mehrere Subregionen des Ostseeraums unterscheiden lassen (z. B. nordische Staaten, baltische Staaten), waren alle Länder über Jahrhunderte hinweg durch ein Netz kultureller, sprachlicher und ökonomischer Kontakte miteinander verbunden. Vor dem Hintergrund dieser historischen Verbindungen gründet sich der Wunsch nach erneuerter und engerer Kooperation im wesentlichen auf die Erwartung ökonomischer Entwicklungsimpulse und die damit verbundene Hoffnung, die Demokratie in den Nachfolgestaaten der Sowjetunion in der Region zu stabilisieren. Die noch nicht in der EU vertretenen Ostseeanrainerstaaten hoffen zudem, über die Regionbildung einen besseren Zugang zur EU zu finden. Auch die Verschmutzung der Ostsee hat die Anrainer dazu gebracht, eine intensivere Kooperation zu suchen, da alle von den gleichen Problemen belastet sind und gemeinsam die Herausforderungen im Umweltbereich besser als auf nationaler Basis bewältigt werden können.

Allgemeines Ziel des *Ostseerates* ist die institutionalisierte Zusammenarbeit in den die Ostseeanrainerstaaten gemeinsam betreffenden Politikbereichen. Der Rat will als Forum für die Steuerung und Koordinierung von gemeinsamen Politiken dienen. Darüber hinaus soll der *Ostseerat* die Bindungen der EU mit den noch nicht in ihr vertretenen Ostseeanrainern verbessern. Im Gründungskommuniqué werden sechs Ziele genannt: Hilfe für neue demokratische Einrichtungen; ökonomische und technologische Hilfe und Kooperation; Verbesserung der humanitären Angelegenheiten und der Gesundheit; Verbesserung der Umweltbedingungen; verbesserte Kooperation in den Bereichen Kultur, Erziehung, Tourismus und Information; Verbesserung von Transport und Kommunikation.

2. Der *Ostseerat* versteht sich als eine intergouvernementale Organisation, die kein Sekretariat besitzt. Oberstes Organ ist der Rat. Jedes Mitgliedsland entsendet seinen Außenminister in den Rat; dazu kommt ein Vertreter der EU. Der Rat tagt einmal jährlich abwechselnd in den Mitgliedsländern auf Rotationsbasis. Für alle Ratsentscheidungen gilt das Prinzip der Einstimmigkeit. Die Präsidentschaft wird jeweils für ein Jahr vom Gastgeberland wahrgenommen. Zwischen den Tagungen des Rats amtiert ein Ausschuß Hochrangiger Beamter (AHB). Er berät zwischen den Tagungen des Rats die anfallenden Geschäfte der Organisation und bereitet die Sitzungen des Rats vor. Der *Ostseerat* hat drei Arbeitsgruppen gebildet: (1) Nukleare und Strahlensicherheit; (2) Ökonomische Kooperation sowie (3) Unterstützung demokratischer Institutionen. Die dritte Arbeitsgruppe soll über Hindernisse bei der Etablierung der liberal-pluralistischen Demokratie in den Transitionsstaaten berichten, Empfehlungen bezüglich weiterer Demokratisierungsmöglichkeiten aussprechen und die Möglichkeit zur Annäherung der Rechtssysteme untersuchen.

3. Sichtbarstes Ergebnis der bisherigen Kooperation ist die Einrichtung einer Europafakultät, einem regionalen Universitätsprojekt mit Zentrum in Riga (Lettland) und Ablegern in Vilnius (Litauen) und Tartu (Estland). Die Europafakultät hat die Aufgabe der Umschulung von Lehrern, der Ausarbeitung von Lehrplänen und der Aus- und Fortbildung neuer Fachkräfte in den Bereichen Recht, Wirtschaft, Betriebswirtschaft und öffentliche Verwaltung. Als weitere wichtige Kooperationsvorhaben wurden das ‹*Via Baltica*›–Verkehrsnetz sowie der ‹Baltische Ring›, der den freien Fluß von Kapital, Waren, Personen und Ideen in dieser Region ermöglichen soll, in Gang gesetzt. Im Mai 1994 wurde das Amt eines Kommissars des Rates der Ostseestaaten für demokratische Institutionen und Menschenrechte einschließlich der Rechte von Personen, die Minderheiten angehören, geschaffen. Angesichts der Tatsache, daß gerade in den baltischen Staaten wie auch in Polen starke Minderheiten leben (in Estland und Lettland leben bis zu 40% Russen, in einigen Regionen bilden die Russen sogar die Mehrheit), wurde die Einrichtung eines solchen Amtes erforderlich.

4. Der *Ostseerat* soll im Rahmen der Regionbildung im wesentlichen die früheren sozialistischen Staaten bei ihrem Transformationsprozeß in demokratische und marktwirtschaftliche Staaten unterstützen. Diese Aufgabe teilt er sich mit anderen Organisationen wie dem *Europarat* und der *Europäischen Entwicklungsbank*. Als Zusammenschluß einer Teilregion kommt ihm hierbei die Funktion zu, die ehemals sozialistischen Staaten an Westeuropa heranzuführen. Ein genuines Aufgabenfeld des *Ostseerates* stellt insbesondere die Umweltpolitik dar. Der Schutz der seit Jahrzehnten systematisch verschmutzten Ostsee sollte ein dringendes Anliegen aller Anrainerstaaten sein. Freilich ergeben sich gerade in diesem Bereich noch erhebliche Koordinierungsprobleme, da die umweltpolitischen Kompetenzen in bezug auf die Ostsee auf zahlreiche nationale wie zwischenstaatliche Institutionen verteilt sind. Der *Ostseerat* leidet in seiner Effizienz auch daran, daß er weder über ein eigenes Sekretariat noch ein eigenes Budget verfügt. Eine Beseitigung dieser Strukturmängel wäre ein wichtiger Schritt zur Erreichung der selbstgesteckten Ziele.

↗ Internationale Organisationen. *Wichard Woyke*

Politikwissenschaftliche Europaforschung

Die politikwissenschaftliche Analyse der westeuropäischen Integration kann ihre enge Anbindung an die politische Entwicklung der Europäischen Gemeinschaften nicht verleugnen. In grober Annäherung lassen sich drei Phasen unterscheiden.

1. Die erste Phase umfaßt die Entstehung und rapide Weiterentwicklung der europäischen Institutionen und ist wissenschaftlich durch die Dominanz des Neofunktionalismus gekennzeichnet. Sie beginnt mit der Veröffentlichung des bahnbrechenden Werkes von *E. Haas* über ‹*The Uniting of Europe*› und erstreckt sich bis zum Anfang der 70er Jahre. Die Vertreter des Neofunktionalismus (neben *Haas* vor allem *L. Lindberg*, *J. Nye*, *D. Puchala* und *Ph. Schmitter*) versuchten, Integration als umfassenden politisch-gesellschaftlichen Veränderungsprozeß theoretisch zu fassen und der empirischen Analyse zugänglich zu machen (zusammenfassend *Lindberg/Scheingold* 1971).

Der Neofunktionalismus zielte darauf ab, die Entstehung einer neuen, die Nationalstaaten umfassenden politischen Autorität mit einer eigenen Legitimität zu erklären. Er setzte sich dabei bewußt von den macht- und staatsorientierten Erklärungsmodellen der Theorie Internationaler Beziehungen ab, die den Integrationsprozeß als Produkt der Interessen der beteiligten Staaten erklären. Im neofunktionalistischen Modell spielen gesellschaftliche Akteure die Hauptrolle, deren Interessen von den europäischen Institutionen besser befriedigt werden können als von den Nationalstaaten.

Die dadurch bewirkten langsamen und schrittweisen Lernprozesse und Veränderungen von Interessenlagen sollten zu einer zunehmenden Unterstützung der europäischen Institutionen führen, die dann wiederum zu einer besseren Befriedigung spezifischer Interessen in der Lage wären. Integration ist in dieser Sichtweise ein Phänomen, das sich zwar auf egoistische Akteure, jedoch nicht auf bewußte integrationspolitische Strategien stützt und somit gleichsam hinter dem Rücken der Beteiligten wirkt. Im Gegensatz zum Funktionalismus wurde nicht behauptet, daß sachliche Problemlösungserfordernisse direkt zu entsprechenden institutionellen Lösungen führen, sondern daß die Vermittlung zwischen beiden explizit über politische Prozesse stattfindet.

Dem Neofunktionalismus wurde immer wieder vorgeworfen, einen Automatismus hin zu immer stärkeren europäischen Institutionen zu konstruieren. Auch wenn die sehr differenzierten Formulierungen und Integrationsszenarien von *Haas* und seinen Schülern einen solchen pauschalen Vorwurf nicht rechtfertigen, fiel es dem Neofunktionalismus schwer, mit den Anfang der 70er Jahre einsetzenden Krisen der Weltwirtschaft und des Integrationsprozesses konzeptionell fertig zu werden. *Haas* erklärte schließlich den Theorieansatz für zunehmend unangemessen, weil die Rahmenbedingungen seiner Anwendbarkeit nicht mehr gegeben seien.

Oberflächlich betrachtet erscheint damit der Neofunktionalismus als eine Schönwettertheorie der Integration, anwendbar unter den Bedingungen amerikanischer Hegemonie, stetigen Wirtschaftswachstums und weltwirtschaftlicher Stabilität sowie der noch sehr lebendigen Erinnerung an den II. Weltkrieg. Seine auch heute noch hohe Attraktivität rührt jedoch vor allem daher, daß er nicht nur eine Theorie mittlerer Reichweite darstellt, sondern auch ein alternatives Politikmodell enthält, das durch Pluralismus, Gradualismus und die Betonung von Präferenzänderungen und Lernprozessen gekennzeichnet ist. Auch wenn sich zentrale Erwartungen des Neofunktionalismus nicht bestätigt haben, so stellt sein Analysemodell nach wie vor eine Alternative zu Ansätzen dar, die den Integrationsprozeß ausschließlich als Ergebnis bewußter Aushandlungsprozesse von Staaten verstehen.

2. Mit der Hinwendung der führenden neofunktionalistischen Theoretiker zu neuen Forschungsgebieten (vor allem der Regimetheorie und dem Neokorporatismus) begann die zweite Phase der politikwissenschaftlichen Europaforschung, die vom Anfang der 70er bis zum Ende der 80er Jahre dauerte. Sie wird häufig als das parallel zu den politischen Krisen des Integrationsprozesses verlaufende ‹dunkle Zeitalter› der Integrationsforschung bezeichnet. Sowohl hinsichtlich der politischen wie auch der wissenschaftlichen Entwicklung ist diese Einschätzung jedoch problematisch. Politisch wurden in den 70er Jahren eine Reihe bedeutender Integrationsschritte unternommen. Politikwissenschaftlich ging vor allem das durch die amerikanische Diskussion dominierte Zeitalter großtheoretischer Ent-

würfe zu Ende, weil die amerikanische Politikwissenschaft weitgehend das Interesse am Integrationsprozeß verloren hatte.

In Europa jedoch lief die Forschung unter veränderten Vorzeichen weiter. An die Stelle abstrakter Theorieentwürfe, die die europäische Integration als Teil eines globalen Prozesses ‹regionaler Integration› zu verstehen suchten, traten nun vielfältige empirische Untersuchungen, in denen das Funktionieren der damaligen Europäischen Gemeinschaften und einzelner Institutionen in unterschiedlichen Politikfeldern differenziert analysiert wurde. Diese Studien zeigten, daß von einem einheitlichen Verlauf des Integrationsprozesses nicht die Rede sein konnte, sondern sehr unterschiedliche Muster entstanden waren. Allerdings ist der Vorwurf berechtigt, daß es sich dabei vielfach um deskriptive Einzelfallstudien handelte, die nicht einmal den Versuch machten, integrationstheoretische Fragestellungen mit einzubeziehen.

Auch die zweite Phase der Integrationsforschung erbrachte Erkenntnisse, die für eine umfassendere Theoriebildung wichtig waren. Beispielhaft hierfür ist vor allem *J. Weilers* (1981) These vom Doppelcharakter des Integrationsprozesses, der sich s. E. aus einem supranationalen Rechtssystem und aus zwischenstaatlichen Entscheidungen ergibt. Der Jurist *Weiler* wirft der Politikwissenschaft einschließlich des Neofunktionalismus eine systematische Vernachlässigung der Rolle des Rechts als Integrationsfaktor vor. Ungeachtet der mittlerweile allgemeinen Anerkennung der *Weiler*schen Thesen hat dieser Vorwurf nach wie vor eine gewisse Berechtigung. Ein weiteres Beispiel theorierelevanter Erkenntnisse der empirischen Forschung stellt die These der Politikverflechtungsfalle dar (*Scharpf* 1985), die zeigt, unter welchen Bedingungen die europäischen Institutionen systematisch suboptimale Politikergebnisse erzeugen. Auch diese These verweist auf Lücken der neofunktionalistischen Integrationstheorie, nämlich auf die Vernachlässigung institutioneller Konfigurationen. Im allgemeinen gilt jedoch, daß in der zweiten Phase der Integrationsforschung keine systematische Theoriebildung stattfand.

3. Ende der 80er Jahre entwickelte sich mit der neuen Integrationsdynamik im Zuge des erfolgreichen Binnenmarktprogrammes sowohl in Europa als auch in den Vereinigten Staaten ein erneutes Interesse an übergreifenden theoretischen Fragestellungen. Die Theoriedebatte ist allerdings nicht mehr von der Hegemonie eines Ansatzes gekennzeichnet, sondern von mehreren Herangehensweisen aus unterschiedlichen Richtungen, mit denen sich auch jeweils andere Erkenntnisinteressen verbinden.

Teile der US-amerikanischen Forschung betrachten den Integrationsprozeß wieder aus der Perspektive der Theorie der Internationalen Beziehungen. Es gibt sowohl Versuche, neofunktionalistisches Gedankengut wiederum fruchtbar zu machen (*Sandholtz* 1993), als auch Ansätze, die den Integrationsprozeß als zwischenstaatlichen Verhandlungsprozeß begreifen wollen (*Moravcsik* 1993). Die schroffe Gegenüberstellung beider Ansätze, die die Streitfragen der ersten Phase der Integrationsforschung wieder aufgreift, verdeckt jedoch die Gemeinsamkeiten. Man sollte deshalb auch die neueren Theorieversuche nicht in die alten Schubladen ‹Neofunktionalismus› und ‹Intergouvernementalismus› einordnen. Die neuen Ansätze erkennen die zentrale Rolle zwischenstaatlicher Verhandlungen für den Integrationsprozeß an und verzichten auf teleologische Entwürfe. Beide betonen die Wichtigkeit gesellschaftlicher Akteure und Veränderungsprozesse sowie von Institutionen für die zwischenstaatliche Politik, auch wenn im ersten Fall der Einfluß des Integrationsprozesses selbst stärker bewertet wird als im zweiten.

Unabhängig hiervon wurde auch der politökonomische Ansatz in den letzten Jahren wiederbelebt. In diesem stark heterogenen und nur teilweise marxistisch beeinflußten Denkmodell wird nach dem Zusammenhang zwischen ökonomischer Integration und politischer Regulation in der EU gefragt (*Bieling/Deppe* 1996). In dieser Sichtweise handelt es sich bei der EU um eine spezifische Formation in einem langdauernden gesellschaftlichen Entwicklungsprozeß, in dem sich Formen und Funktionen politischer Organisation verändern. Integration stellt eine Reaktion auf die Entwicklung des globalen Kapitalismus dar, in dem das Verhältnis zwischen Markt und Staat neu bestimmt wird, das sich in den westeuropäischen Wohlfahrtsstaaten in langen Auseinandersetzungen herausgebildet hat.

Während es sich beim politökonomischen Ansatz um eine Makrotheorie handelt, findet sich eine wachsende Zahl von Arbeiten, die sich mit den Mikrofundierungen des Integrationsprozesses befassen. Die zunehmende Verbreitung des *rational choice*-Ansatzes in der Politikwissenschaft macht auch vor der Integrationstheorie nicht halt, wobei sich die beteiligten Wissenschaftler nicht in erster Linie als Integrationsforscher verstehen (*Bueno de Mesquita/Stokman* 1994). Diese Forschungsrichtung wendet ein allgemeines Analysemodell auf den Integrationsprozeß an, bietet aber keine ausgearbeitete, materiell gehaltvolle Theorie. Arbeiten aus diesem Bereich liegen somit quer zu den herkömmlichen Integrationstheorien. Sie widersprechen ihnen nicht notwendigerweise, sondern können ihre häufig funktionalistisch interpretierten Wirkungsmechanismen handlungstheoretisch untermauern oder auch korrigieren.

Neben den neuen oder erneuerten Makrotheorien des Integrationsprozesses finden sich in der Tradition der zweiten Phase der Integrationsforschung zunehmend Arbeiten, die sich mit dem Funktionieren des EU-Systems beschäftigen. Ihnen geht es nicht in erster Linie um die Erarbeitung einer umfassenden Theorie der Integration und um eine Klärung der Triebkräfte und der Richtung des Integrationsprozesses, sondern um seine Auswirkungen (*Jachtenfuchs/Kohler-Koch* 1996). Auch die Vertreter dieser Richtung stammen nicht nur aus den Kreisen der traditionellen Integrationsforschung, sondern aus den unterschiedlichsten sozialwissenschaftlichen Disziplinen. Ihr Erkenntnisinteresse ist nicht EU-spezifisch, sondern themenspezifisch. Ihren Arbeiten liegt die Annahme zugrunde, daß in Westeuropa mittlerweile ein umfassendes, wenn auch fragmentiertes politisches System entstanden ist, das es vielfach unmöglich macht, politische, ökonomische, rechtliche oder gesellschaftliche Fragen ausschließlich im nationalen Rahmen und ohne Bezug zu ihrer Einbettung in das EU-System zu analysieren. Der Integrationsprozeß führt zur Veränderung von Staatlichkeit (*Héritier* u.a. 1994) und bewirkt, daß Politik in der EU nicht mehr in Kategorien analysiert werden kann, die vom Modell des nach außen wie nach innen souveränen Nationalstaates abgeleitet sind.

4. Nach fast vierzig Jahren Integrationsforschung zeigt sich, daß sich ihre Themen zwar auch nach realen politisch-gesellschaftlichen Kontexten richten, eine Gleichsetzung von Perioden intensiver Integration mit Perioden intensiver integrationstheoretischer Bemühungen jedoch zu kurz greift. Die jüngere Forschung fügt der alten Frage nach der Natur und den Triebkräften des Integrationsprozesses die neue Frage nach der Transformation von Staatlichkeit hinzu. Hier zeigen sich signifikante Unterschiede zwischen amerikanischer und europäischer Integrationsforschung. Von – allerdings gewichtigen – Ausnahmen abgesehen betrachten amerikanische Wissenschaftler die Integrationsforschung häufig als einen Teilbereich der Theorie der Internationalen Beziehungen und geben eher skeptische Antworten auf die Frage, ob in der EU eine fundamentale Transformation des internationalen Systems stattgefunden hat, als deren Ergebnis diese Weltregion nicht mehr von der Logik zwischenstaatlicher Politik beherrscht wird. Europäische Wissenschaftler sind dagegen eher bereit, diese Frage theoretisch unbeantwortet zu lassen oder von einer *De-facto*–Transformation des internationalen Systems auszugehen und dementsprechend nach den Auswirkungen des EU-Systems auf etablierte Staatlichkeit zu fragen. Beide Perspektiven – Transformation des internationalen Systems und Transformation von Staatlichkeit – schließen sich jedoch nicht gegenseitig aus. In jedem Fall aber zeigt die neuere Debatte, daß sich die Integrationsforschung nicht nur auf eine bloße Institutionenkunde beschränkt, sondern die Frage nach den Formen und Auswirkungen moderner politischer Organisation ernst nimmt.

↗ Geschichte der europäischen Integration seit 1945; Integrationstheorien; Kooperationstheoretische Ansätze; Politisches System der Europäischen Gemeinschaft; Rechtswissenschaftliche Integrationstheorien; Verfassungsdebatte.

Literatur: *Bieling, H.-J./Deppe, F.* 1996: Internationalisierung, Integration und politische Regulierung, in: *Jachtenfuchs/Kohler-Koch* (Hrsg.), 479–509. *Bueno de Mesquita, B./Stokman, F. N.* (Hrsg.) 1994: European Community Decision-Making Models, Applications, and Comparisons, New Haven/London. *Haas, E. B.* [2]1968: The Uniting of Europe, Starford. *Héritier, A.* u.a. 1994: Die Veränderung von Staatlichkeit in Europa, Opladen. *Jachtenfuchs, M./Kohler-Koch, B.* (Hrsg.) 1996: Europäische Integration, Opladen. *Lehmbruch, G.* (Hrsg.) 1995: Einigung und Zerfall: Deutschland und Europa nach dem Ende des Ost-West-Konfliktes, Opladen. *Lindberg, L. N./Scheingold, St. A.* (Hrsg.) 1971: Regional Integration. Theory and Research, Cambridge, Mass. *Moravcsik, A.*

(1993): Preferences and Power in the European Community. A Liberal Intergovernmentalist Approach, in: JCMS 31, 473–524. *Sandholtz, W.* (1993): Choosing Union: Monetary Politics and Maastricht, in: IO 47, 1–39. *Scharpf, F. W.* (1985): Die Politikverflechtungsfalle. Europäische Integration und deutscher Föderalismus im Vergleich, in: PVS 26, 323–356. *Weiler, J.* (1981): The Community System: the Dual Character of Supranationalism, in: Yearbook of European Law 1, 267–306.

Markus Jachtenfuchs

Politisches System der Europäischen Gemeinschaft

Die Konzeptualisierung der EG als politisches System reicht bis in die 60er Jahre zurück; sie wurde sowohl unter föderalistischer (*Hallstein* 1969) als auch neo-funktionalistischer Perspektive (*Lindberg/Scheingold* 1970) vollzogen. Ebenso alt ist allerdings auch die anhaltende Auseinandersetzung darüber, ob es nicht analytisch tragfähiger sei, die EG bzw. EU als Kooperation von Nationalstaaten zu begreifen. (*Hoffmann* 1966). Diese Kontroverse wird zunehmend von einer neuen Perspektive verdrängt, die sich nicht mit der Frage nach dem politischen Charakter der Gemeinschaft als Sonderform internationaler Zusammenarbeit auseinandersetzt, sondern sich um eine angemessene Analyse der Besonderheiten des gegebenen Institutionensystems, der Politikprozesse und Politikergebnisse bemüht.

Die Architektur der EU mit der Metapher der drei Säulen zu belegen ist insofern sehr treffend, als in der Europäischen (Wirtschafts-)Gemeinschaft, der Gemeinsamen Außen- und Sicherheitspolitik (GASP) und in der Innen- und Justizpolitik (IJ) nicht nur unterschiedliche Handlungsbereiche organisiert sind, sondern auch die Handlungsprinzipien und Ordnungsstrukturen der Zusammenarbeit jeweils unterschiedlich ausgestaltet sind. GASP und IJ sind dem Organisationstyp der intergouvernementalen Kooperation zuzuordnen, die EG dagegen ist bestimmt vom Prinzip der Supranationalität. Die vielfältigen Verflechtungen der drei Säulen lassen es zwar sinnvoll erscheinen, die Union als Einheit zu betrachten. Als politisches System im engeren Sinn wird von der politikwissenschaftlichen Analyse allerdings nur die EG gewertet, auf die sich auch die folgenden Ausführungen konzentrieren. Eines ihrer herausragenden Charakteristika ist, daß es sich um ein Mehrebenensystem handelt.

I. *Die supranationale Ebene*: Das wohl auffälligste Kennzeichen des Akteursgefüges und der Kompetenzverteilung auf der supranationalen Ebene ist, daß die allgemeinverbindlichen Entscheidungen nicht durch ein Parlament, sondern durch ein aus Regierungsvertretern der Mitgliedstaaten zusammengesetztes Organ, den Rat (Ministerrat), vorgenommen werden. Nachdem das – seit dem Luxemburger Kompromiß von 1966 praktizierte – Einstimmigkeitsprinzip immer mehr zur Entscheidungsunfähigkeit geführt hatte, wurde seit etwa Mitte der 80er Jahre zunehmend auf das ursprünglich vorgesehene Mehrheitsprinzip zurückgegriffen; sein Anwendungsbereich wurde durch die Einheitliche Europäische Akte (EEA) ausgedehnt. Das hat u.a. zur Folge, daß die Mitgliedstaaten sich immer weniger auf nationale Veto-Positionen zurückziehen können und Koalitionspartner suchen müssen, um ihre Vorstellungen durchzusetzen.

Zwar nimmt der Rat eine dominierende Rolle im Entscheidungsgefüge der GG ein; er kann jedoch nicht autonom agieren, sondern ist in vielfältiger Weise mit den anderen Institutionen verknüpft und auf deren Mit- und Zusammenarbeit angewiesen. Einmal mit der Kommission, die das Initiativrecht für europäische Gesetzgebung besitzt sowie wichtige Aufgaben als Hüterin der Verträge, bei der Umsetzung der Gemeinschaftspolitik und bei der Vertretung der EG nach außen wahrnimmt. Zum zweiten mit dem Europäischen Parlament (EP), das zunächst nur über ein Anhörungsrecht verfügte, sich aber über die Zeit bedeutende Mitwirkungsrechte erstreiten konnte. Dazu gehören u.a. die formelle Einbeziehung in die Europäische Politische Zusammenarbeit (EPZ), ein Mitentscheidungsrecht beim Abschluß von Beitrittsverträgen und Assoziationsabkommen und vor allem erweiterte Beteiligungsrechte bei der Gesetzgebung im Rahmen des mit der EEA eingeführten Verfahrens der Zusammenarbeit. Den bisherigen Schlußpunkt markiert die mit dem Maastrichter Vertrag erfolgte Schaffung eines neuen Mitentscheidungsverfahrens, das das EP für einzelne Bereiche zu einem gleichberechtigten Partner des Rates macht.

Als weiteres hervorstechendes, den Einfluß des Rates relativierendes und begrenzendes Element des EG-Systems, das seine bisherige Entwicklung in hohem Maße mitgeprägt hat, ist die enorme Bedeutung des Europäischen Gerichtshofs (EuGH) zu nennen. Er hat, beispielsweise durch seine Klarstellungen zu den direkten Effekten des Gemeinschaftsrechts in den Mitgliedstaaten und dessen Vorrang vor nationalem Recht, das Verhältnis von Gemeinschaft und Mitgliedstaaten und damit die Verfassungsentwicklung stark beeinflußt. Seine Rechtsprechung hatte und hat darüber hinaus aber auch weitreichende Auswirkungen auf materielle Gemeinschaftspolitik. Eines der bekanntesten Beispiele dafür dürfte das Urteil zum *Cassis de Dijon*-Fall aus dem Jahre 1979 sein, das es ermöglichte, die mühsame und zeitraubende Harmonisierung von Normen und Standards durch das Prinzip der gegenseitigen Anerkennung – eine zentrale Voraussetzung für das Binnenmarktvorhaben – zu ersetzen.

Während die bisher angesprochenen Elemente des EG-Systems in der einschlägigen Literatur ausführlich behandelt wurden, hat ein weiteres wichtiges Merkmal, nämlich seine ausgeprägte Fragmentierung und die damit verbundenen Implikationen, erst in jüngerer Zeit ausreichende Berücksichtigung gefunden. Das mag damit zusammenhängen, daß sich diese von Anfang an bestehende funktionale Differenzierung – sie zeigt sich u.a. in der Existenz der verschiedenen Fachministerräte und ihrem jeweils zu einzelnen Politikfeldern gehörenden Ausschußsystem, findet ihre Entsprechung in den Generaldirektionen der Kommission sowie den Fachausschüssen des EP und setzt sich bis in die nationale Ebene hinein fort – in den vergangenen Jahren noch weiter verstärkt hat. Ganz wesentliche Gründe dafür bilden die weiter oben erwähnten neuen Entscheidungsverfahren sowie die verstärkte Anwendung des Mehrheitsprinzips. Sie haben dazu geführt, daß politikfeldübergreifende *package-deals* seltener geworden sind und Entscheidungen immer häufiger innerhalb einzelner Politikfelder und unter den diese prägenden Rahmenbedingungen fallen.

II. *Die nationale und subnationale Ebene*: Ein Verständnis der GG als Mehrebenensystem erfordert nicht zuletzt eine Auseinandersetzung mit der Frage, welche Elemente der Mitgliedstaaten deren GG-Politik beeinflussen. Hierbei erweist es sich als analytisch ertragreich, zwischen länder- und politikfeldspezifischen sowie zwischen eher stabilen und eher veränderlichen Determinanten zu unterscheiden (*Schumann* 1996).

Zu den relativ stabilen länderspezifischen Determinanten gehört vor allem die Struktur des Entscheidungssystems, wobei insbesondere die Aufgabenverteilung zwischen Exekutive und Legislative, das Ausmaß an interministerieller Abstimmung und das Verhältnis von nationaler und subnationaler Ebene wesentliche Dimensionen darstellen. Von zentraler Bedeutung sind ferner die nationalspezifischen Grundeinstellungen zur EU sowie die jeweilige politische Kultur und normative politische Grundhaltungen, was sich beispielhaft im Verhalten Großbritanniens oder Dänemarks in den Diskussionen um institutionelle Fragen zeigt. Darüber hinaus stellen der ökonomische Entwicklungsstand und grundlegende ordnungspolitische Orientierungen weitere wichtige Determinanten dar.

Weniger sichtbar als die eben genannten Faktoren sind die für die einzelnen Mitgliedstaaten charakteristischen Merkmale bei *Prozeßabläufen* (Politikstil) und der *Politikproduktion* (*Policy*-Profil), die sich gleichsam als nationale, durch tief in der politischen Kultur verankerte Werte bestimmte Schablone in allen Politikfeldern – wenn auch in unterschiedlichem Ausmaß – wiederfinden lassen. Vergleichende Studien zeigen aber auch für die dort berücksichtigten Mitgliedstaaten sehr deutlich, daß in der Tat Elemente unterschiedlicher nationaler Politikstile bzw. *Policy*-Profile vorhanden sind und diese deren EU-Politik in erheblichem Ausmaß beeinflussen (*Héritier* u. a. 1994).

Zu den relativ stabilen politikbereichsspezifischen Faktoren zählen *Policy*-Netzwerke, d. h. die charakteristischen Beziehungsmuster zwischen den verschiedenen nichtstaatlichen und staatlichen Akteuren innerhalb einzelner Politikfelder; die grundlegenden Wertvorstellungen und Positionen der zentralen Akteure innerhalb eines Bereichs; sodann die Bedeutung eines Sektors in bezug auf seinen Anteil am Bruttosozialprodukt, für bestimmte Regionen oder auch hinsichtlich des Wählerpotentials. Diese Faktoren können sich für unterschiedliche Politikfelder innerhalb einzelner Mitgliedstaaten und für dasselbe Politikfeld von Mitgliedstaat zu Mitgliedstaat erheblich unterscheiden. Der Grad der Verflechtung spielt u. a. deswegen eine wichtige Rolle, weil sich Interdependenzen und Verzahnungen zwischen verschiedenen Politikfeldern und Politiken auch auf *Policy*-Netzwerke auswirken und zu unübersichtlichen und fragilen Akteurskonstellationen mit allen damit verbundenen Implikationen führen können.

Zu den relativ veränderlichen länderspezifischen Determinanten gehören z. B. die Zusammensetzung der Regierung, aktuelle Stimmungen und Meinungen oder die konjunkturelle Wirtschaftslage, zu den relativ veränderbaren politikbereichsspezifischen Faktoren mögliche aktuelle Konflikte zwischen den Akteuren des Politikfelds oder aktueller Problemdruck. Was ihre Auswirkungen anbelangt, so zeigen sich diese etwa darin, daß Veränderungen in der Zusammensetzung der Regierung in einigen Mitgliedstaaten die Entwicklung des Integrationsprozesses seit Mitte der 80er Jahre sehr nachhaltig beeinflußt haben (*Keohane/Hoffmann* 1991).

III. *Strukturen und Akteure im EG-System und das Zusammenspiel der Ebenen*: Nachdem sich sowohl bei der Analyse der supranationalen wie der nationalen Ebene gezeigt hatte, daß die Politikfelddimension eine besondere Bedeutung besitzt, kann es kaum überraschen, daß auch die Verzahnung und das Zusammenspiel der verschiedenen Ebenen des politischen Systems der EG primär im Rahmen einzelner Politikfelder erfolgt. Die Ursachen dafür werden deutlich, wenn man sich einige wichtige Charakteristika dieses Systems vor Augen führt. Dazu zählt vor allem, daß, angesichts neuartiger, vom Nationalstaat her unbekannter Akteurstypen und einer Vielzahl von an Entscheidungsprozessen beteiligten Akteuren aus 15 Mitgliedstaaten und von verschiedenen Ebenen, Mit- und Gegenspieler nicht so bekannt sind und ihr Verhalten sowie insgesamt der Verlauf von Politikprozessen nicht so gut eingeschätzt werden können, wie dies gemeinhin bei nationaler Politik der Fall ist. Die Reduzierung der enormen Komplexität und, damit zusammenhängend, Unsicherheiten und Unwägbarkeiten, die Integration aller wichtigen Akteure in Entscheidungsprozesse sowie die gegenseitige Konsultation und Abstimmung erweisen sich vor diesem Hintergrund als noch weitaus schwieriger, als dies bereits in den stark ausdifferenzierten liberal-demokratischen Nationalstaaten mit föderativem Aufbau der Fall ist. Die Schwierigkeit auf der EG-Ebene erhöht sich im Verhältnis zur nationalstaatlichen Ebene darüber hinaus noch dadurch, daß der EG integrierende Elemente – etwa eine europäische Öffentlichkeit, ein nationalen Parlamenten vergleichbares Parlament mit entsprechenden Integrationsfunktionen oder europäische Parteien, die tatsächlich Aggregations- und Integrationsfunktionen wahrnehmen – fehlen.

Der zweite Faktor, der das Zusammenspiel der Ebenen außerordentlich stark prägt, ist die Tatsache, daß die Rahmenbedingungen und Spielregeln für die Zusammenarbeit nicht den dauerhaften und festgefügten Charakter aufweisen, den sie in den meisten liberal-demokratischen Nationalstaaten besitzen. Dies führt dazu, daß Domäneinteressen und Machtfragen eine nahezu allgegenwärtige Rolle spielen. Natürlich existieren auch diesbezüglich wieder beträchtliche Unterschiede zwischen den verschiedenen Politikfeldern; es kommt zu entsprechenden Auseinandersetzungen vor allem dann, wenn es um die Einbeziehung neuer Politiken in die Unionszusammenarbeit geht. Aber auch in bereits lange vergemeinschafteten Bereichen, wie der gemeinsamen Außenhandels- oder der Gemeinsamen Agrarpolitik, treten sie immer wieder auf.

IV. *Prozeßabläufe und Policy-Zyklen*: Die grundlegenden Charakteristika, durch die sich Prozeßabläufe im EG-System auszeichnen, zeigen sich besonders deutlich, wenn man die einzelnen Phasen des *Policy*-Zyklus, wie sie gemeinhin in der *Policy*-Analyse unterschieden werden, im einzelnen durchgeht. Dabei stößt man schon in der Phase der Problemdefinition auf eine wichtige Besonderheit, nämlich die Tatsache, daß diese in einem interkulturellen Kontext stattfindet, d. h. zwischen Mitgliedstaaten, die, wie weiter oben angedeutet wurde, zumindest partiell unterschiedliche normative Grundlagen aufweisen und deren politische Kultur sich in einigen wichtigen Komponenten unterscheidet. Das kann, wie zahlreiche Beispiele zeigen, dazu führen, daß zwischen den Regierungen nicht einmal ein Konsens darüber herbeigeführt werden kann, ob überhaupt ein politisch zu bearbeitendes Problem besteht.

Mit der Wahrnehmung eines Problems kommt dieses nicht gleichsam automatisch auf die politische Tagesordnung. Die diesbezüglichen Anforderungen in der Phase des *Agendasettings* sind gerade in der Gemeinschaft besonders hoch. Hier ist es notwendig, zumindest die Mehrheit der Regierungen der Mitgliedstaaten sowohl davon zu überzeugen, daß die entsprechende Materie einer Bearbeitung bedarf, als auch davon, daß diese Bearbeitung auf der supranationalen Ebene erfolgen soll. Ein Unterfangen, das nach der dezidierten Betonung des Subsidiaritätsgrundsatzes im Maastrichter Vertrag noch schwieriger geworden ist. Charakteristisch für die Agendagestaltung in der EG ist darüber hinaus, daß ihr Verlauf außerordentlich schwer abzuschätzen ist. Das hängt nicht zuletzt damit zusammen, daß immer wieder Anstöße, die aus spezifischen innenpolitischen Entwicklungen in einzelnen Mitgliedstaaten erwachsen und nicht vorhersehbar sind, den Entscheidungsprozeß in dieser frühen Phase beeinflussen können. Die zentralen Akteure in der Phase der Problemdefinition und des *Agendasettings* sind Vertreter der nationalen und supranationalen Verwaltungen sowie Experten der jeweils betroffenen nationalen und transnationalen Interessengruppen.

Die zyklusorientierte Perspektive der *Policy*-Analyse betrachtet die Phase der Politikformulierung vor allem auch unter der Frage, welche Vorgaben sich aus ihrem Ergebnis für die nachfolgenden Phasen ergeben. Gerade unter diesem Aspekt weist das EG-System einige wichtige Charakteristika auf. Dazu gehört einmal, daß die Notwendigkeit, den Interessen und Vorstellungen von 15 in vielerlei Hinsicht unterschiedlichen Mitgliedstaaten gerecht zu werden, häufig nur eine Einigung auf kleinstem gemeinsamem Nenner zuläßt. Das impliziert auch, daß in vielen Fällen Meinungsverschiedenheiten und Konflikte durch eine Beschränkung auf Rahmenentscheidungen, die den Mitgliedstaaten sehr weitreichende Implementationsspielräume einräumen, entschärft beziehungsweise umgangen werden. Gelingt es nicht, einen Interessenausgleich innerhalb einzelner Politikfelder zu finden, wird häufig versucht, mit Hilfe politikfeldübergreifender Paketlösungen doch noch eine Einigung zu erzielen. Das hat zur Folge, daß politikfeldfremde Akteure, und damit andere Interessen und Perspektiven, ins Spiel kommen und sich die Gesamtzahl der an der Politikformulierung Beteiligten erhöht.

Kennzeichnend für die Implementationsphase ist eine Schwerpunktverlagerung des Geschehens von der supranationalen auf die nationale Ebene, die die weiter oben angesprochenen länderspezifischen Faktoren zu entscheidenden Determinanten werden läßt. In den Fällen, in denen bei der Politikformulierung Paketlösungen notwendig waren und sich, damit zusammenhängend, der Kreis der beteiligten Akteure über das entsprechende Politikfeld hinaus erweitert hat, ist zudem zu beachten, daß mit dem Eintritt in die Durchführungsphase sich dieser Kreis wieder auf die Akteure des entsprechenden *Policy*-Subsystems verengt und damit die politikfeldspezifischen Elemente wieder stärker in den Vordergrund treten. Eine der möglichen Folgen besteht darin, daß Programmziele oder -elemente, die den Akteuren dieses Politikfelds im Rahmen eines *package-deals* gleichsam aufgezwungen wurden, hier, innerhalb der vorgegebenen, zumeist sehr weiten Spielräume für die Implementation, wieder modifiziert werden können.

Die Phase der Politikneuformulierung ist im EG-System ebenfalls wieder mit einem Ebenenwechsel verbunden; diesmal von der nationalen auf die supranationale Ebene. Während bei der Implementation die Akteure und Bestimmungsfaktoren in den Mitgliedstaaten die wesentliche Rolle spielen, rücken nun wieder die supranationalen Akteure, wie Kommission, Ministerrat oder die verschiedenen Ausschüsse, in den Vordergrund. Insgesamt gesehen scheint die Situation bei der Politikneuformulierung auf den ersten Blick weitgehend der bei der ursprünglichen Politikformulierung zu gleichen. Eine genauere Betrachtung erweist allerdings, daß häufig beträchtliche Unterschiede vorhanden sind. So sind politikfeldübergreifende *package-deals* sehr viel seltener und entsprechend sind wie in der Implementationsphase bei der sich anschließenden Politikneuformulierung die zum Politikfeld gehörenden Akteure sehr viel einflußreicher. Während diese bei der Durchführung nur Modifikationen des Programms im Rahmen der vorgegebenen Implementationsspielräume vornehmen können, eröffnet ihnen eine Politikneuformulierung sogar die Möglichkeit, Programmelemente ganz zu eliminieren.

V. *Charakteristische Merkmale der Politikproduktion*: Die vielfältigen Besonderheiten der Gemeinschaft in bezug auf ihre strukturelle Ausgestaltung und ihre Prozeßabläufe führen dazu, daß auch die Politikproduktion des EG-Systems eine ganze Reihe von charakteristischen Merkmalen aufweist. Dazu gehören einmal die einschneidenden und gravierenden Veränderungen, die *Policies* über die verschiedenen Phasen des *Policy*-Zyklus, aber auch über mehrere Zyklen hinweg häufig erfahren. Dazu gehört zweitens die in vielen Fällen zu beobachtende Beschränkung auf Rahmenentscheidungen und zwar sowohl bei materieller Politik als auch bei den großen, umfassenden verfassungspolitischen Weichenstellungen, wie sie mit der EEA oder dem Maastrichter Vertrag erfolgten. Ein weiteres Kennzeichen von EG-Politik, das ganz offensichtlich mit der Systemkonstruktion und der dynamischen Systementwicklung zusammenhängt, stellt die Tatsache dar, daß Fragen der Kompetenzverteilung und Spielregeln in vielen Fällen auch bei materieller Politik eine wichtige Rolle spielen und Politikinhalte nachhaltig beeinflussen. Als hervorstechende Eigenschaft ist schließlich noch die sehr ausgeprägte Dominanz von regulativer Politik – auch in Politikfeldern, wie der Sozialpolitik, bei der in den Nationalstaaten redistributive Elemente im Vordergrund stehen – zu nennen.

↗ Erweiterung und Vertiefung der EU; Europäisches Parlament; Europäischer Gerichtshof; Europäischer Rat; Geschichte der europäischen Integration seit 1945; Integrationstheorien; Kommission; Verfassungsdebatte.

Literatur: *Beutler, B.* u. a. 1993: Die Europäische Union. Rechtsordnung und Politik, Baden-Baden. *Gabriel, O. W.* 1992: Politische Einstellungen und politische Kultur, in: *ders.* (Hrsg.): Die EG-Staaten im Vergleich. Strukturen, Prozesse, Politikinhalte, Opladen, 95–132. *Hallstein, W.* 1969: Der unvollendete Bundesstaat, Düsseldorf. *Héritier, A.* u. a. 1994: Die Veränderung von Staatlichkeit in Europa. Ein regulativer Wettbewerb: Deutschland, Großbritannien, Frankreich, Opladen. *Hix, S.* 1994: Approaches to the Study of the EC: The Challenge to Comparative Politics, in: WEP, 1–30. *Hoffmann, S.* 1966: Obstinate or obsolete? The Fate of the Nation-State and the Case of Western Europe, in: Daedalus 95, 862–915. *Jachtenfuchs, M./Kohler-Koch, B.* (Hrsg.) 1995: Europäische Integration, Opladen. *Keohane, R. O./Hoffmann, St.* (Hrsg.) 1991: The New European Community. Decisionmaking and Institutional Change, Boulder usw. *Läufer, T.* (Hrsg.) [3]1994: Europäische Union, Europäische Gemeinschaft. Die Vertragstexte von Maastricht mit den deutschen Begleitgesetzen, Bonn. *Lindberg, L. N./Scheingold, S. A.* 1970: Europe's Would-be Polity. Patterns of Change in the European Community, Englewood Cliffs. *Lodge, J.* (Hrsg.) 1994: The European Community and the Challenge for the Future, Essex. *Peters, G. B.* 1994: Agenda-Setting in the European Community, in: Journal of European Public Policy 1, 9–26. *Platzer, H.-W.* 1995: Lernprozeß Europa: die EG und die neue europäische Ordnung, Bonn. *Sbragia, A. M.* (Hrsg.) 1992: Europolitics. Institutions and Policymaking in the ‹New› European Community, Washington.

Schmuck, O./Dirk, G./Bundeszentrale für politische Bildung/Institut für Europäische Politik (Hrsg.) 1993: Von der EG zur Europäischen Union, Bonn. *Schumann, W.* 1996: Überlegungen zur theoretischen Erfassung des politischen Systems der Europäischen Union. Ein Versuch aus policy-analytischer Sicht, Opladen.

Wolfgang Schumann

Rat für gegenseitige Wirtschaftshilfe – RGW

Der Rat für gegenseitige Wirtschaftshilfe (RGW; engl.: *Communist Economies* – Comecon bzw. *Council for Mutual Economic Assistance* – CMEA) war die von der ehemaligen Sowjetunion initiierte und auf sie hin orientierte Wirtschaftsgemeinschaft der sozialistischen Staatengemeinschaft bzw. der Staatshandelsländer. Im Januar 1949 in Moskau gegründet, durchlief der RGW verschiedene Entwicklungsetappen, ehe er auf der 46. Ratstagung der Regierungschefs der Mitgliedsländer im Juni 1991 in Budapest aufgelöst wurde.

1. Gründungsmitglieder des RGW waren die UdSSR, Bulgarien, Polen, Rumänien, Ungarn und die Tschechoslowakei. Die DDR trat 1950 bei, Mongolei 1962, Kuba 1972 und Vietnam 1978. Seit 1964 war Jugoslawien assoziiertes Mitglied. Albanien nahm seit 1962 nicht mehr an den Ratsaktivitäten teil. Beobachterstatus besaßen Äthiopien, Afghanistan, Angola, Laos, Mosambik, die Volksrepublik Jemen und Nicaragua. Oberstes Entscheidungsorgan des RGW war die Ratstagung. Sie trat in der Regel einmal im Jahr zusammen und fällte die wesentlichen Grundsatzentscheidungen. Sie bestand aus den Delegationen aller Mitgliedsländer des Rates. Die Zusammensetzung der Länderdelegationen wurde von den jeweiligen Regierungen bestimmt. Ordentliche Tagungen des Rates wurden mindestens einmal im Jahr abwechselnd in den Hauptstädten der Mitgliedsländer des Rates unter dem Vorsitz des Leiters der Delegation des Landes einberufen, in dem die Ratstagung stattfand. Das eigentliche RGW-Lenkungsorgan war das Exekutivkomitee, das aus je einem Vertreter jedes Mitgliedslandes auf der Ebene von Stellvertretern des Regierungschefs bestand. Es war für alle Fragen der Plankoordinierung sowie der Spezialisierung und Kooperation zuständig. Das Sekretariat des RGW bestand aus dem Sekretär des Rates, seinen Stellvertretern sowie dem für die Durchführung der dem Sekretariat obliegenden Funktionen erforderlichen Personal. Es hatte seinen Sitz in Moskau. Der Generalsekretär des Rates war die oberste Amtsperson des Rates und vertrat diesen nach außen. Der Generalsekretär wurde immer von der Sowjetunion gestellt. Für die Leitung der übrigen Organe wurde 1987 das Rotationsprinzip beschlossen. Die neben dem Sekretariat und dem Exekutivkomitee bestehenden Hauptorgane wie z. B. ständige Kommissionen und Komitees sollten gemäß einem Beschluß der 43. Ratstagung von 1987 ihre Arbeiten straffen, um Mehrstufigkeit und

Parallelität zu beseitigen. So wurde die Zahl der RGW-Organe um rd. ein Drittel reduziert.

Eines der wesentlichsten Prinzipien des RGW war die Wahrung der nationalstaatlichen Souveränität. Die entscheidende Garantie für die staatliche Souveränität der Mitgliedsländer war das Prinzip der Einstimmigkeit bei allen Abstimmungen. Da sich jedoch dieses Prinzip als integrationshemmend herausgestellt hatte, wurde 1967 das Verfahren geändert. Seit dieser Zeit galt Einstimmigkeit nur noch für die jeweils ‹interessierten› Länder; das bedeutete, daß ein Land vor einer Abstimmung sein ‹Nichtinteresse› erklären und damit seine Mitarbeit an einem Projekt einstellen konnte, ohne daß das damit vorgesehene Projekt blockiert wurde.

2. Politische Motive dominierten bei der Gründung des RGW. Die Sowjetunion wollte verhindern, daß Staaten wie die Tschechoslowakei, Polen und Ungarn sich entsprechend ihrer ursprünglichen Zusage an der *Marshall*-Plan-Konferenz beteiligten. Die sozialistische Führungsmacht war bestrebt, die osteuropäischen Länder wirtschaftlich stärker an sich zu binden und ihnen eine Kompensation für die verweigerte Marshallplanhilfe zu geben. Dafür besaß die Sowjetunion jedoch nicht die materiellen Voraussetzungen.

In der Anfangsphase des RGW gab es kaum gemeinschaftliche Aktivitäten; erst fünf Jahre nach Gründung wurde ein Ständiges Sekretariat eingerichtet, bis zur Verabschiedung eines Gemeinschaftsstatutes dauerte es weitere fünf Jahre. Zu Beginn der 60er Jahre suchte der damalige KPdSU-Chef *N. Chrutschtschow* eine gemeinsame Wirtschaftsplanung im RGW einzuführen, stieß dabei jedoch auf den Widerstand Rumäniens, so daß dieser Plan nicht realisiert werden konnte. 1964 wurde Jugoslawien teilassoziiertes Mitglied wie auch im gleichen Jahr die *Internationale Bank für wirtschaftliche Zusammenarbeit* (IBWZ) ihre Tätigkeit aufnahm. Ihre Hauptaufgabe war die einer Verrechnungsstelle im Intrablockhandel des RGW, der seit Mitte der 60er Jahre in Transferrubel abgewickelt wurde. Der RGW strebte nach der Koordination des Handels nun verstärkt auch die Koordination der Produktion an. Die sozialistische ökonomische Integration wurde sowohl als Prozeß als auch als Endzustand definiert. Der Prozeß der Integration unter sozialistischen Bedingungen sollte in einer zunehmenden, langfristig geplanten Verflechtung und allmählichen Verschmelzung der verschiedenen Volkswirtschaften bestehen, wobei allerdings der zeitliche Rahmen offen gehalten wurde.

Im Jahr 1969 begann eine neue Etappe des RGW, als die Parteivorsitzenden der Mitgliedsländer auf der 23. Ratstagung die Ausarbeitung eines Dokuments verabredeten, das 1971 im ‹Komplexprogramm für die weitere Vertiefung und Vervollkommnung der Zusammenarbeit und Entwicklung der sozialistischen ökonomischen Integration der Mitgliedsländer der RGW› mündete. Das Komplexprogramm sah eine 15-20jährige Übergangsperiode vor, in deren Verlauf die Integration der sozialistischen

Volkswirtschaften deutlich vertieft werden sollte. Eine verstärkte Koordinierung zwischen den Mitgliedsländern sollte dazu beitragen, ein beschleunigtes Wirtschaftswachstum zu erreichen, moderne Produktionsstrukturen zu schaffen, den (‹materiellen und kulturellen›) Lebensstandard der Bevölkerung zu heben, Unterschiede im ökonomischen Entwicklungsniveau der Mitgliedsländer des RGW schrittweise auszugleichen, den Intrablockhandel zu steigern und zu stabilisieren und die Verteidigungskraft der RGW-Länder zu stärken. Weitere Ziele waren eine «Stärkung der Position der Mitgliedsländer des RGW in der Weltwirtschaft» und die «Sicherung des Sieges im ökonomischen Wettbewerb mit dem Kapitalismus». Bedeutsam am Komplexprogramm war auch, daß zum ersten Mal konkrete Zeitangaben zur Erreichung bestimmter Ziele gemacht wurden, die freilich wegen der Entwicklung in den 80er Jahren in verschiedenen sozialistischen Ländern nicht realisiert werden konnten.

Im Gefolge der Machtübernahme von *M. Gorbatschow* öffnete sich der RGW stärker dem Westen. Auf der 41. Ratstagung 1985 wurde ein ‹Komplexprogramm des wissenschaftlich-technischen Fortschritts der Mitgliedsländer des RGW bis zum Jahr 2000› verabschiedet, eine Reaktion auf die EUREKA-Initiative der westeuropäischen Staaten. 1988 kam es zu einer Gemeinsamen Erklärung zwischen der EG und dem RGW, in der beide Organisationen die Normalisierung ihrer Beziehungen vereinbarten und die Verbesserung der Zusammenarbeit avisierten. Auch wurden diplomatische Beziehungen zwischen beiden Organisationen sowie zwischen der EG und den RGW-Mitgliedstaaten – mit Ausnahme Rumäniens – aufgenommen. Die Gemeinsame Erkärung bildete die Voraussetzung für verschiedene bilaterale Abkommen zwischen EG und RGW.

Der Zusammenbruch des Sozialismus, der Aufbau der Marktwirtschaften und die Integration der Transformationsländer in die Weltwirtschaft und damit der Übergang zu Handelsbeziehungen auf Devisenbasis entzog dem RGW praktisch die Existenzgrundlage. Durch den Beitritt der DDR zur Bundesrepublik wurde der Organisation zudem ein wichtiges Glied entzogen. Da sich trotz der Probleme im Ost-West-Handel infolge mangelnder Konkurrenzfähigkeit der osteuropäischen Waren mit dem RGW neben dem Tauschhandel keine Ost-Ost-Alternative mehr verbinden ließ, wurde er aufgelöst, nachdem v. a. die Sowjetunion seine Beendigung für notwendig hielt.

↗ Internationale Organisationen; Organisation für Wirtschaftliche Zusammenarbeit und Entwicklung – OECD.

Literatur: *Bernert, I.* 1982: Bibliographie zur Integration und zum Integrationsrecht im RGW (COMECON), Baden-Baden. *Bethkenhagen J./Machowski, H.* 1976: Integration im Rat für Gegenseitige Wirtschaftshilfe. Entwicklung, Organisation, Erfolge und Grenzen, Berlin. *Brendel, G./Dubrowski, H.J./Schickram, H.J.* 1983: Ware-Geld-Beziehungen zwischen den RGW-Ländern, Berlin (Ost). *Cornelsen, D.* 1993: Der Rat für Gegenseitige Wirtschaftshilfe, in: Gegenwartskunde 42 (1), 5–14. *Danos, N.* 1993: Osteuropa:

Wandel der wirtschaftlichen Strukturen und Kooperation, in: *Boeckh, A.* (Hrsg.): Internationale Beziehungen (= Lexikon der Politik, hrsg. von *D. Nohlen*, Bd. 6), München, 375–381. *Maier, C.* 1987: Das RGW-Komplexprogramm 2000, Berichte des Bundesinstituts für ostwissenschaftliche Studien 41/87, Köln. *Seifert, W.* 1983: Das Rechtssystem des RGW, Baden-Baden. *Uschakow, A.* 1982: Integration im RGW (COMECON). Dokumente, Baden-Baden. *Zedilin, L.* 1995: Sowjetunion, DDR und RGW in der Ära Gorbatschow, Berichte des Bundesinstituts für ostwissenschaftliche Studien 34/95, Köln.

Wichard Woyke

Rechtswissenschaftliche Integrationstheorien

In seinem Traktat über die Rangordnung der Fakultäten hat *Kant* die Juristen gemahnt, sie sollten das Recht «im öffentlich gegebenen und höchsten Orts sanktionierten Gesetzbuch» suchen, sich aber nicht auf ihre eigene Vernunft berufen. Rechtswissenschaftliche Integrationstheorien sind ein augenfälliger Beleg dafür, daß die Juristen *Kants* Weisung nicht befolgen. Sie sind aber keine exzeptionellen Erscheinungen. Gewiß sind die Bindungen und die Freiheiten der juristischen Vernunft verschieden; bei den Routineentscheidungen der Verwaltung, bei der Urteilsfindung von Unter- und Obergerichten, bei der Dogmatisierung von Regeln und Prinzipien handelt es sich um jeweils andersartige Operationen. Und doch sind juristisches Denken und Handeln auf allen Ebenen auf ein Stück praktische Vernunft angewiesen, das im vorgeschriebenen Recht nicht enthalten sein kann. Die Eigenart ‹Rechtswissenschaftlicher Integrationstheorien› besteht lediglich darin, daß sie abstrakter als die dogmatische Rechtswissenschaft angelegt sind und auch zu den Entscheidungs- und Problemlösungsbezügen der Rechtspraxis Abstand halten. Um diese negative Umschreibung ins Positive zu wenden: Es handelt sich um Konzeptualisierungen des europäischen Rechts in praktisch-normativer Absicht, d. h. um Rekonstruktionen der rechtlich-normativen Qualität des Integrationsprozesses, die zugleich präskriptive Orientierungen vermitteln sollen.

Integrationstheorien dieses Zuschnitts wollen die Systematisierung des Rechtsstoffes und die Ausbildung von Dogmatiken des europäischen Rechts anleiten; sie möchten ebenso der Praxis des Rechts einen Bezugsrahmen für die Strukturierung von Problemlösungen liefern. Sie können dies leisten, wenn und weil sie jenes Hintergrundwissen um die Integration organisieren, das in den positiven Rechtssätzen nicht mit aufgeschrieben werden kann und doch für ihre Anwendung und Fortbildung benötigt wird. Solche Leistungen können Theorien nur erbringen, wenn ihre normativen Gehalte nicht von den realen Verhältnissen losgelöst sind. Sie sind deshalb kontextabhängig. Nicht anders als die politikwissenschaftlichen müssen auch die rechtswissenschaftlichen Integrationstheorien den Verlauf des Integrationsprozesses im Blick behalten und immer neu reflektieren.

Auch wenn dies im Hinblick auf den normativen Sinn und das Abstraktionsniveau jener Theorien keineswegs zwingend geboten ist, liegt es doch nahe, ihre jeweiligen Anliegen an Hand der markanten Etappen der Entwicklung der Verträge über die Einigung Europas zu verdeutlichen. Diese ‹höchsten Orts› beglaubigten Texte müssen rechtswissenschaftliche Theorien zumindest als Herausforderung und Bewährungsprobe begreifen.

1. Die Strukturierung des europäischen Rechtssystems auf der Grundlage des EWG-V von 1957 ist vor allem dem Europäischen Gerichtshof (EuGH) zu verdanken, der in einer Reihe von Leitentscheidungen dem ‹Gemeinschaftsrecht› über das Völkerrecht hinausgehende Rechtswirkungen zuwies. Grundlegend war die in der *van Gend en Loos*-Entscheidung von 1963 statuierte sog. Direktwirkungs-Doktrin; danach stehen den Marktbürgern kraft des EWG-V Freiheitsrechte zu, die von den staatlichen Gerichten geschützt werden müssen, als ob es sich um innerstaatliches Recht handelte. Nur ein Jahr später zog der EuGH in der Rechtssache *Costa*/ENEL ausdrücklich eine in der Direktwirkungs-Doktrin schon angelegte Konsequenz: Im Falle eines Konflikts mit dem nationalen Recht gebührt dem Gemeinschaftsrecht der ‹Vorrang›. Es war dann nur folgerichtig, daß der EuGH auch die Kompetenz zur Interpretation der Reichweite des Gemeinschaftsrechts in Anspruch nahm. Der EuGH hat die von ihm ‹erkannten› Grundsätze als Ergebnisse einer systematisch-teleologischen Auslegung des EWG-V dargestellt. Damit konnte die Wissenschaft sich nicht begnügen. Sie hat diese Regeln und Prinzipien nicht einfach übernommen, sondern deren Geltungsbedingungen zu ergründen versucht. Eben diese Bemühung um Fragen, die in immanent-juristischen Argumentationen offen bleiben, zeichnet rechtswissenschaftliche Integrationstheorien aus – und erklärt, wie es zu einer Vielfalt von Antworten kommen kann. Drei Ansätze seien hervorgehoben: (1) Für die Ordnungstheorie der Freiburger Schule stellten die Gewährleistung wirtschaftlicher Freiheitsrechte, eines Systems unverfälschten Wettbewerbs (Art. 3 f) und die rechtsstaatlichen Bindungen der europäischen Politik den Kern einer supranationalen Wirtschaftsverfassung dar. Diese Deutung vertrug sich mit den vom EuGH entwickelten Rechtssätzen, setzte diesen aber zugleich Grenzen. Ordnungstheoretisch ist der Integrationsprozeß eben nur legitimierbar, wenn er sich als ein wirtschaftliche Freiheiten konstituierendes und schützendes Vorhaben darstellt und sich auf ein solches Projekt beschränkt. (2) Eine andersartige Vision entfaltete *H.-P. Ipsen* seit den 60er Jahren. Nicht die Bindung der Wirtschaft und der Politik an rechtsverbindliche Ordnungsvorstellungen, sondern die Bewältigung technischer Probleme sollte die Gemeinschaft als ‹Zweckverband funktioneller Integration› legitimieren und die Grenzen ihrer Wirkungsmöglichkeiten definieren. (3) Außerhalb Deutschlands hat man seltener so grundsätzlich und jedenfalls nicht in so spezifisch deutschen Traditionen gedacht. So stellte sich für *J. Weiler* (1991) das europäische System als ein Gleichgewichtszustand zwi-

schen supranationalen Rechtsbindungen und intergouvernementalen Entscheidungsverfahren dar. Damit wurden Einflußchancen und Vetorechte der Mitgliedstaaten zu – vorrechtlichen – Geltungsbedingungen und zu Wachstumsschranken des europäischen Rechts erklärt.

2. Die eben bezeichneten Schranken hat die Gemeinschaft seit der Mitte der 80er Jahre überwunden. Es gelang, einen breiten politischen Konsens über die Programmatik der Verwirklichung des Binnenmarktes bis zum Jahre 1992 zu stiften und die Durchsetzung dieses Vorhabens in der Einheitlichen Europäischen Akte (EEA) von 1987 durch den Übergang zu qualifizierten Mehrheitsentscheidungen abzusichern. Diese Schritte und das von ihnen ausgelöste dynamische Wachstum des europäischen Rechts haben zu einer Intensivierung der rechtswissenschaftlichen Grundlagendiskussion und zu neuen Problemstellungen geführt. In der Nachfolge des Freiburger Ordoliberalismus hat man den in der Binnenmarkt-Initiative angekündigten Verzicht auf unitarisch-zentralistische Regelungen als Chance für eine neue Form der Disziplinierung wohlfahrtsstaatlicher Aktivitäten und protektionistischer Versuchungen der Nationalstaaten interpretiert und auf dieser Grundlage die Theorie einer durch die europäische Integration vermittelten Verfassung der Volkswirtschaften Europas fortgeschrieben. Allerdings zeigte sich bald, daß zum einen die Verwirklichung des Binnenmarktprojekts ein dichtes und unübersichtliches Geflecht von Regulierungen nach sich zog, und daß sich zum anderen die schon vor der Verabschiedung der EEA beobachtbare Tendenz der Gemeinschaft, immer neue Politikfelder aufzugreifen, ungebrochen fortsetzte. Deshalb stellte sich nun mit einer neuen Dringlichkeit die Frage, ob transnationale Kompetenzen und Regulierungen rechtlich so strukturiert werden können, daß sie sich als legitimierte kooperative Problemlösungen darstellen, oder ob die Gemeinschaft sich bloß noch als visionsloser Agent der technischen Realisation erweist und eben deshalb auf eine Legitimationskrise zusteuert. Als die Diskussion dieser Fragen sich zu entfalten begann, stand der im Jahr 1992 in Maastricht unterzeichnete Vertrag über die *Europäische Union* zur Ratifizierung an.

3. Der Maastrichter Vertrag hat die Kompetenzen der Union nochmals erweitert und den Marktbürger zum *citizen* aufgewertet; er hat das institutionelle Gleichgewicht der europäischen Organe zu Lasten der Kommission und zugunsten des Europäischen Parlaments verschoben; er hat die Souveränität der Mitgliedstaaten durch die Vereinbarungen zur Währungsunion weiter eingeschränkt und ihnen gleichzeitig durch das Subsidiaritätsprinzip die Achtung ihrer Autonomie versprochen. Die Union stellt sich nun ausdrücklich als eine politische Gemeinschaft dar. Aber auf die Frage, wie diese Gemeinschaft verfaßt sein soll, hat der neue Vertrag keine Antwort gefunden. Der Rechtsstreit, den seine Ratifizierung in Deutschland auslöste und begleitete, nötigte zu allzu eiligen Positionsbestimmungen: Die neoliberale Ordnungstheorie verfing sich in einer abstrakt-normativen

Kritik an den politischen Handlungsmöglichkeiten der Union; die Verteidiger des Maastrichter Vertrages mußten dessen Unzulänglichkeiten als Optionen für eine bessere, aber unbestimmte Zukunft hinstellen; das Bundesverfassungsgericht schließlich stufte das europäische System zu einem Staatenverbund herab, der durch seine als Nationen verstandenen Mitglieder konstituiert und beherrscht werde. Die rechtswissenschaftliche Grundlagendiskussion hat mit der Dynamik des Integrationsprozesses nicht Schritt halten können. Sie steht vor einer Vielfalt ungelöster Grundfragen. Sie muß für die politische ‹Gestalt› der Union neue Kategorien finden, sich von der Bindung der Demokratie an die Organisationsform des Nationalstaats lösen, Verfassungsregeln für eine nicht-föderative Gemeinschaft entwickeln und den wirtschaftlichen Freiheitsrechten politische Bürgerrechte in einem mehrstufigen Verbund an die Seite stellen. All dies sind allerdings Fragen, die nicht nur der Rechtswissenschaft Kopfzerbrechen bereiten.

↗ Europäischer Gerichtshof; Geschichte der europäischen Integration seit 1945; Integrationstheorien; Politikwissenschaftliche Europaforschung; Verfassungsdebatte.

Literatur: *Ipsen, H.-P.* 1972: Europäisches Gemeinschaftsrecht, Tübingen. *Joerges, C.* 1996: Das Recht im Prozeß der europäischen Integration. Ein Plädoyer für die Beachtung des Rechts in der Politikwissenschaft und ihre Beteiligung an rechtlichen Diskursen, in: *Jachtenfuchs, M./Kohler-Koch, B.* (Hrsg.): Europäische Integration, Opladen, 73–108. *Mestmäcker, E.-J.* 1994: On the Legitimacy of European Law, in: Rabels Zeitschrift für ausländisches und internationales Privatrecht 58, 615–635. *Weiler, J.H.H.* 1991: The Transformation of Europe, in: Yale Law Journal 100, 2403–2483.

Christian Joerges

Regionalpolitik

Offizielle Dokumente der Gemeinschaft präsentieren die europäische Regionalpolitik gern als einen in sich geschlossenen und stimmigen Block außerordentlich vielseitiger Handlungsinstrumentarien, der auf nahezu alle regional-spezifischen Problemlagen schnell und flexibel zu reagieren in der Lage sei. Bei näherem Hinsehen erscheint die Entwicklung des Politikfeldes eher als widersprüchlicher Lösungsprozeß einer Reihe von inter- und intraorganisatorischen Konflikten und Handlungsbeschränkungen, die sich sowohl horizontal – zwischen und innerhalb der Gemeinschaftsorgane selbst – als auch vertikal – im Kontext des Mehrebenensystems der EU – manifestieren. Darüber hinaus handelt es sich bei der Regionalpolitik um eine analytisch nicht einfach zu umreißende Domäne, die sich tendenziell durch Konturlosigkeit, einen Mangel an eindeutig abgezirkelten Aufgaben und Instrumentarien sowie durch eine mannigfaltige Überlappung mit anderen Politikbereichen auszeichnet. Sie kann nicht ohne weiteres direkt mit aus der Bundesrepublik bekannten Initiativen (z. B. der Gemeinschaftsaufgabe ‹Verbesserung der regionalen Wirtschaftsstruktur›) verglichen werden

– etwa in dem Sinne, daß es hier um die Schaffung gleicher Ausgangsbedingungen für den zu erwartenden territorialen Wettbewerb unter europäischen Regionen ginge. Im besten Falle können europäische Impulse allokativer und konzeptioneller Art dazu beitragen, interregionale Disparitäten besonders drastischer Art qua Hilfe zur Selbsthilfe sowohl sozialverträglich (in der Region) als auch gemeinschaftsverträglich (auf EU-Ebene) einzudämmen, damit der Integrationsprozeß ingesamt nicht blockiert wird.

I. *Der Europäische Fonds für Regionale Entwicklung*: Das Bestreben, «ihre Volkswirtschaften zu einigen und deren harmonische Entwicklung zu fördern, indem sie den Abstand zwischen einzelnen Gebieten und den Rückstand weniger begünstigter Gebiete verringern» (Präambel EWG-V) wurde erst 1972 in den grundsätzlichen Beschluß umgesetzt, die Gemeinschaft regionalpolitisch tätig werden zu lassen und sie mit entsprechenden Finanzmitteln auszustatten. Die Erweiterungsverhandlungen mit Großbritannien, Irland, Norwegen und Dänemark hatten den endgültigen Anstoß zur Einrichtung eines *Europäischen Fonds für Regionale Entwicklung* (EFRE) gegeben, die 1975 erfolgte.

Mit dem EFRE wurde jedoch keine gemeinschaftseigene Strukturpolitik begründet, vielmehr beschränkte sich seine Tätigkeit zunächst auf die Unterstützung und Ergänzung nationaler Regionalprogramme nach prozentual festgelegten Anteilen. Damit war anstelle einer am Bedarf orientierten Gemeinschaftspolitik das Prinzip des *juste retour* verankert. Die Vergabe der Gelder nach einheitlichen gemeinschaftsweiten Kriterien war zu diesem Zeitpunkt politisch nicht durchsetzbar. Wie auch in der weiteren Entwicklung der Strukturfonds häufig beobachtbar, gingen Fortschritte in Richtung auf eine europäische Strukturpolitik weniger auf politikbereichsimmanente Anforderungen, sondern eher auf externe Zwänge und politische Tauschlogiken zurück.

Mit der Ratsverordnung Nr. 214/79 vom 6. 2. 1979 (Amtsblatt L 35/1, 9. 2. 79) wurde die Regionalpolitik als Bestandteil der Wirtschaftspolitik der Gemeinschaft anerkannt und der regionalpolitische Aufgabenkatalog erweitert. Insbesondere wurden Gemeinschaftsmaßnahmen unabhängig von den regionalpolitischen Aktivitäten der Mitgliedstaaten möglich, und die Kommission wurde mit der Aufgabe der Erarbeitung periodischer Berichte zur sozio-ökonomischen Lage und Entwicklung der Regionen betraut und damit zu verstärkten Anstrengungen auf konzeptionellem, planerischem und wissenschaftlichem Gebiet angeregt. Wenig später (1981) wurden neue regionalpolitische Leitlinien beschlossen, die über eine verstärkte Koordination der europäischen mit den nationalen Regionalpolitiken (Regionalentwicklungsprogramme und Beihilferegelungen mit regionaler Zweckbestimmung) hinaus auch eine verbesserte Abstimmung mit anderen regional wirksamen Maßnahmen der EG vorsahen. Von größerer Tragweite war allerdings erst die zweite EFRE-Reform von 1984, die wesentliche

Bestandteile der Reform von 1988 bereits in Ansätzen vorwegnahm (etwa die Ablösung des Quotensystems durch ein Spannensystem sowie der Projektplanung durch Programmplanung, die zunehmende Relevanz direkt von der Kommission durchgeführter Gemeinschaftsprogramme, die Stärkung endogener Kapazitäten und die verstärkte Einbeziehung von Klein- und Mittelbetrieben in die Programmförderung). Daran schlossen direkt die häufig zu wenig beachteten Integrierten Mittelmeerprogramme (IMPs) an, die sich bereits wesentlich von der bis dahin praktizierten Form von Strukturpolitik abhoben. Oberflächlich betrachtet sahen sie wie eine Ausgleichsleistung für die landwirtschaftlichen Gebiete der Mittelmeeranrainer unter den Mitgliedstaaten aus, die durch die Erweiterung der EG um ähnlich strukturierte Länder (Spanien und Portugal) die höchsten Konkurrenznachteile zu erwarten hatten. In Wirklichkeit experimentierte die Kommission in den 29 Einzelprogrammen mit nahezu sämtlichen Instrumentarien und Prozeduren, die drei Jahre später in der eigentlichen Fondsreform festgeschrieben wurden, und ging in einigen Teilbereichen sogar noch darüber hinaus (*Leonardi* 1993). Die Einheitliche Europäische Akte (EEA) von 1987, die den EFRE formell im EWG-Vertrag verankerte und zusammen mit den anderen beiden Strukturfonds in den Dienst einer allgemeinen Politik des wirtschaftlichen und sozialen Zusammenhalts (Kohäsion) stellte (Art. 130 a, b EWG-V), setzte eine Neuordnung der Struktur- und Regionalpolitik der EG in Gang. Sie leitete die wohl produktivste Phase der europäischen Regionalpolitik ein, und zwar sowohl in juristischer (im Sinne eines schnell wachsenden Regelungswerkes von Verordnungen und Richtlinien), institutioneller (im Sinne zunehmender Modifikationen und Vernetzungen auf allen Ebenen) als auch finanzieller Hinsicht (Erhöhung der Strukturfondsanteile am Gesamthaushalt der Gemeinschaft).

Diese eher supranational organisierte und funktionalistisch ausgerichtete Politikvariante, deren Ziel es sein mußte, sich von nationalstaatlichen Beschränkungen (Ministerrat) und von Abhängigkeiten im Bereich der Zielgebiete (regionale Verwaltungen und Akteure) freizumachen, ist z. T. auch einem internen Umstrukturierungsprozeß der Generaldirektion (GD) XVI selbst geschuldet, der insbesondere die konzeptionelle Schlagkraft der Institution verbesserte und somit die Grundlage für eine sowohl an organisatorischer als auch an strategischer Autonomie ausgerichtete Kommissionspolitik darstellte. Bereits 1976 wurde die GD in eine für Koordinierung, Programme und Forschungstätigkeit und eine für finanzielle Aufgaben zuständige Direktion unterteilt. Die Verwaltungskraft der GD erhöhte sich ebenfalls durch die Einrichtung einer an sie angebundenen *Task Force* zur Koordination der drei Gemeinschaftsfonds (neben dem EFRE der Europäische Sozialfonds – ESF – und der Europäische Ausgleichs- und Garantiefonds für die Landwirtschaft – EAGFL), die ja nach wie vor autonom agierten. Die eigentliche Wende von einer intergouvernementalen zu einer mehr supranational ausgerichteten Gemeinschaftsstrategie erfolgte erst nach der Einsetzung des *Delors*-I-Teams unter der Führung des neuen Kommissionspräsidenten. *J. Delors* unterstellte die vorher bei der GD XVI angesiedelte *Task Force* im Jahre 1985 direkt seinem Kabinett und betraute sie mit der Konzeptionalisierung eines integrierten Ansatzes. 1986 kam es unter dem neuen Generaldirektor der GD XVI – dem Basken *E. Landaburu* – zu einer erneuten Umstrukturierung der Generaldirektion und damit zu einem Bedeutungszuwachs der mit konzeptioneller Planung, Richtlinien und Politikprioritäten (Direktion 1) sowie mit Programmen und integrierten Operationen (Direktion 2) betrauten Abteilungen zu Lasten der für die traditionelle Projektfinanzierung verantwortlichen Direktion 3. Im gleichen Jahr wurde die *Task Force* auf Initiative des Kommissionspräsidenten in den Rang einer Generaldirektion (GD XXII) gehoben, deren Hauptaufgabe nun in der Koordination der Strukturfonds lag. GD XXII führte nicht nur die dritte und eigentlich relevante Strukturfondsreform von 1989 durch, sondern fungierte auch als Wächter des Reformansatzes (*Hooghe* 1996).

II. *Die Herausbildung eines Mehrebenensystems im Kontext der Strukturfondsreform*: Nachdem mit der EEA von 1987 die Grundlagen für eine generelle Neuausrichtung der Fonds gegeben waren, wurden 1988 die Voraussetzungen für eine bessere Koordination der drei Strukturfonds mit anderen gemeinschaftlichen Finanzierungsinstrumenten geschaffen; gleichzeitig wurde ihre inhaltliche Reform eingeleitet. Ebenfalls 1988 wurde eine Verdopplung des Mitteleinsatzes bis 1993 beschlossen, womit sich der Anteil der für die Strukturfonds aufgewendeten Mittel am Gemeinschaftshaushalt auf etwa ein Viertel erhöhte. Ebenfalls wurde von nun an zwischen sechs Hauptzielgebieten unterschieden: Ziel 1 (Regionen mit Entwicklungsrückstand), Ziel 2 (industrielle Umstrukturierungsgebiete), Ziele 3 und 4 (Langzeitarbeitslosigkeit und berufliche Eingliederung von Jugendlichen), Ziel 5a (Anpassung der Agrarstrukturen), sowie Ziel 5b (Entwicklung des ländlichen Raumes), wobei insgesamt mehr als 60% der Mittel den unter Ziel 1 geförderten Regionen vorbehalten waren. Die bereits in den IMPs erprobten Partnerschaftsabkommen und trilateralen Programmverträge, die alle Beteiligten (Kommission, Nationalstaat und Region) an vorher ausgehandelte Durchführungsbestimmungen banden, wurden von nun an für alle Gemeinschaftlichen Förderkonzepte (GFKs) und Operationellen Programme (OPs) verbindlich. Ebenfalls Standard wurde nun die Programmfinanzierung. Aber auch eine Form der erweiterten Partnerschaft wurde bereits seit Ende der 80er Jahre praktiziert, indem die auf regionaler Ebene operierenden Sozialpartner und andere private Akteure *qua* Konsultation im Sozialfondsausschuß bzw. *qua* Einbindung in OP-Durchführungskontrollausschüsse mit in die Implementation einbezogen wurden. Interessenverbänden kommt insbesondere beim Management der sogenannten Globalzuschüsse eine erhebliche Bedeutung zu

(*Grote* 1996). Insgesamt erfolgte die Mittelaufteilung für 85 % der Mittel nach Maßgabe nationaler Richtwerte, während die restlichen 15 % für sogenannte Gemeinschaftsinitiativen (RECHAR, ENVIREG, STRIDE, INTERREG, REGIS, REGEN usw.) vorgesehen waren, die ihrerseits die alten Gemeinschaftsprogramme ablösten. Die 1988/89-Reform wurde dann 1993 durch die Neueinführung eines Kohäsionsfonds (Art. 129 b-d sowie erweiterter Art. 130 d EWG-V) für die Schaffung und den Ausbau transeuropäischer Infrastruktur- und Transportnetze insbesondere im Süden Europas und durch eine weitere Revision der Strukturfonds im Jahre 1994 weitergeführt, in der die Hauptziele der anschließenden fünfjährigen Planungsperiode bis 1999 abgesteckt wurden.

Obwohl der neuen Generaldirektion daran gelegen sein mußte, ihren Handlungsspielraum gegenüber dem Rat, dem Europäischen Parlament und dem Wirtschafts- und Sozialausschuß sowie gegenüber den anderen mit Strukturfonds befaßten Kommissionsdienststellen (GDs V, VI und XVI) zu verteidigen und auszubauen, leistete sie mit der Lancierung des Partnerschafts- und, später, des Subsidiaritätsprinzips zugleich dem Entstehen eines alternativen Steuerungsmodells Vorschub: dem Management territorialer und sektoraler Komplexität in einem Mehrebenen-System. In einem derartigen System konnte es nicht mehr darum gehen, die Implementation gemeinschaftsweiter Strukturpolitiken durch Gesetze, Richtlinien und standardisiertes Verwaltungshandeln von oben herab durchzusetzen. Stattdessen wurde es zunehmend relevant, durch partnerschaftliches Aushandeln zu Konfliktlösungen zu kommen, in denen die Gemeinschaft davon absah, die kulturellen und institutionellen Eigenheiten und die Autonomie der Willensbildung in den Mitgliedstaaten bzw. ihren Regionen zu beeinflussen. Zusammenfassend kann von einem erheblichen Erfolg der GD XXII sowohl hinsichtlich des Übergangs von eher an supranationalen Regulierungsmodellen orientierten Strategien zu einem Szenario der Mehrebenenverflechtung als auch bezüglich ihrer Erziehungsarbeit (*Hooghe* 1996) gesprochen werden: Nahezu alle von ihr im Zeitraum 1986–1992 erarbeiteten Prinzipien wurden als grundlegende Pfeiler einer modernen Regional- und Strukturpolitik nicht nur von den benachbarten GDs akzeptiert, sondern im wesentlichen auch von regional operierenden Akteursgruppen aufgegriffen. Insgesamt waren die zur ersten großen Strukturfondsreform von 1989 und zu deren Revision von 1994 hinführenden Initiativen v. a. das Resultat inter- und intraorganisatorischer Umstrukturierungen und Widersprüche und können schwerlich als Ergebnis einheitlicher, aus funktionalen Notwendigkeiten europäischer Regionalplanung ableitbarer Handlungszwänge oder als Antworten auf externe, etwa aus den Regionen selbst kommende Impulse interpretiert werden. Allerdings spielt die Anschlußwilligkeit und die Anschlußfähigkeit subnationaler Akteure eine erhebliche Rolle.

↗ Ausschuß der Regionen; Europa der Regionen; Sozialpolitik.

Literatur: *Grote, J. R.* 1996: Cohesion in Italy. A View on Non-economic Disparities, in: *Hooghe, L.* (Hrsg.): Cohesion Policy, the European Community and Subnational Government. Oxford. *Hooghe, L.* 1996: Political-administrative Adaptation in the EC and Regional Mobilization, in: *dies.* (Hrsg.): Cohesion Policy, the European Community and Subnational Government. Oxford. *Kohler-Koch, B.* 1996: Regionen im Mehrebenensystem der EU. in: *König, T./Rieger, E./Schmitt, H.* (Hrsg.): Das europäische Mehrebenen-System: Konzeptionen und Perspektiven, Frankfurt a. M./New York. *Leonardi, R.* (Hrsg.) 1993: The Regions and the European Community. The Regional Response to the Single Market in the Underdeveloped Areas, London. *Marks, G.* 1995: Politikmuster und Einflußlogik in der EU-Strukturpolitik. in: *Jachtenfuchs, M./Kohler-Koch, B.* (Hrsg.): Europäische Integration, Opladen. *Scharpf, F.W.* 1994: Autonomieschonend und gemeinschaftsverträglich: Zur Logik einer europäischen Mehrebenenpolitik. in: *ders.*: Optionen des Föderalismus in Deutschland und Europa, Frankfurt a. M./New York, 131–156. *Tömmel, I.* 1994: Staatliche Regulierung und europäische Integration. Die Regionalpolitik der EG und ihre Implementation in Italien, Baden-Baden.

Jürgen R. Grote

Sicherheit

Sicherheitspolitik ist von Strukturen und Grundmustern des Systems, nationalen Interessen, Herrschaftsstrategien einschließlich ihrer Prioritäten- und Ziel-Mittel-Kataloge und den jeweiligen Entscheidungs- und Legitimationsprozessen bedingt. So wie die Geschichte des Ost-West-Konfliktes in Europa ein Beispiel für die konstitutive Rolle von Sicherheitspolitik bei Entstehung und Veränderung der europäischen Ordnung ist, verdeutlicht der grundlegende Wandel im europäischen Sicherheitssystem seit Ende der 80er Jahre die Auswirkungen politischer Veränderungen auf Sicherheitspolitik.

I. *Sicherheitsdenken im Wandel*: Der Sicherheitsbegriff hat sich in Europa dreifach gewandelt: (1) Ökonomische Verflechtung, politische Europäisierung und militärische Sachrationalität haben dazu geführt, daß die klassische Definition von Sicherheit in bezug auf Unversehrtheit des nationalen Territoriums, Erhalt der uneingeschränkten Souveränität und Garantie nationaler Selbstbestimmung durch einen regionalisierten und teilweise integrierten Sicherheitsbegriff überlagert wird. So sah sich der europäische Nationalstaat bereits nach 1945 gezwungen, sein Sicherheitsdilemma nicht mehr national, sondern über die Blockallianzen NATO und WVO zu lösen und dafür Abhängigkeit von der Blockführungsmacht, militärische Blockkonfrontation und zum Teil auch Verzicht auf militärische Souveränität in Kauf zu nehmen. Wurde Sicherheit in dieser Phase als Sicherheit des Blocks verstanden, so führten Entspannung und Blockauflösung zu einem gesamteuropäischen Sicherheitsverständnis. (2) Die bereits mit der

Entspannungspolitik eingeleitete ‹Repolitisierung› von Sicherheit hat dazu geführt, daß Sicherheit nicht nur als militärisches Problem wahrgenommen wird. Im Rahmen eines mehrdimensionalen Sicherheitsbegriffs wird vielmehr von einem sicherheitspolitischen Gesamtkonzept ausgegangen, bei dem Außen-, Wirtschafts- und Verteidigungspolitik untereinander optimiert werden. (3) Damit wird auch die klassische Definition von Sicherheit als Schutz vor äußerer Bedrohung, verstanden als Produkt aus politischem Willen und militärischem Potential, relativiert. Das negative und vom *worst case*-Denken bestimmte Sicherheitskalkül wird durch ein positives Sicherheitsverständnis komplementiert, das über die Formulierung gemeinsamer Sicherheitsinteressen Mechanismen, Regime und Ordnungsstrukturen schafft und nach dem Vorbild der westeuropäischen Integration solche Bedrohungen von vornherein ausschließt und zu einer Verfriedlichung der intraregionalen Beziehungen beiträgt. Dies verlangt vom Militär neben der Fortsetzung des klassischen Verteidigungsauftrages in einer neuen Qualität auch die Wahrnehmung regionaler bzw. internationaler ordnungspolitischer Polizeieingriffe.

II. *Historische Bedingungen europäischer Sicherheitspolitik*: Das europäische Sicherheitssystem nach 1945 war zunächst durch den Ost-West-Konflikt geprägt. Blockbildung und Blockkonfrontation verstärkten sich gegenseitig und schufen eine bipolare und von wechselseitiger militärischer Bedrohung beherrschte Ordnung, die trotz des Kalten Krieges auf eine Stabilisierung der Machtverhältnisse in Europa abzielte. Die Nachteile, die aus nuklearer Abschreckung, Rüstungswettläufen und sicherheitspolitischer Abhängigkeit vom amerikanischen Hegemon resultierten, wurden von den Westeuropäern akzeptiert, weil dieses System maximale Sicherheit zu minimalen Kosten versprach und innerhalb des Blockes erhebliche Handlungsspielräume ließ. Für die Osteuropäer dagegen bestand keine Alternative zum Hegemon UdSSR, der seine Herrschaftsinteressen in Osteuropa auch militärisch durchsetzte und politische Abweichungen i. d. R nicht duldete.

Mit Hilfe von Entspannung, d. h. der Kombination von abschreckender, schadensbegrenzender und nach Möglichkeit non-provokativer Verteidigungspolitik, politisch-ökonomischer Kooperation und Rüstungskontrolle sowie vertrauensbildenden Maßnahmen wurden in den 70er Jahren die militärischen Risiken des Ost-West-Konflikts in Europa und damit die Abhängigkeit von den sicherheitspolitischen Garantien der Blockführungsmächte verringert. Dieser Zusammenhang aus Konflikt, Abhängigkeit und Europäisierung beherrschte nicht nur die KSZE, sondern wurde insbesondere in den 80er Jahren deutlich, als USA und UdSSR den Ost-West-Konflikt zunächst ver- und dann entschärften. Im Gegensatz zu den 50er Jahren führte dies freilich in Westeuropa auch aufgrund der ökonomischen Wiedererstarkung zum Wunsch nach Selbstbehauptung und einer stärker europäisch beherrschten Sicherheitsordnung, der in der Revitalisierung der *Westeuropäischen Union*, der Entwicklung einer Ostpolitik der EG und in sicherheitspolitischen Initiativen des Europäischen Parlaments zum Ausdruck kam.

Ende der 80er Jahre leiteten verschiedene, eng miteinander verknüpfte Entwicklungsprozesse das Ende des alten Ost-West-Konfliktes und eine sicherheitspolitische Übergangsperiode in Europa ein: (1) die Veränderungen in Osteuropa (d. h. Auflösung der WVO, Zerfall der UdSSR, politisch-ökonomische Transformation und Westorientierung), (2) der Abbau des militärisch-politischen Engagements der USA in Europa, (3) die deutsch-deutsche Vereinigung und (4) die Revitalisierung der westeuropäischen Integration (Ausbau der WEU, Erweiterung der EG, Maastrichter Vertragswerk). Daraus ergaben sich Möglichkeiten und die Notwendigkeit, eine mit geringeren Kosten und Risiken verbundene leistungsfähige gesamteuropäische Sicherheitsarchitektur zu schaffen, die eine Ausweitung des sicherheits-, wachstums- und gesellschaftspolitischen Leistungsstandes Westeuropas auf Gesamteuropa ermöglichen und für eine enge Verzahnung von Friedens- und Sicherheitsordnung sorgen soll.

III. *Aktuelle Grundfragen europäischer Sicherheitspolitik*: Bei der Umsetzung solcher Ziele treten vier Grundfragen auf: Erstens stellt sich die Frage, wie Renationalisierung, Remilitarisierung und politisch-ökonomische Instabilität in Osteuropa und Rußland zu überwinden sind, subregionale Kooperation (Visegrad-Gruppe, GUS) gefördert und neue Ost-West-bzw. Ost-Ost-Konflikte verhindert werden können. Zweitens stellt sich das Problem, wie der alte Abrüstungs-, Konversions- und gesellschaftliche Zivilisierungsprozeß fortgesetzt, militärische Verflechtung ausgebaut und den Außen- wie Innenbedrohungen gemeinsam begegnet werden kann. Drittens stehen Ausmaß und Qualität des amerikanischen wie russischen Einflusses in der europäischen Sicherheitsordnung bzw. die Rolle Europas in einer globalen Arbeitsteilung zur Debatte. Und viertens muß die europäische Sicherheitsarchitektur bzw. das Verhältnis zwischen NATO/NACC/PfP, EU/WEU/Eurokorps und OSZE neu gestaltet werden.

Die Anhänger der Doktrin der *‹interlocking institutions›* wollen über eine Arbeitsteilung die sicherheitspolitischen Stärken der drei Organisationen maximieren und ihre Schwächen minimieren; die Befürworter einer ‹europäistischen› Lösung wollen über Erweiterung, Vertiefung und Integration von WEU und Eurokorps sowie deren Einbeziehung in die Gemeinsame Außen- und Sicherheitspolitik (GASP) und die EU eine EU-zentrierte europäische Ordnung; ‹atlantisch› orientierte Kräfte hoffen, mit einer Erweiterung, einer politischen Reform und ggf. einer Zwei-Pfeiler-NATO eine stärkere europäische Verantwortung und die Fortsetzung der alten amerikanisch-europäischen Bindungen zu erreichen; hinzu kommen Vorschläge, die OSZE zu einer sicherheitspolitischen Konföderation auszubauen, politisch und rechtlich zu stärken, mit einer eigenen militärischen Ordnungstruppe auszustatten und der NATO wie der EU überzuordnen.

IV. *Ausblick*: Die sicherheits-, verteidigungs- und rüstungspolitischen Neuordnungs- wie Integrationsprozesse unterscheiden sich von der bisherigen westeuropäischen Integration: (1) Die objektiven politischen Zwänge zur Supra- und Supernationalität sind sehr viel ausgeprägter. Es müssen dem Nationalstaat übergeordnete Strukturen, Institutionen und Mechanismen geschaffen werden, um das klassische nationale Sicherheitsdilemma aufzuheben, das es im ökonomischen Bereich nicht in dieser Form gibt und das aufgrund nuklearer Zerstörungspotentiale inzwischen zu einer allgemeinen Überlebensfrage geworden ist. (2) Das aus der ökonomischen Diskussion bekannte Selbstbehauptungsinteresse existiert im sicherheitspolitischen Bereich in sehr viel schärferer Form. Selbst die multilateral kumulierten europäischen Militärpotentiale reichen für Verteidigung, Machtprojektion zum Schutz politisch-ökonomischer Interessen außerhalb Europas und zum Ordnungseinsatz im Sinne von ‹*regional*› bzw. ‹*global governance*› nicht aus, können mit dem amerikanischen Potential nicht konkurrieren und stehen im krassen Widerspruch zur ökonomischen Macht der EU und deren globaler Ausstrahlung. (3) Aus den veränderten Rahmenbedingungen der internationalen Politik ergibt sich das Erfordernis einer größeren außen- und sicherheitspolitischen Handlungsfähigkeit der EU. Das Maastrichter Vertragswerk wollte dem bereits Rechnung tragen – auch wenn es die Qualität militärischer Machtausübung nicht bestimmen wollte. (4) Die Übertragung sicherheitspolitischer Kompetenzen an supra- oder supernationale Einrichtungen wie NATO, EU/WEU oder OSZE ist freilich aus mehreren Gründen in höherem Maß durch den klassischen Widerspruch zwischen Festhalten an und Abgeben von nationaler Souveränität gekennzeichnet, als dies bei der ökonomischen Integration der Fall ist: a) Militär und Rüstungsindustrie besitzen nicht nur sicherheitspolitische Funktionen, sondern tragen i. d. R. – insbesondere im heutigen Osteuropa – auch zur nationalen Identitätsbildung bzw. zur jeweiligen Herrschaftsstrategie bei. b) Da Sicherheits-, Verteidigungs- und Rüstungspolitik ein staatliches Monopol darstellen, spielen politische Bedingungen eine ungleich größere Rolle als bei den Trägern wirtschaftlicher Integration. So sind sicherheitspolitische Integrationsprojekte wie GASP, WEU und Eurokorps, Gemeinsames Europäisches Nuklearpotential, Gemeinschaftlicher Rüstungsmarkt, Konfliktprävention im Rahmen der OSZE usw. weitaus schwieriger zu verwirklichen als ökonomische. c) Zwar verstärken Zwänge der militärischen Kosten-Nutzen-Rationalität sowie Probleme bei der Akzeptanz traditioneller Sicherheitspolitik in einer Zivilgesellschaft mit zunehmend europäischem Bewußtsein den Druck zum sicherheitspolitischen Souveränitätstransfer an europäische Institutionen.

Doch der Wegfall der sowjetischen Bedrohung und die geringe Bedeutung der Osteuropaproblematik für viele westeuropäische Regierungen, die anhaltenden sicherheitspolitischen Dienstleistungen der USA für Europa und v. a. die Kosten und Risiken einer grundlegenden Neuordnung europäischer Sicherheit lassen den konkreten Willen zum sicherheitspolitischen Souveränitätstransfer heute eher geringer erscheinen als früher.

↗ Gemeinsame Außen- und Sicherheitspolitik; Organisation für Sicherheit und Zusammenarbeit in Europa – OSZE; Westeuropäische Union – WEU.

Literatur: *Forndran, E./Lanke, H.-D.* (Hrsg.) 1995: Sicherheitspolitik für Europa zwischen Konsens und Konflikt: Analysen und Optionen, Baden-Baden. *Gießmann, H.-J./Schlichting, U.* (Hrsg.) 1995: Handbuch Sicherheit. Militär und Sicherheit in Mittel- und Osteuropa, Baden-Baden. *Gottstein, K.* (Hrsg.) 1995: Tomorrow's Europe, Frankfurt a. M. *Mechtersheimer, A.* 1996: Zur Gemeinsamen Außen und Sicherheitspolitik in Europa, in: APuZ B1–2/96, 27–34. *Rummel, R.* (Hrsg.) 1992: Toward Political Union, Baden-Baden. *Seidelmann, R.* (Hrsg.) 1989: Auf dem Weg zu einer westeuropäischen Sicherheitspolitik, Baden-Baden. *Telo, M.* (Hrsg.) 1992: Vers une nouvelle Europe?, Brüssel.

Reimund Seidelmann

Sozialdemokratische Partei Europas

Die westeuropäischen sozialdemokratischen/sozialistischen Parteien gründeten schon 1957 ein Verbindungsbüro zur Koordination ihrer Zusammenarbeit untereinander, mit der Fraktion im Europäischen Parlament (EP) und mit der *Sozialistischen Internationale*. Erst die Perspektive einer Vertiefung der europäischen Integration Ende der 60er Jahre führte dann auch im Parteienbereich zu verstärkten Integrationsbemühungen. Sie gipfelten, nach langer und kontroverser Diskussion um die Kompetenzen einer gemeinsamen Organisation, 1974 in der Gründung des *Bundes der sozialdemokratischen Parteien der Europäischen Gemeinschaft*. Ende der 70er Jahre fand eine intensive Diskussion über die zukünftige Struktur und Funktion des Bundes statt, die im wesentlichen die schon in der Gründungsphase deutlich gewordenen Differenzen zwischen den Mitgliedsparteien neu belebte, letztendlich aber mit der Verabschiedung einer neuen Satzung 1980 beendet werden konnte. Infolge der veränderten externen und internen Rahmenbedingungen kam es Ende der 80er Jahre zu einer erneuten Debatte um die Art und Weise der Zusammenarbeit, die Ende 1992 zur Umwandlung des bisherigen Bundes zur *Sozialdemokratischen Partei Europas* (SPE) führte.

1. Organe der SPE sind, gemäß den auf dem Neugründungskongreß in Den Haag 1992 verabschiedeten Statuten, der alle zwei Jahre tagende und als oberstes Organ die politischen Richtlinien bestimmende Kongreß, der die Entscheidungen des Kongresses ausführende und die Politik der SPE zwischen den Kongressen bestimmende Vorstand, die mindestens zweimal

jährlich einberufene Konferenz der Parteivorsitzenden, deren Beschlüsse erhebliche Bedeutung für die Arbeit der SPE besitzen, und das die Arbeit der anderen Organe unterstützende Sekretariat. Die Entwicklung der Regelungen zur Repräsentation der Mitgliedsparteien in den Gremien und zu den Entscheidungsmechanismen gibt die jeweilige Kompromißlinie bezüglich der Übertragung einzelparteilicher Autonomie auf die gemeinsame Organisationsebene wieder. Im Kongreß sind die Mitgliedsparteien pro Land zunächst durch eine Mindestdelegiertenzahl vertreten, die in Anlehnung an das Stimmengewicht der einzelnen EU-Mitgliedsländer bei qualifizierten Mehrheitsentscheidungen im Rat der EU abgestuft ist. Darüber hinaus erhält jede Partei eine der Hälfte ihrer EP-Abgeordneten entsprechende Anzahl zusätzlicher Delegierter. Im Vorstand jedoch beachtet die SPE als einziger der europäischen Parteienzusammenschlüsse immer noch das reine Egalitätsprinzip, d. h. die gleichgewichtige Repräsentation aller Mitgliedsparteien mit je zwei Vertretern. Von der SPE anerkannte grenzüberschreitend organisierte sozialdemokratische Verbände und Organisationen sind zwar in den Willensbildungs-, jedoch nicht in den Entscheidungsprozeß der SPE eingebunden, da sie in den Organen kein Stimmrecht besitzen. Gegen den Willen einer Mitgliedspartei konnten bindende politische Entscheidungen in den Gremien des Bundes von Anfang an nicht gefaßt werden. In der geänderten Satzung von 1980 wurde dann das Vetorecht der Parteien explizit verankert. Die Statuten der SPE von 1992 sehen zwar für politische Angelegenheiten, die im Rat der EU mit Mehrheit entschieden werden, qualifizierte Mehrheitsbeschlüsse auch in den Gremien der SPE vor, jedoch können Mitgliedsparteien erklären, daß sie sich an einen Mehrheitsbeschluß nicht gebunden fühlen.

Als Regionalorganisation der *Sozialistischen Internationale* war der Bund von Anfang an in allen Mitgliedsländern der EU vertreten. Aufgrund der heftigen internen Auseinandersetzungen um die Frage der britischen EG-Mitgliedschaft beschränkte die *Labour Party* ihre grenzüberschreitende Zusammenarbeit jedoch anfangs auf die *Sozialistische Internationale* und arbeitete erst ab Ende 1976 im Bund mit. Dagegen wurden im Rahmen der Außenbeziehungen die Kontakte zu den sozialistischen Parteien Spaniens und Portugals lange vor dem EG-Beitritt dieser Staaten intensiv gepflegt, und 1979 wurde ihre volle Teilnahme an den Arbeiten des Bundes beschlossen. Damit weicht der Bund als einziger der drei Parteienzusammenschlüsse von dem Prinzip ab, Parteien aus Ländern, die eine EU-Mitgliedschaft beantragt haben, erst ab erfolgtem Beitritt die Vollmitgliedschaft einzuräumen. Anfang der 90er Jahre öffnete sich der Bund für die Schwesterparteien der EFTA-Staaten, so daß die neugegründete SPE nunmehr mit insgesamt 21 Parteien in allen EU-Mitgliedsländern sowie Norwegen und Zypern vertreten ist.

Die umfassende Repräsentation der europäischen sozialdemokratischen und sozialistischen Parteien hatte von Anfang an eine relativ große inhaltlich-programmatische Heterogenität zur Folge und führte zu einer Internalisierung des Konfliktes zwischen nationaler und supranationaler Orientierung sowohl in bezug auf die parteibezogene als auch in bezug auf die staatliche europäische Integration. Unterschiedliche inhaltliche Auffassungen wurden anfangs insbesondere im wirtschaftspolitischen Bereich (Verstaatlichungs- und Planwirtschaftsforderungen gegen reformistische Positionen; unterschiedliche Positionen zur Süderweiterung) sowie bei der Sicherheitspolitik (NATO-Doppelbeschluß) deutlich. Diese Differenzen und die unterschiedliche Haltung zur europäischen Integration, die im Parteitagsbeschluß der britischen *Labour Party* zum EG-Austritt gipfelte, stellten eine wesentliche Integrationshürde dar.

Die Differenzen in den Politikpositionen führten zu erheblichen Schwierigkeiten bei den Bemühungen zur Formulierung einer gemeinsamen Politik, weshalb es dem Bund auch als einzigem der europäischen Parteienzusammenschlüsse nicht gelang, zur ersten Direktwahl des EP 1979 ein gemeinsames Wahlmanifest zu verabschieden. Zu den folgenden Wahlen konnte diese zentrale Aufgabe allerdings erfüllt werden. Für die neugegründete SPE war zur Europawahl 1994 die Massenarbeitslosigkeit Referenzpunkt ihrer programmatischen Aussagen. Die Wirtschaftskraft der EU, deren institutionelle Struktur es zu demokratisieren und effizienter zu gestalten gelte, sollte demnach zu einem ökologischen und sozialen Umbau der Industriegesellschaft genutzt werden, um Arbeitsplätze und Umwelt gleichermaßen zu bewahren.

Auch wenn es der SPE bisher noch nicht gelang, in einem Grundsatzprogramm eine umfassende programmatische Basis der gemeinsamen Arbeit zu formulieren, erfüllen die Wahlmanifeste und die anderen gemeinsamen Texte wichtige Binnenfunktionen. Ihre Außenwirkung ist jedoch begrenzt, da die europäisch-transnationale Dimension in den bisherigen Wahlkämpfen aufgrund der Instrumentalisierung der Europawahlen zu nationalen Zwecken nur eine marginale Rolle gespielt hat. Aber auch in der Zeit zwischen den Wahlen zeigt es sich, daß die Mitgliedsparteien i. d. R. primär auf die für sie unmittelbar relevante nationale Handlungsebene fixiert bleiben. Trotz großer Anstrengungen seitens der gemeinsamen Organe spielt die grenzüberschreitende Zusammenarbeit im politischen Leben der nationalen Parteien immer noch eine nur bescheidene Rolle, und die Umsetzung gemeinsamer Politikformulierung in koordinierte oder gemeinsame politische Aktionen läßt zu wünschen übrig. Deutliche Defizite bestehen zudem auch in bezug auf die Verbesserung des Informationsaustauschs und der Koordination mit den übrigen Akteuren des demokratischen Sozialismus in der EU, d. h. den Fraktionen in den nationalen Parlamenten, der Fraktion im EP, den Mitgliedern des Rates der EU und den Mitgliedern der Kommission der EU.

↗ Europäische Parteienzusammenschlüsse; Europäisches Parlament; Wahlen.

Literatur: *Featherstone, K.* 1988: Socialist Parties and European Integration, Manchester. *Niedermayer, O.* 1983: Europäische Parteien?, Frankfurt a. M./New York. *Hrbek, R.* 1979: Kooperation zwischen den sozialistischen Parteien, in: *Paterson, W. E./Schmitz, K. Th.* (Hrsg.): Sozialdemokratische Parteien in Europa, Bonn, 315–330. *Ladrech, R.* 1993: Social Democratic Parties and EC Integration, in: EJPR 24, 195–210 *Kiersch, G./ Seidelmann, R.* (Hrsg.), 1979: Eurosozialismus, Köln.

Oskar Niedermayer

Sozialpolitik

Sozialpolitik läßt sich als Politik der Umverteilung zwischen Lebensphasen eines Individuums, zwischen Generationen, aber auch zwischen Klassen und zwischen Regionen verstehen. Faßt man Sozialpolitik gemäß der deutschen Tradition eng als ‹Sozialversicherungspolitik› – also wesentlich als Umverteilung zwischen Lebensphasen eines erwerbstätigen Individuums und auch zwischen Generationen von Erwerbstätigen –, so kommt der EG eine begrenzte sozialpolitische Kompetenz zu, die sich auf die Koordinierung der unterschiedlichen nationalen Systeme sozialer Sicherung konzentriert (Art. 48–51 EG-V; vgl. *Bieback* 1993; *Leibfried/Pierson* 1995). So gesehen dient europäische Sozialpolitik dazu, Sozialleistungen *portable* zu machen und ansässige EU-Bürger aus anderen EU-Staaten in die jeweilige nationale Sicherung einzubeziehen. Bei dieser Sichtweise wird allerdings die tiefgreifende Auswirkung der EG auf nationale Sozialpolitik meist unterschätzt (vgl. *Leibfried/Pierson* 1996).

1. ‹Sozialvorschriften› der EU, die über dieses enge Verständnis von Sozialpolitik hinausgehen, finden sich in Art. 117–122 EG-V, wobei die stark durch Richtlinien ausgefüllten Mindestvorschriften zur Verbesserung der Arbeitsumwelt (Art. 118 a) und ebenso die Vorgabe eines gleichen Entgelts für Männer und Frauen (Art. 119), vom Europäischen Gerichtshof (EuGH) weit über das ‹Entgelt› hinaus interpretiert, sozialpolitisch besondere Bedeutung erlangt haben. In dem Maße wie Verordnungen, Richtlinien usw. in sozialpolitischen Angelegenheiten nicht mehr einstimmig beschlossen werden müssen, weitet sich auch der rechtliche Gestaltungsspielraum der EG aus: So wurde Art. 118 a EG-V durch die Einheitliche Europäische Akte (EEA) 1987 eingeführt und mit einem Verfahren der Mehrheitsabstimmung (Art. 118 a II, 189 c) versehen. Fortgeführt wird dies mit dem Maastrichter Vertrag (1993), dem ein Protokoll über die Sozialpolitik (‹Sozialabkommen›) angefügt ist. Die Mitgliedstaaten ohne Großbritannien können in den im Abkommen angeführten Fällen durch Mehrheitsentscheidung sozialpolitische Festlegungen treffen und machen davon zunehmend direkt (Art. 2 I, II Sozialabkommen, 189 c EG-V), so bei der Betriebsrats-Richtlinie 1994, oder indirekt (Art. 3 Sozialabkommen) Gebrauch; ebenfalls wurde durch den Maastrichter Vertrag der ‹soziale Dia-

log› – und zwar durch Verleihung partnerschaftlich wahrzunehmender europäischer Rechtssetzungsbefugnisse (Art. 4) – stärker institutionalisiert. Demgegenüber fällt eine weitere Zwischenstufe sozialpolitischer Entwicklung in ihrer Bedeutung stark ab: Die Gemeinschaftscharta der sozialen Grundrechte der Arbeitnehmer (1989) ist unverbindlich. Noch heute gilt in weiten Bereichen der Sozialpolitik das Einstimmigkeitsprinzip, soweit überhaupt eine Zuständigkeit der EG besteht (s. zuletzt Art. 2 III, VI Sozialabkommen). Allerdings sind die Mitgliedstaaten über ‹Politikverflechtung› (*Scharpf*) so vielfältig aufeinander angewiesen, daß sich durch Paketverhandlungen (*Falkner* 1994) über alle Politikfelder hinweg oft Vetopositionen in der Sozialpolitik haben ausräumen lassen.

2. Versteht man Sozialpolitik als Umverteilungspolitik, so kommen auch weitere Aspekte in den Blick: nicht nur Umverteilung zwischen Lebensphasen eines Individuums und Generationen (etwa durch Rentenversicherung), sondern auch Umverteilung zwischen Klassen und zwischen Regionen. Bislang war nicht die Umverteilung zwischen Klassen sondern die zwischen Regionen (Strukturfonds, aber auch Sozialfonds – Art. 123–127 EG-V – und vor allem Agrarpolitik; *Leibfried/Pierson* 1995) eine wesentliche Dimension der europäischen Integration, deren Bedeutung mit der Zeit zunahm. Bezieht man Umverteilung auch auf Lebenschancen, und nicht allein auf Geld, läßt man sich, wie es in der EG-Politik auch geschieht, zudem auf das angelsächsische Sozialpolitikverständnis ein – dort galten Bildung und Ausbildung schon immer als *social policy* (*Heidenheimer* 1981) –, so finden sich auch begrenzt gesellschaftspolitische Gestaltungsansätze in der EG/EU (Art. 126, 127 EG-V).

3. Von den vier Grundfreiheiten des EG-V – Freiheit des Güter- und des Kapitalverkehrs, Dienstleistungsfreiheit und Freizügigkeit der Arbeitskräfte – bezieht sich nur eine unmittelbar auf ‹Sozialpolitik›: die Freizügigkeit, deren Durchsetzung sich allein italienischer Hartnäckigkeit verdankt (*Romero* 1993). Da die EG-Freizügigkeit nur Arbeitnehmer umfaßt, richtet sie die EG-Sozialpolitik rein erwerbsarbeitszentriert, auf Arbeitspolitik, aus und verfehlt die ganze Breite der Sozialpolitik, die sich wesentlich auch auf Zeiten außerhalb oder vor der Erwerbsarbeit bezieht. Typischerweise erfaßt daher etwa die Gleichheit der Geschlechter (Art. 119 EG-V; dieser verdankt sich ausschließlich französischer Hartnäckigkeit) nicht die Familienpolitik (*Leibfried/Pierson* 1995; *Falkner* 1994: 78ff.). Allerdings wirken sich auch die drei anderen Grundfreiheiten mittelbar auf nationale Sozialpolitik aus: Aus der Dienstleistungsfreiheit folgen Vorgaben für den *welfare mix*, den sich die Mitgliedstaaten noch leisten dürfen; nationale Anbietermonopole werden brüchig; ferner verlieren die Staaten durch Anerkennungsregeln für die in der EG gemachten Bildungsabschlüsse die ausschließliche Kontrolle über ‹ihre› sozialen Dienstleistungsberufe. Die Freiheit des Kapitalverkehrs erstreckt sich inzwischen auch auf die Privatversicherungsmärkte, die ab den 90er Jahren langsam in einen Gemeinsamen

Markt überführt werden; da (weiterhin nationale) öffentliche und (sich vergemeinschaftende) private Versicherungen miteinander verzahnt sind, wird sich auch dies auf das Gesamtbild nationaler Sozialpolitik auswirken. Die Freiheit des Güter- und des Kapitalverkehrs führt zu europäischen Märkten, die bald von einer europäischen Währung unterbaut sein könnten. Traditionell haben die Nationalstaaten in Wirtschaftskrisen notfalls durch das Drucken von Geld ihre Sozialversicherungen ‹garantiert›; eine einheitliche Währung läßt diese nationale Handlungsoption entfallen, transferiert sie aber bislang nicht nach Brüssel. ‹Leerstellen› ergeben sich, die nur durch eine deutliche Profilierung der Umverteilung zwischen Klassen sinnvoll gefüllt werden können, etwa durch eine Europäisierung der Arbeitslosenversicherung und Armutspolitik.

Aus der Freizügigkeit selbst ergibt sich die europäische Koordinierungsgesetzgebung, die schon mit Gründung der EG für die meisten Sozialleistungen galt. Ihre hauptsächlichen sozialpolitischen Fernwirkungen sind: Personen aus anderen Mitgliedstaaten müssen wie eigene Bürger behandelt werden (Folge: Unterlassen einer Mindestrentengesetzgebung in Deutschland); die Staaten der EU können den Verbrauch von Geldleistungen nicht mehr auf ihr Territorium beschränken, wohl aber den von Sachleistungen oder den von öffentlichen Gütern (Auswirkung etwa: freie Rentnermigration in den europäischen Süden; ‹Flucht aus den Geld- in die Sachleistungen› bei der Pflegeversicherung); sie können konkurrierende gesellschaftspolitische Regimes manchmal nicht mehr vom eigenen Territorium ausschließen, etwa entsandte ausländische Arbeitnehmer im Transport- und Baubereich (Folge: Sonder-Lkw-Gebühren; Entsendegesetz); auch die Ausführungsverwaltung hinsichtlich eigener Sozialleistungen für Wanderarbeitnehmer ist ihnen teilweise von anderen Ländern aus der Hand genommen. Der EuGH hat inzwischen weit mehr als 300 Entscheidungen zur Koordinierung und mehr als 150 zu anderen Sozialpolitikthemen gefällt. Bei allgemein wachsender Entscheidungstätigkeit (1968: 34; 1980: 280; 1992: 553 Fälle) entfallen auf die Sozialpolitik immer größere Anteile. Verglichen mit Kernthemen der Integration wie Zölle, freier Güterverkehr, Wettbewerb (und Steuern) und Landwirtschaft zog Sozialpolitik 1968 nur 6,3 % aller Entscheidungen aus dem Gesamt dieser Felder auf sich, 1992 waren es schon 22,8 %. Nur Wettbewerbsfälle fielen 1992 noch häufiger an, aber bei steilerem Wachstum des Entscheidungsbedarfs in der Sozialpolitik (vgl. *Leibfried/Pierson* 1996: 194).

4. Welche Bedeutung man der europäischen Sozialpolitik zumißt, hängt nicht zuletzt davon ab, unter welchem Blickwinkel man die Entwicklung betrachtet: Aus der Perspektive der internationalen Politik verschwindet die Sozialpolitik hinter ‹zwischenstaatlichen› Verhandlungen und entbehrt einer festen Zurechnungsinstanz (so für die engere Sozialpolitik *DeSwaan* 1994). Die EU und deren Sozialpolitik werden gegenüber den Mitgliedstaaten zu eher vernachlässigbaren Größen. Aus innenpolitischer Sicht

(vgl. etwa *Scharpf* 1994) zeigt sich die EU demgegenüber als supranationales Gebilde, als quasi-föderaler *overlayer* mit eigener und effektiver Gerichtsbarkeit, nämlich dem immer mit Mehrheit entscheidenden EuGH, der sozialpolitisch, wenn auch selektiv, als erstrangiger Faktor einzuschätzen ist (*Leibfried/Pierson* 1995; zu weiteren Betrachtungsweisen vgl. *Kleinman/Piachaud* 1993). Daß die wirkliche EG eine Gemengelage darstellt, in der beide Integrationsschichten – internationale Politik und Innenpolitik – untrennbar ineinandergreifen, macht gerade die Sozialpolitik zu einem interessanten Testfall für die Reichweite der europäischen Integration insgesamt.

Da die europäische Integration sich fast vollständig als *integration through law* abspielt und da auf dem europäischen Kontinent Sozialpolitik im 20. Jahrhundert nicht situativ (Bedürftigkeitsprüfung, Ermessen, Gnade), sondern strukturbildend über Verrechtlichung und Kodifizierung (soziale Rechte als ‹neues Eigentum›) betrieben worden ist, bietet sich das soziale Feld für eine mittelbare Europäisierung durch Recht geradezu an: Nicht nur die Nöte sozialer Legitimation der EG/EU, sondern auch die grundsätzliche nationale Offenheit dieser Materie für Verrechtlichung sprechen dafür – eine Materie, die zudem weitgehend so regelbar ist, daß sich eine eigene Ausführungsverwaltung und ein eigenes EU-Budget erübrigen, weil Dritten in den Mitgliedstaaten die Kosten der Regelung auferlegt werden können. So läßt sich die Bedeutung von Sozialverfassungsvorgaben im EU-V, von Mindeststandards, Koordinierung, Konvergenzzielen für Sozialsysteme und beschränkter Subventionspolitik rechtspolitisch verstehen. Das Urteil vieler Betrachter ist überdies dadurch geprägt, daß die Auseinandersetzungen um eine europäische Sozialpolitik seit 1957 (vgl. *Collins* 1975; *Henningsen* 1992) stets mit großen Harmonisierungshoffnungen verbunden und auf den Fixpunkt ‹europäischer Sozialstaat› ausgerichtet waren. An diesen Maßstäben gemessen sind die Bemühungen um den Aufbau einer selbständigen europäischen Sozialpolitik nie erfolgreich gewesen – und werden es auch kaum je sein können. Ursächlich hierfür sind das noch immer vorhandene enorme wirtschaftliche Gefälle zwischen den Mitgliedstaaten, die Konkurrenz der unterschiedlichen, national jeweils anders kombinierten sozialen Regimes – sei es das Regime des Sozialstaats, des Arbeitsmarktseinstiegs, der Arbeitsbeziehungen oder des Lebensverlaufs (vgl. *Allmendinger/Hinz* 1996) –, durch die diese politischen Gestaltungsräume schon seit langem vorbesetzt sind, und die ambivalente Haltung der Mitgliedstaaten in der ‹Sozialpolitikverflechtungsfalle›, der sie weder durch weitere Aufgabe von Souveränität noch durch eine Festschreibung des Status quo (EU-Subsidiaritätsprinzip im Kontrast zur innerdeutschen sozialstaatlichen Subsidiarität; Art. 3 b EG-V) entkommen können.

Es entspricht auch der bisher eher arbeitspolitischen Ausrichtung der EU, daß bisher Sozialpolitik der EG vornehmlich durch die Linse des korporatistischen Modells (‹Sozialpartnerschaft› plus Staat) und seinen EG-Entsprechungen (‹sozialer Dialog›, Art. 118b EG-V) gesichtet wurde – und auch von daher die Wirkungen der EG-Sozialpolitik als recht begrenzt beurteilt wurden (vgl. *Leibfried/Pierson* 1995): Bereits relativ früh wurden die Sozialpartner zunächst im Beratenden Ausschuß der EGKS und dann im Rahmen des Wirtschafts- und Sozialausschusses (WSA) in den Europäischen Entscheidungsprozeß einbezogen, wobei hier – anders als etwa in dem in den 90er Jahren wiederbelebten Ständigen Ausschuß für Beschäftigungsfragen, wo Kommission und Rat ab 1970 ausschließlich mit den Sozialpartnern berieten – nicht allein die Sozialpartner, sondern auch andere Gruppen des gesellschaftlichen und wirtschaftlichen Lebens stark vertreten sind. Politisch blieben sie jedoch unbedeutend. Im folgenden bemühte sich vor allem die Kommission den sozialen Dialog (Art. 118b EG-V; Art. 4 Sozialabkommen) neu zu beleben. In der Praxis wurde schnell deutlich, daß sich damit die historische Blockade im Bereich der Sozialpartnerschaft erstmals lockerte.

Kennzeichnend für die ‹Kipplage› europäischer Sozialpolitik ist, daß rechtlich einem gemeinsamen europäischen Arbeitsmarkt in der EU nichts mehr entgegensteht. Faktisch sind die ‹normalen› nationalen Arbeitsmärkte aber eher hermetisch gegeneinander abgedichtet (*Schmid* 1995: 251–257; *Kommission* 1993: 81–113; *Oberender/Streit* 1995), was auch die Wanderungsbewegungen im Binnenmarkt belegen (*Leibfried/Pierson* 1995); Auflösungserscheinungen zeigen sich jedoch bei Spitzenpositionen, in grenznahen, wirtschaftlich verbundenen Regionen und einigen Sektoren (Transport, Medien). Somit konfligiert ein universalisierbarer Marktrahmen als ‹Sog nach außen und oben› mit einem faktischen ‹Sog nach innen und unten›, der Arbeits- und Sozialpolitik erfaßt – und ihre Integration eher dem indirekten, blinden Wirken von Marktkräften (Standortkonkurrenz, Konkurrenz der ‹Regimeverbünde›, ‹Globalisierung› usw.) und europäischer Durchdringung mit selektiver ‹Verzahnungs-› und ‹Homogenisierungspolitik› überläßt. Die EG-Sozialpolitik ist historisch originell, weil sie entgegen dem bekannten Muster von *K. Polanyi* nicht Teil eines Schutzes gegen die Ausdehnung kapitalistischer Marktbeziehungen, sondern integraler Bestandteil des Baus eines Gemeinsamen Markts (*market building*) selbst ist.

↗ Gewerkschaftliche Zusammenarbeit; Interessenvertretung; Wirtschafts- und Sozialausschuß.

Literatur: *Allmendinger, J./Hinz, T.* 1996: Mobilität und Lebensverlauf, in: *Hradil, S./Immerfall, S.* (Hrsg.): Die westeuropäischen Gesellschaften im Vergleich, Opladen. *Bieback, K.-J.* 1993: Marktfreiheit in der EG und nationale Sozialpolitik vor und nach Maastricht, in: Europarecht 2, 150–172. *Collins, D.* 1975: The European Communities. The Social Policy of the First Phase, Bd. 1: The European Coal and Steel Community 1951–1970; Bd. 2: The European Economic Community 1958–1972, London. *DeSwaan, A.* 1994: Perspectives for Transnational Social Policy in Europe: Social Transfers from

West to East, in: *ders.* (Hrsg.): Social Policy Beyond Borders. The Social Question in International Perspective, Amsterdam, 101–115. *Falkner, G.* 1994: Supranationalität trotz Einstimmigkeit. Entscheidungsmuster der EU am Beispiel Sozialpolitik, Bonn. *Heidenheimer, A.J.* 1981: Education and Social Security Entitlements in Europe and North America, in: *Flora, P./Heidenheimer, A.J.* (Hrsg.): The Development of Welfare States in Europe and America, New Brunswick, NJ/London, 269–304. *Henningsen, B.* 1992: Die schönste Nebensache Europas – Zur Geschichte der EG-Sozialpolitik, in: Sozialer Fortschritt 41 (9), 204–212. *Kleinman, M./Piachaud, D.* 1993: European Social Policy: Conceptions and Choices, in: Journal of European Social Policy 3 (1), 1–19. *Kommission der Europäischen Gemeinschaften* 1993: Beschäftigung in Europa 1993, Luxemburg. *Leibfried, S./Pierson, P.* (Hrsg.) 1995: European Social Policy: Between Integration and Fragmentation, Washington. *Leibfried, S./Pierson, P.* 1996: Social Policy, in: *Wallace, H./Wallace, W.* (Hrsg.): Policy Making in the European Union, 3. Aufl., Oxford, 185–207. *Nielson, R./Szyszczak, E.* 1993: The Social Dimension of the European Union, Kopenhagen. *Oberender, P./Streit, M.E.* (Hrsg.) 1995: Europas Arbeitsmärkte im Integrationsprozeß, Baden-Baden. *Romero, F.* 1993: Migration as an Issue in European Interdependence and Integration: The Case of Italy, in: *Milward, A. S.* u. a. (Hrsg.): The Frontier of National Sovereignty. History and Theory, 1945–1992, London, 33–58, 205–208. *Scharpf, F.W.* 1994: Optionen des Föderalismus in Deutschland, Frankfurt a. M. *Schmid, G.* 1995: Europas Arbeitsmärkte im Wandel. Institutionelle Integration oder Vielfalt? in: *Bentele, K./Reissert, B./Schetkat, R.* (Hrsg.): Die Reformfähigkeit von Industriegesellschaften. Fritz W. Scharpf zum 60. Geburtstag, Frankfurt a. M., 250–276.

Stephan Leibfried/Petra Kodré

Technologische, wissenschaftliche und finanzielle Kooperation (CERN, ESA, EUREKA, EBRD)

Kooperation zwischen Nationalstaaten und sich daran möglicherweise anschließende Integrationsprozesse werden erleichtert, wenn es sich um klar definierte und eng begrenzte Politikfelder handelt, in denen ein rein nationalstaatliches Vorgehen rasch an personelle, technische und finanzielle Grenzen stieße. Für Grundlagenforschung im Bereich der Teilchenphysik, die Erschließung und Nutzung des Weltraumes, eine intensivierte industrielle, technologische und wissenschaftliche Kooperation zur Stärkung der Wettbewerbsfähigkeit sowie für die Unterstützung des Transformationsprozesses in Mittel- und Osteuropa läßt sich dies exemplarisch nachweisen.

Das europäische Zentrum für kernphysikalische Grundlagenforschung (CERN – *Conseil Européen pour la Recherche Nucléaire*), die europäische Weltraumbehörde (ESA – *European Space Agency*), die europäische Initiative zur verstärkten Zusammenarbeit in Forschung und Technologie (EUREKA – *European Research Coordination Agency*) und die Europäische Bank für Wiederaufbau und Entwicklung (EBRD – *European Bank for Reconstruction and Development*) sind Institutionen der funktional begrenzten Kooperation, bei denen der Mitgliederkreis jeweils über die Mitgliedstaaten der EU hinausreicht.

1. Dem 1954 von zwölf westeuropäischen Staaten gegründeten CERN mit Sitz in Genf gehören inzwischen (1995) 19 Staaten an, darunter auch Polen, Ungarn und die Tschechische und die Slowakische Republik. Ziel ist die bessere Zusammenarbeit europäischer Staaten auf dem Gebiet der rein grundlagenorientierten Kernforschung sowie der hiermit zusammenhängenden anwendungsbezogenen Forschung, wobei militärische Zwecke explizit ausgeschlossen sind. Der Rat, in dem jeder Mitgliedstaat durch zwei Delegierte vertreten ist, bildet das oberste Organ des CERN. Er tritt zweimal im Jahr zusammen und bestimmt die allgemeinen Richtlinien für die Forschungsarbeit und die Verwendung der Mittel. Für 1993 standen rund 950 Mio. Schweizer Franken zur Verfügung, die anteilig von den Mitgliedstaaten aufgebracht wurden. Deutschland war vor Italien und Frankreich der größte Beitragszahler. Zuletzt arbeiteten am CERN rund 3000 ständige Wissenschaftler mit 5000 Gastforschern zusammen, die aus 40 Ländern entsandt worden waren. In den vergangenen vier Jahrzehnten wurden am CERN wesentliche Beiträge für das Verständnis des physikalischen Weltbildes geleistet. Dank der einzigartigen Ausstattung mit Forschungsgerät hat sich das CERN selbst zu einem Magneten für Teilchenphysiker entwickelt. Diese weltweite Spitzenstellung wurde 1994 weiter festgeschrieben. Nach langem Tauziehen über die Finanzierung genehmigte der Rat den Bau des leistungsstärksten Teilchenbeschleunigers der Welt (LHC – *Large Hadron Collider*) bis zum Jahr 2004. Mit dem LHC werden die Forscher erstmals in den Energiebereich vorstoßen können, der den Zuständen nahekommt, die in den Sekundenbruchteilen nach dem als Anfang des Alls vermuteten Urknall herrschten. Der LHC bleibt wahrscheinlich auf Dauer die einzige und letzte Anlage dieser Größenordnung, nachdem die USA den noch Ende der 80er Jahre angekündigten Bau des noch größeren SSC (*Superconducting Super Collider*) aus finanziellen Gründen gestoppt hatten. Inzwischen haben bereits Indien, Israel, Japan, Kanada, Rußland und die anderen GUS-Staaten sowie die USA ihr Interesse an gemeinsamer Forschung am LHC bekundet. Das CERN ist in eine finanzielle Dimension vorgestoßen, in der der Mittelaufwand so hoch geworden ist, daß statt europäischer Initiative nur noch weltweite Forschungskooperation möglich erscheint. Ähnliches zeichnet sich auch für den Bereich der Weltraumforschung ab, der nach Ende des Ost-West-Konflikts ebenso wie die Grundlagenforschung in der Physik unter verstärkten Rechtfertigungszwang geraten ist.

2. Die Grundüberlegung für die Einrichtung der ESA im Jahr 1975 war, Europa zu einer autonomen Nutzung des Weltraumes zu verhelfen und sich aus dem amerikanischen Schatten in diesem Hochtechnologiebereich herauszubewegen. Der ESA mit Sitz in Paris gehören seit Anfang 1995 14 Mitgliedstaaten an: die EU-Mitglieder außer Griechenland, Luxemburg und Portugal sowie Norwegen und die Schweiz. Mit Kanada besteht ein Kooperationsabkommen. Ziel der ESA ist die bessere Zusammenarbeit der

Mitglieder auf dem Gebiet der Weltraumforschung, der Weltraumtechnologie und ihrer weltraumtechnischen Anwendungen im Hinblick auf deren Nutzung für die Wissenschaft und für operationale Vorhaben. Zur ESA gehören das Europäische Zentrum für Weltraumforschung und Technologie (ESTEC), das Europäische Operationszentrum für Weltraumforschung (ESOC), das Europäische Weltraumforschungsinstitut (ESRIN) und das Europäische Astronautenzentrum (EAC), die jeweils in unterschiedlichen Mitgliedsländern angesiedelt sind, so etwa das ESOC in Darmstadt. Ende 1993 beschäftigte die ESA 2063 Mitarbeiter und verfügte über Budgetmittel in Höhe von rund 3 Mrd. ECU, die anteilig nach dem BIP der Mitgliedstaaten zu entrichten waren und durch freiwillige Beiträge entsprechend den jeweiligen nationalen Forschungsprioritäten ergänzt werden können. Deutschland ist mit rund einem Fünftel des Gesamtbudgets größter Beitragszahler. Höchstes Entscheidungsgremium der ESA ist der Rat, der auf Minister- bzw. Delegiertenebene zusammentritt und wichtige Entscheidungen nach dem Konsensprinzip fällt, was oft zu langwierigen Verhandlungen zwingt. Obwohl die ESA nur über rund ein Viertel des Budgets der NASA verfügt, hat sie mit ihrer erfolgreichen Entwicklung von Umweltbeobachtungs-, Forschungs-, Wetter- und Kommunikationssatelliten international Maßstäbe gesetzt. Größter Erfolg ist zweifellos die Entwicklung der Ariane-Trägerrakete, die seit 1980 an die kommerzielle Betreibergesellschaft Arianespace abgegeben wurde und die inzwischen einen Anteil von gut 60 % an den Weltraumtransporten kommerzieller Satelliten erreicht hat. Der Druck knapper werdender öffentlicher Mittel zwingt die ESA-Mitgliedstaaten allerdings zunehmend, die gemeinsame Weltraumpolitik zu überdenken. Vor allem der hohe finanzielle Aufwand für bemannte Raumfahrtmissionen stößt auf Ablehnung. Offiziell gestrichen wurde daher 1993 die Entwicklung des Weltraumgleiters Hermes. Fraglich geworden ist auch, inwiefern sich die Europäer an der von den USA und Rußland geplanten globalen Raumstation beteiligen werden. Das Diktat der knappen Kassen zwingt zu Verhandlungen und Kooperation mit diesen beiden Mächten. Dabei beginnt sich eine Annäherung der ESA an die EU abzuzeichnen, da die ESA als bloß funktionale Organisation insbesondere gegenüber den USA, die Politik und Technik in einer Position vereinen, immer dann im Nachteil wäre, wenn der Einsatz von Raumfahrttechnologie an handelspolitische Dimensionen heranreicht.

3. Bei der Gründung der europäischen EUREKA-Initiative 1985 stand zumindest indirekt das SDI-Programm des damaligen US-Präsidenten *R. Reagan* Pate, da Frankreichs Staatspräsident *F. Mitterrand* eine weitere Abwanderung europäischer Forscher in die USA befürchtete. Außerdem sollte der nachlassenden internationalen Konkurrenzfähigkeit europäischer Spitzentechnologien mit einer neuen Initiative begegnet werden. EUREKA ist inzwischen auf 23 Mitglieder angewachsen: die 15 EU-Mitglieder, Island, Norwegen, die Schweiz, die Türkei sowie Ungarn, die

Russische Föderation und Slowenien. Außerdem wird die EU selbst durch die Kommission vertreten. Ziel von EUREKA ist es, durch intensivere Zusammenarbeit in Forschung und Entwicklung die Technologien, die sich im weltweiten Rennen um Wettbewerbsfähigkeit und bei der Suche nach besserer Lebensqualität als entscheidend erweisen werden, zu fördern, zu beherrschen und zu nutzen. Höchstes Organ ist die Ministerkonferenz, die in der Regel einmal im Jahr tagt, um die politischen Leitlinien für die Arbeit von EUREKA festzulegen. Koordiniert wird die Initiative vom EUREKA-Sekretariat in Brüssel, das Informationen über Projekte sammelt und verbreitet und eng mit den nationalen Projektkoordinatoren (NPK) in den Mitgliedstaaten kooperiert. EUREKA-Projekte entstehen auf Initiative von Kooperationspartnern aus Industrie und Wissenschaft, die aus mindestens zwei EUREKA-Mitgliedstaaten stammen. Hier liegt der grundlegende Unterschied zu nationalen oder EU-Forschungsrahmenprogrammen: EUREKA ist kein vorab inhaltlich definiertes und im Konsens beschlossenes Programm, sondern ein offener Rahmen für die Initiativen von Unternehmen und Forschungseinrichtungen. EUREKA funktioniert lediglich als administrative Stütze, um potentielle Kooperationspartner zusammenzubringen und operiert mit deutlich größerer Marktnähe als die EU-Forschungsprogramme. Ende 1993 verzeichnete EUREKA mehr als 650 laufende Projekte, deren Gesamtkosten auf über 13 Mrd. ECU geschätzt werden und an denen rund 3500 Firmen und 1500 Forschungseinrichtungen beteiligt waren. Die Finanzierung der Projekte ist jeweils von den Kooperationspartnern sicherzustellen, also ohne zentrale Projektbudgets. Neben den Großvorhaben, wie etwa JESSI (*Joint European Submicron Silicon*) oder dem hochauflösenden Fernsehen (HDTV), denen eine gewisse Medienaufmerksamkeit sicher ist, liegt die Bedeutung von EUREKA v. a. bei der Unterstützung vieler kleinerer Projekte für mittelständische Unternehmen. Diese können sich oft die zur Entwicklung neuer Produkte erforderliche Forschungsarbeit und die Herstellung von Kontakten zu möglichen europäischen Kooperationspartnern nicht leisten. Außerdem trägt EUREKA mit der Einbeziehung mittel- und osteuropäischer Staaten und durch die Erarbeitung einheitlicher Normen und Standards zur Annäherung dieser Staaten an die EU bei.

4. Die EBRD mit Sitz in London geht auf eine französische Initiative von 1989 zurück und begann 1991 mit ihrer Tätigkeit. Ihr gehören 57 Mitgliedstaaten sowie als stimmberechtigte Mitglieder die EIB und die EU an. Neben den 25 OECD-Staaten sind der EBRD die Staaten des ehemals kommunistisch kontrollierten Osteuropas einschließlich der neuen unabhängigen Staaten auf dem Territorium der ehemaligen UdSSR (die Empfängerstaaten) sowie Ägypten, Israel, Liechtenstein, Malta, Marokko, Süd-Korea und Zypern beigetreten. Ziel der EBRD ist es, durch Unterstützung des wirtschaftlichen Fortschritts und Wiederaufbaus in den mittel- und osteuropäischen Ländern den Übergang zur offenen Marktwirtschaft zu

begünstigen sowie die private und unternehmerische Initiative zu fördern. Wichtigste Entscheidungsgremien sind die Gouverneursversammlung, die einmal pro Jahr tagt, und der Gouverneursrat, dem 23 Direktoren bzw. deren Stellvertreter angehören. Größter Anteilseigner sind die USA, gefolgt von den vier größten EU-Staaten. Bei strittigen Entscheidungen haben die Staaten der EU eine Stimmenmehrheit. Die EBRD verfügt über ein Grundkapital in Höhe von 10 Mrd. ECU und hatte Ende 1993 Finanzierungszusagen nach kommerziellen Konditionen in Höhe von 3,75 Mrd. ECU für 156 Projekte gemacht. Die Bank beschäftigte Ende 1993 683 Mitarbeiter. Seit ihrer Entstehung ringt die EBRD mit dem Problem, daß sie von vielen Beobachtern für überflüssig gehalten wird. Weltbank bzw. IFC und EIB hätten alle Aufgaben wahrnehmen können, die der neuen Finanzorganisation zugewiesen wurden. Erst nachdem der umstrittene Gründungspräsident der Bank, der Franzose *J. Attali*, seinen Posten im Sommer 1993 geräumt hatte, schien die Bank in ruhigeres Fahrwasser zu gelangen. Die EBRD wird sich vermutlich in Zukunft stärker auf Privatprojekte und Direktinvestitionen in mittelständische und kleine Unternehmen in den Empfängerstaaten konzentrieren. Sie könnte damit eine zunehmend wichtige Rolle bei der graduellen Heranführung der mittel- und osteuropäischen Beitrittskandidaten an die EU spielen.

5. Der genauere Blick auf die vier Organisationen zeigt, daß auch hier eine enge Kooperation an Grenzen stoßen kann, selbst wenn die funktionale Verengung des Aufgabenbereiches die Kooperation zunächst erleichtert. Problematisch wird die Zusammenarbeit immer dann, wenn es um die Lastenverteilung und Mittelzuweisung geht, wenn Grundlagenforschung zu kommerziell interessanten Ergebnissen führen kann, wenn sich das Ringen um Marktanteile abzuzeichnen beginnt oder wenn Staaten ihre nationale Souveränität bedroht sehen. Es ist bezeichnend, daß zumindest die größeren Staaten der EU neben ihrer Mitarbeit in den behandelten Organisationen weiterhin auch nationale Grundlagen- und Weltraumforschung, Förderung der Wettbewerbsfähigkeit und Aufbauhilfe für Osteuropa betreiben. Es wäre letztlich wohl doch vermessen, von funktional begrenzten Organisationen dramatische *spill-overs* für den Integrationsprozeß allgemein oder für andere Politikbereiche zu erwarten.

↗ Energiepolitik; Forschungs- und Technologiepolitik.

Literatur: *CERN – Conseil Européen pour la Recherche Nucléaire* 1994: Annual Report 1993. 3 Bde., Genf. *EBRD – European Bank for Reconstruction and Development* 1994: Annual Report 1993, London. *ESA – European Space Agency* 1994: Annual Report '93, Paris. *EUREKA* 1994: Jährlicher Fortschrittsbericht 1993, Brüssel. *Europäische Kommission* 1995: Die Politik der Europäischen Gemeinschaft in Forschung und technologischer Entwicklung, Brüssel. *Schrogl, K.-U.* 1993: Die Europäische Gemeinschaft als Magnet. Ihre Anziehungskraft auf die europäischen Fachorganisationen ESA und ECPT, in: EA 48 (18), 525–532. *Weber, St.* 1994: Origins of the European Bank for Reconstruction and Development, in: IO 48 (1), 1–38.

Cord Jakobeit

Umweltpolitik

Die Europäische Umweltpolitik begann Ende der 60er Jahre, etwa zur gleichen Zeit, als die meisten nationalen Umweltpolitiken entstanden. Im Laufe der 70er Jahre bildete sich ein immer dichteres Netz europäischer Umweltgesetzgebung, so daß mittlerweile eine hohe Regelungsdichte erreicht ist, auch wenn manche Bereiche erheblich intensiver verregelt sind als andere.

1. Die Europäische Umweltpolitik läßt sich zwar in der Anfangsphase als Reaktion auf grenzüberschreitende Umweltverschmutzungen verstehen, die innerhalb eines im Vergleich zu internationalen Organisationen stärker verpflichtenden institutionellen Rahmens angegangen werden konnten. Viel wichtiger ist allerdings die Rolle von Umweltpolitik als ‹flankierender Politik› zur Errichtung eines gemeinsamen Marktes. Durch nationale Umweltpolitik geschaffene nicht-tarifäre Handelshemmnisse sollten ebenso wie die damit mögliche gezielte Förderung der Wettbewerbsfähigkeit unterbunden werden. Ein weiteres Motiv liegt in der von maßgeblichen Akteuren vertretenen Auffassung, daß es sich schon bei der damaligen EWG nicht um eine bloße Wirtschaftsgemeinschaft handele, sondern um ein politisches System mit eigener Identität, das auch für die allgemeine Verbesserung der Lebensbedingungen seiner Bürger Sorge tragen solle. Maßnahmen im Bereich des Naturschutzes etwa lassen sich so erklären.

Seit 1973 legen mehrjährige Aktionsprogramme die umweltpolitischen Maßnahmen der folgenden Jahre manchmal bis ins Detail fest. Während es sich dabei anfänglich eher um eine Aufzählung von Einzelmaßnahmen handelte, ist vor allem das fünfte umweltpolitische Aktionsprogramm (1992) durch eine stärker konzeptuelle Herangehensweise gekennzeichnet. Nachdem umweltpolitische Maßnahmen lange auf die Generalermächtigung des Art. 235 des Vertrags über die *Europäische Wirtschaftsgemeinschaft* (EWG-V) und auf die Klausel zur Rechtsvereinheitlichung (Art. 100 EWG-V) gestützt wurden, hat die Einheitliche Europäische Akte (EEA) der Umweltpolitik eine eigene Rechtsgrundlage geschaffen (Art. 130 r-t). Allerdings wurden auch nach ihrem Inkrafttreten noch viele umweltpolitische Maßnahmen auf Art. 100a (Rechtsvereinheitlichung für den Binnenmarkt) gestützt, was einerseits die enge Anbindung der Umweltpolitik an die marktschaffende Politik zum Ausdruck bringt, andererseits den Vorteil hatte, daß hier, im Gegensatz zu umweltpolitischen Maßnahmen ohne Bezug zum Binnenmarkt, mit qualifizierter Mehrheit entschieden werden konnte. Die Maastrichter Vertragsrevision hat den Rückgriff auf Mehrheitsentscheidungen im Umweltbereich – mit gewichtigen Ausnahmen – ausgeweitet. Im Fall von Mehrheitsentscheidungen kann auch das Europäische Parlament (EP) unter bestimmten Voraussetzungen massiven Einfluß auf den Entscheidungsprozeß nehmen, was es in einigen Fällen (etwa bei der Einführung des Katalysators) auch getan hat. Allgemein gilt das EP als aufgeschlossen gegenüber umweltpolitischen Belangen, weil es sich hiervon eine stärkere Resonanz in der Öffentlichkeit und beim Wähler erhofft. Die Errichtung der Europäischen Umweltagentur bedeutet eine weitere Institutionalisierung und Stärkung der EU-Umweltpolitik.

Im Laufe der Zeit haben sich Form und Inhalt der Umweltpolitik in der EU beträchtlich verändert. Die anfänglich verfolgte Strategie der totalen Harmonisierung detaillierter Vorschriften zur Vermeidung von Handelshemmnissen war aufgrund der notwendigen Einstimmigkeit nicht durchführbar. Als Reaktion hierauf entstand im Umweltbereich (wie auch in anderen Politikfeldern) ein komplexes Bild differenzierter und abgestufter Integration, das durch nach oben offene Mindeststandards, optionale oder partielle Harmonisierung, alternative Umsetzungsmöglichkeiten, je nach Staat unterschiedliche Grenzwerte, Reduktionsquoten oder Kriterien, differenzierte Implementation und die Verweisung von Detailregelungen an spezialisierte Expertengremien geprägt ist.

2. Die europäische Umweltpolitik ist von den unterschiedlichen Steuerungsinstrumenten und Problemlösungsansätzen der umweltpolitisch aktivsten Mitgliedstaaten geprägt. Häufig versuchen diese, ihre eigenen nationalen Lösungsansätze zum europäischen Standard zu machen, um rechtliche oder wirtschaftliche Anpassungskosten zu vermeiden. Jedoch fungiert bei aller Differenzierung der gemeinsame institutionelle Rahmen als Vermittlungsinstanz zur Diffusion von Konzepten, die der nationalen Regulierungstradition eigentlich fremd sind. So bewirkt europäische Umweltpolitik auch eine Veränderung der Formen, der Mittel und des institutionellen Rahmens mitgliedstaatlicher Umweltpolitik. In den letzten Jahren zeichnet sich eine Umorientierung der Umweltpolitik ab. Klassische, auf verpflichtende Rechtsakte setzende Regelungen von Umweltproblemen werden verdrängt von einer Politik, die eine Strategie des ‹nachhaltigen Wachstums› verfolgt, wirtschaftliche Belange stärker zu integrieren versucht und auf prozedurale Regelungen, Selbstverpflichtungen und wirtschaftliche Instrumente setzt. Diese Politik ist allerdings sehr umstritten.

Die europäische Umweltpolitik weist einige Charakteristika auf, die sich nicht allein auf die Eigenart des Politikfeldes zurückführen lassen, sondern durch die institutionelle Struktur der EU, die Existenz eines gemeinsamen Marktes und eines übergreifenden Rechtssystems bedingt sind. Hier ist zunächst der Zusammenhang zwischen Ökonomie und Ökologie zu nennen. Damit ist nicht in erster Linie der für das Politikfeld insgesamt charakteristische Widerspruch zwischen Umweltschutzbelangen und wirtschaftlichem Wachstum gemeint. Diesen Konflikt gibt es in der EU genauso wie im nationalen oder im internationalen Rahmen. In der EU existiert aber eine strukturelle Affinität zugunsten bestimmter Maßnahmen, nämlich Produktstandards. Die Konkurrenz im gemeinsamen Markt schafft einen gewissen Druck zur Einigung auf einheitliche Standards für gehandelte Waren, der in anderen Bereichen weniger stark ist. Zumindest in der Anfangsphase diente die europäische Umweltpolitik nicht primär dem Schutz der Umwelt, sondern vielmehr der Schaffung und Bewahrung eines gemeinsamen Marktes.

Eine typische Konfliktlinie im Rat verläuft zwischen Staaten, die eine breitangelegte und weitreichende Umweltgesetzgebung befürworten, und denjenigen, die eine solche eher ablehnen. Unter dem Einstimmigkeitsprinzip und selbst bei Entscheidungen mit qualifizierter Mehrheit wäre zu erwarten, daß eine Einigung nur auf relativ niedrigem Niveau gelingt. Tatsächlich aber bewirken Koppelgeschäfte, lange Übergangsfristen, finanzielle Unterstützung, die vielfältigen Möglichkeiten der abgestuften Integration und das (unausgesprochene) Vertrauen auf laxe Implementation, daß auch zögerliche Mitgliedstaaten ihre Zustimmung zu weitgehenden umweltpolitischen Maßnahmen geben. Hierbei spielt auch eine Rolle, daß eine Nichteinigung häufig für sie ein schlechteres Ergebnis darstellt als eine Einigung auf hohem Niveau.

3. Es wird häufig beklagt, daß in der Umweltpolitik die Kommissionsvorschläge zu industriefreundlich seien und daß Wirtschaftsverbände eine erheblich größere Rolle im politischen Prozeß spielten und erheblich leichteren Zugang zur Kommission hätten als Umweltverbände. Diese Thesen verweisen wiederum nicht nur auf klassische Konfliktlinien der Umweltpolitik, sondern auch auf Spezifika der europäischen Umweltpolitik. Auch im Nationalstaat sind Verwaltungen auf Informationen von den zu regulierenden Industriezweigen angewiesen. Auf der europäischen Ebene tritt dieses Problem verstärkt auf, da die Kommission einerseits personell erheblich schwächer ausgestattet ist als die meisten mitgliedstaatlichen Umweltministerien, andererseits aber im Gegensatz zu diesen die politische, rechtliche und wirtschaftliche Vielfalt sämtlicher Mitgliedstaaten bei der Erarbeitung ihrer Vorschläge berücksichtigen muß und damit in eine starke Abhängigkeit von externen Informationslieferanten gerät. Hinzu kommt, daß die Umweltverbände lange Zeit auf EU-Ebene sehr schlecht vertreten waren. Dies hängt einerseits mit ihrer Basisgruppen-Orientierung zusammen, die übernationale Interessenvertretung skeptisch beurteilt, andererseits mit grundlegenden Bedenken vieler Umweltverbände gegen professionellen *Lobbyismus*. Die ihnen näherstehenden Handlungsformen als neue soziale Bewegung sind durch die fragmentierte Natur des politischen Systems der EU und durch das Fehlen einer europäischen Öffentlichkeit dagegen erschwert.

Die erwähnten drei strukturellen Charakteristika – enge Anbindung an die marktschaffende Politik, Begünstigung restriktiver Staateninteressen und Abhängigkeit von Wirtschaftsinteressen – legen die Vermutung nahe, daß die EU eine wirtschaftsnahe Umweltpolitik auf dem Niveau des kleinsten gemeinsamen Nenners betreibt. Systematische empirische Erkenntnisse hierzu liegen nicht vor, sondern lediglich Untersuchungen einzelner

Bereiche. Hierunter finden sich allerdings Befunde, die der Umweltpolitik der EU ein hohes Niveau bescheinigen, das teilweise über dem der fortschrittlichsten Mitgliedstaaten liegt. Allerdings zeigen diese Untersuchungen auch, daß sich die oft äußerst komplexen umweltpolitischen Maßnahmen der EU kaum auf die schlichten Begriffe ‹hohe› und ‹niedrige› Standards oder ‹kleinster gemeinsamer Nenner› reduzieren lassen. Europäische Umweltpolitik ist kein Prozeß, in dem feststehende umweltpolitische Positionen der einzelnen Staaten im Rat unter Vermittlung der Kommission zu einem Kompromiß zusammengefügt werden. Vielmehr handelt es sich um eine gegenseitige Beeinflussung von Politikkonzeptionen und -strategien auf europäischer und auf nationaler Ebene. Die Notwendigkeit komplizierter Verhandlungen zwingt zwar einerseits die Kommission und die Mitgliedstaaten zu Kompromissen, vergrößert aber andererseits ihren Spielraum gegenüber den Verbänden, da die eigentlichen Verhandlungen vom Verbandseinfluß abgeschottet sind. Die europäische Umweltpolitik ist von allgemeinem Nutzen, bürdet die Kosten dafür aber nur einem kleinen Teil der Gesellschaft (meist betroffenen Unternehmen) auf. Industrieverbände haben deshalb ein massives Interesse daran, bestimmte Regelungen zu verhindern, während Umweltverbände lediglich durch den Schutz diffuser Allgemeininteressen motiviert sind. In dieser Situation agiert die Kommission häufig als politischer Unternehmer und kann gerade wegen ihrer Politikferne und ihres technokratischen Selbstverständnisses diese diffusen Interessen oft besser schützen als nationale Regierungen. So kann gerade die Institution, die wegen ihrer mangelnden demokratischen Verantwortlichkeit häufig kritisiert wird, diffuse Interessen schützen, die in vielen nationalen politischen Systemen über geringe Artikulationsmöglichkeiten verfügen.

4. Wesentlich für das Verständnis der europäischen Umweltpolitik ist, daß es sich um regulative Politik handelt. Im Gegensatz zu distributiver oder redistributiver Politik, die politische Effekte durch den Einsatz finanzieller Mittel zu erzielen suchen, bedient sich die regulative Politik vor allem des Rechts und bürdet eventuelle Kosten den Politikadressaten auf. Aus diesem Grund führt es in die Irre, die Wichtigkeit der Umweltpolitik nach ihrem Anteil am EU-Haushalt zu beurteilen. Umgekehrt sind gerade die im Vergleich zu nationalen Haushalten geringe Finanzausstattung der EU und die Tatsache, daß diese Mittel zum größten Teil für andere Politikfelder reserviert sind, Gründe dafür, daß die Kommission im Bereich der regulativen Politik aktiv geworden ist. Zunehmend wird allerdings die mangelnde Implementation der Umweltpolitik kritisiert, auch wenn wiederum systematische Studien fehlen, die nicht nur die rechtliche Umsetzung der Richtlinien betrachten. Es läßt sich mehr vermuten als belegen, daß europäische Umweltpolitik nicht grundlegend schlechter als nationale Umweltpolitik implementiert wird. So bewirken z. B. die – wenn auch beschränkten – Überwachungs- und Kontrollmöglichkeiten der Kommis-

sion, daß nationale Regierungen weniger leicht Kompromisse etwa mit bedrohten regionalen Industriezweigen über die laxere Anwendung umweltpolitischer Vorschriften schließen können.

Die Umweltpolitik im europäischen Mehrebenensystem stellt sich damit als ein komplexes Zusammenspiel unterschiedlicher Regelungssysteme in einem gemeinsamen institutionellen Rahmen, einem gemeinsamen Markt und einem gemeinsamen Rechtssystem dar, das sich trotz seiner Entstehungsgeschichte nicht auf die Beseitigung von Handelshemmnissen auf der Basis des kleinsten gemeinsamen Nenners reduzieren läßt.

↗ Binnenmarkt; Interessenvertretung.

Literatur: *Bueno de Mesquita, B./Stokman, F.N.* (Hrsg.) 1994: European Community Decision-Making. Models, Applications, and Comparisons, New Haven/London. *Caspari, S.* 1995: Die Umweltpolitik der Europäischen Gemeinschaft: eine Analyse am Beispiel der Luftreinhaltepolitik, Baden-Baden. *Europäische Kommission* 1992: Für eine dauerhafte und umweltgerechte Entwicklung. Ein Programm der Europäischen Gemeinschaft für Umweltpolitik und Maßnahmen im Hinblick auf eine dauerhafte und umweltgerechte Entwicklung, KOM (92) 23, Bd. II, 3.4. 1992. *Héritier, A.* u.a. 1994: Die Veränderung von Staatlichkeit in Europa. Ein regulativer Wettbewerb: Deutschland, Großbritannien, Frankreich, Opladen. *Hey, Ch./Brendele, U.* (Hrsg.) 1994: Umweltverbände und EG: Strategien, politische Kulturen und Organisationsformen, Opladen. *Holzinger, K.* 1994: Politik des kleinsten gemeinsamen Nenners? Umweltpolitische Entscheidungsprozesse in der EG am Beispiel der Einführung des Katalysatorautos, Berlin. *Liefferink, J.D./Lowe, Ph.D./Mol, A.P.J.* (Hrsg.) 1993: European Integration and Environmental Policy, London/New York. *Rehbinder, E./Stewart, R.* 1985: Environmental Protection Policy, Berlin/New York.

Markus Jachtenfuchs

Verbraucherpolitik

Verschiedene politische wie politikwissenschaftliche Überlegungen sprachen noch vor wenigen Jahren für die wenig erfreuliche Hypothese, daß mit den Initiativen zur Vollendung des europäischen Binnenmarktes auf den Verbraucherschutz neue Probleme zukommen werden. Die verbreitete Befürchtung, daß die Europäische Politik den nationalen Spielraum für regulative Maßnahmen im Verbraucherschutz einengen werde, ohne selbst willens oder in der Lage zu sein, entsprechende regulative Maßnahmen zu verabschieden, gipfelte in dem Szenario, daß sogar mit einem Absinken der national erreichten Verbraucherschutzstandards gerechnet werden müsse. Für regulative Maßnahmen sei eine allseitige Zustimmung (bzw. eine qualifizierte Mehrheit) erforderlich; eine solche Einstimmigkeit bzw. breite Zustimmung sei aber gerade bei regulativen Maßnahmen, die in den beteiligten Ländern unterschiedliche Kosten erzeugen, i.d.R. nicht oder nur für Maßnahmen, die den ‹kleinsten gemeinsamen Nenner› darstellen, zu erreichen. Ein Rückblick auf die wichtigsten Entwicklungsetappen der europäischen Verbraucherpolitik bietet allen Anlaß, diese überaus skeptische Einschätzung einer kritischen Prüfung zu unterziehen.

1. Obwohl der EWG-Vertrag keine speziellen Vorgaben für eine gemeinschaftliche Verbraucherpolitik enthielt, konnte sich in der Praxis bereits lange vor der Maastrichter Vertragsrevision, die eine gemeinschaftliche Verbraucherpolitik erstmals explizit festschreibt, eine gemeinschaftsweite Verbraucherpolitik entwickeln. 1972 billigte der Ministerrat fünf grundlegende Rechte der Verbraucher (Schutz der Gesundheit und der Sicherheit, Schutz der wirtschaftlichen Interessen, Recht der Verbraucher auf Information und Aufklärung, Recht der Verbraucher auf Wiedergutmachung und Vertretung sowie Mitwirkung der Verbraucher). Zugleich wurde die Kommission aufgefordert, einen Aktionsplan vorzuschlagen. 1975 wurde das erste und 1981 das zweite Verbraucherschutzprogramm verabschiedet. Obwohl die Legitimität der Europäischen Verbraucherpolitik von einzelnen Mitgliedstaaten in dieser Zeit noch angefochten wurde (z.B. mit Verweis auf den erreichten Bestand an nationalem Verbraucherschutz) und obwohl der Zwang zu einer einstimmigen Übereinkunft im Ministerrat die Verhandlungen übermäßig in die Länge zog, konnten noch vor der Verabschiedung der Einheitlichen Europäischen Akte (EEA) von 1987 erste europäische Richtlinien für den Verbraucherschutz (bezüglich der Sicherheit von Kosmetikprodukten, der hinreichenden, klaren und einheitlichen Nahrungsmittelkennzeichnung, der Haftung für fehlerhafte Produkte etc.) durchgesetzt werden.

Kurz nach der Veröffentlichung des Weißbuches zur Vollendung des Europäischen Binnenmarktes (1985) und noch vor der Verabschiedung der EEA lief ein drittes Programm zum Schutz der Verbraucher an, das die Bedeutung der Europäischen Verbraucherpolitik eng mit der Realisierung des Binnenmarktes verknüpfte. Dieses dritte Programm betonte die Absicht, die Rechtsvorschriften für den Binnenmarkt im Hinblick auf den Verbraucherschutz auf ein hohes Qualitäts- und Sicherheitsniveau zu bringen. Maßgeblich für das dritte Programm war die ‹neue Konzeption›, derzufolge die Rechtsvorschriften der Gemeinschaft nur die ‹grundlegenden Anforderungen› vorgeben sollen, die sodann durch die Europäischen Normeninstitute zu konkretisieren sind. Mit der ‹neuen Konzeption› ersetzte die EG ihre bis dahin etatistische Normungspolitik durch einen korporatistischen Modus der technischen Harmonisierung und wertete gleichzeitig die Europäischen Normungsverbände gegenüber den nationalen Normungsinstituten auf. Damit werden die europäischen Normenorganisationen faktisch zu Teilhabern europäischer Verbraucherpolitik.

Mit der Umsetzung der Maßnahmen des Weißbuches setzte sich zunehmend die Einsicht durch, daß die vorhandenen Unterschiede in den einzelstaatlichen Vorschriften und in den verbandlichen Regelwerken des Verbraucherschutzes nicht nur als nicht-tarifäre Handelshemmnisse interpretiert werden können, die einfach nur abgebaut werden müssen (Deregulierung). Die Unterschiede im Verbraucherschutz sind vielmehr auch dem variierenden Anspruchsniveau der einzelnen Mitgliedsländer geschuldet. Sofern nicht-tarifäre Handelshemmnisse vermieden werden sollen, ist letztlich eine gemeinschaftliche Harmonisierung von verbraucherpolitischen Regulierungen unverzichtbar, seien sie nun staatlich oder verbandlich formuliert (Reregulierung). Eine *Europäische Wirtschaftsgemeinschaft* ohne Handelsschranken muß aus dieser Perspektive zwangsläufig auch eine Gemeinschaft sein, die den Verbraucherinteressen ohne nationale Unterschiede Rechnung trägt.

2. Obwohl auch in der EEA noch auf die Festschreibung einer europäischen Verbraucherpolitik verzichtet wurde, schuf sie für die relevanten Akteure eine deutliche Verbesserung ihrer Handlungsmöglichkeiten. Die EEA sieht vor, daß viele Entscheidungen des Ministerrates mit qualifizierter Mehrheit getroffen werden können, was die Durchsetzbarkeit von Verbraucherschutzrichtlinien erleichtert. Zudem gewährt sie dem Europäischen Parlament, das generell als vergleichsweise verbraucherfreundlich gilt, weitergehende Zuständigkeiten und Kompetenzen im politischen Entscheidungsprozeß. Noch wichtiger dürfte indes die Einfügung des zusätzlichen Artikel 100a in den EWG-Vertrag gewesen sein, der sich in der Folgezeit als wegweisend erwies. Der Art. 100a Abs. 3 EWG-V schreibt vor, daß die Kommission bei ihren Richtlinien in den Bereichen Gesundheit, Sicherheit, Umweltschutz und Verbraucherschutz von einem ‹hohen Schutzniveau› auszugehen hat. Zur Vermeidung neuer Markthemmnisse wird diese Vorgabe durch die sog. Abweichklausel des Art. 100a Abs. 4 verstärkt, die das ‹hohe Schutzniveau› im Arbeits-, Verbraucher- und Umweltschutz verfahrenslogisch absichert. Die Konstruktion ist einfach: Will die Gemeinschaft verhindern, daß einzelne Mitgliedstaaten wegen wichtiger Erfordernisse des Arbeits-, Verbraucher- und Umweltschutzes im durch Art. 100a offengehaltenen Alleingang Regelungen durchsetzen, die dem Ziel des freien Binnenmarktes zuwiderlaufen würden, ist die Kommission bei ihren Maßnahmen zur technischen Harmonisierung dazu gezwungen, ihrerseits gemeinschaftsweit ein ‹hohes Schutzniveau› durchzusetzen. Der Gemeinsame Markt wird unter den Vorbehalt eines hohen Schutzniveaus im Verbraucherschutz gestellt, was die Verhandlungsposition der Verbraucherinteressen deutlich verbessert.

Die Harmonisierung des Verbraucherschutzes konzentriert sich seither auf die Festlegung der grundlegenden Sicherheitsanforderungen, denen die auf dem Markt ohne Grenzen in Verkehr gebrachten Produkte entsprechen müssen. Die Rechtsangleichung beschränkt sich dabei auf jene Anforderungen, bei denen das Prinzip der gegenseitigen Anerkennung von Rechtsvorschriften (und technischen Regeln) der Mitgliedstaaten nicht greifen würde, weil die Mitgliedstaaten auch nach der Rechtsprechung des Europäischen Gerichtshofes ohne harmonisierte Regelungen berechtigt wären, im nationalen Alleingang Schutzregelungen zu treffen, um das ‹Gemeinwohl› zu wahren.

Im Zuge der Realisierung des Binnenmarktes konnten nach der Verabschiedung der EEA zahlreiche Einzelrichtlinien für den Verbraucherschutz nach der ‹neuen Konzeption› (z.B. über die Sicherheit von Spielzeug, Sicherheitsanforderungen für Bauprodukte) und die wichtige Richtlinie über die allgemeine Produktsicherheit auf den Weg gebracht werden. Die Beispiele machen deutlich, daß sich mit den Maßnahmen zur Realisierung des Binnenmarktes zugleich der Stellenwert der Europäischen Verbraucherpolitik deutlich erhöhte. In verschiedenen Handlungsfeldern (z.B. im Bereich der Lebensmittelüberwachung oder im Bereich der Produktsicherheit) gewann die aktive Interessenvertretung der Verbraucher im Entscheidungsprozeß der Organe der EU (z.B. Parlament, Kommission, WSA) sowie der ‹privaten Regierungen› (z.B. der Normungsverbände) zunehmend an Gewicht. Die Kommission reagierte 1989 auf den Bedeutungszuwachs des Verbraucherschutzes mit einem Ausbau ihrer eigenen Kapazitäten (u.a. mit einem eigenständigen ‹Dienst Verbraucherpolitik›). Die Grundprinzipien der ‹neuen Konzeption› sowie die ersten Erfahrungen mit den Richtlinien und technischen Normen, die nach der neuen Konzeption verabschiedet wurden, sprechen gegen eine ausschließlich pessimistische Einschätzung der Europäischen Verbraucherpolitik. Die vorgegebenen Spielregeln sorgen dafür, daß die Kommission, die ja das alleinige Vorschlagsrecht für Verbraucherschutzrichtlinien innehat, an einer innovativen Politik auf ‹hohem Schutzniveau› interessiert sein muß.

3. Durch die Maastrichter Vertragsrevision hat der Europäische Verbraucherschutz einen weiteren Auftrieb erhalten. Der neue Gemeinschaftsvertrag sieht in dem neu geschaffenen Art. 129a EG-V vor, daß im Rahmen der Verwirklichung des Binnenmarktes nach Art. 100a EG-V Maßnahmen erlassen werden, um einen Beitrag zur Erreichung eines hohen Verbraucherschutzniveaus zu leisten. Darüber hinaus enthält Art. 129 EG-V auch die Vorgabe, daß die Gemeinschaft durch spezifische Aktionen dazu beitragen soll, die Politik der Mitgliedstaaten zum Schutz der Gesundheit, der Sicherheit und der wirtschaftlichen Interessen der Verbraucher und zur Sicherstellung einer angemessenen Information der Verbraucher zu unterstützen und zu ergänzen. Damit kann die Gemeinschaft auch unabhängig von der Vollendung des Binnenmarktes im Bereich des Verbraucherschutzes aktiv werden. Zwar mag die vielfach zu hörende Kritik, die Vision eines vereinigten Europas werde auf absehbare Zeit auf die Wirtschaftsintegration verkürzt, ihre Berechtigung haben. Eine solche Kritik blendet jedoch allzu schnell jene Chancen aus, die mit der Integration des Binnenmarktes für andere soziale und ökologische Ziele, auch für den Verbraucherschutz, bestehen. Die bisherige Integrationspolitik läßt, auch wenn sie sich vorrangig auf den Binnenmarkt konzentrierte, den Schluß zu, daß sie dem Verbraucherschutz zumindest neue Chancen eröffnet hat.

↗ Binnenmarkt.

Literatur: *Eichener, V./Voelzkow, H.* 1994: Ko-Evolution staatlicher und verbandlicher Strukturen auf supra-staatlicher Ebene – am Beispiel der Europäisierung des Arbeits-, Verbraucher- und Umweltschutzes, in: *Streeck, W.* (Hrsg.): Staat und Verbände (PVS-Sonderheft 25), Opladen, 256–290. *Falke, J.* 1991: Normungspolitik der Europäischen Gemeinschaften zum Schutz von Verbrauchern und Arbeitnehmern, in: *Ellwein, Th./Hesse, J. J./Mayntz, R./Scharpf, F. W.* (Hrsg.): Jahrbuch zur Staats- und Verwaltungswissenschaft, Bd. 3, Baden-Baden, 217–246. *Falke, J.* 1991: Technische Normung in Europa: Zieht sich der Staat wirklich zurück? in: *Winter, G.* (Hrsg.): Die Europäischen Gemeinschaften und das Öffentliche. Zentrum für Europäische Rechtspolitik an der Universität Bremen, ZERP-Diskussionspapier 7/91, Bremen, 79–125. *Joerges, C.* 1991: Markt ohne Staat? Die Wirtschaftsverfassung der Gemeinschaft und die regulative Politik, in: *Wildenmann, R.* (Hrsg.): Staatswerdung Europas? Optionen für eine Europäische Union, Baden-Baden, 225–267. *Joerges, C./Falke, J./Micklitz, H.-W./Brüggemeier, G.* 1988: Die Sicherheit von Konsumgütern und die Entwicklung der Europäischen Gemeinschaft, Baden-Baden. *Lawlor, E.* 1988: 1992. Größeres Angebot und Wirtschaftsaufschwung. Aufgabe der Europäischen Verbraucherpolitik. Kommission der Europäischen Gemeinschaften, Amt für amtliche Veröffentlichungen der Europäischen Gemeinschaften, Luxemburg. *Voelzkow, H.* 1996: Verhandlungssysteme zwischen organisierten Interessen und Staat. Eine steuerungs- und demokratietheoretische Analyse der Teilhabe organisierter Interessen an öffentlicher Politik – dargestellt am Beispiel der technischen Regelsetzung, Frankfurt a. M./New York.

Helmut Voelzkow

Verfassungsdebatte

Die Forderung nach einer Verfassung für das geeinte Europa ist längst vor der Schaffung der Europäischen Gemeinschaften (EG) erhoben, aber im Laufe der EG-Entwicklung mehrmals erneuert worden (*Lipgens* 1986); allerdings mit wechselnden Begründungen.

Nach 1945 (in Exil- und Widerstandsgruppen schon vorher) galt die Idee einer europäischen Verfassung als das positive Gegenbild zu autoritären, diktatorischen oder auf bloß faktischen Machtkonstellationen beruhenden (etwa hegemonialen) Europakonzeptionen. Zugleich war sie das Kontrastmodell zum ererbten, auf der nationalen Souveränität und dem Primat der Eigeninteressen beruhenden Staatensystem. Wollte man neuen Versuchen zum Sturz der Demokratie solidarisch entgegentreten, mußte man das Prinzip der Nichteinmischung in innere Angelegenheiten der Partnerstaaten überwinden und übernationalstaatliche Strukturen jenseits der bisherigen Völkerrechtsordnung anstreben. Dies waren vor allem Anliegen der ‹Europäischen Föderalisten›, die für die Errichtung eines europäischen Bundesstaates mit Hilfe einer Verfassunggebenden Versammlung plädierten. Eine von den Staaten selbst betriebene Integrationspolitik könne deren Souveränität kaum überwinden; die allmähliche Zusammenführung einzelner Politiken unter der Kontrolle der nationalen Regierungen müsse das Zentralziel der Europapolitik verfehlen.

Umgekehrt hielten Anhänger intergouvernementalistischer oder (neo) funktionalistischer Vorstellungen die Idee der Erarbeitung und Inkraftsetzung einer föderalen Verfassung für irreal und kontraproduktiv; es fehle an wesentlichen Voraussetzungen für ein übernationales demokratisches Verfassungsleben: am nötigen Maß eines die nationalen Identitäten überbietenden europäischen Gemeinsinns ebenso wie an einer tragfähigen, nationale Orientierungen relativierenden Interessenfusion.

Die mit der EGKS begonnene Integration konnte als pragmatische Alternative zum ‹Konstitutionalismus› verstanden werden, aber auch als ein Projekt der planmäßigen, schrittweisen Herbeiführung jener Voraussetzungen für eine künftige staatenübergreifende Verfassungsordnung (vgl. *Schneider* 1994).

In der EG-Politik tauchte das Verfassungsthema vor allem dann auf, wenn eine zuvor betriebene Integrationssequenz an ihr Ende kam, so daß ein neuer Anschub für nötig gehalten wurde, oder wenn der Eindruck bestand, das Integrationssystem habe sich in strukturellen Widersprüchen verfangen, aus denen ein ‹Ausbruch nach vorn› gefunden werden müsse. Entsprechende Initiativen führten aber, wenn sie nicht überhaupt auf der Ebene bloßer Wunschdeklarationen blieben, nur zu begrenzten Modifikationen des Integrationssystems, namentlich der institutionellen Ordnung. Im Zuge der Entwicklung wandelte sich jedoch der Sprachgebrauch: Im Blick auf die geltende Ordnung wurde es üblich, von einer Gemeinschaftsverfassung (und später, im Anschluß an den Vertrag von Maastricht, auch von einer Unionsverfassung) zu reden, zumal u. a. der Europäische Gerichtshof den Gründungsvertrag als die ‹Verfassungsurkunde› der Gemeinschaft bezeichnete (vgl. *Bieber* 1991: 394ff.). Unter dieser Voraussetzung wurde die Debatte dann über die ‹Fortbildung› der EG- bzw. EU-Verfassung geführt, vor allem da, wo man den Gedanken an einen Verfassungsevolutionsprozeß propagierte oder akzeptierte, etwa in Verbindung mit der Charakterisierung des EP als einer ‹verfassungsentwickelnden Versammlung›.

Schließlich kann das Projekt einer Neugestaltung der Verfassung der EU/EG auch damit begründet werden, daß die dynamische Eigenart der ursprünglichen EWG-‹Planungsverfassung› (*C. F. Ophüls*) zu einer problematischen Konstellation geführt habe: Planungsziele wie die Durchsetzung der Marktfreiheiten bei unverzerrtem Wettbewerb seien festgelegt, und ihre Verwirklichung von den Organen sozusagen ohne Rücksicht auf nationale Sanktuarien aufgetragen und vorangetrieben worden. Dies habe wiederum Furcht vor einem eurokratischen Zentralismus ausgelöst, so daß statt einer balancierten Ordnung ein sachlich und politisch kostspieliger Antagonismus von Integrationsmotorik und Bremskinetik zustande gekommen sei – vergleichbar der gleichzeitigen oder begrenzt zeitversetzten Betätigung von Gashebeln und Bremspedalen. In dieser Sicht kann eine Verfassunggebung auch als Paradigmenwechsel von einem auf Dynamik angelegten Planungssystem zu einer ausgewogenen ‹Ordnungsverfassung› projektiert werden; in diesem Fall ist das Projekt kein Vehikel zur einseitigen Stärkung und Mehrung supranationaler Macht, sondern dient u. U. umgekehrt zu deren Begrenzung und Bindung, so daß dann z. B. auch die Operationalisierung des Subsidiaritätsprinzips erleichtert wird (*Schneider* 1994).

I. *Bisherige Verfassungsprojekte*: Seit Beginn der EG-Integration gab es vor allem drei bedeutsame Verfassungsinitiativen: (1) Entwurf eines Statuts der *Europäischen Gemeinschaft*, verabschiedet von der ‹*Ad-hoc*-Versammlung› am 10. März 1953; (2) Entwurf eines Vertrages zur Gründung der *Europäischen Union*, verabschiedet vom Europäischen Parlament (EP) am 14. Februar 1984; (3) Entschließung des EP zur Verfassung der *Europäischen Union* vom 10. Februar 1994.

Die 1961/62 erörterten Vertragsentwürfe für eine ‹Politische Union› (die sog. *Fouchet*-Pläne; Texte: *Lipgens* 1986: 426 ff.; *Weidenfeld* 1991: 283 ff.) gehören nur unter Vorbehalt in diese Reihe; mit der entsprechenden Initiative wollte die gaullistische Regierung Frankreichs die EG sozusagen unter intergouvernementale Kuratel stellen, d. h. den Verfassungscharakter der Gemeinschaftsordnung relativieren.

Die Initiative zum Verfassungsentwurf von 1953 ging von den Regierungen aus; das EVG-Projekt warf die Frage nach der politischen Verantwortung für eine supranationale Armee auf; es kam zum Auftrag an die auf den Umfang des vorgesehenen EVG-Parlaments erweiterte *Ad-hoc*-Versammlung der EGKS, ein Statut für eine ‹Europäische Politische Gemeinschaft› zu entwerfen, und zwar «in Form eines bundesstaatlichen oder staatenbündischen Gemeinwesens». Die (verteidigungs-)politische Entwicklung schien zur politischen Einigung zu nötigen, bevor die erstrebten Effekte der Wirtschaftsintegration (die Solidarisierung durch ökonomische Interessenverflechtung als vorläufiger Ersatz für eine politische Identitätsbildung) wirksam werden konnten. Das Resultat (Text: *Lipgens* 1986: 335 ff.; *Weidenfeld* 1991: 251 ff.) schillert zwischen föderaler und konföderaler Struktur. Ob sich die Konstruktion im Fall der Inkraftsetzung bewährt hätte, ist zweifelhaft. Zum Test kam es nicht; mit dem Scheitern des EVG-Projekts verschwand auch das Vorhaben der ‹Politischen Gemeinschaft› von der Tagesordnung.

Der Entwurf von 1984 (Text: *Lipgens* 1986: 711 ff.; *Weidenfeld* 1991: 354 ff.) ging auf den Institutionellen Ausschuß des EP zurück. Das seit 1979 direkt gewählte Parlament, durch die Erfahrung der ‹Eurosklerose› und seiner geringen politischen Mitgestaltungschancen frustriert, versuchte der Integration einen neuen Anstoß zu geben. Formell entwarf man einen völkerrechtlichen Gründungsvertrag; der Verfassungscharakter war aber klar. Die inhaltliche Determination sollte Sache des Parlaments – also der Völkervertretung –, nicht einer Regierungskonferenz sein. Die Annahme und Inkraftsetzung eines entsprechenden Vertrags war von vornherein unwahrscheinlich; die Initiative wirkte indirekt dennoch anregend, nämlich auf die zur Einheitlichen Europäischen Akte (EEA) von 1986 führende Regierungspolitik.

Das EP legte 1994 erneut einen Verfassungsentwurf vor. Er stellt substantiell einen echten Verfassungstext dar; föderale Merkmale sind unverkennbar, obschon Termini wie ‹Bundesstaat› sorgsam vermieden wurden; allerdings wird die Vorlage vom EP als ‹Diskussionsanstoß› charakterisiert (Text: *Europäisches Parlament* 1994). Das seither neugewählte EP zögerte, sich das Projekt zu eigen zu machen, übernahm aber wichtige Elemente in seine Stellungnahme zur Vorbereitung der Regierungskonferenz 1996. Das gilt z. B. für die Forderung nach einem EP-Zustimmungsrecht zu Vertragsänderungen; seine Einführung würde den Verfassungscharakter der Unionsordnung stärken, da dann die Mitgliedstaaten nicht mehr als ‹Herren der Verträge› agieren könnten.

Die drei Entwürfe weisen Gemeinsamkeiten, aber auch Unterschiede auf: (1) Die in Verfassung zu bringende Gemeinschaft bzw. EU soll in allen drei Entwürfen eine doppelte Legitimität erhalten, die sich sowohl auf die Völker als auch auf die Staaten stützt. (2) Sie soll in die Lage versetzt werden, die ihr von Verfassungs wegen übertragenen Aufgaben eigenständig zu bewältigen, ist aber in der Determinierung und Durchführung ihrer Politik auf die Mitwirkung der Mitgliedstaaten angewiesen. (3) Die Ziele und Aufgaben werden prinzipiell sehr weit gefaßt, aber es wird das Erfordernis ausdrücklicher Akte der Kompetenzübertragung an die Gemeinschaft statuiert. (Die Zuständigkeit für die Herstellung eines Gemeinsamen Marktes sowie für die Harmonisierung der Währungs-, Kredit- und Finanzpolitik überträgt schon der Entwurf 1953 der Gemeinschaft.) Die Entwürfe von 1984 und 1994 unterscheiden ausschließliche und konkurrierende Zuständigkeitsbereiche sowie Aufgaben, die im Weg der Zusammenarbeit zwischen den Mitgliedstaaten erfüllt werden. (4) Auf Unionsebene wird ein Regierungssystem mit einem Zweikammernparlament entworfen; der Entwurf von 1953 sah eine Völkerkammer und einen Senat vor (dessen Mitglieder von den nationalen Parlamenten gewählt werden sollten), wohingegen ein Rat der nationalen Minister – ohne Gesetzgebungskompetenz – für die Harmonisierung von Gemeinschafts- und mitgliedstaatlicher Politik sorgen sollte (die EGKS-Konstruktion stand Pate); die Entwürfe 1984 und 1994 sprechen sich dagegen für die Umfunktionierung des EG-Rats zu einer mit dem EP gleichberechtigten Staatenkammer aus. (5) Unterschieden werden 1984 und 1994 Organgesetze (die die Aufgaben und Arbeitsweisen der Institutionen bzw. interne Kompetenzübertragungen regeln und mit größeren Mehrheiten beschlossen werden müssen) und gewöhnliche bzw. ordentliche Gesetze. Der Entwurf von 1994 sieht zudem Verfassungsgesetze vor, die eine noch breitere Zustimmungsbasis benötigen; zusätzliche zielkonforme Kompetenzübertragungen an die Union sollen aber durch bloße Organgesetze erfolgen können, ohne ein Verfassungsgesetz, ganz zu schweigen von mitgliedstaatlichen Ratifikationsprozeduren; der Union kommt also eine Art Kompetenzkompetenz zu, deren Wahrnehmung allerdings erst nach einer Übergangsfrist zulässig ist. (6) Die Exekutive liegt jedesmal in der Hand eines parlamentarisch verantwortlichen Organs, zu dem man 1984 und 1994 die Kommission umgestalten wollte. Die Wahrung des Rechts obliegt einem Gerichtshof. Die Entwürfe von 1984 und 1994 sehen außerdem den Europäischen Rat als Unionsorgan vor; gemäß dem Entwurf von 1984 ist er für Beschlüsse zur Zusammenarbeit sowie über die Ausweitung der Unionszuständigkeiten verantwortlich, gemäß dem Entwurf von 1994 lediglich für die Festlegung allgemeiner politischer Leitlinien, allerdings unter Mitwirkung des EP. (7) Der Entwurf von 1994 enthält erstmals einen Grundrechtekatalog.

Zu den prinzipiellen Gemeinsamkeiten der erwähnten Verfassungsprojekte und der darüber geführten Debatten zählen die Ausrichtung auf eine föderale Finalität unter Verzicht auf die direkte Proklamation bundesstaatlicher Terminologie; die vollständige Übernahme des ‹gemeinschaftlichen Besitzstandes› und die Tendenz zur fortgesetzten Ausweitung supranationaler Zuständigkeiten und Machtmittel, trotz prinzipieller Bekenntnisse zu Subsidiarität und Verhältnismäßigkeit; die relativ weitgehende Orientierung an Strukturmodellen des Bundesstaates und des parlamentarischen Regierungssystems sowie die starke Ausrichtung des Interesses auf das Institutionensystem, auf Kosten von Diskussionen über die politischen Kultur- und Traditionsvoraussetzungen für ein gedeihliches Wirken.

II. *Probleme der Verfassungspolitik*: Sollten in Zukunft erneut Verfassungsdebatten in Gang kommen, dann wird sich eine ganze Reihe von Themen und Problemen stellen. Bezüglich der Erfolgschancen dürfte es kaum ausreichen, daß Unionsorgane oder Staatenkonferenzen sich auf eine bestimmte Konzeption einigen, die insbesondere die Qualität der Union, die Aufgabenverteilung zwischen ihr und den Staaten, das Institutionensystem und die Verfahrensregeln beinhaltet. Man wird wohl das Augenmerk, auch in der akademischen und öffentlichen Diskussion, stärker auf die Interessen-, Macht- und Kulturkonstellation richten müssen, innerhalb derer die Union politisch existieren und erfolgreich wirken soll. Um der Akzeptanz und der Demokratiequalität einer Unionsverfassung willen ist die Bewußtseinslage der Bürgerinnen und Bürger besonders wichtig.

Die Auseinandersetzungen um Implikationen und Konsequenzen des Maastrichter Vertragswerks (bis hin zum *Raisonnement* im Anschluß an Volksabstimmungen und Verfassungsgerichtsurteile) machen bewußt, daß die bisherigen Verfassungsdebatten von einem institutionalistischen *Bias* geprägt waren. Die anfänglich übliche Gegenüberstellung von internationaler und supranationaler Finalität (bzw. die Alternative zwischen völkerrechtlichem und staatsrechtlichem Charakter der Integrationsgemeinschaft als Zielbilder der Integrationspolitik) scheint durch die reale Entwicklung überholt; im heutigen Politischen System der EG/EU sind intergouvernementale, (neo-)korporatistische, konföderale, föderale und unitarisch-zentralistische Struktur- und Funktionselemente so miteinander verknüpft, daß das System als Ganzes jene Alternative längst hinter sich gelassen hat. Dennoch bleibt sie relevant, denn das System der EU/EG stellt sich unterschiedlich dar, je nachdem welches Vorverständnis man zugrunde legt: das des Staatenverbundes, dessen Struktur und Funktion sich unter der Kontrolle der Mitgliedstaaten befinden, oder das des bereits mit echten Verfassungsqualitäten ausgestatteten politischen Gemeinwesens, dessen Subjekte nicht mehr nur die Staaten, sondern auch die Bürger sind. Die Diskrepanz der Sichtweisen des deutschen Bundesverfassungsgerichtes einerseits, des EP und des Europäischen Gerichtshofs andererseits zeigt das auf.

Die Frage nach der Verfassungsqualität – sowohl als Frage nach einer wünschenswerten Zielqualität der EU wie auch als Frage nach der Qualität der real existierenden Unions-‹Verfassung› – wirft die Frage nach dem Verfassungsbegriff selbst auf. Es gibt nach wie vor die Idee: «Wo kein Staat, da keine Verfassung, und wo kein Staatsvolk, da kein Staat» (Bundesverfassungsrichter *P. Kirchhof*, in: *Europäische Kommission* 1994: 59). So gesehen ermöglicht erst die Schaffung eines supranationalen Staates eine echte Unionsverfassung. Dann aber kann man sich die Verfassunggebung – zumindest im Horizont demokratischer Ordnung – kaum anders vorstellen als im Weg der Wahrnehmung der verfassunggebenden Gewalt durch so etwas wie eine europäische Nation (auch wenn diese zunächst durch die Staaten als Gründungsvertragspartner vertreten werden mag). Unter diesen Prämissen wäre umgekehrt die Schaffung einer Unionsverfassung, ohne daß es eine solche Super-Nation (schon) gibt, die Aufhebung der Demokratie durch die Irrelevanzerklärung ihres autoritativen Kollektivsubjekts.

Wer im Gegensatz dazu eine alsbaldige EU-Verfassunggebung bejaht, auch ohne die Existenz einer europäischen Super-Nation zu unterstellen, geht davon aus, daß es in einem europäischen politischen Gemeinwesen supranationale Hoheitsgewalt geben muß, aber nur ‹von Verfassungs wegen› geben darf; die Verfassungsqualität der Unionsgrundgesetze impliziert, daß die Mitgliedstaaten nicht mehr über sie verfügen können; der völkerrechtliche Charakter der Unionsrechtsordnung würde durch einen anderen, eher föderalen, abgelöst, selbst wenn man der Union selbst damit noch nicht Staatsqualität (z. B. Kompetenzkompetenz) zuschriebe.

Mit dem normativen Primat der Verfassung ist noch ein weiteres Problem der Verfassungsqualität verknüpft: die Verfassung ist formell und materiell änderungsresistenter als andere Rechtsnormen und in gängiger Sicht eher Prämisse als Objekt des regulären politischen Prozesses. Wird dies nicht auf den Kopf gestellt, wenn man im Sinne des Wortes von der ‹immer engeren Union› oder von der ‹Europäischen Union als Prozeß› von einer *constitutio emergens*, von einem Verfassungsentwicklungsprozeß ausgeht, der weder im Hinblick auf seine künftige Zeiterstreckung noch in bezug auf seine Finalität Bindungen unterliegt? Bedeutet das nicht eine Denaturierung des Verfassungsbegriffs?

Die skizzierten Probleme sind wichtig, sollten aber aus den folgenden Gründen nicht überbewertet oder gar verabsolutiert werden: (1) Verfassungen werden nur in der Perspektive eines bestimmten Vorverständnisses als Instrumente und Ausdrucksmedien einer vorgegebenen Substanz (etwa der einer ‹Nation›) begriffen; sie können auch die Funktion haben, die politische Einheit eines Gemeinwesens in Prozessen der Selbstvergewisserung und der Willensbildung erst zustande zu bringen. (2) Im demokratischen Verfassungsstaat ist der *pouvoir constituant* nicht etwa mit der Inkraftsetzung der Verfassung schlichtweg untergegangen, sondern kann wieder aktiv werden, wenn auch nicht im politischen Alltagsprozeß. So wie im ‹Verfassungsorgan Volk› irgendwie auch die verfassunggebende Kraft präsent ist (*E. W. Böckenförde*), kann sich auch in einem föderalen Gemeinwesen, dessen *pouvoir constituant* nicht *une et indivisible* ist, sondern komplexen Charakter hat, dieser *pouvoir constituant* als komplexes Miteinander der nationalen Bürgergemeinschaften und der nationenübergreifenden Bürgergemeinschaft institutionalisiert geltend machen. (3) Die moderne Verfassungstheorie weiß, daß es auch im Staat eine Dialektik statischer und dynamischer Verfassungsnormativität gibt: Verfassungen sind ausdrücklichen und unausdrücklichen Anpassungs- und Wandlungsprozessen ausgesetzt – abgesehen davon, daß schon in der Französischen Revolution die Idee periodisch stattfindender Verfassungsrevisionskonvente entwickelt wurde. Das alles heißt: man sollte in den Begriff der Verfassungsqualität der EU nicht mehr hineinlegen, als sachlich geboten ist (ihn z. B. nicht zum Kriterium für einen Staatscharakter hochstilisieren).

Bei der Betrachtung der Debatte ist es unerläßlich, das jeweilige Vorverständnis – der politischen Akteure, der publizistischen Beobachter und Kommentatoren, und erst recht der wissenschaftlichen Analytiker und Theoretiker – zu reflektieren und u. U. zu relativieren: Die Probleme einer Europäischen Verfassung stellen sich z. B. im Rahmen britischen oder französischen Verfassungsdenkens anders dar als in deutscher Perspektive. Erst im Horizont dieser Problemsicht lassen sich die folgenden Fragen theoretisch zulänglich behandeln (wenngleich in der vorwissenschaftlichen, politischen Debatte die hinter diesen Fragen stehenden Grundprobleme oft unreflektiert bleiben, was zweckmäßig sein kann):

(1) Es stellen sich die Fragen, welche Aufgaben- und Befugnisverteilung auf die verschiedenen Ebenen der politischen Aufgabenwahrnehmung erstrebenswert und akzeptanzfähig ist, d. h. ob eine inhaltliche Revision der Zuweisung von Aufgaben an die verschiedenen Entscheidungs- und Handlungsebenen angezeigt ist; welche Argumente für Konstruktionen einer klaren Alternativ- und Komplementärzuordnung einerseits, einer Mischung unter Einschluß von Verbundstrukturen andererseits sprechen;

inwieweit das bisher maßgebliche Prinzip der begrenzten Einzelermächtigung modifizierungsbedürftig ist.

(2) Es ist ferner zu fragen, was es im Rahmen der EU-Verfassungspolitik bedeutet, die Regelung der Aufgaben- und Kompetenzverteilung zwischen der nationalen (mitgliedstaatlichen) und einer eventuellen subnationalen (regionalen) Ebene aufzugreifen. Wäre ein ‹Europa der Regionen› ein ernsthaftes Projekt europäischer Verfassungspolitik? Würde es einen Eingriff in die mitgliedstaatliche Verfassungsautonomie implizieren und damit eine Vorentscheidung zugunsten einer Bundesstaatsordnung darstellen? Kann eine ‹Europäische Union›, deren Verfassung die Achtung der Identität der Mitgliedstaaten proklamiert, sich darüber hinwegsetzen, daß für manche von ihnen der unitarische Charakter ein Identitätselement bildet? In Verbindung mit solchen Fragen wird auch die operable (und justiziable) Fassung des Subsidiaritätsprinzips diskutiert werden müssen.

(3) Des weiteren ist zu erörtern, welches Regierungssystem für die Union als erstrebenswert erscheint, da a) die Einführung eines klassischen parlamentarischen Regierungssystems herrschender Lehre zufolge mit der Etablierung einer bundesstaatlichen Ordnung verbunden wäre; b) neben dem klassischen parlamentarischen Regierungssystem auch Optionen für andere Regierungssysteme konstitutioneller Demokratie denkbar wären (etwa ein Konkordanzsystem in Abwandlung des Schweizer Bundesratsmodells oder ein Präsidialsystem, bei dem die Präsidialgewalt aber nicht unbedingt in den Händen einer natürlichen Person liegen müßte); c) die Akzeptanz eines politischen Systems durch die Bürgerinnen und Bürger auch davon abhängt, daß sie in der Gestalt dieses Systems vertraute und damit vertrauenerweckende Züge wiedererkennen können.

(4) Welche Prinzipien, Strukturen und Prozeduren der Legitimitätssicherung können auf welche Weise genutzt werden? Die Idee, ‹Parlamentarisierung› sei die einzige Strategie der Demokratisierung, ist kurzschlüssig; zugleich wäre zu bedenken, in welchem Sinn und unter welchen Prämissen Demokratisierung die einzige Weise der Legitimitätssicherung sein kann.

(5) Wie ist eine Ausgewogenheit von Einheitlichkeit und Übersichtlichkeit einerseits, Differenzierung und Anpassung an Besonderheiten andererseits realisierbar? Diese Frage läßt sich in mehrere Perspektiven hineinprojizieren: a) Die Maastrichter Drei-Säulen-Konstruktion der EU (EG/EKGS/Euratom – GASP – Innen- und justizpolitische Zusammenarbeit) kann nicht unbedingt als der Weisheit letzter Schluß gelten. Die Konturen einer Gesamtarchitektur, etwa durch eine (stufenweise) Einbeziehung der Aufgabenbereiche der zweiten und dritten Säule in die EG sind noch völlig offen. b) Ebensowenig geklärt ist, ob – insbesondere im Rahmen der EG – eine Vereinfachung der prozeduralen Vielfalt (z. B. der Verzicht auf das Normsetzungsverfahren der ‹Zusammenarbeit› zugunsten der ‹Mitentscheidung›) sinnvoll ist. c) Zu prüfen ist ferner, welche verfassungspolitischen Implikationen sich bei der Verwirklichung von Konzeptionen einer

differenzierten Integration ergeben (etwa im Falle einer Kerneuropa-Konzentrationspolitik sowie im Blick auf die Problematik von Erweiterung und Vertiefung).

(6) Schließlich drängt sich die Frage auf, welcher Stil, welche Methodik der Verfassungspolitik angemessen ist und ob die Weiterentwicklung der EU, wie bisher, als Sache mehr oder minder vertraulicher Beratungen und Verhandlungen von Vertretern oder Vertrauensleuten der Regierungen bewerkstelligt werden kann – so, daß das Ergebnis dann in Vertragsform gegossen und daraufhin der Öffentlichkeit vorgestellt sowie mit Hilfe einer Informations- und Werbekampagne ‹akzeptanzfähig› gemacht wird. Die Verfassungsdebatte hat ihre Zukunft noch vor sich.

↗ Erweiterung und Vertiefung der Europäischen Union; Integrationstheorien; Politisches System der Europäischen Gemeinschaft; Wahlrecht und Wahlsystem.

Literatur: *Bieber, R.* 1991: Verfassungsentwicklung und Verfassungsgebung in der Europäischen Gemeinschaft, in: *Wildenmann, R.* (Hrsg.): Staatswerdung Europas?, Baden-Baden, 393–414. *Europäische Kommission/Vertretung in der BRD* (Hrsg.) 1994: Europäische Gespräche 2/94: Die künftige Verfassungsordnung der Europäischen Union, Bonn. *Europäisches Parlament*: Entschließung zur Verfassung der Europäischen Union vom 10. 2. 1994, Dok. PE 179622, verbunden mit dem Bericht Herman, Dok. PE A3–64/94. *Frowein, J. A.* 1992: Verfassungsperspektiven der Europäischen Gemeinschaft, in: *Schwarze, J.* (Hrsg.): Markt, Staat, Gemeinschaft, Baden-Baden, 62–77. *Kielmannsegg, P. Graf*: Integration und Demokratie, in: *Jachtenfuchs, M. Kohler-Koch, B.* (Hrsg.): Europäische Integration, Opladen. *Läufer, T.* (Hrsg.) [3]1994: Europäische Union, Europäische Gemeinschaft. Die Vertragstexte von Maastricht mit den deutschen Begleitgesetzen, Bonn. *Lipgens, W.* 1986: 45 Jahre Ringen um die Europäische Verfassung, Bonn. *Schneider, H.* 1994: Föderale Verfassungspolitik für eine Europäische Union, in: *ders./Wessels, W.* (Hrsg.): Föderale Union – Europas Zukunft?, München, 21–50. *Weidenfeld, W.* (Hrsg.) 1991: Wie Europa verfaßt sein soll – Materialien zur Politischen Union, Gütersloh.

Heinrich Schneider

Verkehrs- und Telekommunikationspolitik

Grenzüberschreitender Verkehr von Personen, Gütern und Nachrichten erforderte schon früh Regelungen, die vorwiegend auf völkerrechtlicher Basis durch bilaterale Abkommen, teilweise auch multilateral durch Gründung internationaler Organisationen getroffen wurden. Derartige Übereinkommen widmeten sich vorrangig wettbewerbsrechtlichen Fragen (*Basedow* 1989) und Problemen der technischen Harmonisierung von Schnittstellen. Nur im Falle der Rheinschiffahrt kam es mit der Mannheimer Akte von 1868 und der Gründung der Zentralkommission für die Rheinschiffahrt (ZKR) zu einer multilateral vereinbarten Marktordnung, welche auf den Prinzipien der Nichtdiskriminierung von Ausländern und des freien Marktzutritts von Anbietern beruht. Im Straßenverkehr dominierten zwischenstaatliche Absprachen des Marktzugangs im grenzüberschreitenden Verkehr und der Ausschluß von Binnentransporten durch Gebietsfremde (*Kabotage*). Im Eisenbahnverkehr galten überwiegend netzbezogene Bedienungsmonopole, während im Seeschiffsverkehr das völkerrechtliche Prinzip der Freiheit der Meere erst nach dem II. Weltkrieg zunehmend durch einseitige oder bilaterale Vorbehalte eingeschränkt wurde. Der Luftverkehr war ebenso wie der Straßenverkehr lange Zeit durch ein enges Geflecht vorwiegend bilateraler Verträge geregelt, obwohl es in beiden Fällen in den 40er Jahren Versuche multilateraler europa- oder weltweiter Regulierung gab. Somit mußte zur Zeit der Gründung der *Europäischen Gemeinschaft für Kohle und Stahl* (EGKS) und der *Europäischen Wirtschaftsgemeinschaft* (EWG) von einer weitgehenden, vertraglich fixierten Zersplitterung internationaler Verkehrsmärkte ausgegangen werden, was den Zielen der Gemeinschaften, insbesondere der Schaffung der vier Freiheiten im Rahmen des EWG-V, widersprach. Daran änderte die Gründung einiger internationaler Organisationen, z. B. der UN-*Wirtschaftskommission für Europa* (ECE), gegründet 1947 mit eigenem Binnenverkehrsausschuß, der *Europäischen Verkehrsministerkonferenz* (CEMT, 1953) und der *Europäischen Kommission für die Zivilluftfahrt* (ECAC, 1955), nichts. Die Arbeitsergebnisse blieben geprägt von ihrem Charakter als intergouvernementale Organisationen in einem Wirtschaftssektor, der auch ohne weitreichende Konzertierung auf der Basis *ad hoc* geschlossener Abkommen mehr oder weniger funktionierte.

I. *Straßen-, Binnenschiffs- und Schienenverkehr*: Aufgrund der vorherrschenden Vorstellung von der wettbewerblichen Besonderheit des Verkehrs, welche sich auf der Ebene der einzelnen Staaten in regulativen Eingriffen zur Vermeidung von Marktversagen (Abschottung von Teilmärkten, Kapazitätsbeschränkungen und staatlich veranlaßte oder geduldete Eingriffe in die freie Preisbildung) niedergeschlagen hatte und die Interessen der staatlichen Eisenbahnen und der etablierten privaten Fuhrunternehmer zur Geltung brachte, konnten sich die vertragsschließenden Parteien nicht dazu durchringen, den Verkehr als gewöhnliche Dienstleistung anzusehen. Es wurde jedoch mit Art. 74-84 EWG-V eine gemeinsame Verkehrspolitik beschlossen, die auf die Herstellung der Dienstleistungsfreiheit im Verkehrswesen zielte. Wie dieses Ziel, das ähnlich bereits im EGKS-V für den Montanbereich festgelegt worden war, zu erreichen sei, blieb ebenso offen wie die Frage nach einer von verschiedenen Akteuren als Ausgleich für die Marktöffnung geforderten Harmonisierung der Wettbewerbsbedingungen.

Die Versuche, zu einer gemeinsamen Verkehrspolitik zu gelangen, lassen sich in mehrere Phasen einteilen, wobei als wichtige Zäsuren oft die Jahre 1973 (Norderweiterung der Gemeinschaft), 1985 und 1993 (Start und weitgehender Abschluß des Binnenmarkt-Gesetzgebungsprogramms) genannt werden. (1) In der ersten Phase, die bis 1973 andauerte, versuchte die

Kommission den Rat vor allem zum Beschluß von Maßnahmen zur Deregulierung der Märkte und Harmonisierung der Wettbewerbsbedingungen im Straßen- und Binnenschiffsverkehr (außerhalb der Rheinschiffahrt) zu bewegen, was weitgehend mißlang. Die Gründe liegen in den Verfahrensregeln und den spezifischen Interessenkonstellationen: Zum einen wurde die im EWG-Vertrag auf zwölf Jahre begrenzte Einstimmigkeitsregel *de facto* bis in die 80er Jahre hinein befolgt, zum anderen verfolgten die Mitgliedstaaten gegenläufige Strategien zur Unterstützung ihrer Verkehrswirtschaft. So haben die Niederlande als kleines Land in EG-Randlage traditionell den Export von Güterverkehrsdienstleistungen auf Straße und Wasserweg gefördert und international eine Deregulierung der Märkte verfochten. Die Bundesrepublik Deutschland mit ihrer hohen Transitbelastung bei gleichzeitiger Unterdeckung der Wegekosten besonders durch ausländische Verkehrswegenutzer präferierte dagegen eine Marktabschottung zugunsten der Staatsbahn wie auch der heimischen privaten Verkehrsanbieter und trat international für eine Harmonisierung der Wettbewerbsbedingungen als Voraussetzung einer wie auch immer gearteten Marktöffnung ein. (2) Die zweite Phase ist von Versuchen der Kommission bestimmt, eine über die reine Marktordnung hinauszielende Perspektive des ‹gemeinsamen Verkehrssystems› einzunehmen und durch Vorschläge in den Bereichen Infrastruktur, Sozialpolitik, Regionalpolitik und Raumordnung neue Möglichkeiten des Interessenausgleichs im Sinne einer europäischen Regulierung in die Verkehrspolitik zu bringen. Wie schon zuvor lehnte es der Rat ab, sich auf mehrjährige Maßnahmenprogramme festzulegen. Zentrale Fragen der Marktordnung blieben blockiert, doch es gelang ein Einstieg in die Ausweitung von gemeinschaftsweit gültigen LKW-Kontingenten und in die gemeinschaftliche Infrastrukturplanung. (3) Das Europäische Parlament (EP) leitete 1983 mit seiner Untätigkeitsklage gegen den Rat den Übergang zur dritten Phase ein. Sowohl die Rechtsprechung des Europäischen Gerichtshofes (EuGH), der die Vertragswidrigkeit der Verschleppungspolitik feststellte und das Junktim zwischen Marktöffnung und Harmonisierung der Wettbewerbsbedingungen verwarf, als auch die Lancierung des Binnenmarktes und nicht zuletzt die Bereitschaft zur Anwendung des Mehrheitsprinzips bewirkten einen Wandel. In kurzer Zeit, d. h. bis Ende 1993, konnten die Abschaffung mengenmäßiger Kapazitätsbeschränkungen, die freie Preisbildung und die Zulassung der *Kabotage* (im Güterkraftverkehr mit einer verlängerten Umsetzungsfrist bis 1998) – kurz die Dienstleistungsfreiheit in den genannten Teilsektoren und im grenzüberschreitenden Busverkehr – realisiert werden. Darüber hinaus wurde die Neuordnung der Beziehungen zwischen öffentlichen Verkehrsunternehmen, besonders Eisenbahnen, und ihren Eigentümern in Angriff genommen. Hierbei ging es um das Aufbrechen nationaler Monopole zugunsten konkurrierender Anbieter. Es gab ferner einige Fortschritte im Bereich der Harmonisierung der Wettbewerbsbedingungen, ohne die es kaum zur Zulassung der *Kabotage* im Güterkraftverkehr gekommen wäre.

II. *Luft- und Seeschiffsverkehr*: Die in den 50er und 60er Jahren ergriffenen Initiativen zwischen einigen europäischen Luftlinien und/oder Staaten hatten die bestehende Praxis staatlicher Genehmigung der durch Luftgesellschaften kartellartig abgesprochenen Flugtarife nicht zu modifizieren vermocht. Erst als diese durch den Europäischen Gerichtshof (EuGH) 1986 als mit dem Vertrag unvereinbar eingestuft wurde und wenig später durch die Einheitliche Europäische Akte (EEA) die Entscheidungsregel in diesen Sektoren zugunsten der qualifizierten Mehrheit abgeändert wurde, erfolgte der Durchbruch. Auf Vorschlag der Kommission erließ der Rat in drei Paketen zwischen 1987 und 1992 eine relativ liberale Luftverkehrsmarktordnung. In der Seeschiffahrt galt es, die Einbindung der Mitgliedstaaten in ein internationales Regelwerk zu berücksichtigen. Während ab 1986 die Dienstleistungsfreiheit im grenzüberschreitenden Verkehr zwischen Mitgliedstaaten sowie zwischen Mitglied- und Drittstaaten eingeführt wurde, konnte Einigung über die *Kabotage* erst 1992 erzielt werden.

III. *Telekommunikation*: Lange Zeit beschränkte sich der im EWG-V nicht gesondert erwähnte Telekommunikationssektor weitgehend auf das (kabelgebundene) Telefonwesen und war in Europa fest in den Händen staatlicher Gesellschaften, die ihrerseits nicht selten Teil der allgemeinen Postverwaltung waren. Diese ließen Netze und Endgeräte durch nationale Hauslieferanten bauen, betrieben die Netze selber und rechneten die angebotenen Dienste unter Einbeziehung beträchtlicher Quersubventionen zugunsten anderer Sparten ab. Intergouvernementale Abstimmungen zwischen den Gesellschaften (PTTn) wurden seit 1959 im Rahmen der Konferenz der Europäischen Post- und Fernmeldeverwaltungen (CEPT) erledigt. Die Kommission versuchte seit den 70er Jahren mehrfach, sich in die Telekommunikationspolitik einzuschalten, die sich zunehmend auch neueren Technologien wie Mobil(funk)telefon und Datenübertragung per Satellit zu stellen hatte. Sie wies u. a. auf die Notwendigkeit hin, den drohenden Verlust der europäischen Wettbewerbsfähigkeit in diesem zukunftswichtigen Sektor zu sichern. Nach kleineren Erfolgen kam der Durchbruch in den 80er Jahren, als amerikanische multinationale Firmen sich im Gefolge der dortigen Deregulierung in Europa zu engagieren begannen und die Versuche der Kommission anschlugen, Begünstigte einer Liberalisierung in der EG zusammenzuführen. Verschiedene Beratungsgremien wurden installiert, und 1987 erschien das erste einer Reihe von Grünbüchern, in dem die Kommission Vorschläge für eine EG-Telekommunikationspolitik machte, die in den Bereichen Netzentwicklung und Basisdienste (vor allem Telefon) die Monopole der PTTn belassen, zusätzliche Dienste und die Bereitstellung von Endgeräten jedoch der Konkurrenz öffnen und die

Trennung von regulativen und operativen Tätigkeiten der PTTn herbeiführen sollte. Der Rat übernahm die Grundlinien dieser Politik 1988 und faßte erste Umsetzungsbeschlüsse. Gestützt auf ihr weit ausgelegtes und darin 1991 durch den EuGH bestätigtes Recht, Wettbewerbsbeschränkungen auch seitens öffentlicher Unternehmen zu untersagen (Art. 90 EWG-V), hat sich die Kommission seitdem neben dem Rat als wichtiges Entscheidungszentrum etabliert. In den 90er Jahren wurden bisher Beschlüsse in folgenden Bereichen gefaßt: vorhandene Netze und Dienste (entwickelt wurde ein Prinzip des offenen Netzzugangs, welches die Formulierung hoheitlicher Festlegungen prinzipiell ermöglichen, die Diskriminierung von Diensteanbietern und Nutzern aber verhindern soll), Endgeräte, Standardisierung (u. a. Einrichtung des Normungsinstituts ETSI) und Beschaffungswesen. Daneben wurde das offene Zugangsprinzip auf andere Übertragungswege ausgedehnt, und es wurden Forschungsprogramme im Telekommunikationssektor lanciert (z. B. RACE).

IV. *Aktuelle Probleme, Zusammenfassung und Ausblick*: Im Zuge des Binnenmarktes und nach Umsetzung der Markt-Deregulierung entwickelt sich der Verkehr in der Gemeinschaft stürmisch. Die Kommission hat unter dem Stichwort *sustainable mobility* Vorschläge für die Weiterentwicklung der Verkehrspolitik im Sinne einer europäischen Reregulierung zur Verbesserung der Sozial- und Umweltverträglichkeit vorgelegt, die über die Wegekostenanlastung auch die hoch kontroverse Frage der (intermodalen) Harmonisierung der Wettbewerbsbedingungen wieder aufnehmen. Daneben geht es um die Vernetzung der Verkehrsträger, die auch in den Außenbeziehungen der Gemeinschaft, insbesondere im Alpentransit durch die Schweiz, zentral ist. Der EU-Vertrag enthält einen Titel über ‹transeuropäische Netze›, der die Basis für weitreichende Infrastrukturausbauten im Verkehrs-, Telekommunikations- und Energieversorgungswesen sein wird, wobei es einerseits um die Koordination mitgliedstaatlicher Planungen im Sinne ihrer Interoperabilität, andererseits um neue Systeme wie z. B. das diensteintegrierende digitale Fernmeldenetz (ISDN) geht. In der Telekommunikationspolitik hat der Liberalisierungsprozeß noch nicht seinen Höhepunkt erreicht, doch scheint eine Abkehr von den Netzmonopolen der bisher staatlichen Gesellschaften bis Ende der 90er Jahre möglich.

Zusammenfassend ist festzustellen, daß die Entwicklung der europäischen Verkehrs- und Telekommunikationspolitik ohne die stark supranationalen Elemente der EG, v. a. die wegweisenden Urteile des EuGH, nicht möglich gewesen wäre. Der zeitliche Verlauf zeigt aber auch, daß es eines breiten Umschwungs zugunsten einer neoliberalen Ordnungsphilosophie bedurfte, damit die einzelwirtschaftlichen Widerstände überwunden werden konnten.

Während die Telekommunikationspolitik der Gemeinschaft seit einigen Jahren auch politikwissenschaftlich recht intensiv erforscht wird, beschränkt sich die wissenschaftliche Aufarbeitung der EG-Verkehrspolitik bisher weitgehend auf juristisch und wirtschaftswissenschaftlich angelegte Beiträge.

↗ Forschungs- und Technologiepolitik; Technologische, wissenschaftliche und industrielle Kooperation (CERN, ESA, EUREKA, EBRD); Umweltpolitik.

Literatur: *Basedow, J.* 1989: Wettbewerb auf den Verkehrsmärkten, Heidelberg. *Bauer, J.M.* 1993: Telecommunications in Post-1992 Europe, in: International Review of Comparative Public Policy 5, 109–135. *DegliAbbatti, C.* 1987: Transport and European Integration, Luxemburg.

Stefan Göbel

Wahlen

Seit 1979 werden in fünfjährigem Rhythmus die Abgeordneten des Europäischen Parlaments in allgemeinen, freien und direkten Wahlen von den Bürgern der Mitgliedstaaten der EG/EU gewählt. Diese Direktwahlen waren von Anfang an Gegenstand der Wahlforschung, wobei – wie bei der Wahlforschung ganz allgemein – zwei unterschiedliche Zugangsweisen unterschieden werden können: (1) die Wahlergebnisforschung, die sich typischerweise auf hoch aggregierte Wahlergebnisse (gelegentlich auch auf die Analyse von Wahlkampfverläufen) stützt; und (2) die Wahlverhaltensforschung, die die Erhebung und Auswertung von individuellen Einstellungen und Verhalten in repräsentativen Wählerbefragungen miteinschließt. Innerhalb beider Zugangsweisen lassen sich wiederum zwei Erklärungssachverhalte ausmachen: die Wahlbeteiligung und die Parteienwahl.

1. Die Wahlergebnisforschung hat die Europawahlforschung lange Zeit weitgehend bestimmt. Schon die erste Wahl im Jahre 1979 hat gezeigt, daß bei Europawahlen die Wahlbeteiligung deutlich geringer ausfällt als bei nationalen Hauptwahlen, daß Oppositionsparteien vergleichsweise günstig abschneiden, und daß kleinere Parteien – und dies heißt oft auch junge und/oder ideologisch polare Parteien – vergleichsweise bessere Chancen haben. Diese Beobachtungen wurden in ein allgemeines Konzept der Nebenwahlen integriert (*Reif/Schmitt* 1980; vgl. auch *Reif* 1985), in dem die Europawahlen auf eine Ebene mit Kantonalwahlen in Frankreich, Nachwahlen (*by-elections*) im Vereinigten Königreich oder Landtagswahlen in der Bundesrepublik gestellt werden. Bei diesen nationalen Nebenwahlen geht es ‹um weniger› als bei nationalen Hauptwahlen. Anders als dort geht es bei Europawahlen und anderen Nebenwahlen nicht um die Macht im Staat; d. h. durch die Wahlentscheidung wird nicht die Allokation der zentralen Regierungsgewalt geregelt.

Es kann angenommen werden, daß die zentralen Akteure bei Wahlen der Besonderheit von Nebenwahlen in ihren Strategien Rechnung tragen: so können ein eher ‹braver› und in den Aufwendungen bescheidener Wahlkampf der Parteien erwartet werden, ein geringes Interesse und eine zurückhaltende Berichterstattung der Medien, und schließlich eine unterdurchschnittliche Wählermobilisierung. Die Erfahrungen der bisherigen Europawahlen bestätigen diese Erwartungen. Die Wahlbeteiligung bei Europawahlen liegt im Durchschnitt der Mitgliedsländer rd. 20% unter der bei Hauptwahlen und ist zudem von 63% im Jahre 1979 (Gemeinschaft der Neun) auf 57% im Jahre 1994 (Gemeinschaft der Zwölf) geschrumpft. Parteien- und Medienengagement lassen sich europaweit schwer messen, aber zugenommen haben sie seit der ersten Wahl sicher nicht (*Niedermayer* 1991).

2. Mit Blick auf die Besonderheiten des individuellen Wahlverhaltens bei Europawahlen wurden zwei tendenziell gegenläufige Prozesse benannt (*Reif/Schmitt* 1980). Zum einen kann davon ausgegangen werden, daß Europawähler aufgrund der relativen Folgenlosigkeit der Wahlentscheidung (‹*less at stake*›) keine Rücksicht auf die Wahrscheinlichkeit von Mehrheitsbildungen nehmen und deshalb die Partei unterstützen, der sie sich am meisten verbunden fühlen. Daraus folgt, daß die längerfristig stabilen Determinanten der Wahlentscheidung (Parteibindungen z. B.) stärker zur Geltung kommen und sich die Chancen von kleineren (und damit zumeist auch jüngeren und/oder ideologisch extremeren) Parteien verbessern. Zum anderen bietet die relative Folgenlosigkeit der Europawahl eine Gelegenheit für taktisches Wahlverhalten für diejenigen Wähler, die mit der (nationalen) Politik der eigentlich präferierten Partei unzufrieden sind und die Europawahl nutzen, um ihr mit dem Entzug der Wahlunterstützung einen ‹Denkzettel› zu verpassen. Da die Leistungen bzw. Versäumnisse von (nationalen) Regierungsparteien im Vergleich zu denen der Opposition sehr viel besser nachzuvollziehen sind, haben diese am ehesten solche Denkzettel zu gewärtigen. Berücksichtigt man zudem die Erfahrungen der Meinungsforschung, wonach die öffentliche Wertschätzung von Regierungsparteien innerhalb des Wahlzyklus in der Form schwankt, daß sie bis nach der Mitte der Legislaturperiode tendenziell abnimmt, anschließend wieder steigt und am Ende einen Stand in der Nähe des vorherigen Wahlergebnisses erreicht, so ist zu erwarten, daß Regierungsparteien bei Europawahlen um so schlechter abschneiden, je näher dieser Wahltermin zur Mitte der Legislaturperiode liegt (*Reif* 1985).

Bei der Interpretation dieser Ergebnisse ist jedoch zu berücksichtigen, daß große Parteien eine bessere Chance haben als kleine, der Regierung anzugehören. Die verschiedenen Parteimerkmale variieren also nicht unabhängig voneinander. Wie statistische Analysen zeigen, ist für das Ausmaß der Verluste bei Europawahlen im Verhältnis zu nationalen Hauptwahlen vor allem die Größe einer Partei ausschlaggebend. Ob sie an der Regierung beteiligt ist sowie ihr Alter oder ihre ideologische Position sind hingegen von geringerer Bedeutung.

Tabelle 8: Abweichungen des Europawahlergebnisses vom letzten Hauptwahlergebnis für große Parteien und für Regierungsparteien (in % der gültigen Stimmen).

Länder	große Parteien[a] verlieren Europawahl 1989[b]	große Parteien[a] verlieren Europawahl 1994	Regierungsparteien verlieren Europawahl 1979[c]	Regierungsparteien verlieren Europawahl 1994
Belgien	–5,1	–3,4	0,0	–3,7
Dänemark	–12,5	–15,8	–12,6	–20,8
Deutschland	–6,3	–6,1	–1,7	–4,8
Frankreich	–14,3	–17,1	–14,3	–11,8
Griechenland	–7,0	–15,9	d	–9,3
Irland	–20,3	–12,6	–15,9	–12,4
Italien	–0,4	+8,3	+0,1	+6,8
Luxemburg	+4,5	+0,1		–0,4
Niederlande	–6,4	+1,7	+3,2	–6,9
Portugal	–12,9	–11,4	d	–16,1
Spanien	–8,5	–2,7	d	–8,1
Ver. Königreich	–17,5	–6,5	+4,5	–15,0
Länderdurchschnitt	–8,9	–6,8	–4,6	–8,5

[a] Parteien sind groß, wenn sie mindestens 15 % der gültigen Stimmen auf sich vereinigen; [b] nach *Niedermayer* (1991: 10); [c] nach *Reif* (1985: 22); [d] noch nicht EG-Mitglied.

3. Auch die Forschungen zur Wahlbeteiligung an Europawahlen werden von unterschiedlichen Erklärungshypothesen bestimmt. Eine erste Hypothese ging davon aus, daß die geringe Wahlbeteiligung stark auf europabezogene Motive zurückzuführen sei: Die Nichtwahl sei wesentlich Ausdruck der Gegnerschaft zur oder doch der Unzufriedenheit mit der europäischen Einigung, die Beteiligung eine Demonstration ihrer Unterstützung (*Inglehart/Rabier* 1979; *Blumler/Fox* 1982). Empirische Evidenz aus Umfragen im Umfeld der ersten Europawahl konnte diese Hypothese stützen. Dieser Erklärungsansatz wurde auf der Grundlage der Ergebnisse der Europawahlstudie 1989 in Frage gestellt. Sie ergab, daß die Wertschätzung der EG und allgemein die Befürwortung der europäischen Einigung zur Erklärung der Beteiligung an dieser Europawahl wenig beizutragen hatten. Allgemeine, europa-unspezifische Merkmale wie die gewohnheitsmäßige Wahl waren für die Wahlbeteiligung wichtiger als europäische Orientierungen.

Der Widerspruch zwischen den 1979er und den 1989er Ergebnissen scheint weniger mit der methodischen Anlage der zitierten Beiträge zu tun zu haben als damit, daß sich der Stellenwert der verschiedenen Determinanten der Wahlbeteiligung zwischen 1979 und 1989 tatsächlich deutlich verschob. Nachdem bei der ersten Direktwahl des Europäischen Parlaments pro-europäische Orientierungen zumindest für die Wahlbeteiligung ein beträchtliches Gewicht hatten, war 1989 aus der Europawahl eine echte Nebenwahl geworden.

Ein dritter Strang der Wahlbeteiligungsanalyse hat den politikstrukturellen und hauptwahlzyklischen Kontext in die Analyse miteinbezogen. Es konnte gezeigt werden, daß institutionelle Faktoren wie die Wahlpflicht, aber auch das Wahlsystem – Mehrheits- oder Verhältniswahl – und der Wahltermin, d. h., ob die Wahl sonntags oder wochentags durchgeführt wird, sowie die zeitliche Koinzidenz von Haupt- und Europawahl von beträchtlicher Bedeutung für die Erklärung der Wahlbeteiligung sind (*Niedermayer* 1990; *van der Eijk* u. a. 1996).

4. Die Zugänge zur Erklärung der Parteienwahl bei Europawahlen unterscheiden sich nicht grundsätzlich von denen bei nationalen Hauptwahlen. Es haben sich zwei Schulen etabliert, die eine ist ökonomisch inspiriert in der Nachfolge von *Downs* (1957) und die andere sozialpsychologisch in der Tradition der klassischen Studie ‹*The American Voter*› (*Campbell* u. a. 1960). Erstere, die die Wahlentscheidung im Kern auf die Nutzenmaximierung des Wählers im Wege der Minimierung von *Policy*-Distanzen zwischen sich und der gewählten Partei zurückführt, tut sich mit Europawahlen deshalb etwas schwerer als die zweite Schule, weil Politikinhalte bei Europäischen Wahlen nur sehr bedingt zur Abstimmung stehen. Weder ist das Europäische Parlament in der Mehrzahl der Fälle in der Lage, bindende Entscheidungen zu fällen, noch sind die Positionen der Parteien in anstehenden Fragen hinreichend geklärt, noch sind die Tätigkeitsfelder der Europäischen Union hinreichend bekannt, um Konsequenzen für das Wahlverhalten nahezulegen (*Niedermayer/Schmitt* 1994). So kann bei einem beträchtlichen Teil der Wähler – 1994 bei einem Drittel und mehr – nicht davon ausgegangen werden, daß sie die Positionen der wichtigsten zur Auswahl stehenden Parteien den Konfliktdimensionen europäischer Politik zuordnen können.

Für jene, die für sich selber eine Präferenz und für die gewählte Partei eine Position auf den EU *Policy*-Dimensionen bestimmen können, sind die wahrgenommenen *Policy*-Distanzen i. d. R. nur wenig größer als die wahrgenommene Links-Rechts-Distanz (*Schmitt* 1995). Erste Vergleiche mit bei Kandidaten zum Europäischen Parlament erhobenen *Policy*-Positionen zeigen freilich, daß die realen *Policy*-Distanzen zwischen Wählern und Parteieliten deutlich größer sind, als die Wähler dies wahrnehmen (*Schmitt/Thomassen* 1996).

Der sozialpsychologisch angeleitete Zugang zur Erklärung von Wahlverhalten ist weniger stark auf politische Themen fixiert. Er berücksichtigt kurz- und langfristige Determinanten der Wahlentscheidung, wobei Themen (*Issues*) und Kandidaten zu den kurzfristigen und Parteibindungen zu den langfristig stabilen Einflußfaktoren gezählt werden. Eine Analyse der Wahlentscheidung zugunsten der großen nationalen Regierungsparteien in den Ländern der EG auf der Grundlage der Datensätze der 1989er Wahlstudie hat gezeigt, daß Parteibindungen und die wahrgenommene *Issue*-Kompetenz der Parteien in jedem Fall eine große Vorhersagekraft haben. Alleinregierende Parteien werden deutlicher als solche in einer Koalitionsregierung nach ihrer *Issue*-Kompetenz beurteilt; die Wahlentscheidung in ideologisch-polarisierten Systemen orientiert sich stärker an den Parteibindungen als anderswo; die Wahlentscheidung in den jungen Demokratien Griechenlands und Spaniens, weniger deutlich auch in Portugal, wird nahezu ausschließlich und unverbunden von diesen politischen Faktoren geprägt, in den Niederlanden und Italien dagegen von einer politisierten Sozialstruktur. Hier eröffnen sich vielversprechende Querverbindungen zwischen der Europawahlforschung und der international-vergleichenden Wahlforschung.

↗ Europäisches Parlament; Verfassungsdebatte; Wahlrecht und Wahlsystem.

Literatur: *Blumler, J. G./Fox, A.D.* 1982: The European Voter: Popular Responses to the First European Community Elections, London. *Campbell, A.* u. a. 1960: The American Voter, New York. *Downs, A.*, 1957: An Economic Theory of Democracy, New York. *Eijk, C. van der u. a.* (Hrsg.) 1996: Choosing Europe? The European Electorate and National Policies in the Face of Union, Ann Arbor. *Inglehart, R./Rabier, J.-R.* 1979: Europe Elects a Parliament: Cognitive Mobilisation, Political Mobilisation and Pro-European Attitudes as Influences on Voter Turnout, in: Government and Opposition 14, 479–507. *Niedermayer, O.* 1990: Turnout in the European Elections, in: Electoral Studies 9, 45–50. *Niedermayer, O.* 1991: The 1989 European Elections: Campaigns and Results, in: EJPR 19, 3–16. *Niedermayer, O./Schmitt, H.* 1994: Wahlen und Europäische Einigung, Opladen. *Reif, K.* 1985: Ten European Elections, Aldershot. *Reif, K./Schmitt, H.* 1980: Nine Second Order National Elections. A Conceptual Framework for the Analysis of European Elections Results, in: EJPR 8, 3–44. *Schmitt, H.* 1995: National Party Systems and the Policies of the European Union, in: Il Politico 60, 93–107. *Schmitt, H./Thomassen J.* 1996: Political Representation in the European Union. The Role of Political Parties, in: *Gunther, R./Linz, J.* (Hrsg.), Political Parties: Changing Roles in Contemporary Society, i. E.

Hermann Schmitt

Wahlrecht und Wahlsystem

Die Wahlen zum Europäischen Parlament (EP) sind allgemein und direkt, aber nicht gleich, und sie finden nach so vielen Wahlsystemen statt, wie Mitgliedstaaten der EU ihre Europaabgeordneten direkt wählen (im Falle von Neumitgliedschaften entsenden einzelstaatliche Parlamente mitunter ihre Vertreter ins EP). Diese Gegebenheit wird in der öffentlichen Europadebatte häufig mit dem Terminus Demokratiedefizit der EU belegt – mit dem gleichen Begriff also, der auch für die mangelnden Kompetenzen demokratischer Kontrolle verwandt wird – und seit dem Maastrichter Vertrag entschiedener problematisiert. Fortschritte in der europäischen Integration, etwa durch Ausweitung der Kompetenzen des EP oder durch Einführung der Mehrheitsregel als Entscheidungsprinzip in den europäischen Institutionen, erfordern mehr demokratische Legitimation europäischer Politik durch den Wahlakt in Form einer größeren Angleichung des Wahlrechts und Vereinheitlichung der Wahlsysteme.

I. Die Gründungsverträge der Europäischen Gemeinschaften sehen in Bestimmungen völlig gleichen Inhalts die allgemeine und unmittelbare Wahl der Mitglieder des Europäischen Parlaments (EP) vor (s. Art. 21 (3) EGKS-V, Art. 138 (3) EWG-V und Art. 108 (3) EAG-V). Zu ihrer Vorbereitung sollte «die Versammlung Entwürfe für allgemeine unmittelbare Wahlen nach einem einheitlichen Verfahren in allen Mitgliedsstaaten» ausarbeiten. Der Rat sollte «einstimmig die entsprechenden Bestimmungen erlassen und sie den Mitgliedsstaaten zur Annahme gemäß ihren verfassungsrechtlichen Vorschriften empfehlen». Infolge der dem EP zugewiesenen Initiativfunktion verabschiedete die Versammlung im Mai 1960 den «Entwurf eines Abkommens betreffend die Wahl des Europäischen Parlaments in allgemeiner unmittelbarer Wahl» und im Januar 1975 einen neuen Entwurf eines «Vertrages zur Einführung allgemeiner unmittelbarer Wahlen der Mitglieder des Europäischen Parlaments». Jetzt erst nahm sich der Rat der Materie an und erließ den Rechtsakt des Ministerrats über die Einführung allgemeiner unmittelbarer Wahlen zum EP vom 29. 9. 1976. In diesen Beschluß übernahm der Rat eine Reihe von Vorschlägen, die im Entwurf des EP enthalten waren, wie u. a. die Mandatsdauer von fünf Jahren (Art. 3), das freie Mandat (Art. 4), die Vereinbarkeit von europäischem Mandat und nationalem Mandat (Doppelmandat, Art. 5). Er schloß sich auch in der Hinsicht dem Entwurf an, die Einführung eines einheitlichen Wahlverfahrens, die nach den Verträgen zugleich mit der Direktwahl erfolgen sollte, auf einen späteren Zeitpunkt zu verschieben: «Bis zum Inkrafttreten eines einheitlichen Wahlverfahrens und vorbehaltlich der sonstigen Vorschriften dieses Akts bestimmt sich das Wahlverfahren in jedem Mitgliedsstaat nach den innerstaatlichen Vorschriften» (Art. 7 [2]). Unter Wahlverfahren (*procedure*) wird verstanden, was in aller Regel mit Wahlrecht und Wahlsystem bezeichnet wird: einerseits Regelungen, die das Recht zu wählen und gewählt zu werden betreffen, die Wahlorganisation (u. a. Wahltag), die Wahlbewerbung und die Wahlprüfung; andererseits Regelungen der Wahlkreiseinteilung, der Stimmgebung, des Verrechnungsverfahrens etc.

Das nicht-vertragskonforme Verhalten von EP und Rat erleichterte die Abhaltung von Direktwahlen. Ein einheitliches Wahlverfahren herbeizuführen und damit die vertraglichen Vorschriften zu erfüllen, blieb somit dem ersten allgemein und direkt gewählten EP aufgegeben, das 1982 einen Reformentwurf verabschiedete, der aber vom Rat nicht akzeptiert wurde. Bis auf beitrittsbedingte Anpassungen blieb das Provisorium von 1976 die gemeinschaftliche Grundlage aller seitherigen Wahlen zum EP. Eine gewisse Bewegung kam in die Materie durch die Wiedervereinigung Deutschlands und den Maastrichter Unionsvertrag, insofern als eine Neuverteilung der Mandate auf die Mitgliedstaaten zu beschließen war und nach Art. 8 b

II EU-V allen Unionsbürgern bei Europawahlen das aktive und passive Wahlrecht unabhängig von ihrer Staatsbürgerschaft an ihrem jeweiligen Wohnsitz zugestanden wurde. Von diesen Reformen blieben jedoch die grundlegenden Rechtsprobleme und -verpflichtungen aus den Gründungsverträgen der EG unberührt.

II. Das aktive Wahlrecht zum EP ist EU-weit relativ einheitlich geregelt. Es setzt mit 18 Jahren ein. Das passive Wahlrecht ist hingegen unterschiedlich. Das Wahlalter differiert zwischen 18 Jahren (Dänemark, Deutschland, Portugal, Spanien), 21 Jahren (Belgien, Griechenland, Irland, Vereinigtes Königreich), 23 Jahren (Frankreich) und 25 Jahren (Italien, Niederlande). Bereits vor der Einführung der Unionsbürgerschaft hatte Italien den EG-Bürgern das passive Wahlrecht eingeräumt und 1989 durch die Wahl des französischen Politikwissenschaftlers *M. Duverger* praktiziert. Ausgeschlossen ist die Mehrfachkandidatur in verschiedenen Mitgliedsländern. Das ungleiche Wahlrecht wird durch das nach EU-Ländern unproportionale Verhältnis von Bevölkerungszahl und Mandatszahl hervorgerufen, das für demokratische Wahlen extreme Ausmaße annimmt. Bei den Wahlen von 1994 entfiel in Luxemburg ein Abgeordneter auf 37338 Wähler, in Deutschland auf 610848 Wähler. Tabelle 9 verdeutlicht, welche Verzerrungen durch die Mandatskontingentierung nach Ländern hervorgerufen werden mit der Folge, daß die Stimmwirkung etwa eines luxemburgischen Wählers im EP wesentlich höher als die eines deutschen Wählers und natürlich auch als die eines Wählers aus einem anderen europäischen Land ist. Die Festlegung der Mandatskontingente erfolgt nicht nach Gesichtspunkten eines demokratischen Wahlrechts, sondern nach politischen Gesichtspunkten. Bei Veränderung der Mandatskontingente, die folglich umstritten ist, gelten als Eckdaten die bisher zugestandenen Mandatszahlen, also im Falle Luxemburgs sechs als Mindestgröße, und nach oben die ‹magische› Zahl 100. Durch die Wiedervereinigung Deutschlands war eine Erhöhung des deutschen Kontingents unvermeidlich. Es fand jedoch zugleich eine Aufstockung der Mandate von neun Ländern statt, wodurch die Verzerrungen nur geringfügig verringert wurden, im Falle Deutschlands die Unterrepräsentation, im Falle der Niederlande die Überrepräsentation sogar noch verschärft wurde. «Insgesamt läßt der neue Verteilungsschlüssel kein System erkennen» (*Lenz* 1995: 34). 1994 wurden 567 Abgeordnete direkt gewählt. Mit den neuen Beitrittsländern erhöhte sich die Mandatszahl des EP um 59 auf 626 (Schweden 22, Österreich 21, Finnland 16).

Neben den nationalen Verzerrungen in der Repräsentation fallen auch die parteipolitischen ins Gewicht. Vergleicht man die EU-weiten Stimmen- und Mandatsergebnisse der europäischen Parteienzusammenschlüsse, so zeigt sich ein *bias* zugunsten des *Bundes sozialdemokratischer und sozialistischer Parteien*, der bei den ersten beiden Direktwahlen sogar zu einem Wahlsieg des Bundes führte, obwohl die *Europäische Volkspartei* (EVP) als stärkste

Partei wesentlich mehr Stimmen erhielt. *Ch. Lenz* (1995) hebt zu Recht den im Vergleich zu den Wahlsystemen viel stärkeren Einfluß des ungleichen Wahlrechts auf die parteipolitische Zusammensetzung des EP hervor. *W. Steffani* (1995: 41) problematisiert den gegenwärtigen Rechtszustand mit Blick auf die demokratische Legitimation der EU und seiner Entscheidungsorgane: «Solange sich der demokratische Gleichheitssatz bisher nur im Nationalstaat, nicht jedoch bei der Sitzverteilung im Europäischen Parlament verwirklichen läßt, bleibt die Rückkoppelung der Entscheidungsorgane der Europäischen Union an den demokratischen Nationalstaat deren wesentliche Legitimationsbasis. Das demokratisch gewählte Parlament jedes Mitgliedstaates wird so zum Hauptvermittler einer demokratischen Legitimation der politischen Entscheidungsprozesse der Europäischen Union». Ähnlich hatte auch das Bundesverfassungsgericht in seiner Entscheidung vom 12. Oktober 1993 argumentiert: Entscheidend sei, «daß die demokratischen Grundlagen der Union schritthaltend mit der Integration ausgebaut werden», und es wies darauf hin, daß, «vermitteln – wie gegenwärtig – die Staatsvölker über die nationalen Parlamente demokratische Legitimation, ... der Ausdehnung der Aufgaben und Befugnisse der Europäischen Gemeinschaften vom demokratischen Prinzip her Grenzen gesetzt (sind)«.

Tabelle 9: Anzahl der Wähler im Veráltnis zu den EP-Abgeordneten des jewei gen EU-Staates im September 1994 sowie Relationen nach dem Gleichheitssat gemessen an drei verschiedenen Maßstäben – Luxemburg, Irland, Belgien

	Anzahl der Abgeordneten im EP Sept. 1994	Wahlberechtigte bei EP-Wahlen Sept. 1994*	Relation Wähler / Abgeordnete	Abgeordnetenzahl bei gleicher Wähler / Abgeordneten-Relatior wie in		
				Luxemburg	Irland	Belgier
Luxemburg	6	224031	37338	6	1	1
Irland	15	2631575	175438	70	15	9
Dänemark	16	3994200	249637	107	23	14
Belgien	25	7211311	288452	193	41	25
Portugal	25	8565822	342633	229	49	30
Griechenland	25	9485495	379420	254	54	33
Niederlande	31	11620300	374848	311	66	40
Spanien	64	31558724	493105	845	180	109
Frankreich	87	39044441	448787	1045	223	135
Großbritannien	87	43443944	499356	1163	248	151
Italien	87	47489843	545860	1271	271	165
Deutschland	99	60473927	610848	1620	345	210
EP-Gesamt	567			6114	1516	922

* Daten nach: Europäisches Parlament, Generaldirektion Information und Öffentlichkeitsarb – zentrale Presseabteilung: Europawahl 1994, Ergebnisse und gewählte Mitglieder – endgülti Ausgabe (Stand 12. September 1994), PE 182762.

Quelle: *Steffani* (1995: 39).

III. Die in den Mitgliedstaaten angewandten Wahlsysteme zur ersten Direktwahl des EP waren an den Wahlsystemen orientiert, die für die Wahlen zu den nationalen Vertretungskörperschaften bestehen. Dies gilt insbesondere für das Repräsentationsprinzip (Wahlsystemgrundtyp), das nur in Frankreich gewechselt wurde, indem für die Europawahlen Verhältniswahl eingeführt wurde. Einige Veränderungen waren bedingt durch die reduzierte Zahl zu wählender Abgeordneter (s. Tabelle 9), weshalb vor allem spezielle Arrangements hinsichtlich der Wahlkreiseinteilung getroffen werden mußten. In fünf Ländern (Dänemark, Frankreich, Luxemburg, Niederlande, Bundesrepublik Deutschland) wurde das Wahlgebiet nicht in Wahlkreise unterteilt (in der Bundesrepublik Deutschland wurde freilich den Parteien anheimgestellt, Bundes- oder Landeslisten zu präsentieren); in drei Ländern (Belgien, Irland und Italien) wurden Mehrmannwahlkreise gebildet. Nur in Großbritannien wurde in Einerwahlkreisen gewählt. Hier wurde einzig ein Mehrheitswahlsystem angewandt.

Hinsichtlich des Verrechnungsverfahrens optierten fünf Länder (Belgien, Bundesrepublik Deutschland, Dänemark, Frankreich, später auch Griechenland) für das Höchstzahlverfahren *d'Hondt*, drei Länder für Wahlzahlverfahren (Italien: *Hare* und Methode des größten Überrestes; Luxemburg: *Hagenbach-Bischoff*; Niederlande: *Hare*, im zweiten Zuteilungsverfahren *d'Hondt*). In Irland und in Nordirland wurde das System der übertragbaren Einzelstimmgebung (*single transferable vote*) angewandt. Nach Listenformen ergaben sich folgende Differenzen: starre Listen in der Bundesrepublik und in Frankreich, lose gebundene Listen in Belgien, Dänemark, Italien und in den Niederlanden, freie Listen in Luxemburg. Sperrklauseln wurden in der Bundesrepublik Deutschland (5 %), in Frankreich (5 %) und in den Niederlanden (4 %) angewandt.

Trotz aller Variationsvielfalt in den technischen Details der Wahlsysteme läßt sich feststellen, daß bis auf den abweichenden Fall Großbritannien Verhältniswahlsysteme angewandt wurden, die durchaus ähnliche Auswirkungen im Bereich der Relation von Stimmen und Mandaten erzielen. Nach einem reinen Proporzsystem wurde nirgends gewählt. Entweder ließ die Wahlkreiseinteilung oder die Sperrklausel eine exakte Entsprechung der Stimmen und Mandate nicht zu. In den betrachteten Ländern blieben die Wahlsysteme auch für die zweite Direktwahl 1984 im wesentlichen bestehen. Die neu hinzugetretenen Länder Portugal und Spanien verstärkten den Trend in Richtung Verhältniswahl mit den Merkmalen: starre Listen, Verrechnungsmethode *d'Hondt*, freilich mit einem nationalen Wahlkreis (Portugal 24, Spanien 60 Mandate). In Spanien entbrannte darüber ein heftiger Streit zwischen PSOE-Parlamentsmehrheit und den traditionsreichen autonomen Regionen (Katalonien, Galizien, Baskenland), deren Parlamente sich für regionale Wahlkreise ausgesprochen hatten.

Die wesentlichen Auswirkungen der uneinheitlichen Wahlsysteme beruhen folglich auf der Tatsache, daß 78 Mandate (seit 1994: 87) nicht nach

Verhältniswahl vergeben werden. Diese Mandate verteilen sich sehr ungleich: Die britischen Konservativen gewannen 1979 mit 50,6% der Stimmen 76,9% der Mandate, während *Labour* mit 33,0% der Stimmen nur 21,8% der Mandate erlangte, und die britischen Liberalen mit 13,1% der Stimmen nicht einen einzigen Sitz im EP erhielten. 1984 profitierten sowohl Konservative (40,8% der Stimmen / 55,6% der Mandate) als auch *Labour* (36,6% der Stimmen / 39,5% der Mandate) vom Wahlsystem; die Allianz aus Liberalen und SDP ging mit 19,5% der Stimmen völlig leer aus. 1994 schlug das für relative Mehrheitswahl typische Pendel zugunsten von *Labour* aus: Es gewann mit 45% der Stimmen 72% der Mandate. Die Wahlergebnisse in Großbritannien verzerren damit nicht nur eine den Wählerstimmen angemessene Repräsentation britischer Parteien im EP, sie verändern auch dort die Fraktionsstärken – immer gemessen an einem Wahlergebnis, das bei Anwendung von Verhältniswahl auch in Großbritannien zustande gekommen wäre.

IV. Vertragsgemäß ist der EG eine Reform der Wahlsysteme in den Einzelstaaten zwecks Vereinheitlichung des ‹Wahlverfahrens› aufgegeben. Eine Reform wurde 1981/82 auf den Weg gebracht. Die Leitvorstellungen, die der Politische Ausschuß des EP formulierte, lauteten: «(a) das Wahlsystem muß so beschaffen sein, daß es im Interesse eines möglichst gleichen Stimmengewichts ein Höchstmaß an Einheitlichkeit gewährleistet. Gleichzeitig muß jedoch Raum bleiben für die Berücksichtigung nationaler Besonderheiten; (b) das Wahlsystem muß soweit wie möglich an erprobte und den Bürgern der jeweiligen Staaten vertraute Modelle anknüpfen und darf zentrale Wertvorstellungen des politischen Lebens der Mitgliedstaaten nicht außer acht lassen; (c) das Wahlsystem muß dazu beitragen, eine unmittelbare Beziehung zwischen Wählern und Gewählten herzustellen; (d) das Wahlsystem muß das aktive und passive Wahlrecht aller Bürger der Mitgliedstaaten der Gemeinschaft, die ihren Wohnsitz innerhalb der Gemeinschaft haben, sicherstellen» (EP: Sitzungsdokumente 1981/82, Dok. 1988/81/B+C, S. 4).

Aus den Leitlinien geht hervor, daß ihre wesentliche Intention in der Herbeiführung eines politischen Kompromisses lag – ohne Rücksicht darauf, ob wahlsystematisch ein Kompromiß möglich ist. Daß es sich wahlsystematisch gesehen bei dem Kompromißversuch um die Quadratur des Kreises handelt, wurde in Formulierungen verdeckt wie: eine unmittelbare Beziehung herzustellen zwischen Wählern und Gewählten (Mehrheitswahl) und zugleich eine Vertretung der wichtigsten politischen Kräfte sicherzustellen (Verhältniswahl), oder an den Bürgern in den Einzelstaaten vertraute Modelle anzuknüpfen (die von Mehrheitswahl bis Verhältniswahl reichen) und doch ein einheitliches Wahlsystem herbeizuführen. Unter den Alternativen, die der Politische Ausschuß leider in Anwendung einer antiquierten Terminologie und fehlerhafter Konzeptualisierungen prüfte, befand sich auch das Wahlsystem zum Deutschen Bundestag.

Der wesentlich konsistentere Entwurf über ein einheitliches Wahlsystem, nach dem Berichterstatter *Seitlinger*-Entwurf genannt, den das EP am 10. 3. 1982 verabschiedete und dem Rat zur Beschlußfassung zuleitete, enthielt als wichtigste Aussage, daß das EP nach Verhältniswahl gewählt werden soll. Großbritannien müßte demnach von der Mehrheitswahl in Einerwahlkreisen abrücken, wofür freilich damals wie heute (1996) kaum Aussichten bestehen, zumal der Wahlsystemwechsel Pilotfunktion für eine Wahlreform zum Unterhaus haben könnte. Solange Großbritannien aber an der relativen Mehrheitswahl festhält, sind alle Initiativen zu einem einheitlichen Europa-Wahlsystem von vorneherein zum Scheitern verurteilt.

Die zweite Aussage des EP-Entwurfs betrifft die Wahlkreiseinteilung. Es sollen Mehrmannwahlkreise gebildet werden, die drei bis 15 Mandate umfassen. Damit zeichnete sich ein einheitliches Wahlsystem in Form der Verhältniswahl in Wahlkreisen unterschiedlicher Größe ab – ein Wahlsystem, das wir in der Mehrzahl der Mitgliedstaaten (und auch bei den neuen Mitgliedern Spanien und Portugal) für die Wahlen zu den nationalen Vertretungskörperschaften antreffen. Dieses Wahlsystem läßt durchaus Spielraum für eine an einzelstaatlichen Kriterien ausgerichtete Wahlkreiseinteilung. Variation ist hier sogar notwendig, wenn etwa ähnliche politische Auswirkungen (hinsichtlich der Relation von Stimmen und Mandaten) angestrebt werden. Die großen Länder mit 81 Mandaten sollen ihr Wahlgebiet in Wahlkreise untergliedern. Damit würde das bisherige funktionale Äquivalent für die fehlende Wahlkreiseinteilung, die Sperrklausel, wahlsystematisch hinfällig, da eine Verringerung der Wahlkreisgrößen (oder anders ausgedrückt: eine verstärkte Aufteilung der Gesamtzahl der zur Verfügung stehenden Mandate auf Mehrmannwahlkreise) den gleichen Effekt erzielt wie eine Sperrklausel.

Hinsichtlich des Verrechnungsverfahrens, dessen Bedeutung für die Auswirkungen von Wahlsystemen bereits sehr viel geringer ist als die Wahlkreiseinteilung (respektive Sperrklausel), lautete die dritte Aussage des EP-Entwurfs: Methode *d'Hondt*. Was die Listenformen anbelangt, die nicht thematisiert werden, sondern wie die Ausführungsbestimmungen den einzelnen Mitgliedstaaten überlassen bleiben, läge ein Kompromiß in der lose gebundenen Liste. In den Ländern, in denen auf der starren Liste beharrt wird, sollte berücksichtigt werden, daß entweder andere Listenformen auf unteren Ebenen politischer Repräsentation durchaus praktiziert werden (etwa in der Bundesrepublik Deutschland die freie Liste bei Kommunalwahlen) oder die Europawahlen eine Möglichkeit bieten, die Qualität der Wahl durch die Auswahlchance unter den Bewerbern einer Partei zu erhöhen.

Ein einheitliches Wahlsystem hatte auch für die zweiten Direktwahlen noch keine Realisierungschance. Der Entwurf des EP von 1982, vom Rat am 21. 2. 1983 verworfen, enthielt jedoch wesentliche Elemente eines nicht nur politisch gangbaren, sondern auch wahlsystematisch schlüssigen Kompromisses.

In der Wahlperiode 1984–89 ernannte der politische Ausschuß des EP den Deutschen *H. R. Bocklet* zum Berichterstatter mit dem Auftrag zur Vorlage eines ‹einheitlichen Wahlverfahrens›. Der nach ihm benannte Entwurf, der unter anderem die Abschaffung der starren Listen vorsah, fand aber am 28. 2. 1985 nicht einmal die erforderliche absolute Mehrheit im politischen Ausschuß. Eine innerfraktionelle Arbeitsgruppe unter *Bocklet* versuchte im darauffolgenden Jahr, die Grundsätze eines europa-einheitlichen Wahlsystems zu formulieren. Im Vorschlag der Arbeitsgruppe wurde erneut betont, daß das einheitliche Wahlsystem einen «fairen Kompromiß zwischen einem Verhältniswahlsystem mit Listen und einer Persönlichkeitswahl mit Wahlkreisen» darstellen solle (s. *Bocklet* in: Europäische Zeitung, Nr. 4/April 1987: 2). Im einzelnen wurde empfohlen: Mehrmannwahlkreise (mindestens fünf Mandate), Einzelstimme als obligatorische Präferenzstimme, keine Sperrklausel, Verrechnung der Stimmen auf der Ebene der Einzelstaaten, Verrechnungsmethode *Hare/Niemeyer*. Im Grunde wird ein an europäische Verhältnisse angepaßtes deutsches Wahlsystem zum Bundestag vorgeschlagen: Verhältniswahl, Verrechnung der Stimmen auf Landesebene und nicht in den Wahlkreisen, die Bedeutung der Mehrmannwahlkreise liegt bei Kandidatur und Stimmabgabe, der Wähler wählt Kandidaten, im Wahlkreis ist auf jeden Fall der Kandidat mit den meisten Stimmen gewählt. Die Empfehlung der Verrechnungsmethode *Hare/Niemeyer* ist symptomatisch. Sie wird bislang nur in der Bundesrepublik Deutschland angewandt, nach einer Änderung des Europawahlgesetzes vom März 1988 auch für die Wahl der deutschen Mitglieder des dritten direkt gewählten Europäischen Parlaments.

In der Wahlperiode 1989–1994 wurde seitens des EP in der Entschließung vom 10. 3. 1993 versucht, zumindest das Repräsentationsprinzip der Verhältniswahl für die nach wie vor nach nationalen Wahlsystemen durchgeführten Wahlen durchzusetzen. «Mit diesem Vorschlag erreicht(e) die Diskussion allerdings nach 40 Jahren wieder den Stand von 1953, als die ‹*Ad-hoc*-Versammlung› als Wahlsystem für die erstmalige Wahl der Versammlung in der E(P)G Verhältniswahl nach nationalen Wahlgesetzen vorgeschlagen hatte» (*Lenz* 1995: 23). Doch die im Zusammenhang mit der Einrichtung des Unionsbürgerwahlrechts und der Aufstockung der Mandatskontingente erhoffte Annäherung der nationalen Wahlsysteme kam nicht zustande.

↗ Europäische Parteienzusammenschlüsse; Europäisches Parlament; Politisches System der Europäischen Gemeinschaft; Wahlen.

Literatur: *Balinski, M. L./Young, H. P.* 1982: Fair Representation in the European Parliament, in: JCMS 20 (4), 361–373. *Bangemann, M./ Bieber, R.* 1979: Die Direktwahl –

Sackgasse oder Chance für Europa?, Baden-Baden. *Bieber, R.* 1976: Funktion und Grundlagen direkter Wahlen zum Europäischen Parlament im Jahre 1978, in: ZParl 7 (2), 228–244. *Bleckmann, A.* 1986: Das Demokratieprinzip im Europäischen Gemeinschaftsrecht, in: *ders.*: Die Bindung der Europäischen Gemeinschaft an die Europäische Menschenrechtskonvention, Köln usw., 159–184. *Bocklet, R.* 1992: Der Streit um die Mandatszahlen, in: EG-Magazin 7 (8), 49–51. *Bogdanor, V.* 1989: Direct Elections, Representative Democracy and European Integration, in: ESt. 8 (3), 205–216. *Borchmann, M.* 1994: Änderungen im deutschen Europawahlrecht, in: NJW 47 (23), 1522–1523. *Felder, R.* 1991: Institutionelle Fragen des Europäischen Parlaments durch die Vereinigung Deutschlands, in: ZParl 22 (4), 567–572. *Huber, P.* 1992: Die Rolle des Demokratieprinzips im europäischen Integrationsprozeß, in: Staatswissenschaften und Staatspraxis 3, 349–378. *Jesse, E.* ²1994: Wahlsysteme und Wahlrecht, in: *Gabriel, O.*: Die EU-Staaten im Vergleich, Opladen, 174–193. *Lenz, C.* 1995: Ein einheitliches Verfahren für die Wahl des Europäischen Parlaments: Unverwirklichte Vorgabe der Gemeinschaftsverträge, Baden-Baden. *Partsch, K.-J.* 1978: Das Wahlverfahren und sein Einfluß auf die Legitimation des Europäischen Parlaments, in: EuR, 293–310. *Sasse, C./Georgel, J./Hand, G.J.* (Hrsg.) 1979: Das Wahlrecht der Neun. Wahlsysteme in der Europäischen Gemeinschaft. *Sasse, C.* u.a. 1981: The European Parliament. Towards a Uniform Procedure for Direct Elections, Florenz. *Scharpf, F. W.* 1992: Europäisches Demokratiedefizit und deutscher Föderalismus, in: Staatswissenschaften und Staatspraxis³, 293–306. *Steffani, W.* 1995: Das Demokratie-Dilemma der Europäischen Union. Die Rolle der Parlamente nach dem Urteil des Bundesverfassungsgerichts vom 12. Oktober 1993, in: *Steffani, W./Thaysen, U.* (Hrsg.): Demokratie in Europa: Zur Rolle der Parlamente, Opladen, 33–49.

Dieter Nohlen

Westeuropäische Union – WEU

Am 4. 3. 1947 unterzeichneten Frankreich und Großbritannien den Vertrag von Dünkirchen, der im Falle eines Angriffs durch Deutschland den gegenseitigen militärischen Beistand beider Staaten sowie ihre wirtschaftliche und kulturelle Zusammenarbeit vorsah. Im Hintergrund des Abkommens stand v. a. die Sorge Frankreichs, seine Sicherheit könne durch ein wiedererstarkendes Deutschland gefährdet werden, nachdem die britische und die US-amerikanische Besatzungszone in Deutschland zum 1. 1. 1947 zusammengelegt worden waren. Als im Jahr 1947 der Ausbruch des Ost-West-Konflikts sich immer deutlicher abzeichnete und schließlich im Februar 1948 in der Tschechoslowakei ein kommunistischer Staatsstreich stattfand, waren auch Belgien und die Niederlande bereit, ihre Neutralitätspolitik aufzugeben und sich in den Westen zu integrieren. Am 17. 3. 1948 schlossen Frankreich, Großbritannien und die Benelux-Staaten durch den Brüsseler Pakt ein kollektives Verteidigungsbündnis, die sog. *Westunion*. In der Präambel des Vertrags wurde noch ausdrücklich auf einen potentiellen deutschen Angriff Bezug genommen («alle Schritte zu unternehmen, die sich im Fall der Erneuerung einer deutschen Aggressionspolitik als notwendig erweisen»), doch sollte das Bündnis auch einer eventuellen Bedrohung durch die Sowjetunion begegnen. Art. 4 der Vertrags enthielt eine automatische militärische Beistandspflicht im Falle eines bewaffneten Angriffs auf einen Vertragspartner in Europa.

Die Gründung der NATO im Zusammenhang mit der Verschärfung des Ost-West-Konflikts (v. a. Berlin-Blockade 1948/49) minderte die Bedeutung des Brüsseler Paktes. Der Schutz der Brüsseler Vertragsstaaten, die alle der NATO beitraten, wurde nun primär durch die USA im Rahmen des nordatlantischen Bündnisses garantiert. Nachdem das Projekt der ‹Europäischen Verteidigungsgemeinschaft› (EVG) und die damit verbundene Regelung der sicherheitspolitischen Rolle Westdeutschlands gescheitert war, wurde der Brüsseler Pakt jedoch revitalisiert. Großbritannien schlug im September 1954 vor, den Brüsseler Pakt unter Aufnahme der Bundesrepublik Deutschland und Italiens zu einer *Westeuropäischen Union* (WEU) zu erweitern und mit neuen Aufgaben zu versehen. Im Rahmen der Pariser Konferenz vom Oktober 1954 über die Beendigung des Besatzungsstatus der Bundesrepublik, ihren NATO-Beitritt und die Lösung der Saarfrage wurde der Brüsseler Pakt in die WEU umgewandelt.

1. Nach Belgien, den Niederlanden, Luxemburg, Frankreich, Großbritannien, Italien und Deutschland (seit 1955) traten 1988 Portugal und Spanien und 1992 Griechenland der WEU bei. Norwegen, Island und die Türkei sind ‹assoziierte Mitglieder› ohne Stimmrecht in den Entscheidungsorganen der WEU, Dänemark und Irland haben Beobachterstatus. Litauen, Lettland, Estland, Bulgarien, Rumänien, Ungarn, Polen, die Slowakei und Tschechien sind seit Mai 1994 ‹assoziierte Partner› der WEU. Diese Partnerschaft beinhaltet weder eine Verteidigungs- noch eine Konsultationsgarantie, doch soll sie helfen, die ostmitteleuropäischen Staaten an Westeuropa heranzuführen.

Aufgabe der WEU ist es, «die Einheit Europas zu fördern und seiner fortschreitenden Integrierung Antrieb zu geben, sowie engere Zusammenarbeit zwischen den Mitgliedstaaten und mit anderen europäischen Organisationen zu unterstützen». Kernstück des Vertrags ist Art. 5, in dem sich die Vertragspartner im Falle eines bewaffneten Angriffs in Europa in Einklang mit Art. 51 der Satzung der *Vereinten Nationen* «alle in ihrer Macht stehende militärische und sonstige Hilfe und Unterstützung» zusichern. Somit geht die im WEU-Vertrag niedergelegte Beistandsverpflichtung deutlich über die der NATO hinaus.

Wesentliche Bestimmungen des geänderten Brüsseler Vertrags bilden die enge Zusammenarbeit mit der NATO im allgemeinen und den militärischen Dienststellen im besonderen bei allen Informationen und Stellungnahmen zu militärischen Fragen (Art. 4), die Gewährleistung und Unterrichtung des Sicherheitsrats der *Vereinten Nationen* über Maßnahmen der Mitgliedstaaten im Rahmen der kollektiven Selbstverteidigung (Art. 6), die Sicherstellung, daß keine zwischen den Mitgliedstaaten und dritten Staaten eingegangenen Verpflichtungen im Widerspruch zu den Vertragsbestimmungen stehen (Art. 7) sowie die Sicherstellung der Kontinuität bei der

Wahrnehmung der Aufgaben durch den Rat (Art. 8). Vier Protokolle vervollständigen das Vertragswerk der WEU, von denen besonders die Begrenzung der deutschen Streitkräfte auf 500000 Mann sowie der deutsche Verzicht auf den Erwerb, die Produktion und den Besitz von ABC-Waffen hervorzuheben sind.

2. Höchstes und politisch bedeutsamstes Organ ist der Rat der WEU, der so eingerichtet sein soll, «daß er ständig tätig sein kann». Er setzt sich aus den Außen- und Verteidigungsministern der zehn Mitgliedstaaten zusammen, die in der Regel zweimal im Jahr tagen. Der aus den in Brüssel vertretenen Botschaftern der Mitgliedstaaten zusammengesetzte Ständige Rat überwacht die laufenden Aktivitäten der WEU, bereitet die Sitzungen der Ministerräte vor und erfüllt gegebenenfalls die besonderen Aufträge des Ministerrats. Das Generalsekretariat führt die ihm von den Organen übertragenen Aufgaben durch. Der Generalsekretär verfügt über einen internationalen Stab von etwa 150 Mitarbeitern. Der Sitz des Generalsekretariats wurde 1993 von London nach Brüssel verlegt, um die auch im Maastrichter Vertrag vorgesehene engere Zusammenarbeit der EU mit der WEU zu erleichtern.

Hilfsorgane des Rats sind das 1990 eingerichtete Institut für Sicherheitsfragen und das Amt für Rüstungskontrolle. Die Versammlung der WEU, 1954 gegründet, hat ihren Sitz in Paris, umfaßt etwa 120 Parlamentarier und tritt zweimal im Jahr zu einer Plenarsitzung zusammen. Sie hat das Recht, dem Rat Empfehlungen zu geben sowie Fragen an ihn zu richten. Die Organisationsstruktur mit den assoziierten Mitgliedern sowie den Beobachtern ist im Entwicklungsprozeß begriffen. Angestrebt werden jährliche Treffen auf der Ministerebene, wie dies auch beim NATO-Kooperationsrat der Fall ist.

3. Da mit der NATO eine militärisch bedeutendere Organisation existiert, und die WEU-Mitglieder zugleich NATO-Mitglieder sind, kam der WEU hauptsächlich Bedeutung im Rüstungskontrollbereich zu. Daneben gewann sie in den 60er Jahren nach dem Scheitern der EWG-Beitrittsanträge Großbritanniens (1961 und 1967) eine gewisse Bedeutung als institutionelles Bindeglied zwischen dem Inselstaat und der Gemeinschaft. Nach dem EG-Beitritt Großbritanniens 1973 entfiel jedoch diese Funktion, so daß die WEU von da an weitgehend den Charakter eines Schattenbündnisses führte.

Mit der in den 80er Jahren erfolgten Reaktivierung der WEU sollten Befürchtungen über die aus französischer Sicht unerfreuliche Entwicklung der Sicherheitspolitik in Europa zerstreut werden. Zum einen sollten die Deutschen, die der politischen Klasse in Frankreich seinerzeit zum ersten Mal in der Geschichte der Bundesrepublik als die unsicheren Kantonisten in der NATO galten, eingebunden werden. Zum anderen hatte das Gipfeltreffen von Reykjavik 1986 zwischen US-Präsident *R. Reagan* und KPdSU-Generalsekretär *M. Gorbatschow* gezeigt, daß Amerikaner und

Sowjets in strategischen Fragen ohne Einbeziehung der Europäer verhandelten. Und schließlich hatten auch amerikanische Pläne, die konventionelle Komponente in Europa zu stärken (*Rogers*-Plan, *Kissinger*-Vorschlag, daß SACEUR ein Europäer sein soll, etc.) Befürchtungen in Europa über eine Regionalisierung des Krieges hervorgerufen. So gewann seit Mitte der 80er Jahre die WEU schärfere Konturen und erlebte durch die ‹Erklärung von Rom› 1984 eine gewisse Aufwertung. Die Revitalisierung setzte sich 1987 mit der ‹Haager Plattform› fort, in der die Notwendigkeit der Entwicklung einer europäischen Sicherheitsidentität betont und als weitere Ziele (1) die Revitalisierung der WEU, (2) die Beschleunigung des europäischen Integrationsprozesses und (3) die Stärkung des europäischen Pfeilers im Atlantischen Bündnis genannt wurden.

Von besonderer Bedeutung für die Entwicklung der WEU sollte die Tatsache werden, daß die WEU-Staaten ihre Schiffspräsenz im ersten Golfkrieg zwischen Iran und Irak (1980–1988) koordinierten. Seit 1987 kam es innerhalb der WEU zu einer politischen Konsultation über die Entwicklung im ersten Golfkrieg zwischen Iran und Irak. Des weiteren wurde die WEU im zweiten Golfkrieg zwischen Irak und Kuwait (1990/91) aktiviert. Ab 1993 unterstützen Polizei- und Zollbeamte der WEU-Mitgliedstaaten die Donau-Anliegerstaaten Rumänien, Bulgarien und Ungarn bei der Überwachung und Durchsetzung des von der UNO gegen Serbien/Montenegro verhängten Embargos.

Nach der Überwindung des Ost-West-Konflikts erlebte die WEU eine weitere Aufwertung. Der Vertrag von Maastricht sieht eine Gemeinsame Außen- und Sicherheitspolitik (GASP) in der *Europäischen Union* vor. Die WEU wird aufgefordert, den verteidigungspolitischen Arm der EU zu bilden. Sie soll zu einem organischen Bestandteil der EU werden und den Europäern ermöglichen, mehr Verantwortung für ihre Sicherheit zu übernehmen. Mit den Beschlüssen von Petersberg 1992 erhielt die WEU eine neue militär- und verteidigungspolitische Qualität. Zusammen mit der NATO kann die WEU nun von den *Vereinten Nationen* und der KSZE/OSZE für die internationale Konfliktverhütung und Krisenbewältigung herangezogen werden. In der ‹Petersberg-Erklärung› von 1992 beschlossen die WEU-Staaten, daß militärische Einheiten unter WEU-Befehlsgewalt künftig auch neben ihren bisherigen Aufgaben für humanitäre Aufgaben und Rettungseinsätze, friedenserhaltende Maßnahmen und Kampfeinsätze bei der Krisenbewältigung einschließlich Maßnahmen zur Herbeiführung des Friedens vorgesehen werden können. Einen weiteren wichtigen Integrationsfaktor für die WEU wird in Zukunft das Eurokorps bilden, das 1994 begründet wurde und aus französischen, deutschen, spanischen, belgischen und luxemburgischen Einheiten besteht.

4. Nach dem Ende des Ost-West-Konflikts nimmt die WEU eine immer größere Bedeutung für die Gewährleistung der europäischen Sicherheit ein. Da die USA sich zunehmend aus Europa militärisch zurückziehen und

in ihrer Außenpolitik eine Neuverteilung der Lasten und Prioritäten vornehmen, könnte sich die WEU entsprechend dem Kennedyschen Design von 1962 zum zweiten Pfeiler in einer reformierten NATO entwickeln. Auf der Überprüfungskonferenz der EU im Jahr 1996 dürften bereits die ersten Weichen über die zukünftige Entwicklung der WEU gestellt werden. 1998 läuft die 50jährige Vertragszeit der WEU aus, so daß eine Entscheidung über die Inkorporierung der WEU in die EU ansteht. Langfristig wird die WEU in die EU integriert werden müssen, so daß die bislang neutralen Mitglieder Schweden, Österreich und Finnland wie auch die ost- und mitteleuropäischen Länder im Falle eines Beitritts nicht umhin können werden, die Sicherheitspolitik der EU zu übernehmen. Die WEU dürfte in Zukunft auch verstärkt im Auftrag von UNO und OSZE bei eventuellen ethno-nationalen Konflikten, insbesondere in Ost- und Mitteleuropa, zum Einsatz kommen. Vor dem Hintergrund der Fortexistenz der NATO wird sich aber in der Zukunft verstärkt die Frage des Verhältnisses der beiden Bündnisse stellen. Solange NATO und WEU identische bzw. komplementäre Interessen besaßen, die durch den Ost-West-Konflikt bedingt waren, und in den Bündnissen auch Mitgliederidentität bestand, konnte die NATO die sicherheitspolitischen Funktionen der WEU weitgehend wahrnehmen. Nach dem Ende des Ost-West-Konflikts und vor dem Hintergrund der unklaren Entwicklung in Mittel- und Osteuropa driften die Interessen von Amerikanern und Europäern auseinander. Ein Aufgehen der WEU in der EU würde höchstwahrscheinlich zu einer stärkeren Betonung der europäischen Partikularinteressen in der Sicherheitspolitik führen, da sich die EU als eine politische Organisation versteht, die nicht nur im Regionalsystem Europa wichtige Aufgaben zu erfüllen hat.

↗ Europäische Verteidigungsgemeinschaft – EVG / Europäische Politische Gemeinschaft – EPG; Gemeinsame Außen- und Sicherheitspolitik; Organisation für Sicherheit und Zusammenarbeit in Europa – OSZE; Sicherheit.

Literatur: *Bundesministerium der Verteidigung* 1994: Weißbuch zur Sicherheit der Bundesrepublik Deutschland und zur Lage und Zukunft der Bundeswehr, Köln. *Cahen, A.* 1987: La contribution de l'Union Occidentale au processus de construction européenne, London. *Dransfeld, G.* 1974: Die Rolle der Westeuropäischen Union im europäischen Integrationsprozeß, München (Diss.). *Knop, W.* 1983: Bundesrepublik Deutschland und Westeuropäische Integration, Bonn. *Schall, W.* 1988: Sicherheitspolitik auf dem Wege zur europäischen Union, Bonn. *Schell, P.* 1991: Bündnis im Schatten. Die WEU in den 80er Jahren, Bonn. *Schmidt, P.* 1992: Die WEU im Spannungsfeld zwischen EU und Atlantischer Allianz, in: *Thränert, O.* (Hrsg.): Die EG auf dem Wege zu einer Gemeinsamen Außen- und Sicherheitspolitik, Bonn, 33–46. *Van Beveren, R.* 1993: Military Cooperation: What Structure for the Future? Chaillot Papers 6, Institute for Security Studies, Paris. *Van Eekelen, W.* 1992: The WEU and the Future of European Security, in: NATO-Review, Autumn 1992 (Special Edition), 9–15.

Wichard Woyke

Wirtschaft und Währung

Schon seit Mitte der 60er Jahre wurden in der Gemeinschaft Pläne diskutiert, den ökonomischen Integrationsprozeß über den Gemeinsamen Markt hinaus durch die Realisierung einer Wirtschafts- und Währungsunion (WWU) zu komplettieren. In einer Wirtschafts- und Währungsunion haben die Mitgliedstaaten nicht nur alle Hemmnisse für den freien Waren-, Dienstleistungs-, Personen- und Kapitalverkehr aufgehoben, sie betreiben darüber hinaus eine gemeinsame Wirtschafts- und Währungspolitik. Die Währungen dieser Länder sind entweder durch unwiderruflich fixierte Wechselkurse verbunden oder werden durch eine gemeinsame Währung ersetzt.

I. Wirtschafts- und Währungsunion in der Kontroverse: Das Projekt der WWU wird in der wissenschaftlichen und politischen Diskussion unterschiedlich bewertet. Als wichtige Pro-Argumente werden angeführt: (1) Durch den Wegfall der Wechselkursunsicherheit und der Devisentransaktionskosten entstehen im Währungsverbund Effizienzgewinne. Die Produktionskosten sinken, die risikobereinigte Rendite steigt – beides zusammen stimuliert die Investitionstätigkeit und verbessert damit die Wachstumsperspektiven der Union. (2) Durch eine gemeinsame Währung wird die Stellung Europas gegenüber den USA und Japan gestärkt. Dies ergibt sich nicht nur aus den eben genannten Wachstumseffekten, sondern auch aus dem größeren Gewicht der gemeinsamen Währung im internationalen Handels- und Dienstleistungsverkehr. Die europäischen Unternehmen könnten einen größeren Teil ihrer Geschäfte in der eigenen Währung fakturieren, dadurch ihr Risiko senken und Kosten sparen. (3) In einem einheitlichen Binnenmarkt wächst die wechselseitige Abhängigkeit der beteiligten Volkswirtschaften. Die Fähigkeit der Nationalstaaten, eine autonome Geld- und Fiskalpolitik zu betreiben, wird dadurch geringer. Um die Wirksamkeit der Geld- und Fiskalpolitik zu erhalten, scheint es für stärker verflochtene Volkswirtschaften vernünftig, die Kompetenz für die Wirtschaftspolitik im Rahmen einer Wirtschafts- und Währungsunion zu vergemeinschaften.

Die Kritiker des WWU-Planes nennen folgende relevante Argumente: (1) In den Mitgliedstaaten der EU wird aufgrund unterschiedlicher wirtschaftspolitischer Traditionen der Geldwertstabilität keine gleiche Priorität zuerkannt. Es besteht von daher die Gefahr, daß selbst ein unabhängiges europäisches Zentralbanksystem in bestimmten ökonomischen Konstellationen (z.B. ungleiche Tarifpolitik oder ungleiche Staatsverschuldung in den Mitgliedstaaten) unter Druck gerät, seine Geldpolitik zu lockern. Gemessen an den geldpolitischen Traditionen in den Niederlanden, Österreich und Deutschland könnte damit das Inflationspotential in der WWU größer sein. (2) Angesichts des geringen relativen Gewichts des EU-Haushalts erweist sich die Koordinierung der Haushaltspolitik der Mitgliedstaaten als neuralgischer Punkt für die Verwirklichung einer konsistenten gemeinschaftlichen Fiskalpolitik. Vor dem Hintergrund der bei dieser Aufgabe zu bewältigenden Schwierigkeiten (unterschiedliche Traditionen der Staatsverschuldung) ist das Risiko groß, daß die Fiskalpolitik in der WWU gegenüber dem *Status quo* an Steuerungsfähigkeit verliert. (3) Auch von der Tarifpolitik können im WWU-Regime Ungleichgewichte zwischen den Mitgliedstaaten erzeugt werden. In Teilen der Literatur wird befürchtet, daß die Gewerkschaften in Europa eine egalitäre Lohnpolitik durchsetzen könnten, die die Leistungsfähigkeit der schwächer entwickelten Staaten überfordert und damit deren Wettbewerbsfähigkeit beeinträchtigt. Aufgrund der Erfahrungen seit Beginn der 80er Jahre ist jedoch eher zu erwarten, daß auch im WWU-Kontext die Lohnstückkosten in den Niedriglohnländern weiterhin überdurchschnittlich abgebaut werden (komparative Schwäche der Gewerkschaften). Damit würde die Wettbewerbsposition der höher entwickelten Staaten und in der Folge auch deren Lohn- und Sozialstandard unter Druck geraten.

Im Zusammenhang mit der kontroversen Debatte über das WWU-Konzept wird auch die Frage, ob die EU die Kriterien für einen optimalen Währungsraum erfüllt, unterschiedlich beantwortet. Nach dem von *R. A. Mundell* entwickelten Faktormobilitätskriterium ist die EU kein Kandidat für die Einführung einer gemeinsamen Währung. Da die Arbeitskraftmobilität in der Gemeinschaft nur gering ausgeprägt sei, könnten Wettbewerbsprobleme einzelner Volkswirtschaften bei den gegebenen Lohn-Preis-Rigiditäten in einer WWU nicht kompensiert werden, so das Argument, das vor kurzem noch einmal von *M. Feldstein* (1992) in seiner scharfen Kritik am Maastrichter Vertrag hervorgehoben wurde.

Einige Befürworter des WWU-Projektes betrachten jedoch gerade die Nichterfüllung des *Mundell*-Kriteriums als entscheidende Voraussetzung für einen Erfolg der Einheitswährungsstrategie in Europa. Sie erklären die keynesianische Prämisse starrer Löhne für überholt und setzen ihr Vertrauen in das Anpassungsinstrument ‹Lohnflexibilität›. Je geringer die Arbeitskraftmobilität in Europa sei, desto wirkungsvoller könne auf dezentralen Märkten der Lohn-Preis-Mechanismus zur Geltung kommen. *H. Matthes* (1992) und *O. Sievert* (1993) vertrauen darauf, daß die europäischen Gewerkschaften nicht in der Lage sind, ein übernationales Lohnkartell aufzubauen. Die nationalen Arbeitsmärkte würden im WWU-Regime zu echten Wettbewerbsmärkten und die Löhne dadurch nach unten flexibel. Damit könne die Gemeinschaft endlich sowohl das Problem der regionalen Disparitäten als auch der hohen Arbeitslosigkeit erfolgreich bekämpfen.

II. Konvergenz und Divergenz in der ökonomischen Entwicklung unter den Bedingungen des Europäischen Währungssystems: Vor dem Hintergrund der Kontroversen über das WWU-Projekt überrascht es nicht, daß auch die Erfahrungen, die die Gemeinschaft mit dem Europäischen Währungssystem (EWS) gemacht hat, unterschiedlich bewertet werden. Die eine Seite betont, daß es den am Wechselkursmechanismus (WKM) teilnehmenden Staaten in den 80er Jahren gelungen sei, die Inflationsraten deutlich zu reduzieren, und führt dies auch auf den Paradigmenwechsel in der Wirtschaftspolitik aller EU-Staaten zurück. Nach der Ablösung des Keynesianismus durch neokonservative Wirtschaftsphilosophien hätten die WKM-Staaten die Inflation durch die Kombination einer restriktiven Geldpolitik, einer auf die Konsolidierung der öffentlichen Haushalte ausgerichteten Fiskalpolitik und einer restriktiven Lohnpolitik erheblich senken können. Die andere Seite weist darauf hin, daß im OECD-Raum insgesamt in den 80er Jahren die Inflationsraten zurückgegangen seien. Des weiteren sei zu beobachten, daß trotz dieser Erfolge im Kampf gegen die Inflation auch noch Ende der 80er und zu Beginn der 90er Jahre zwischen den WKM-Staaten erhebliche Inflationsratendifferentiale bestanden hätten. Die nach wie vor bestehenden Divergenzen in der ökonomischen Entwicklung der EWS-Staaten seien auch an der Entwicklung der Lohnstückkosten, der Finanzierungsdefizite der öffentlichen Hände und der öffentlichen Bruttoverschuldung zu erkennen. Bei diesen Variablen lasse sich in den 80er Jahren keine Tendenz zur Konvergenz feststellen.

Tatsächlich war die unzureichende Konvergenz zwischen den WKM-Staaten dafür verantwortlich, daß seit Inkrafttreten des EWS im März 1979 bis zu seiner faktischen Suspendierung im August 1993 17 Neufestsetzungen der Wechselkurse (*Realignments*) registriert wurden. Der Wechselkurs der Deutschen Mark hat sich z. B. gegenüber der italienischen Lira von 1979 bis zum 14.05. 1993 um 50,4 % und gegenüber dem französischen Franc im selben Zeitraum um 31,1 % verändert. Da diese notwendigen Wechselkursveränderungen teils verzögert wurden, teils nicht ausreichten, um das Inflationsgefälle zwischen den WKM-Staaten zu kompensieren, waren die Währungen der Mitgliedstaaten seit 1970 häufig real über- bzw. unterbewertet. Dies galt v. a. für die Deutsche Mark, die gegenüber wichtigen Partnerwährungen innerhalb des WKM-Verbundes, insbesondere 1980/81, 1984/85 und 1987–1992, eine starke reale Unterbewertung aufwies. Wird das Inflationsratengefälle innerhalb des EWS nicht in vollem Umfang durch Wechselkursänderungen kompensiert, entstehen der Bundesrepublik im innergemeinschaftlichen Handel preisliche Wettbewerbsvorteile, die sich in Leistungsbilanzüberschüssen niederschlagen.

Da die Ungleichgewichte im innergemeinschaftlichen Handelsverkehr durch die unzureichenden Wechselkursanpassungen nicht beseitigt wurden, konnten die Kurse zwischen den *Realignments* nur durch Interventionen der Notenbanken auf den Devisenmärkten und durch Zinssatzdifferenzen zwischen den Mitgliedstaaten stabilisiert werden. Die Zinssatzdifferenzen sorgten dafür, daß die Devisenbilanzen der Defizitländer durch den Zustrom kurz- und mittelfristiger Finanzmittel aus den Überschußländern ausgeglichen wurde. In den 80er Jahren konnte Wechselkursstabilität im EWS damit nur künstlich hergestellt werden. Der Preis für diese Scheinstabilität waren verzerrte Wechselkursrelationen und verzerrte Zinsrelationen, die im doppelten Sinne eine Fehlallokation von Ressourcen produzierten. Die Wechselkursverzerrungen haben die preisliche Wettbewerbsposition der Unternehmen aus den Hartwährungsländern (insbesondere der BRD) im Intra-EG-Handelsverkehr begünstigt und die Anbieter aus Weichwährungsländern (Italien und Frankreich) benachteiligt. Für die Entwicklung der Wirtschaftsstrukturen dieser EWS-Länder setzten die Wechselkurse damit falsche Signale. Darüber hinaus hat das Zinssatzgefälle die produktiven Investitionen sowohl in den Ländern mit starker Währung als auch in den Ländern mit schwacher Währung beeinträchtigt. Angesichts dieser Befunde ist das Urteil berechtigt, daß das EWS die Bildung eines Gemeinsamen Marktes und damit den wirtschaftlichen Integrationsprozeß in der EG eher verzögert als gefördert hat.

Auch die Krise des EWS im Herbst und im Winter 1992/93 ist im Kontext der verfehlten Hartwährungspolitik zu interpretieren, die die WKM-Staaten in vorauseilender Simulation der Endstufe der WWU seit 1987 betrieben. Die Folgen dieser Politik waren eine Jahr für Jahr anwachsende Überbewertung der Lira, des Pfund Sterling und der Peseta sowie eine krasse Unterbewertung der Deutschen Mark. Die Schwachwährungsländer hofften, durch die Strategie der Überbewertung eher die Geldwertstabilität zu erreichen als durch eine Strategie anpassungsfähiger Wechselkurse. Auf diese Weise sollten die Importe verbilligt werden, die heimische Wirtschaft unter einen Rationalisierungsdruck gesetzt und die Gewerkschaften zu Zugeständnissen in der Lohnpolitik gezwungen werden. Da aber eine solche Strategie nur im Zeitraum von mehreren Jahren erfolgreich sein kann, waren einerseits die *Output*- und Beschäftigungsverluste sehr hoch, und es nahmen andererseits die außenwirtschaftlichen Ungleichgewichte zu.

Die Reinigungskrise im EWS war spätestens seit der Wiedervereinigung Deutschlands, die das deutsche Zinsniveau weiter nach oben trieb, überfällig. Früher oder später mußten die seit 1987 zunehmend verzerrten Währungsparitäten angepaßt werden. Seit dem Spätsommer 1992 verschärften sich die Spannungen im EWS derartig, daß die EU-Finanzminister am 1. 8. 1993 beschlossen, die Bandbreite im WKM von ± 2,25 % (bzw. ± 6,0 %) auf ± 15 % zu erweitern und damit das Festkurssystem faktisch zu suspendieren. Aufgrund der schweren Fehler der Währungspolitik der WKM-Staaten seit 1987 und der daraus resultierenden Glaubwürdigkeitskrise der Wirtschaftspolitik der EU wird es einiger Zeit bedürfen, ehe die EWS-Währungen zur ursprünglichen Bandbreite zurückkehren können.

III. Der Maastrichter Vertrag und die Konvergenzpolitik: Der Vertrag über die *Europäische Union* (EU-V) orientiert sich in seinen Bestimmungen über die WWU in hohem Maße an den Vorschlägen des *Delors*-Berichtes. Im Endzustand sollen nach den Maastrichter Beschlüssen die Kompetenzen für die Geld- und Fiskalpolitik – wenn auch unter Wahrung des Subsidiaritätsprinzips – von der Nationalstaats- auf die Gemeinschaftsebene übertragen werden. Ein Europäisches Zentralbanksystem (EZBS) übernimmt in dieser Endstufe die Verantwortung für die Geldpolitik, und es wird eine gemeinsame europäische Währung eingeführt. Auf dem Wege dorthin sind allerdings laut EU-V einige Hürden zu überwinden. Zunächst sollten die Mitgliedstaaten mehrjährige Programme festlegen, «die die für die Verwirklichung der Wirtschafts- und Währungsunion notwendige dauerhafte Konvergenz, insbesondere hinsichtlich der Preisstabilität und gesunder öffentlicher Finanzen, gewährleisten sollen» (Art. 109 e Abs. 2). In der zweiten Stufe für die Verwirklichung der WWU, die am 1. 1. 1994 begann, werden v. a. drei Ziele verfolgt: (1) Die Herstellung einer dauerhaften Konvergenz der Mitgliedstaaten im Wirtschafts- und Währungsbereich, insbesondere hinsichtlich der Preisstabilität und gesunder öffentlicher Finanzen, (2) die Verwirklichung einer Unabhängigkeit der nationalen Zentralbanken von den jeweiligen Exekutiven, (3) die Einrichtung eines Europäischen Währungsinstitutes (EWI), das die währungspolitischen Vorbereitungen für die Endstufe der WWU trifft. (Eigenständige Kompetenzen in der Geldpolitik erhält das EWI in dieser Phase nicht.)

Orientierungsmarken für diese Konvergenzpolitik der Mitgliedstaaten sind folgende im Protokoll über das Verfahren bei einem übermäßigen Defizit sowie im Protokoll über die Konvergenzkriterien nach Art. 109j festgelegten Werte: (1) Die Inflationsrate darf nicht mehr als 1,5 Prozentpunkte über der Inflationsrate jener – höchstens drei – Mitgliedstaaten liegen, die auf dem Gebiet der Preisstabilität das beste Ergebnis erzielt haben; (2) die Gesamtschulden des Staates sollen 60 % und die Finanzierungsdefizite (Nettoneuverschuldung) der öffentlichen Hand 3 % des Bruttoinlandsprodukts zu Marktpreisen nicht überschreiten; (3) die langfristigen Nominalzinssätze dürfen um nicht mehr als 2 %-Punkte über dem entsprechenden Satz in jenen – höchstens drei – Mitgliedstaaten liegen, die auf dem Gebiet der Preisstabilität das beste Ergebnis erzielen; (4) die Währung eines Landes muß sich seit mindestens zwei Jahren innerhalb des normalen Bandes des Wechselkursmechanismus des EWS (2,25 %) bewegt haben und darf innerhalb dieses Zeitraums gegenüber einer anderen Währung eines Mitgliedstaates nicht abgewertet worden sein.

In der ersten Phase der WWU, die vom 1. 7. 1990 bis zum 31. 12. 1993 reichte, hatte die auf diese Zielmarken orientierte Konvergenzpolitik der EU-Staaten insgesamt mehr Rückschritte als Fortschritte zu verzeichnen. Erfolge konnten in der Entwicklung der Inflationsraten und damit auch bei den langfristigen Zinssätzen erzielt werden, große Rückschläge waren jedoch im Hinblick auf die beiden Verschuldungsnormen und v. a. beim Kriterium der Wechselkursstabilität zu verbuchen.

Die für die Konvergenz der Preisentwicklung im EU-V festgesetzte Referenzspanne konnte in der ersten Phase der WWU nur von Belgien, Dänemark, Irland, Frankreich, Luxemburg und den Niederlanden realisiert werden. Deutschland verfehlte dieses Ziel 1992 und 1993. Spanien, Portugal und Italien erfüllten das Kriterium in keinem Jahr, ihre Inflationsraten bewegten sich aber deutlich nach unten. Obwohl auch Griechenlands Inflationsrate rückläufig war, betrug sie stets das Vier- bis Fünffache der Referenz-Inflationsraten.

Ähnliche Fortschritte verzeichnete die EU beim Kriterium der langfristigen Zinssätze, das eng mit der Inflationsnorm verbunden ist. Dagegen kam es in der Stufe 1 der WWU bei den öffentlichen Finanzen zu einer erheblichen Verschlechterung der Konvergenz. Die finanzpolitischen Ziele der Konvergenzprogramme wurden fast durchweg verfehlt. Mit Ausnahme von Irland und Luxemburg erreichte 1993 kein Mitgliedstaat das Defizitkriterium von 3 % des BIP. Das Zusammenwirken der automatischen Stabilisatoren und der im Krisenjahr 1993 z. T. eingeleiteten diskretionären finanzpolitischen Maßnahmen ließen Dänemark, Großbritannien, Frankreich, Deutschland, Spanien und Portugal die 3 %-Norm verfehlen. In den Niederlanden und Belgien, v. a. aber in Italien und Griechenland reichte die prozyklische Konsolidierungspolitik nicht aus, um dem Defizitkriterium 1993 zu genügen. Diese Entwicklung der Finanzierungsdefizite war dafür verantwortlich, daß auch beim zweiten Verschuldungskriterium – der 60 %-Norm für das Verhältnis von öffentlicher Bruttoschuld und BIP – die am höchsten verschuldeten Staaten Belgien, Dänemark, Griechenland, Italien und die Niederlande in der ersten Phase der WWU weitere Rückschläge hinnehmen mußten. Eine Ausnahme machte hier nur Irland. Auch bei den fünf Mitgliedstaaten, die die Norm in diesem Zeitraum erfüllten – Deutschland, Spanien, Frankreich, Luxemburg und Großbritannien –, verschlechterte sich der Verschuldungswert z. T. erheblich. Am markantesten war der Rückschlag, den die Konvergenzpolitik der EU beim Ziel der Wechselkursstabilität hinzunehmen hatte. Statt wie geplant die Politik der Simulation der Endstufe der WWU fortzuführen, mußten die WKM-Staaten kurz vor Beginn der Stufe 2 der WWU das Wechselkursexperiment aufgeben.

An diesem Gesamtbild hat sich seit Anfang 1994 wenig geändert: während die Gemeinschaft bei der Bekämpfung der Inflation weiterhin leichte Fortschritte erzielen konnte, bleibt die Situation bei den beiden Verschuldungsnormen nach wie vor sehr kritisch. Die 3 %-Marke für die Finanzierungsdefizite erfüllten 1994 und 1995 nur Irland, Luxemburg und Deutschland. Beim öffentlichen Schuldenstand genügten allein Frankreich, Großbritannien, Luxemburg und Deutschand der 60 %-Norm. Unter Berücksichtigung aller Konvergenzkriterien qualifizierten sich seit Beginn der zweiten Stufe nur zwei Staaten, Luxemburg und Deutschland, für die Endphase der WWU.

IV. Perspektiven der WWU: Da von den drei neuen EU-Staaten nur Österreich 1996 eine Chance hat, alle Konvergenznormen einzuhalten, wird zu diesem Zeitpunkt die nach Art. 109 j Abs. 3 notwendige Mehrheit von acht bzw. sieben Staaten (wenn Dänemark und Großbritannien nicht teilnehmen wollen) auf keinen Fall erreicht werden. Die politische Arena in der EU hat sich deshalb bereits auf den zweiten WWU-Termin des Maastrichter Vertrages (1999) eingerichtet. Doch auch bis dahin müssen mehrere gravierende politische Probleme geklärt werden: (1) Eine WWU ist ohne eine Politische Union nicht realisierbar. Mögliche ökonomische und soziale Disparitäten zwischen den Volkswirtschaften bedürfen eines Finanzausgleichsmechanismus, der nur von einer föderalen Union geleistet werden kann. (2) Auch 1999 werden nicht alle EU-Staaten der Endstufe der WWU beitreten können. Der Weg zweier oder mehrerer Geschwindigkeiten in der EU ist aber politisch hochbrisant. Die Regierungskonferenz wird deshalb sicherlich die Frage der Konvergenzkriterien erneut diskutieren und Lösungen für das Verhältnis zwischen einer möglichen Kerngruppe und den übrigen Mitgliedstaaten erarbeiten müssen. (3) Denjenigen EU-Staaten, die am stärksten von den Konvergenznormen abweichen, stehen erhebliche politische Konflikte ins Haus. Wie die Konvergenzprogramme dieser Staaten zeigen, ist die Bekämpfung von Inflation und Staatsverschuldung nur um den Preis von Steuer- und Abgabenerhöhungen, Einschnitten in die sozialen Sicherungssysteme, einer weiteren Umverteilung der Einkommen zugunsten der Kapitaleigentümer, sinkenden oder stagnierenden Realeinkommen der abhängig Beschäftigten sowie einer hohen Arbeitslosenquote zu realisieren. Die soziale Lage wird sich v. a. in Griechenland, Italien, Spanien, Schweden und Portugal, aber auch in Irland, Belgien, Finnland und den Niederlanden verschlechtern. Erstmals in der Geschichte der Gemeinschaft ist Integrationsfortschritt in vielen Mitgliedstaaten mit ökonomischen und sozialen Einbußen verbunden. Daß der Maastricht-Prozeß damit in eine Legitimationskrise der Union münden kann, sollte nicht übersehen werden.

↗ Europäisches Währungssystem.

Literatur: *Bofinger, P.* 1990: Der Weg zur Wirtschafts- und Währungsunion in Europa – Analysen und Dokumente, Wiesbaden. *Bofinger, P.* 1995: Braucht die gemeinsame Währung die politische Union?, in: IP 9, 43–48. *Caesar, R./Scharrer, H.-E.* (Hrsg.) 1994: Maastricht: Königsweg oder Irrweg zur Wirtschafts- und Währungsunion?, Bonn. *Dyson, K.* 1994: Elusive Union – The Process of Economic and Monetary Union in Europe, London. *Englander, A. St./Egedo, T.* 1992: Adjustment under Fixed Exchange Rates: Application to the European Monetary Union, OECD, Economics Department, Working Papers, No. 117, Paris. *Feldstein, M.* 1992: Ziemlicher Verfall. Eine gemeinsame Währung erhöht die Arbeitslosigkeit in Europa und verstärkt die Konjunkturschwankungen, in: Wirtschaftswoche 27. *Grimm, D.* 1987: Das Europäische Währungssystem –

Ein erfolgreicher Währungsverbund?, in: Die Weltwirtschaft 2, 60–72. *Jochimsen, R.* 1994: Perspektiven der europäischen Wirtschafts- und Währungsunion, Köln. *Kommission der EG* 1990: Ein Markt, eine Währung – Potentielle Nutzen und Kosten der Errichtung einer Wirtschafts- und Währungsunion – Eine Bewertung (Europäische Wirtschaft Bd. 44), Brüssel/Luxemburg. *Matthes, H.* 1992: Währungsunion mit der Peripherie?, in: Wirtschaftsdienst 12. *Mundell, R.A.* 1961: A Theory of Optimum Currency Areas, in: AER 51, 657–664. *Sievert, O.* 1993: Geld, das man selbst herstellen kann. Ein ordnungspolitisches Plädoyer für die Europäische Währungsunion, in: *Bofinger, P./Collignon, S./Lipp, E.-M.* (Hrsg.): Währungsunion oder Währungschaos, Wiesbaden. *Vaubel, R.* 1996: Das Tauziehen um die Europäische Währungsunion, in: APuZ B1–2/96, 11–18.

Klaus Busch

Wirtschafts- und Sozialausschuß

Die Gründungsverträge von EWG und EAG wollten mit dem WSA für organisierte Interessen eine institutionalisierte Vertretung im Entscheidungsgefüge der Europäischen Gemeinschaften schaffen, dem Beratenden Ausschuß der EGKS vergleichbar. Mit Ausnahme der Bundesrepublik Deutschland besitzen die anderen fünf Gründerstaaten der EWG in ihrer Verfassungsordnung entsprechende Institutionen, die als Vorbilder angesehen werden können. Art. 4 (2) EG-V bestimmt, daß der WSA Rat und Kommission «mit beratender Aufgabe unterstützt». Mit seinen eng begrenzten Kompetenzen rangiert der WSA deshalb auch nicht in der Reihe der Gemeinschafts-Organe, sondern hat, wie der Ausschuß der Regionen, den Rang einer Hilfsinstitution. Details werden in den Art. 193–198 EG-V bzw. Art. 165–170 EAG-V geregelt.

I. *Zusammensetzung und Bestellung:* Nach den Verträgen besteht der WSA aus «Vertretern der verschiedenen Gruppen des wirtschaftlichen und sozialen Lebens», also nicht nur aus Vertretern der Arbeitgeber und Arbeitnehmer. Nach der Erweiterung der EU auf 15 Staaten hat der WSA 222 Mitglieder. Den Staaten stehen, gestuft nach Größe, 6, 9, 12, 21 oder 24 Sitze zu. Obwohl die Zusammensetzung laut Vertrag der Notwendigkeit Rechnung tragen muß, «den verschiedenen Gruppen des wirtschaftlichen und sozialen Lebens eine angemessene Vertretung zu sichern», ist die Repräsentativität des WSA ein ungelöstes Problem. Zum einen sind die großen Mitgliedstaaten deutlich unterrepräsentiert. Auf der anderen Seite erschwert es die geringe Zahl der Mitglieder kleinerer Staaten, das jeweilige Spektrum organisierter Interessen angemessen zu spiegeln. Neu auftretende Interessen drohen schließlich von einer Vertretung ausgeschlossen zu bleiben, weil die Gesamtzahl der den einzelnen Staaten zugewiesenen Sitze, anders als im Fall des Europäischen Parlaments, nicht erhöht wurde.

Die Mitglieder des WSA werden vom Rat durch einstimmigen Beschluß auf vier Jahre ernannt, wobei Wiederernennung zulässig ist. Jeder Staat legt dazu dem Rat eine Liste mit Vertretern nationaler Verbände vor, die doppelt so viele Kandidaten wie Sitze enthält. Vor seiner Entscheidung konsultiert der Rat die Kommission und kann auch die Meinung von europäischen Dachorganisationen der Verbände einholen. Der Vertrag definiert die Mitglieder des WSA als in ihrer Tätigkeit unabhängig und nicht an Weisungen gebunden; sie sollen sich am allgemeinen Wohl der Gemeinschaft ausrichten. Faktisch bringen sie die Perspektive und den Standpunkt ihres jeweiligen Verbandes ein.

II. *Organisation und Arbeitsweise*: Der WSA ist intern in drei Gruppen gegliedert: Arbeitgeber, Arbeitnehmer, verschiedene Interessen. Diese Gruppen sind Fraktionen eines Parlaments vergleichbar, wobei die dritte Gruppe (mit einem starken Anteil agrarischer Interessen) sehr heterogen ist. Eine andere Art der Untergliederung stellen die insgesamt neun Fachgruppen dar, die parlamentarischen Ausschüssen vergleichbar sind. Sie decken das gesamte Tätigkeitsspektrum der Gemeinschaft ab und bilden für ihre Arbeit regelmäßig Unterausschüsse und besondere Studiengruppen. Der WSA wählt seinen Präsidenten und das Präsidium für jeweils zwei Jahre. Dem Präsidium gehören 30 Mitglieder an: der Präsident, zwei Vizepräsidenten und neun Mitglieder jeder Gruppe. Der Arbeitsort des WSA ist Brüssel. Jährlich finden etwa zehn Plenarsitzungen statt, die jeweils zwei Tage dauern. Der WSA wird von seinem Präsidenten auf Antrag des Rates oder der Kommission einberufen; er kann auch aus eigener Initiative zusammentreten. Im Mittelpunkt der Arbeit des WSA steht die Abfassung von Stellungnahmen, entweder auf Anforderung von Rat oder Kommission – wobei zwischen Fällen obligatorischer und fakultativer Konsultation unterschieden wird – oder (seit 1972) auch auf eigene Initiative. Für die Vorbereitung solcher Voten ist die Arbeit der Unterausschüsse und Studiengruppen wichtig. Eine besondere Rolle kommt der Funktion des Berichterstatters zu, der für jede Stellungnahme neu aus der Mitte der Mitglieder berufen wird. Die Stellungnahmen, für deren Erstellung dem WSA eine Frist (mindestens ein Monat) gesetzt werden kann, werden Rat und Kommission vorgelegt. Der WSA hat ein Sekretariat mit über 500 Bediensteten, von denen ein Drittel dem Sprachendienst angehört. Es ist in vier Direktionen aufgegliedert. Nach einer Entscheidung der Regierungskonferenz von Maastricht genießt der WSA hinsichtlich Haushalt und Personalverwaltung dieselbe Unabhängigkeit wie bisher schon der Rechnungshof.

III. *Funktionen und Bedeutung*: Die Funktionen des WSA sind begrenzt; entsprechend ist seine Wirkung im gemeinschaftlichen Entscheidungsprozeß gering. (1) Der WSA hat bescheidene Mitwirkungsmöglichkeiten durch Wahrnehmung seiner Beratungsfunktion. Dazu gehört einmal die Abgabe von Stellungnahmen, weniger als 200 jährlich auf Anforderung sowie weniger als 20 auf eigene Initiative; außerdem eine geringe Zahl (weniger als zehn jährlich) sog. Informations-Berichte. (2) Der WSA stellt ein Forum dar und nimmt damit Kommunikationsfunktionen wahr. Dabei geht es zum einen um die Beziehungen zwischen den Vertretern unterschiedlicher sektoraler und beruflicher Interessen, die im WSA vertreten sind; zum anderen hat der WSA Arbeitsbeziehungen zu anderen Gemeinschaftsorganen aufgebaut, wobei die zur Kommission am engsten und wichtigsten sind.

Die Schwäche und geringe Wirksamkeit des WSA ist auf eine Reihe von Faktoren zurückzuführen. (1) Die Mitglieder haben in ihren jeweiligen nationalen Verbands-Organisationen i. d. R. keine starke Stellung (mehr). Sodann lassen Präsenz und Arbeitsintensität mancher Mitglieder zu wünschen übrig. (2) Die Arbeit des WSA steht unter erheblichem Zeitdruck, und vor allem wird er häufig erst zu einem Zeitpunkt eingeschaltet, wenn die Entscheidungen praktisch schon gefallen sind; eine stärkere Einbeziehung in die Vorbereitungsphase ist insofern ein Desiderat. (3) Der wichtigste Grund liegt jedoch zweifellos darin, daß die Verbände direkte *Lobby*-Aktivitäten als wirkungsvollere Möglichkeiten zur Interessenvertretung vorziehen. Die große Zahl von in Brüssel angesiedelten Verbänden ist ein deutliches Indiz dafür.

Es ist deshalb auch nicht überraschend, daß im Rahmen der Überlegungen zur Regierungskonferenz 1996 über eine Revision des Unions-Vertrags keine Veränderung in der Stellung des WSA vorgeschlagen wird. Während ein Mitglied der Reflexionsgruppe vorschlägt, die Regierungskonferenz solle die Abschaffung des WSA in Erwägung ziehen, da seine Tätigkeit kein Ersatz für den direkten Dialog zwischen Verbänden und Gemeinschaftsinstitutionen sei, regen die anderen Mitglieder lediglich an, die Beiträge des WSA im Rahmen der Anhörung zu Rechtsetzungsvorhaben der Gemeinschaft besser zu nutzen. An der letztlich marginalen Rolle des WSA dürfte sich deshalb nichts ändern.

↗ Gewerkschaftliche Zusammenarbeit; Interessenvertretung; Politisches System der Europäischen Gemeinschaft; Sozialpolitik.

Literatur: *Brüske, H.-G.* 1979: Der Wirtschafts- und Sozialausschuß der Europäischen Gemeinschaften. Die institutionalisierte Interessenvertretung als Faktor der Europäischen Integration, Rheinfelden. *Mac Laughlin, D.* 1976: The Work and the Aims of the Economic and Social Committee of EEC and Euratom, in: JCMS 15, 1, 9–28. *Morgan, R.* 1991: The Consultative Function of the Economic and Social Committee of the European Community, Florence. *Zellentin, G.* 1962: Der Wirtschafts- und Sozialausschuß der EWG und Euratom. Interessenrepräsentation auf übernationaler Ebene, Leiden.

Rudolf Hrbek

Chronik der Europäischen Union

1950

9. Mai – Der französische Außenminister *R. Schuman* schlägt vor, eine *Europäische Gemeinschaft für Kohle und Stahl* (EGKS, Montanunion) zu gründen.

1951

18. April – Unterzeichnung des Vertrages zur Gründung der EGKS in Paris (Pariser Vertrag). In Kraft getreten am 23. 7. 1952

1952

27. Mai – Unterzeichnung des Vertrags zur Errichtung der Europäischen Verteidigungsgemeinschaft (EVG) in Paris

10. August – Die Hohe Behörde – die Exekutive der EGKS – nimmt unter Präsident *J. Monnet* ihre Tätigkeit in Luxemburg auf.

September – In Straßburg konstituiert sich die ‹Gemeinsame Versammlung› der EGKS mit 78 Abgeordneten.

1953

10. Februar – Errichtung des gemeinsamen Marktes für Kohle, Eisenerz und Schrott

1. Mai – Errichtung des gemeinsamen Marktes für Stahl

1954

30. August – Scheitern der Europäischen Verteidigungsgemeinschaft (EVG); die Ratifizierung des EVG-Vertrags wird von der französischen Nationalversammlung abgelehnt.

1955

1./2. Juni – Tagung der Außenminister der ‹Sechs› in Messina, auf der die Ausgestaltung der europäischen Integration beschlossen wird. Unter dem Vorsitz von *P.-H. Spaak* nimmt das auf der Messina-Konferenz gebildete Sachverständigenkomitee am 9. 6. 1955 seine Arbeit auf.

1956

29. Mai – Tagung der Außenminister der ‹Sechs› in Venedig, auf der beschlossen wird, die Verhandlungen über die Errichtung der *Europäischen Wirtschaftsgemeinschaft* (EWG) und der *Europäischen Atomgemeinschaft* (EAG, Euratom) aufzunehmen.

1957

25. März – Unterzeichnung der Verträge zur Gründung der EWG und EAG in Rom (Römische Verträge)

1958

1. Januar – Die Verträge von Rom treten in Kraft. *W. Hallstein* wird Präsident der EWG-Kommission, *L. Armand* Präsident der EAG-Kommission.

3./12. Juli – Die Ergebnisse der Konferenz von Stresa bilden die Grundlagen der gemeinsamen Agrarpolitik, insbesondere für die Entwicklung der gemeinsamen Marktordnungen.

1961

1. Januar – Erste Teilangleichung der nationalen Zollsätze der EWG-Länder im Hinblick auf einen gemeinsamen Außenzolltarif

10. Februar – Die Staats- bzw. Regierungschefs der EWG-Staaten beschließen eine engere politische Zusammenarbeit. Ein Ausschuß unter dem Vorsitz von *C. Fouchet* wird eingesetzt.

9. Juli – Unterzeichnung des Assoziationsabkommens EWG-Griechenland in Athen. Es tritt am 1. 11. 1962 in Kraft, ruht jedoch von April 1967 bis September 1974.

31. Juli – Irland stellt den Antrag auf Beitritt zu den Europäischen Gemeinschaften; Großbritannien und Dänemark folgen am 9. bzw. 10. August.

8. November – Die Beitrittsverhandlungen mit Großbritannien beginnen in Brüssel.

1962

14. Januar – Einigung im EWG-Ministerrat über die ersten vier Agrarmarktordnungen, die erste Finanzierungsregelung und die Wettbewerbsordnung

17. April – Die Verhandlungen über die politische Union werden abgebrochen, da keine Einigung über die Vorschläge des *Fouchet*-Ausschusses erzielt wird.

30. April – Beitrittsgesuch Norwegens

1963

14. Januar – General *C. de Gaulle* bekräftigt auf einer Pressekonferenz, daß Großbritannien für einen Beitritt zum Gemeinsamen Markt nicht vorbereitet sei.

29. Januar – Abbruch der Verhandlungen über den Beitritt Großbritanniens zu den Europäischen Gemeinschaften

29. Juli – Unterzeichnung des Ersten Assoziationsabkommens mit 17 afrikanischen Staaten und Madagaskar in Jaunde (Kamerun). Es tritt am 1.6. 1964 in Kraft.

12. September – Unterzeichnung des Assoziationsabkommens EWG-Türkei in Ankara. Es tritt am 1.2. 1964 in Kraft.

1964

4. Mai – Eröffnung der weltweiten Zollverhandlungen im Rahmen der *Kennedy*-Runde in Genf; die EWG tritt einheitlich auf.

1965

8. April – Unterzeichnung des Vertrages über die Verschmelzung der Exekutivorgane von EGKS, EWG und EAG

30. Juni – Der französische Außenminister bricht als Präsident eine Ratstagung über Vorschläge der EWG-Kommission zur Finanzierung der gemeinsamen Agrarpolitik, zu den Eigeneinnahmen der Gemeinschaft und den Rechten des Europäischen Parlaments ab. (Während der folgenden sieben Monate verfolgt Frankreich die Politik des ‹leeren Stuhls›.)

1966

29. Januar – Eine außerordentliche Ratstagung in Luxemburg beendet die am 30.6. 1965 entstandene Krise mit einem Verzicht auf Mehrheitsentscheidungen in Fragen, bei denen für einen oder mehrere Partner sehr wichtige Interessen auf dem Spiel stehen.

11. Mai – Der Ministerrat beschließt die restlichen Agrarmarktordnungen, die Finanzverordnung und die Vollendung der Zollunion bis zum 1.7. 1968.

1967

9. Februar – Einigung im Ministerrat über das erste Programm für mittelfristige Wirtschaftspolitik und die Einführung eines gemeinsamen Mehrwertsteuersystems

10. Mai – Großbritannien stellt einen zweiten Antrag auf Mitgliedschaft in der EG. Irland folgt am selben Tag, Dänemark am 11.5., Norwegen am 21.7. 1967.

15. Mai – Erfolgreicher Abschluß der *Kennedy*-Runde in Genf

1. Juli – Fusion der Exekutivorgane der drei Gemeinschaften. Erster Präsident der Kommission der Europäischen Gemeinschaften wird *J. Rey*.

1968

1. Juli – Vollendung der Zollunion zwischen den sechs Mitgliedstaaten, die letzten Binnenzölle werden abgeschafft. Es tritt der gemeinsame Zolltarif in Kraft.

26. Juli – Unterzeichnung eines Assoziierungsabkommens der EWG mit Kenia, Tansania und Uganda in Arusha

8. November – Der gemeinsame Arbeitsmarkt ist geschaffen (Freizügigkeit der Arbeitnehmer).

10. Dezember – Vorlage des *Mansholt*-Plans über eine umfassende Strukturreform der Landwirtschaft in der EG

1969

4. März – Abschluß der Assoziierungsabkommen der Europäischen Gemeinschaft mit Tunesien und Marokko; sie treten am 1.9. 1969 in Kraft.

29. Juli – Unterzeichnung des zweiten Jaunde-Abkommens mit den 18 Unterzeichnerstaaten von Jaunde I. Jaunde II tritt am 1.1. 1971 in Kraft.

24. September – Erneuerung des Abkommens von Arusha

1./2. Dezember – Gipfelkonferenz der Staats- bzw. Regierungschefs in Den Haag. Die Einführung der Wirtschafts- und Währungsunion bis 1980, die Aufnahme von Verhandlungen mit allen beitrittswilligen Ländern sowie Grundsätze für die politische Zusammenarbeit werden beschlossen.

31. Dezember – Beendigung der zwölfjährigen Übergangszeit der EWG

1970

1. Januar – Die EG-Staaten beginnen mit einer gemeinsamen Außenhandelspolitik.

30. Juni – Eröffnung der Verhandlungen mit den vier beitrittswilligen Ländern in Luxemburg

2. Juli – *F. M. Malfatti* tritt sein Amt als Präsident der EG-Kommission an.

8. Oktober – Die *Werner*-Gruppe legt den Bericht für eine stufenweise Verwirklichung der Wirtschafts- und Währungsunion vor (3-Stufen-Plan).

19. November – Erste außenpolitische Konsultationen der EG-Außenminister im Rahmen der Europäischen Politischen Zusammenarbeit (EPZ) in München

5. Dezember – Assoziierungsabkommen mit Malta unterzeichnet; es tritt am 1.4. 1971 in Kraft.

1971

9. Februar – Einigung im Ministerrat über die stufenweise Verwirklichung der Wirtschafts- und Währungsunion

1. Juli – Einführung allgemeiner Zollpräferenzen zugunsten von 91 Entwicklungsländern

1972

22. Januar – Unterzeichnung der Verträge über den Beitritt von Dänemark, Irland und Großbritannien in Brüssel

22. März – *S. L. Mansholt* wird Präsident der EG-Kommission.

10. Mai – Die Bevölkerung Irlands entscheidet sich für den Beitritt zur EG.

13. Juli – Das britische Unterhaus spricht sich für die Beitrittsabkommen aus.

22. Juli – Unterzeichnung der Freihandelsabkommen mit den nicht beigetretenen EFTA-Staaten Island, Österreich, Portugal, Schweden und der Schweiz. Die Abkommen treten am 1. 1. 1973 (mit Island am 1. 4. 1973) in Kraft.

25. September – Ablehnender Volksentscheid in Norwegen über den EG-Beitritt

2. Oktober – Die Dänen stimmen im Volksentscheid für den Beitritt zur EG.

19./21. Oktober – Die Staats- bzw. Regierungschefs – nunmehr zu neunt – beschließen in Paris den Ausbau der Gemeinschaft zur Europäischen Union und legen einen Zeitplan für die Verwirklichung der Wirtschafts- und Währungsunion fest.

19. Dezember – Assoziierungsabkommen mit Zypern unterzeichnet; es tritt am 1. 6. 1973 in Kraft.

1973

1. Januar – Inkrafttreten der Verträge über den Beitritt Dänemarks, Irlands und Großbritanniens zur EG. Diese erhält endgültig die Kompetenz für die gemeinsame Handelspolitik der neuen Mitgliedsstaaten.

6. Januar – Die Kommission der erweiterten EG nimmt unter Präsident *F.-X. Ortoli* ihre Arbeit auf.

19. März – Die Gemeinschaftsländer (außer Großbritannien, Irland und Italien) bilden einen einheitlichen Währungsblock. Die sechs Länder floaten ihre Währungen nach außen (Blockfloating).

14. Mai – Unterzeichnung des Freihandelsabkommens der EG mit Norwegen. Inkrafttreten am 1. 7. 1973

5. Oktober – Unterzeichnung des Freihandelsabkommens der EG mit Finnland. Inkrafttreten am 1. 1. 1974

1974

21. Januar – Die Arbeits- und Sozialminister verabschieden ein sozialpolitisches EG-Aktionsprogramm.

31. Januar – Eröffnung des Dialogs zwischen der Gemeinschaft und 20 arabischen Staaten (Euro-Arabischer Dialog)

10./11. Dezember – Die Staats- bzw. Regierungschefs der EG fassen in Paris u. a. folgende Beschlüsse: (1) Die Regierungschefs treffen sich dreimal jährlich als ‹Europäischer Rat›. (2) Einschränkung des Einstimmigkeitsprinzips bei Ratsentscheidungen. (3) Direktwahl des Europäischen Parlaments ab 1978 und Kompetenzerweiterung. (4) Belgiens Premierminister *L. Tindemans* soll vor Ende 1975 einen Bericht über die Gesamtkonzeption einer Europäischen Union vorlegen. (5) Schaffung einer Paß-Union. (6) Ein zu schaffender Regionalfonds soll von Ende 1975 bis 1977 über 1,3 Mrd. RE verfügen.

1975

28. Februar – Unterzeichnung des Abkommens zwischen der EG und 46 Entwicklungsländern Afrikas, der Karibik und des Pazifik in Lomé (Togo), das am 1. 4. 1976 in Kraft tritt (Lomé I).

10./22. März – Europäischer Rat der Staats- bzw. Regierungschefs in Dublin. Die britische Regierung beschließt mit Mehrheit, der Bevölkerung die Annahme eines Referendums über den Verbleib in der EG zu empfehlen.

18. März – Formeller Beschluß des Ministerrats über die Einsetzung eines Europäischen Fonds für Regionale Entwicklung (EFRE)

11. Mai – Das erste präferentielle Handelsabkommen der EG mit Israel wird unterzeichnet. Es tritt am 1. 7. 1975 in Kraft.

5. Juni – Die Bevölkerung Großbritanniens spricht sich mit Zweidrittelmehrheit für den Verbleib in der EG aus.

12. Juni – Griechenland beantragt, als Mitglied in die EG aufgenommen zu werden.

15. September – Die EG wird von der VR China formell anerkannt.

1./2. Dezember – Der Europäische Rat beschließt in Rom, daß im Mai/Juni 1978 die ersten Direktwahlen zum Europäischen Parlament stattfinden sollen und daß im gleichen Jahr ein europäischer Paß eingeführt werden soll.

1976

7. Januar – Belgiens Ministerpräsident *L. Tindemans* legt seinen Bericht zur Europäischen Union vor.

16. Februar – Der *Rat für Gegenseitige Wirtschaftshilfe* (RGW) übermittelt dem EG-Ministerrat den Entwurf eines Abkommens zwischen dem RGW und der EWG.

25./26./27. April – Unterzeichnung der globalen Kooperationsabkommen mit den Maghreb-Staaten Tunesien, Algerien und Marokko

6. Juli – Die EG und Kanada unterzeichnen ein Rahmenabkommen über handelspolitische und wirtschaftliche Zusammenarbeit. Dies ist das erste Kooperationsabkommen, das die EG mit einem Industrieland abschließt.

12./13. Juli – Der Europäische Rat legt auf seiner Tagung in Brüssel fest, daß das 1978 zu wählende Europäische Parlament 410 Sitze umfassen wird.

20. September – Der Rat der Außenminister beschließt in Brüssel den ‹Akt zur Einführung allgemeiner, unmittelbarer Wahlen der Abgeordneten der Versammlung›.

10. Dezember – Beginn der Verhandlungen über den Beitritt Griechenlands

1977

6. Januar – *R. Jenkins* tritt sein Amt als Präsident der EG-Kommission an.

18. Januar – Unterzeichnung der Abkommen mit den Maschrik-Staaten Ägypten, Jordanien und Syrien. Ein Abkommen mit dem Libanon wird am 3. 5. 1977 unterzeichnet.

25. März – Tagung des Europäischen Rates in Rom. 20. Jahrestag der Unterzeichnung der Verträge von Rom

28. März – Portugal beantragt, als Mitglied in die EG aufgenommen zu werden.

1. Juli – Die Freihandelsregelung der EG mit den Rest-EFTA-Staaten (Island, Norwegen, Österreich, Portugal, Schweden, Schweiz, Finnland) tritt in Kraft.

27. Juli – Spanien beantragt, als Mitglied in die EG aufgenommen zu werden.

25. Oktober – 1. Sitzung des Rechnungshofes der EG in Luxemburg

27. Oktober – EG-Präsident *R. Jenkins* verkündet in Florenz sieben Thesen für einen neuen Ansatz zur Währungsunion.

31. Dezember – Beendigung der Übergangszeit für Dänemark, Großbritannien und Irland

1978

3 Februar – Unterzeichnung eines fünfjährigen Handelsabkommens zwischen der EG und der VR China; in Kraft ab 1. 6. 1978

7./8. April – Der Europäische Rat kommt in Kopenhagen überein, daß die erste Direktwahl der Mitglieder des Europäischen Parlaments in der Zeit vom 7.–10. 6. 1979 stattfinden soll.

6./7. Juli – Der Europäische Rat beschließt in Bremen die Schaffung eines europäischen Währungssystems.

5. September – Beginn der Fischereiverhandlungen zwischen den EG-Ländern

17. Oktober – Beginn der Beitrittsverhandlungen mit Portugal

1. November – Die Übereinkommen zur Zusammenarbeit mit den Maghreb- und Maschrik-Ländern treten in Kraft.

4./5. Dezember – der Europäische Rat beschließt in Brüssel, daß das Europäische Währungssystem (EWS) am 1. 1. 1979 in Kraft treten soll. Großbritannien tritt dem EWS vorerst nicht bei.

1979

5. Februar – Beginn der Beitrittsverhandlungen mit Spanien

12./13. März – Der Europäische Rat beschließt in Paris das Ingangsetzen des Europäischen Währungssystems zum 13. 3. 1979; die entsprechenden Verordnungen werden rückwirkend zum 1. 1. 1979 erlassen.

28. Mai – Unterzeichnung der Beitrittsakte Griechenlands in Athen

7. bis 10. Juli – Erste Direktwahl zum Europäischen Parlament

17. bis 20. Juli – Erste Plenartagung des direkt gewählten Europäischen Parlaments. Wahl von *S. Veil* zur Präsidentin

31. Oktober – Unterzeichnung des neuen AKP-EWG-Abkommens zwischen der Europäischen Gemeinschaft und 58 Ländern Afrikas, der Karibik und des Pazifik (Lomé II)

13. Dezember – Das Europäische Parlament lehnt den Gesamthaushaltsplan der Europäischen Gemeinschaft für 1980 ab.

1980

5. Mai – Erste Ministertagung der EWG-Andengruppe

9. Juli – Das Europäische Parlament stimmt dem geänderten Gesamthaushaltsplan der EG für 1980 zu.

28. Juli – Unterzeichnung eines Handelsabkommens der Gemeinschaft mit Rumänien

16. Dezember – Der Rat erläßt eine Verordnung, die Europäische Rechnungseinheit (ERE) in allen Rechtsakten der Gemeinschaft durch die neue Europäische Währungseinheit ECU zu ersetzen.

1981

1. Januar – Beitritt Griechenlands als 10. Mitgliedstaat zur Europäischen Gemeinschaft, das Lomé II-Abkommen zwischen der Gemeinschaft und den AKP-Ländern tritt in Kraft.

6. Januar – *G. Thorn* tritt sein Amt als Präsident der EG-Kommission an.

18. April – 30. Jahrestag der Unterzeichnung des EGKS-Vertrages in Paris

24. Juni – Die EG-Kommission beschließt in Luxemburg einen Bericht im Rahmen des ihr am 30. 5. 1980 vom Rat erteilten Mandats, das Funktionieren der Gemeinschaftspolitiken und deren Finanzierungsmodalitäten zu überprüfen.

18. Oktober – Erste Direktwahl in Griechenland zum Europäischen Parlament

1982

19. Januar – Wahl von *P. Dankert* zum Präsidenten des Europäischen Parlaments

23. Februar – Auf Grönland stimmt die Mehrheit im Volksentscheid für den Austritt aus der EG.

29. März – Unterzeichnung des Abkommens über die Errichtung der Europäischen Stiftung; sie soll ihren Sitz in Paris haben.

2. April – Gemeinsame Erklärung der Zehn zu Argentiniens Invasion auf den Falkland-Inseln

16. April – Einfuhrembargo gegenüber Argentinien

17./18. Mai – Festsetzung der Agrarpreise für 1982/83 durch Mehrheitsentscheid. Dänemark, Griechenland und Großbritannien nahmen an der Abstimmung nicht teil. Erste Abweichung vom ‹Luxemburger Kompromiß› von 1966

10. Juni – Sondersitzung der Außenminister der Zehn in Bonn zur Lage im Libanon mit anschließender gemeinsamer Erklärung

28./29. Juni – Der Europäische Rat in Brüssel befaßt sich mit der wirtschaftlichen und sozialen Lage der Gemeinschaft, dem Libanon und den Beziehungen der EG zu den USA.

30. Juni – Das Europäische Parlament, der Rat und die Kommission unterzeichnen eine Gemeinsame Erklärung zum Haushaltsverfahren.

6. Juli – Das Europäische Parlament legt Leitlinien zur Reform der Verträge und Verwirklichung der Europäischen Union vor.

15. September – 30. Jahrestag des Bestehens des Europäischen Parlaments

1. Oktober – Ein Rahmenabkommen über die Zusammenarbeit der EG mit Brasilien tritt in Kraft.

1983

25. Januar – Nach siebenjährigen Verhandlungen einigen sich die EG-Staaten auf eine gemeinsame Fischereipolitik.

22. Februar – Die Kommission befürwortet die Änderung des EG-Status von Grönland.

28. Februar – Die EG beschließt ein Importverbot für Robbenfelle.

17./19. Juni – Die Staats- und Regierungschefs der zehn Mitgliedsstaaten unterzeichnen in Stuttgart eine ‹Feierliche Deklaration zur Europäischen Union›.

28. Juli – Die Kommission legt Reformvorschläge zur Neugestaltung der gemeinsamen Agrarpolitik und zur Stärkung der Effizienz der Strukturfonds der EG vor.

14. September – Abstimmung des Europäischen Parlamentes über den Vorentwurf eines Vertrages zur Gründung der Europäischen Union

4./6. Dezember – Das EG-Gipfeltreffen in Athen endet mit völligem Fehlschlag. Keine Einigung über Agrarmarkt- und Finanzreform sowie den Beitritt von Spanien und Portugal.

1984

14. Februar – Der Entwurf eines Vertrages zur Gründung der Europäischen Union wird vom Europäischen Parlament angenommen.

14. bis 17. Juni – Zweite Direktwahl zum Europäischen Parlament

24. Juli – *P. Pfimlin* wird zum dritten Präsidenten des Europäischen Parlaments nach Einführung der Direktwahl gewählt.

26. September – Das Abkommen über handelspolitische und wirtschaftliche Zusammenarbeit zwischen der EG und China wird unterzeichnet.

8. Dezember – Unterzeichnung des Lomé III-Abkommens der EG mit 65 AKP-Staaten

1985

7. Januar – *J. Delors* wird Präsident der EG-Kommission.

9. März – Der *Dooge*-Bericht, der eine Regierungskonferenz über die Europäische Union empfiehlt, wird vorgelegt.

29./30. März – Der Europäische Rat einigt sich in Brüssel über die Integrierten Mittelmeerprogramme (IMP). Damit wird der Weg für den Beitritt der Iberischen Länder frei.

12. Juni – Die Beitrittsakten Spaniens und Portugals werden unterzeichnet.

28./29. Juni – Der Europäische Rat beschließt in Mailand mehrheitlich die Einberufung einer Regierungskonferenz zur Änderung der Römischen Verträge.

2./3. Dezember – Der Europäische Rat einigt sich in Luxemburg auf eine Reform des institutionellen Systems, auf die Erweiterung der Gemeinschaftkompetenzen sowie auf einen rechtlichen Rahmen für die außenpolitische Zusammenarbeit.

1986

1. Januar – Mit dem Beitritt Spaniens und Portugals umfaßt die EG zwölf Mitgliedstaaten.

17./28. Februar – Unterzeichnung der Einheitlichen Europäischen Akte (EEA) durch die Regierungen der zwölf Mitgliedstaaten

1987

1. Januar – Das EPZ-Sekretariat in Brüssel nimmt seine Arbeit auf.

20. Januar – Sir *H. Plumb* wird zum vierten Präsidenten des Europäischen Parlaments nach Einführung der Direktwahl gewählt.

14. April – Die Türkei stellt den Antrag auf Beitritt zur EG.

26. Mai – Eine Volksabstimmung in Irland ermöglicht die Ratifizierung der EEA durch das Parlament in Dublin.

1. Juli – Die EEA tritt in Kraft.

1988

11./12. Februar – Der Europäische Rat verabschiedet in Brüssel das ‹*Delors*-Paket› über die Reform des Finanzierungssystems, der Gemeinsamen Agrarpolitik und die Verdoppelung der Strukturfonds der EG.

29. März – Die Kommission legt den *Cecchini*-Bericht über die Kosten der Marktzersplitterung vor (*The Cost of Non-Europe*), der die Vorteile des Binnenmarktes quantifiziert.

25. Juni – Das Kooperationsabkommen zwischen der EG und dem RGW wird unterzeichnet.

26. September – Das Abkommen über Handel und Kooperation der EG mit Ungarn wird unterzeichnet.

19. Dezember – Unterzeichnung des Abkommens über den Handel mit Industrieerzeugnissen zwischen der EG und der Tschechoslowakei

1989

15./18. Juni – Dritte Direktwahl zum Europäischen Parlament

26./27. Juni – der Europäische Rat beschließt in Madrid die Einsetzung einer Regierungskonferenz entsprechend dem *Delors*-Plan. Dieses von den Gouverneuren der nationalen Notenbanken unter Leitung des Kommissionspräsidenten erarbeitete Konzept sieht die Schaffung der Wirtschafts- und Währungsunion (WWU) in drei Stufen vor.

29. Juni – Spanien tritt dem EWS bei.

17. Juli – Österreich stellt den Antrag auf Beitritt zur EG.

26. Juli – *E. Barón Crespo* wird zum fünften EP-Präsidenten nach Einführung der Direktwahl gewählt.

19. September – Unterzeichnung des Wirtschaftsabkommens der EG und Polen

15. Dezember – Unterzeichnung von Lomé IV mit 68 Staaten in Togo

18. Dezember – Das Abkommen über Handel und wirtschaftliche Zusammenarbeit der EG mit der UdSSR wird unterzeichnet.

19. Dezember – Verhandlungsbeginn zwischen der EG und den EFTA-Mitgliedsländern über eine verstärkte Zusammenarbeit und die Bildung eines Europäischen Wirtschaftsraumes (EWR).

1990

13. März – Ein Handels- und Kooperationsabkommen zwischen der EG und der DDR wird unterzeichnet. Der Beitritt der DDR zur Bundesrepublik im selben Jahr läßt das Abkommen obsolet werden.

9. Mai – Ein Handels- und Kooperationsabkommen zwischen der EG und Bulgarien wird unterzeichnet.

18. Mai – Der Staatsvertrag zwischen beiden deutschen Staaten über die Wirtschafts-, Währungs- und Sozialunion wird in Bonn unterzeichnet.

19. Juni – Der EG-Ministerrat erteilt der Kommission das Mandat zur Eröffnung der Verhandlungen über die Schaffung eines EWR zwischen EG und EFTA. Unterzeichnung des Schengener Abkommens in Luxemburg

25./26. Juni – Der Europäische Rat einigt sich in Dublin auf die Einberufung einer Regierungskonferenz zur Verwirklichung der WWU und einer zweiten Regierungskonferenz zur Politischen Union.

1. Juli – Inkrafttreten der deutschen Wirtschafts- und Währungsunion. Damit besteht *de facto* eine Zollunion zwischen der EG und der DDR. Die erste Stufe der Europäischen Wirtschafts- und Währungsunion tritt in Kraft.

4. Juli – Zypern stellt den Antrag auf Beitritt zur EG.

16. Juli – Malta stellt den Antrag auf Beitritt zur EG.

17. Juli – Besuch des ungarischen Ministerpräsidenten bei der EG-Kommission. Ungarn strebt bis 1992 die Assoziierung und bis 1995 die Vollmitgliedschaft in der EG an.

4. August – EPZ-Erklärung über die Unannehmbarkeit der Gründe Iraks zur Annexion Kuwaits.

21. August – Die EG-Kommission verabschiedet ein Maßnahmenpaket zur Eingliederung der DDR in die EG.

3. Oktober – Durch Inkrafttreten des Staatsvertrages zwischen der Bundesrepublik Deutschland und der DDR werden beide deutsche Staaten vereinigt. Die fünf neuen Bundesländer gehören somit der EG an.

8. Oktober – Großbritannien wird zehntes Mitglied des EWS.

27. Oktober – Sondertagung des Europäischen Rates in Rom zu Fragen der WWU, der Politischen Union und dem Sitz der EG-Institutionen

14./15. Dezember – In Rom bekräftigt der Europäische Rat, daß die Arbeiten der beiden startenden Regierungskonferenzen zur Wirtschafts- und Währungsunion und zur Politischen Union parallel zueinander und zügig durchgeführt und ihre Ergebnisse zusammen ratifiziert werden sollen. Erklärtes Ziel ist es, diese Verfahren zur Vertragsänderung und Weiterentwicklung der europäischen Integration bis Ende 1992 – gemeinsam mit der Vollendung des Binnenmarktes – abzuschließen.

1991

19. Februar – EPZ-Erklärung zur Golfkrise, in der die UN-Aktionen zur Befreiung Kuwaits unterstützt werden.

27. Februar – Die Kommission genehmigt im Grundsatz die Rahmenbedingungen für die Vergabe von Gemeinschaftsmitteln zur Eingliederung der ehemaligen DDR in die Gemeinschaft.

26. März – In einer EPZ-Erklärung zu Jugoslawien ruft die Gemeinschaft die Konfliktparteien zum Verzicht auf Gewaltanwendungen auf.

29. März – Polen und die Staaten des Schengener Abkommens einigen sich auf den visafreien Reiseverkehr. Das Abkommen tritt am 8. 8. 1991 in Kraft.

24. Juni – Die Finanzminister erzielen einen Durchbruch für die Harmonisierung der Mehrwertsteuer und der Verbrauchssteuer für Alkohol, Tabak und Mineralöl. Ab 1993 wird die Mehrwertsteuer 15 % i. d. R. nicht mehr unterschreiten. Ab 1997 soll die Mehrwertsteuer im Ursprungsland und nicht mehr im Verbrauchsland erhoben werden.

25. Juni – Spanien und Portugal treten dem Schengener Abkommen bei.

1. Juli – Schweden stellt den Antrag auf Beitritt zur EG.

19. August – EPZ-Erklärung zum Staatsstreich in der Sowjetunion. Die Zwölf äußern ihre Besorgnis und machen die Putschisten für mögliche Folgen auf die europäische Stabilität verantwortlich.

21. Oktober – Die Verkehrsminister der EG einigen sich mehrheitlich auf Abkommen über den Straßentransit mit der Schweiz und Österreich. Griechenland, das zunächst nicht zustimmt, erreicht in bilateralen Verhandlungen mit Österreich einen Kompromiß über zusätzliche Transitlizenzen. Damit wird der Weg zum Europäischen Wirtschaftsraum (EWR) frei.

21./22. Oktober – Die Außenminister von EG und EFTA schließen in getrennten Sitzungen das Abkommen über den EWR. Im EWR übernehmen die EFTA-Staaten die Regelungen der EG weitgehend, ohne bei neuen Entscheidungen ein Mitspracherecht zu haben.

9./10. Dezember – Gipfeltreffen des Europäischen Rates in Maastricht. Die Staats- und Regierungschefs einigen sich auf den Vertrag über die Europäische Union. Dieser basiert auf drei Säulen: (1) Änderungen des EWG-Vertrages im Hinblick auf die Errichtung der Europäischen Gemeinschaft; (2) Gemeinsame Außen- und Sicherheitspolitik; (3) Zusammenarbeit in den Bereichen Justiz und Inneres.

1992

15. Januar – Die EG erkennt Slowenien und Kroatien als unabhängige Staaten an.

7. Februar – Unterzeichnung des Vertrages über die Europäische Union

18. März – Finnland stellt den Antrag auf Beitritt zur Europäischen Gemeinschaft.

7. April – Die EG erkennt die Unabhängigkeit Bosnien-Herzegowinas an. Die Anerkennung Mazedoniens wird wegen der Einwände Griechenlands nicht vollzogen.

2. Mai – Unterzeichnung des Abkommens über die Schaffung des Europäischen Wirtschaftsraumes (EWR) in Porto.

20. Mai – Die Schweiz stellt einen Antrag auf Beitritt zur Europäischen Gemeinschaft.

1. Juni – Der Europäische Rat verabschiedet zwei EWG-Verordnungen und zwei EGKS-Beschlüsse zur Verhängung eines Wirtschaftsembargos gegen Serbien und Montenegro.

2. Juni – Das dänische Volk spricht sich in einem Referendum gegen die Ratifizierung des Vertrags über die Europäische Union aus.

18. Juni – Die irische Bevölkerung spricht sich in einem Referendum für die Ratifizierung des Vertrags über die Europäische Union aus.

2. Juli – Das luxemburgische Parlament ratifiziert den Vertrag über die Europäische Union.

31. Juli – Das griechische Parlament ratifiziert den Vertrag über die Europäische Union.

26./27. August – Londoner Jugoslawienkonferenz unter dem Vorsitz von EG und UNO

16. September – Vorübergehendes Ausscheiden der Lira und des britischen Pfundes aus dem EWS

20. September – Die französische Bevölkerung spricht sich in einem Referendum für die Ratifizierung des Vertrags über die Europäische Union aus.

26. Oktober – Italien ratifiziert den Vertrag über die Europäische Union.

4. November – Belgien ratifiziert den Vertrag über die Europäische Union.

25. November – Norwegen stellt einen Antrag auf Beitritt zur EG.

6. Dezember – Die Bevölkerung der Schweiz spricht sich in einem Referendum gegen die Ratifizierung des Abkommens über die Schaffung des Europäischen Wirtschaftsraumes aus.

11. Dezember – Portugal ratifiziert den Vertrag über die Europäische Union.

11./12. Dezember – Der Europäische Rat beschließt in Edinburgh eine Ausnahmeregelung für Dänemark, die es ermöglicht, die Ratifizierung des EU-Vertrages der dänischen Bevölkerung erneut zum Referendum vorzulegen.

15. Dezember – Die Niederlande ratifizieren den Vertrag über die Europäische Union.

18. Dezember – Die Bundesrepublik Deutschland ratifiziert den Vertrag ebenfalls.

1993

1. Januar – Der gemeinsame Binnenmarkt tritt in Kraft.

1. Februar – Unterzeichnung des mit Rumänien geschlossenen Europa-Abkommens und des Interimsabkommens über Handel und Handelsfragen

8. März – Unterzeichnung des Europa-Abkommens und des Interimsabkommens über Handel und Handelsfragen mit Bulgarien

18. Mai – Bei der erneuten Volksabstimmung spricht sich die dänische Bevölkerung für den Vertrag über die Europäische Union aus.

20. Mai – Großbritannien ratifiziert den Vertrag über die Europäische Union.

1. November – Nach Abschluß aller Ratifizierungsverfahren tritt der Vertrag über die Europäische Union in Kraft.

9. Dezember – Unterzeichnung einer Erklärung über den Ausbau der Beziehungen zwischen der Russischen Föderation und der Europäischen Union insbesondere im politischen Bereich

1994

1. Januar – Mit der Errichtung des Europäischen Währungsinstitutes (EWI) tritt die zweite Stufe der Verwirklichung der Wirtschafts- und Währungsunion in Kraft. Das Abkommen über den Europäischen Wirtschaftsraum (EWR) tritt in Kraft.

30. März – Die Beitrittsverhandlungen mit Österreich, Schweden, Finnland und Norwegen werden in Brüssel abgeschlossen.

31. März – Ungarn stellt einen Antrag auf Beitritt zur Europäischen Union.

5. April – Polen stellt einen Antrag auf Beitritt zur Europäischen Union.

15. April – Die Schlußakte der Handelsverhandlungen im Rahmen der Uruguay-Runde wird in Marrakesch unterzeichnet.

9. bis 12. Juni – Die Bürger Europas wählen zum vierten Mal in allgemeiner und direkter Wahl die Mitglieder des Europäischen Parlamentes.

12. Juni – Die österreichische Bevölkerung stimmt in einem Referendum für den Beitritt zur Europäischen Union.

14. Juni – Unterzeichnung eines Partnerschafts- und Kooperationsabkommens mit der Ukraine.

24./25. Juni – Der Europäische Rat unterzeichnet auf Korfu die Verträge über den Beitritt Österreichs, Finnlands, Norwegens und Schwedens sowie ein neues Partnerschafts- und Kooperationsabkommen mit Rußland.

15. Juli – *J. Santer*, Premierminister des Großherzogtums Luxemburg, wird auf der Sondertagung des Europäischen Rates in Brüssel als Nachfolger von *J. Delors* an der Spitze der Kommission benannt.

18. Juli – Mit Estland, Lettland und Litauen werden Freihandelsabkommen in Brüssel unterzeichnet.

19. bis 26. Juli – Das neue Europäische Parlament wählt *K. Hänsch* zu seinem Präsidenten.

19. August – Der Rat dehnt das Allgemeine Präferenzsystem (APS) auf Südafrika aus. Am 10. 10. 1994 folgt ein Kooperationsabkommen.

16. Oktober – In einem Referendum spricht sich die Bevölkerung Finnlands für den Beitritt zur Europäischen Union aus.

13. November – Die schwedische Bevölkerung spricht sich in einem Referendum für den Beitritt zur Europäischen Union aus.

15. November – Der Rat des Europäischen Währungsinstitutes tagt erstmals in Frankfurt.

16. November – Das Seerechtsübereinkommen tritt in Kraft.

28. November – Die norwegische Bevölkerung lehnt in einem Referendum den Beitritt zur Europäischen Union ab.

14. Dezember – Das Europäische Parlament stimmt der Schlußakte der Verhandlungen der Uruguay-Runde zu.

1995

1. Januar – Mit den Beitritten Finnlands, Österreichs und Schwedens umfaßt die Europäische Union 15 Mitgliedstaaten.

9. Januar – Österreich wird EWS-Mitglied.

1. Februar – Das Assoziationsabkommen zwischen der EU und Rumänien, Bulgarien, der Tschechischen sowie der Slowakischen Republik tritt in Kraft.

6. März – Die EU und die Türkei treffen eine Vereinbarung über eine Zollunion.

20./21. März – Auf der Stabilitätskonferenz in Paris stimmen 52 OSZE-Staaten einem Stabilitätspakt zu.

26. März – Das Schengener Abkommen tritt in Kraft. An den Binnengrenzen zwischen Belgien, Deutschland, Frankreich, Luxemburg, den Niederlanden, Spanien und Portugal entfallen dadurch die Personenkontrollen.

12. Juni – Ein Assoziierungsabkommen der EU mit den baltischen Staaten wird unterzeichnet.

22. Juni – Rumänien reicht bei der EU ein formelles Beitrittsgesuch ein.

26. Juli – Die Konvention über die Errichtung der europäischen Polizeibehörde EUROPOL wird unterzeichnet.

4. November – Ein Änderungsvertrag zum Lomé IV-Abkommen wird abgeschlossen.

27./28. Dezember – Euro-Mittelmeer-Konferenz in Barcelona. In der Erklärung von Barcelona bekunden die Teilnehmer die Absicht, bis zum Jahr 2010 eine den gesamten Mittelmeerraum umfassende Freihandelszone zu schaffen.

4. Dezember – Estland reicht bei der EU ein formelles Beitrittsgesuch ein.

8. Dezember – Litauen reicht bei der EU ein formelles Beitrittsgesuch ein.

13. Dezember – Das Europäische Parlament billigt die Zollunion zwischen der EU und der Türkei.

15./16. Dezember – Der Europäische Rat einigt sich in Madrid auf die Bezeichnung ‹Euro› für die einheitliche europäische Währung, die im Rahmen der Wirtschafts- und Währungsunion eingeführt werden soll.

1996

1./2. März – erstes Treffen zwischen den EU-Staats- und Regierungschefs mit den Führern der asiatischen Staaten in Bangkok. Der Vorsatz, den Austausch zwischen den beiden Wirtschaftsregionen zu intensivieren, wird bekräftigt, und es werden einige konkrete Kooperationsprojekte im asiatischen Raum vereinbart.

27. März – Die EU-Kommission verhängt ein Exportverbot für britisches Rindfleisch, nachdem die britische Regierung eingeräumt hat, daß eine Übertragung des BSE-Erregers, mit dem zahlreiche britische Rinder befallen sind, auf den Menschen nicht ausgeschlossen werden kann.

29. März – Mit einem außerordentlichen Treffen des Europäischen Rats beginnt in Turin die Maastricht-Nachfolgekonferenz, die bis Mitte 1997 das Vertragswerk von Maastricht einer Revision unterziehen und den Integrationsprozeß weiter vorantreiben soll.

(Zusammengestellt von Helga Fleischhacker, M. A.)

Autorenverzeichnis

Andersen, Uwe, Dr., Professor an der Ruhr-Universität Bochum
Armingeon, Klaus, Dr., Professor an der Universität Bern
Bandelow, Nils, Universität Bochum
Bulmer, Simon, Dr., Professor an der Manchester University / Großbritannien
Busch, Klaus, Dr., Professor an der Universität Osnabrück
Conzelmann, Thomas, Universität Mannheim
Ehmke, Holger, Bundeszentrale für politische Bildung, Bonn
Eising, Rainer, Universität Mannheim
Göbel, Stefan, Universität Mannheim
Grande, Edgar, Dr., Max-Planck-Institut für Gesellschaftsforschung, Köln
Grosser, Dieter, Dr., Professor an der Ludwig-Maximilians-Universität München
Grote, Jürgen, Universität Mannheim
Grunert, Thomas, Dr., Europäisches Parlament, Straßburg
Häckel, Erwin, Dr., Professor, Deutsche Gesellschaft für Auswärtige Politik, Bonn
Halff, Gregor, Universität Münster
Hayes-Renshaw, Fiona, University of Sussex / Großbritannien
Hrbek, Rudolf, Dr., Professor an der Universität Tübingen
Jachtenfuchs, Markus, Dr., Universität Mannheim
Jakobeit, Cord, Dr., Berlin
Joerges, Christian, Dr., Professor an der Universität Bremen und am Europäischen Hochschulinstitut Florenz / Italien
Knodt, Michèle, Universität Mannheim
Kodré, Petra, Universität Bremen
Kohler-Koch, Beate, Dr., Professorin an der Universität Mannheim
Leibfried, Stephan, Dr., Professor an der Universität Bremen
Loth, Wilfried, Dr., Professor an der Universität Münster
Menck, Karl-Wolfgang, Dr., HWWA, Hamburg
Müller-Graff, Peter, Dr., Professor an der Universität Heidelberg
Neunreither, Karlheinz, Dr., Europäisches Parlament und Honorarprofessor an der Universität Heidelberg
Niedermayer, Oskar, Dr., Professor an der Freien Universität Berlin
Nohlen, Dieter, Dr., Professor an der Universität Heidelberg
Regelsberger, Elfriede, Dr., Institut für Europäische Politik, Bonn
Rieger, Elmar, Dr., Universität Mannheim
Schaber, Thomas, Dr., Universität Mannheim
Scharrer, Eckhart, Dr., HWWA, Hamburg
Schlotter, Peter, Dr., Hessische Stiftung für Friedens- und Konfliktforschung, Frankfurt a. M.
Schmidberger, Martin, Universität Mannheim
Schmitt, Herrmann, Dr., Universität Mannheim
Schmuck, Otto, Dr., Landesvertretung Rheinland-Pfalz, Bonn
Schneider, Heinrich, Dr., Professor em., Kaltenleutgeben / Österreich
Schubert, Klaus, Dr., Universität Bochum
Schumann, Wolfgang, Dr., Universität Tübingen
Seidelmann, Reimund, Dr., Professor an der Universität Jena
Thibaut, Bernhard, Dr., Universität Heidelberg
van Scherpenberg, Jens, Dr., Stiftung Wissenschaft und Politik, Ebenhausen
Voelzkow, Helmut, Dr., Ruhr-Universität Bochum

Wallace, Helen, Dr., Professorin an der University of Sussex / Großbritannien
Wittkämper, Gerhard W., Dr., Professor an der Universität Münster
Wolf, Klaus-Dieter, Dr., Professor an der Universität Darmstadt
Wolf-Niedermaier, Anita, Universität Mannheim
Woyke, Wichard, Dr., Professor an der Universität Münster

Sachregister

Buchanzeigen